管理系统模拟

胡 斌 胡晓琳 编著

科学出版社
北 京

内 容 简 介

本书共包含 4 部分，第 1 部分包括 8 章，介绍管理系统模拟概念、离散模拟、连续模拟、多 Agent 模拟、定性模拟原理、模拟模型的输入处理和输出统计分析、模拟模型的确认及实验设计等方法。第 2 部分包括 3 章，介绍 Arena、AnyLogic、NetLogo、Vensim、Excel 和 Matlab 等模拟工具的功能、操作及应用。第 3 部分包括 5 章，介绍离散事件模拟专用工具 Arena 在企业生产系统运作管理上的应用。第 4 部分包括 4 章，介绍四类模拟方法的集成原理、离散事件模拟与优化方法的集成，多 Agent 模拟与实证研究方法的集成及多 Agent 模拟与博弈论、心理学的集成。

本书可作为高等学校的管理科学与工程、工商管理、系统工程等专业的本科生、硕博研究生教科书或参考书，也可供有关领域的科学工作者和管理人员阅读和参考。

图书在版编目（CIP）数据

管理系统模拟 / 胡斌，胡晓琳编著. —北京：科学出版社，2017
ISBN 978-7-03-052820-9

I. ①管… Ⅱ. ①胡…②胡… Ⅲ. ①管理信息系统–计算机模拟
Ⅳ. ①C931.6

中国版本图书馆 CIP 数据核字（2017）第 107573 号

责任编辑：王京苏 / 责任校对：李 影
责任印制：张 伟 / 封面设计：蓝正设计

科 学 出 版 社 出版
北京东黄城根北街 16 号
邮政编码：100717
http://www.sciencep.com

北京凌奇印刷有限责任公司 印刷
科学出版社发行 各地新华书店经销

*

2017 年 6 月第 一 版　开本：787×1092　1/16
2023 年 1 月第四次印刷　印张：26
字数：617 000

定价：68.00 元
（如有印装质量问题，我社负责调换）

前言

随着人们日常生活和工作环境的智能化，社会、经济、企业、人群等系统的运作日益呈现出复杂特征。因而，作为复杂管理系统在不确定性环境下运作机理及其性能表现的分析方法、辅助决策与辅助设计方法，管理系统模拟已被人们普遍接受，其原理和工具也在不断地发展和更新，与此同时管理系统模拟也出现了各类思想、概念、方法和术语。国内学术界对管理系统模拟的定义、分类没有达成统一的共识，不利于管理系统模拟在实际应用中的推广和在学术研究上的深入。

基于此，作者首先根据多年来学术研究和社会实践的体验，从对计算机模拟本质特征的深刻认识入手，对管理系统模拟进行分类，包括离散模拟、系统动力学模拟、多 Agent 模拟、定性模拟四大类，并对四类模拟方法的基本概念、原理、方法及其在管理领域中的应用进行系统的介绍和总结。除了四类模拟的基本原理以外，模拟模型的输入处理和输出分析、模拟模型的验证（model verification）和确认，以及实验设计等原理和方法，也是整个管理系统模拟理论不可缺少的组成部分，在本书中作者对它们进行系统介绍。

其次向读者介绍管理系统模拟的常用工具，其中，Arena 擅长于离散事件模拟及离散-连续混合模拟；AnyLogic 是集成化模拟软件，可用于除定性模拟以外的所有类型的模拟，并能在同一个环境中同时模拟不同类型模拟模型；NetLogo 是用于多 Agent 模拟的开放型模拟平台；VenSim 则是传统的专门用于系统动力学（system dynamic，SD）建模与模拟的工具；Excel 和 Matlab 可分别用于蒙特卡罗分析和连续模拟。

对于离散事件模拟在企业生产执行层的应用，本书中分别介绍 Arena 在加工、资源能力变化、物流、布局与调度、库存控制等过程的应用细节。而对于复杂现象或过程，单纯使用模拟方法，不足以应对实际问题，因此，本书中又详细介绍集成模拟原理、离散事件模拟和优化方法、多 Agent 模拟和实证研究方法、多 Agent 模拟和博弈论、心理学等集成方法。

与其他同类型的书籍相比，本书具有的特色是系统性、全面性，即不仅介绍四种类型模拟的原理、方法、工具和应用，而且还介绍模拟模型的输入/输出、验证确认与实验设计、模拟模型的集成化应用。

本书受国家自然科学基金项目（No.71271093）的部分资助，在编撰过程中，作者参阅并应用许多学者的研究成果，硕士研究生李京蔚在收集和整理这些成果上提供了很多帮助，硕士研究生许子来运用C#开发和检验了第2章离散事件模拟模型，硕士研究生刘洪波和博士研究生夏泥在第2章的并行分布式离散事件模拟中做了编辑和开发工作。科学出版社王京苏编辑对本书做了严谨细致的编辑工作。在此，对所有帮助过我们的人士致以衷心的感谢。

由于作者水平有限，不足之处在所难免，为了我国管理领域计算机模拟事业的发展，恳请广大读者不吝赐教。

作　者

2017年2月

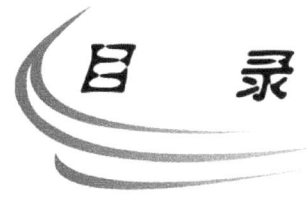

目 录

第1部分 原 理 篇

第1章 概论 3
1.1 系统的概念 3
1.2 管理系统模拟 8
1.3 系统模拟的一般步骤 16
1.4 系统模拟的实例：一个手工模拟 19
习题与思考 22

第2章 离散模拟原理 23
2.1 基本概念 23
2.2 模拟时间推进机理 26
2.3 离散系统模拟的评价 28
2.4 M/M/1 排队系统的模拟 29
2.5 库存控制的模拟 39
2.6 并行/分布式模拟 44
习题与思考 57

第3章 连续模拟原理 59
3.1 连续模拟基础 59
3.2 连续模拟的数值积分法 63
3.3 系统动力学 67
3.4 连续系统模型的建模示例 82
习题与思考 91

第4章 多 Agent 模拟原理 92
4.1 多 Agent 模拟 92
4.2 元胞自动机模拟 103

本章附录 ·· 112
　　习题与思考 ·· 118

第5章　定性模拟原理 ··· 119
　5.1　管理系统的复杂性特征 ·· 119
　5.2　定性模拟的发展过程 ··· 121
　5.3　定性模拟方法的分类 ··· 122
　5.4　QSIM方法 ··· 123
　5.5　商品产量与价格演化的定性模拟 ·· 130
　　习题与思考 ·· 149

第6章　模拟模型的输入处理 ··· 150
　6.1　模拟模型的输入分析 ··· 150
　6.2　随机变量的生成 ·· 158
　　习题与思考 ·· 162

第7章　模拟输出的统计分析 ··· 164
　7.1　模拟的类别和系统的性能测度 ·· 164
　7.2　终态模拟的置信区间 ··· 170
　7.3　稳态模拟的置信区间 ··· 173
　7.4　多方案模拟输出的比较分析 ··· 181
　　习题与思考 ·· 1866

第8章　模拟模型的确认和实验设计 ·· 188
　8.1　模拟模型的验证 ·· 188
　8.2　系统模型的确认 ·· 190
　8.3　模拟的实验设计 ·· 193
　　习题与思考 ·· 201

第2部分　工　具　篇

第9章　模拟工具——**Arena** ··· 205
　9.1　结构与功能 ··· 205
　9.2　基本模块 ·· 208

第10章　模拟工具——**AnyLogic** ··· 219
　10.1　AnyLogic的开发环境 ·· 220
　10.2　应用示例 ·· 226

第11章　模拟工具——**Excel和Matlab** ···································· 245
　11.1　Excel ·· 245
　11.2　Matlab ··· 252

第 3 部分　Arena 应用篇

第 12 章　生产系统工件加工过程的模拟 267
12.1　简单生产检验过程的模拟 267
12.2　单件车间生产过程的模拟 273
12.3　实体回避的模拟 281
习题与思考 286

第 13 章　生产系统资源能力变化的模拟 289
13.1　资源能力的确定性变化 289
13.2　资源能力的随机性变化 290
13.3　非稳定泊松到达过程 292
习题与思考 296

第 14 章　生产系统物流过程的模拟 297
14.1　物流过程 297
14.2　基于移动运输工具的物流过程模拟 298
14.3　基于固定运输工具的物流过程模拟 304
习题与思考 309

第 15 章　生产系统布局与调度的模拟 310
15.1　生产系统布局的设计 310
15.2　生产系统中工件流动的控制 315
习题与思考 321

第 16 章　生产系统库存控制的模拟 322
16.1　库存系统的设计 322
16.2　库存系统运行的模拟 324
16.3　允许订单积压的库存系统运行的模拟 330
习题与思考 334

第 4 部分　集成模拟篇

第 17 章　模拟方法的集成模式 337
17.1　四类模拟方法的本质特征分析 337
17.2　集成模式 345

第 18 章　离散事件模拟与优化算法的集成 352
18.1　单元制造车间布局的设计问题 352
18.2　整数规划模型 353
18.3　备选制造单元设计方案 354
18.4　模拟评估 357

第 19 章　多 Agent 模拟与实证研究方法的集成 ……………………………… 363
　　19.1　网络营销扩散问题 …………………………………………… 363
　　19.2　实证研究 ……………………………………………………… 364
　　19.3　模拟模型 ……………………………………………………… 368
　　19.4　模型确认 ……………………………………………………… 370
　　19.5　模拟分析 ……………………………………………………… 371
　　本章附录 …………………………………………………………… 376

第 20 章　多 Agent 模拟与博弈论、心理学的集成 ……………………………… 377
　　20.1　人群合作与冲突演化问题 …………………………………… 377
　　20.2　系统模型 ……………………………………………………… 378
　　20.3　建立和验证模拟模型 ………………………………………… 382
　　20.4　模拟实验 ……………………………………………………… 385

参考文献 ……………………………………………………………………… 391
附录 1　模拟中的概率分布 ………………………………………………… 393
附录 2　正态分布函数 ……………………………………………………… 403
附录 3　t 分布的临界点 …………………………………………………… 406

第1部分 原 理 篇

第1章

概　论

本章首先介绍系统、系统模型、系统类型及系统研究方法的概念和分类。其次介绍管理系统模拟的概念和方法，并介绍蒙特卡罗模拟的概念、原理及应用，尤其是介绍管理系统模拟分类、输入/输出结构、作用。再次介绍管理系统模拟的一般步骤。最后介绍排队系统的人工离散模拟过程[1]。

1.1 系统的概念

1.1.1 系统

系统是由多个相互依赖、相互作用、共同配合实现预定功能要素的有机集合体。此处的要素包括三种形式，可以是物理形态的，如一台车床的传动箱、床身、底座、进给机构、尾架等；也可以是管理的一定阶段，如构成管理的基本职能的计划、组织、指导、协调和控制等阶段；还可以是子系统或更低层次的组成部分。

但是，本书所要研究的模拟方法是用来分析真实系统的行为特征的。因此，仅从内部组成要素来认识系统是远远不够的，而应该根据系统的运行过程来认识。

从工程和管理的角度来说，一个系统包括以下要素——系统输入、输出、"加工"转化过程、资源（resource）、行为变化（动态的随时间而变化的行为）及衡量系统表现的尺度。

其中，加工或转化过程是指把对系统的投入（包括系统输入和资源等）转变成为系统的输出的过程。例如，在一个制造系统中，系统输入包括原材料和设计工艺文件等，转化过程包括所有的加工工序，而系统的输出则包括制造出的产品等。从抽象的角度来讲，系统的输入和输出不一定是具体的实物，还可以是相互关联的逻辑变量（如烤箱的温度与食物被烤熟时间的长短)。

可以用计算机模拟来分析的系统非常广泛,包括各种类型的生产制造系统、交通运输系统、电信或者通信网络系统、商业服务系统、医疗卫生系统、行政管理系统、军事系统和其他的社会系统。尽管各种系统表面看起来千差万别,但它们都具有前面提到的共同的基本要素。

1.1.2 系统模型

系统模型是对一个现实存在的系统或计划建立的系统的抽象描述,即对一个现实系统的抽象化。建立和运用系统模型的目的在于,指明系统的主要组成部分以及它们之间的数学逻辑关系,以便人们对系统的运动规律进行深入的分析和研究。一般来说,系统模型能更普遍、更集中、更深刻地反映现实系统的特征和变化规律。

系统模型按存在形式可以分为以下几类。

1) 实体模型

实体模型包括两个方面——直观模型和物理模型。直观模型是指供展览用的实物模型,通常是把原型的尺寸按比例缩小或放大,主要追求外观上的逼真,如一个待研制的新产品的模型,一个工厂、车间、仓库、生产线的平面布置模型等。实体模型的效果是一目了然。

物理模型是指根据相似原理构造的模型,它不仅可以显示原型的外形或某些特征,而且还可以用来进行实物模拟实验,间接地研究原型的某些规律,如波浪水箱中的舰艇模型用来模拟波浪冲击下舰艇的航行性能,风洞中的飞机模型用来试验飞机在气流中的空气动力学特性。通常,物理模型可得到实用上很有价值的结果,但也存在成本高、时间长、不灵活等缺点。

2) 符号模型

符号模型是指在一些约定或假设条件下借助专门的符号、线条等方式,按一定形式组合起来的模型,如地图、电路图、化学结构形式等,具有简明、方便、目的性强及非量化等特点。符号模型还包括定量模型、定性模型及实现它们的计算机程序。

定量模型,即数学逻辑模型,是对系统的各种变量的数学逻辑关系的抽象表述。而定性模型包括以下两类:

(1)描述性模型运用文字形式简明阐述系统的构成、所处环境、主要功能和研究目的等。

(2)流程图和图解式模型通常显示出系统组成部分相互之间的基本逻辑关系。

运用定量模型可以对逻辑关系清楚的系统进行建模,如企业中经常发生的排队问题,虽然该问题复杂,但是,其逻辑关系可以根据通用的规则描述清楚。运用定性模型,则可以描述不按通用规则运行的系统,主要体现为人们的经验和知识,如汽车司机对方向盘的操纵、一些技艺性较强的工种(如钳工)的操作,大体上是靠这类模型进行的。通常所说的某些领导凭经验做决策也是如此。

当把定量模型和定性模型开发成计算机系统时,这些模型就转换成计算机程序,因此，计算机程序也属于符号模型。

不管是实体模型还是符号模型，它们都是描述现实系统的不同方法，在描述时，要把握现实系统运行规律的显著特征，因此上述系统模型又有如下的分类：

（1）按是否包含随机因素，系统模型可以划分为确定性模型和随机性模型。在确定性模型中，不涉及随机变量，系统在某一时刻的新状态完全由系统的原状态及相应的活动所决定，即在一定的输入下，产生一定的输出结果。在随机性模型中，包含随机变量，在既定的条件和活动下，系统从一个状态转换为另一个状态，不是确定性的，而是具有随机性质，遵循一定的统计分布规律。显然，计算机模拟方法是针对随机性模型的。

（2）按系统变量随时间变化的特征，系统模型有离散型、连续型及离散-连续混合型之分。这种按时间变化的分类法与系统模拟原理的设计紧密相关，因此，有必要详细分析基于时间分类的系统特征。

1.1.3 系统类型

1）离散型系统

在离散系统中，随着时间的推移，系统状态只在某些具体的时间点呈离散性变化，在时间点之间则没有变化，而时间可以是连续性的或离散性的，这取决于系统状态的离散性变化是可以在任何时间点发生，还是仅能在某些特殊时间点发生。

图 1.1.1 表示离散系统的状态与时间的关系。

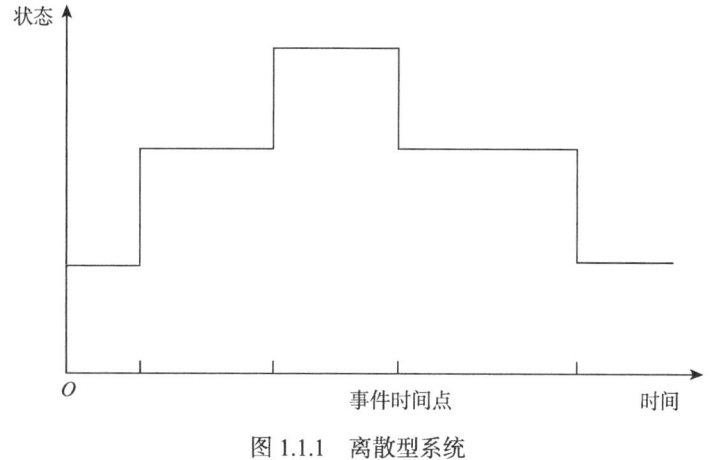

图 1.1.1 离散型系统

2）连续型系统

在连续系统中，系统状态随时间呈连续性变化。同样，模拟时间可以是连续性的，也可是离散性的。图 1.1.2 和图 1.1.3 分别表示了具有连续时间或离散时间的连续型系统的状态与时间的关系。

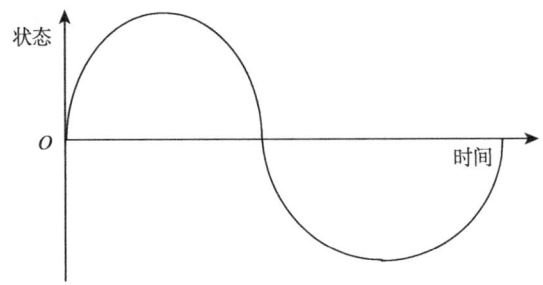

图 1.1.2 连续型系统（连续时间）

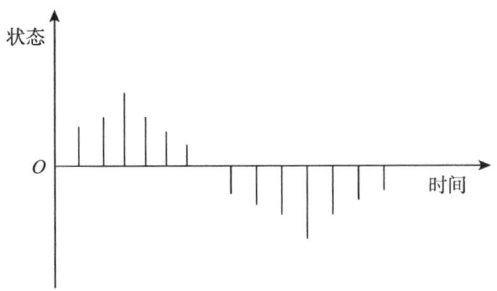

图 1.1.3 连续型系统（离散时间）

3）混合型系统

在混合系统中，系统状态可以做连续性及离散性的变化，或者做连续性变化并具有离散性突变。它的系统状态–时间可以是连续性的，也可以是离散性的。图 1.1.4 表示了混合型系统的例子—— 一个库存控制系统。

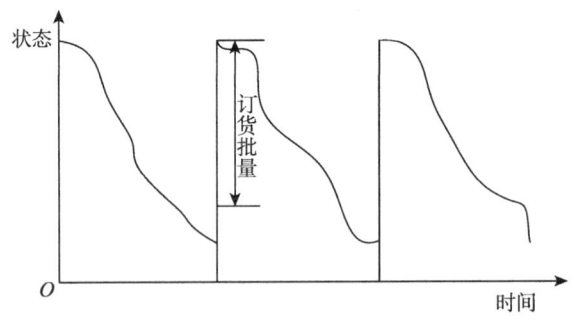

图 1.1.4 混合型系统

图 1.1.4 表明，在这个库存控制系统中，由于要满足用户需求或生产的耗用，库存量随着时间做连续性变化（减少）。当进行库存补充时，库存量离散性增加，其增量等于库存项目的订货批量。

1.1.4 系统研究方法

系统研究方法可分为两类——解析模型和模拟模型。从图 1.1.5 中可以看到，用于分析系统的抽象模型也可以被分为两类：一类是解析模型，而另一类是模拟模型。那么如何决定采用哪一种方法呢？这主要由基于两种方法的基本特点来决定的。

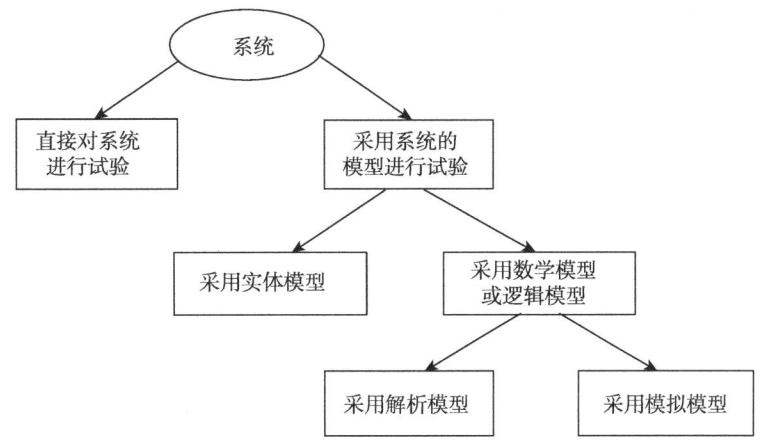

图 1.1.5 研究和分析系统的方法及模型种类

1）解析模型

解析模型，即确定的数学模型。在解析模型中，系统的行为表现（输出变量）是输入变量（包括模型参数）的确定函数，其结果是通过数学计算完全确定的解。如下面的一元二次方程：

$$Y = aX^2 + bX + c$$

解析模型就是一个简单的数学模型，由于变量 X 与 Y 之间的数量（函数）关系已经确定，对于任何设定的参数组合（a,b,c）来说，只要给出自变量 X 的数值变化，就可以完全确定因变量 Y 的数值变化。对于简单的系统来说，采用解析模型可以求出精确的结果。然而对于现实中的大多数系统来说，由于其复杂性，确定变量之间的函数关系是非常困难甚至是不可能的，除非使用大量的假设来简化问题，然而增加的假设越多，模型的可信度和有效性也就越差。所以，完全采用解析模型的方法一般仅局限于对简单系统的分析研究。

2）模拟模型

模拟模型就是借以对真实系统进行计算机模拟的逻辑模型，通常是一个由相关程序和数据组成的计算机模型。通过对模拟过程中收集的数据进行统计分析，达到对系统表现行为的评估。模拟模型是通过对系统的结构与功能进行模拟表述，并运用统计的方法来分析其行为变化，其并不直接依赖于系统中各变量之间的确定关系（或者说函数关系），所以计算机模拟方法适用于任何复杂程度的系统。

事实上，计算机模拟之所以成为一种在实际应用中流行的系统分析手段，一个主要的原因就是它具有分析复杂系统的能力，或者说，在相对经济的条件下，计算机模拟能够有效地分析复杂的系统，为解决复杂问题提供有力的决策支持。

管理系统就是一种典型的复杂系统，尤其适合于采用计算机模拟方法来分析。

1.2 管理系统模拟

1.2.1 管理系统

管理系统是一个抽象的概念,具体涉及哪些内容,可以根据研究的实际问题来划定,如企业的一个部门、企业的一项业务流程,甚至企业内部的一群人等,从管理控制的角度来看,它们都可以称为管理系统。

对于一个管理系统说来,它与外部环境之间或其各组成部分之间总是存在着一定的关系的,可以综合运用定性分析和定量分析的方法,建立一定的符号模型,正确表述这些关系,以反映系统的本质,探索其运动规律。

但是,由于其建模的难度,管理系统被公认为是一种典型的复杂系统,其复杂性有两层含义,即难解的(complicated)和复杂的(complex)。

1)难解系统

难解系统是指那些能够被数学模型描述,但是数学模型过于复杂,以致无法用常规方法解题的系统,因此,其也可称做难解系统。在一般科学技术领域,把这一类系统叫做"复杂系统",如均有大量零部件的机动车、DVD-player 等,虽然这样的系统具有复杂的结构和精密的功能,但是毕竟可以用庞大的、数学的、静态的模型来描述和分析。

在管理领域,难解系统在企业执行层的排队问题中比较常见,如车间的生产作业计划编制、库存控制、物流管理等。

2)复杂系统

复杂系统是指由具有非线性的和反馈回路关系的部件组成的系统,其无法用数学的、静态的模型描述,须用复杂的相互作用的动态关系来描述。

在管理领域,复杂系统在企业的管理层、决策层系统中很常见,如人力资源管理、组织行为管理、市场营销管理等,其中,管理系统面向的或处理的都是"人",这种由"人"组成的系统,是典型的复杂系统,因为"人"的行为带有极大的不确定性。例如,员工上午答应的事情,下午就有可能变卦。

对于任何系统而言,人类是系统复杂性、不确定性的根源,人类系统是真正意义的复杂系统,并且在管理领域大量存在。

为了研究上述两类管理系统,人们归纳出了三条学术研究路径。

第一条研究路径:物的研究,其研究对象是难解系统,它不考虑人的因素,而是建立数学模型,并求得解析解。在无法获得解析解的情况下,采用启发式的算法或者采用计算机模拟的方法,就是管理科学与工程专业通常的做法。

第二条研究路径:人的研究,其研究对象是复杂系统,由于无法建立数学模型,因此通过经典理论、图形模型、实证研究等方法来解决问题是工商管理专业的通常做法。当然,在传统方法中,第二条研究路径是不包含计算机模拟方法的,但是本书将介绍复杂管理系统的多 Agent 模拟方法和定性模拟方法。

根据现实社会的现象与常识,这两条路径的做法还不全面,于是人们总结了管理系统的第三条研究路径：人-物互动的研究，人的行为对工作有影响，反过来，工作完成的情况（质量、时间等）也会影响人的行为，甚至改变人的本性。

由于三条研究路径都有本质不同的特征，因此，相应的模拟方法也显著不同。

计算机模拟方法包括蒙特卡罗模拟和系统模拟两类。两类方法的理论基础都是概率论与数理统计，蒙特卡罗模拟主要是通过抽样实验获取大量的随机样本数据，对样本数据进行统计来分析系统的静态规律，因此它不讲究时间概念。而系统模拟是在概率论与数理统计的基础上，讲究时间概念。下面分别阐述它们的原理。

1.2.2 蒙特卡罗模拟

1. 概念[2]

蒙特卡罗（Monte Carlo）方法亦称为随机模拟（randmon simulation）方法，有时也称做随机抽样（random sampling）技术或统计实验（statistical testing）方法。它是一种与一般数值计算方法有本质区别的计算方法，属于实验数学的一个分支，它利用随机数进行统计实验，将求得的统计特征值（如均值、概率等）作为待解问题的数值解。

这一方法源于美国在第二次世界大战的"曼哈顿计划"，该计划的主持人之一数学家冯·诺依曼，对裂变物质的中子随机扩散进行模拟，并以摩纳哥国内的世界闻名的赌城蒙特卡罗作为此项工作的秘密代号。用赌城名比喻随机模拟，风趣又贴切，很快得到广泛接受，此后，人们便把这种计算机随机模拟方法称为蒙特卡罗方法，该方法的基本思想很早以前就被人们发现和利用。

早在17世纪，人们就知道用事件（event）发生的"频率"来决定事件的"概率"，而在19世纪人们用投针实验的方法来确定圆周率 π。随着现代计算机技术的飞速发展，可以用计算机模拟随机过程，实现多次模拟实验并统计计算结果，进而可获得所求问题的近似结果。蒙特卡罗方法已经在原子弹工程的科学研究中发挥了极其重要的作用，并正在日益广泛地应用于物理、工程、经济、金融的各个方面。

它的基本思想是：为了求解数学、物理、工程技术及生产管理等方面的问题，首先，建立一个概率模型或随机过程，使它的参数等于问题的解；其次，通过对模型或过程的观察或抽样实验来计算所求随机参数的统计特征；最后，给出所求解的近似值，解的精确度可用估计值的标准误差来表示。

蒙特卡罗方法以概率统计理论作为其主要基础，以随机抽样（随机变量的抽样）作为其主要手段。它可以解决各种类型的问题，但总的来说，视其是否涉及随机过程的性态和结果，可将这些问题分为两类：第一类是确定性的数学问题，如计算多重积分、解线性代数方程组等；第二类是随机性问题，如原子核物理问题、运筹学中的库存问题、随机服务系统中的排队问题、动物的生态竞争和传染病的蔓延问题等。

若平面上有一个边长为1的正方形及其内部的一个形状不规则的图形，如何求出这个图形的面积呢？蒙特卡罗方法是这样一种随机化的方法，即向该正方形随机地投掷 N 个点，如果 M 个点落于图形内，则该图形的面积近似为 M/N。也可用选举民意测验来做一个不严格的比喻，民意测验的人不是征询每一个登记选民的意见，而是通过对选民进行小规模的抽样调查来确定可能的优胜者。这些方法的基本思想是一样的。

科学计算中的问题比这要复杂得多。例如，金融衍生产品（期权、期货、掉期等）的定价及交易风险估算，问题的维数（即变量的个数）可能高达数百甚至数千。对这类问题，难度随维数的增加呈指数增长，这就是所谓的"维数的灾难"（curse of dimensionality），传统的数值方法难以对付（即使使用速度最快的计算机）。

蒙特卡罗方法能很好地用来对付维数的灾难，因为该方法的计算复杂性不再依赖于维数，并且，科学家们为提高方法的效率提出了许多所谓的"方差缩减"技巧。

2. 原理[2]

通过上述介绍，可归纳出蒙特卡罗方法的基本原理，即利用各种不同分布随机变量的抽样序列来模拟实际的概率模型，给出问题数值解的渐近统计估计值。其要点如下：

（1）针对问题建立简单而又便于实现的概率统计模型，使要求的解恰好是所建模型的概率分布或数学期望。

（2）根据概率统计模型的特点和实际计算的需要改进模型，以便减小模拟结果的方差，降低费用，提高效率。

（3）建立随机变量的抽样方法，其中包括产生伪随机数及各种分布随机变量抽样序列的方法。

（4）给出问题解的统计估计值及其方差或标准差。

对应上述要点，运用蒙特卡罗方法，有如下三个主要步骤。

1）构造或描述概率过程

对于本身就具有随机性质的问题，主要是正确描述和模拟其概率过程。对于本来不是随机性质的确定性问题，如计算定积分，就必须事先构造一个人为的概率过程，它的某些参量正好是所要求问题的解，即要将不具有随机性质的问题转化为随机性质的问题。

2）以已知概率分布进行抽样

构造了概率模型以后，由于各种概率模型都可以看做由各种各样的概率分布构成的，因此产生已知概率分布的随机变量（或随机向量），就成为实现蒙特卡罗方法模拟实验的基本手段，这也是蒙特卡罗方法被称为随机抽样的原因。

最简单、最基本、最重要的一个概率分布是(0, 1)上的均匀分布(uniform distribution, 或称矩形分布)。随机数就是具有这种均匀分布的随机变量，随机数序列就是具有这种分布的总体的一个简单子样，也就是一个具有这种分布的相互独立的随机变数序列。产生随机数，就是以这个分布进行抽样。

在计算机上，可以用物理方法产生随机数，但价格昂贵，不能重复，使用不便。另一种方法是用数学递推公式来产生，这样产生的序列，与真正的随机数列不同，所以称为伪随机数或伪随机数序列。不过，经过多种统计检验表明，它与真正的随机数或随机数序列具有相近的性质，因此可以把它作为真正的随机数来使用。

以已知分布进行随机抽样有多种方法，与从（0,1）上均匀分布抽样不同的是这些方法都是借助随机序列来实现的，即都是以产生随机数为前提的。由此可见，随机数是实现蒙特卡罗模拟的基本工具。

3）建立各种估计量

一般来说，构造了概率模型并能从中抽样（即实现模拟实验）后，要确定一个随机变量作为所要求的问题的解，这个解称为无偏估计。建立各种估计量，相当于对模拟实验的结果进行考察和登记，从中得到问题的解。

与其他的数值计算方法相比，蒙特卡罗方法的优点如下。

（1）收敛速度与问题维数无关，换句话说，要达到同一精度，用蒙特卡罗方法选取的点数与维数无关，计算时间仅与维数成比例。但一般数值方法，如在计算多重积分时，要达到同样的误差，点数与维数的幂次成比例，计算量随维数的幂次方而增加。这一特性决定了蒙特卡罗方法对多维问题的适用性。

（2）受问题的条件限制的影响小。

（3）程序结构简单，在计算机上实现蒙特卡罗计算时，程序结构清晰简单，便于编制和调试。

（4）具有其他数值计算方法不能替代的作用。

蒙特卡罗方法的弱点是收敛速度慢、误差大。除此之外，对于大系统，蒙特卡罗方法通常不适用，但其他数值方法往往很适应，能算出较好的结果。因此，已有人将数值方法与蒙特卡罗方法联合起来使用，克服这种局限性，取得了一定的效果。

3. 举例

1）复杂函数求解[3]

此处介绍一个简单例子。假设需要求解下列积分：

$$I = \int_a^b g(x)\mathrm{d}x$$

其中，$g(x)$是一个无法通过解析方法求解的实函数。为了用蒙特卡罗方法估算此积分，定义一个随机变量：

$$Y = (b-a)g(X)$$

其中，X是一个连续的随机变量，在区间[a,b]上服从均匀分布，即$X \sim U(a,b)$。这样，变量Y的期望值为

$$E(Y) = E\left[(b-a)g(X)\right] = (b-a)E\left[g(X)\right]$$
$$= (b-a)\int_a^b g(x)f_X(x)\mathrm{d}x = (b-a)\frac{\int_a^b g(x)\mathrm{d}x}{(b-a)} = I$$

其中，$f_X(x)$是X的概率密度函数。这样，解决该积分的问题简化成为估计随机变量Y的期望值$E(Y)$的问题。尤其是可以通过样本均值来估计$E(Y)=I$，具体如下：

$$E(Y) \approx \overline{Y}(n) = \frac{\sum_{i=1}^{n} Y_i}{n} = (b-a) \frac{\sum_{i=1}^{n} g(X_i)}{n}$$

其中，n 是样本容量；$(X_1, X_2, \cdots, X_n)$ 是一组服从 $U(a,b)$ 的独立的、相同分布的随机变量。假定 $g(x)$ 是一个正弦函数，而需要估算的积分是

$$I = \int_0^{\pi} \sin x \, \mathrm{d}x$$

表1.1.1 给出了用蒙特卡罗方法估计的数值结果。可见，对于不同的样本容量 n，得出的估计结果也不同，即样本容量越大，得出的估计值越接近于真值2（即估计结果越准确）。

表1.1.1　蒙特卡罗模拟估算的数值结果

n	10	20	40	80	160
$\overline{Y}(n)$	2.213	1.951	1.948	1.989	1.993

2）销售商的采购决策[4]

某糖果公司提供美味巧克力和冰激凌灌注服务。在像情人节这样的特定场合，该店必须提前几周向供应商订购专门包装的糖果——一种叫做"情人节马萨克巧克力"的产品，每盒的购入价是7.50美元，售出价是12.00美元。在2月14日前未售出的任何一盒都按50%打折，且总是容易售出。在过去，该糖果公司每年售出的盒数介于40~90盒，没有明显的增加或减少趋势。公司的两难问题是确定为情人节的顾客订购多少盒糖果。一方面，若需求超过进货数量，公司将失去获利机会；另一方面，若购进的盒数太多，公司将因其折扣价低于成本而损失一笔钱。

若进货数量是 Q，销售需求是 D，则公司利润的表达式为

$$\text{利润} = \begin{cases} 12D - 7.50Q + 6(Q-D), & \text{当 } D \leq Q \\ 12Q - 7.50Q, & \text{当 } D > Q \end{cases} \quad (1.1.1)$$

在第一种情形，即需求小于订购量时，公司通过售出的 D 盒得到全价收入，必须为购买的 Q 盒付款，而从剩余部分得到半价收入。在第二种情形，即需求超过订购量时，公司仅能售出 Q 盒，每盒挣得净利润 12.00-7.50=4.50（美元）。

这种情况下模拟模型的输入量如下：

（1）订购量 Q（为决策变量）。

（2）变动收益和成本因素（为常数）。

（3）需求 D（为不可控和随机的）。

模型的输出是净利润。

假如知道需求量，则利润可通过式（1.1.1）来计算。由于需求是随机的，那么从需求的概率分布中"抽出"一个值来代表需求。

假定需求将以相同的概率（1/6）取40、50、60、70、80或90，为使这个问题简化，可通过掷一枚骰子来生成样本。

表1.1.2 给出了骰子掷出值与每个需求结果间的联系。

表 1.1.2　骰子点数代表的需求量

骰子点数	需求
1	40
2	50
3	60
4	70
5	80
6	90

下面对订购量 $Q=60$ 进行蒙特卡罗模拟。模拟过程如下：

步骤 1，掷骰子。

步骤 2，根据表 1.1.2 确定需求量 D。

步骤 3，利用 $Q=60$，根据式（1.1.1）计算利润。

步骤 4，记录利润。

例如，假定第一次掷骰子得 4，此时对应的需求量为 70。由于 $D=70>Q=60$，利用式（1.1.1）计算利润：

$$利润 = 12 \times 60 - 7.50 \times 60 = 270 (美元)$$

通过重复模拟，可以建立利润的分布并评估风险。表 1.1.3 汇总了重复实验 10 次的结果。根据表 1.1.3，利用 $Q=60$，糖果公司可以预期的平均利润为 246 美元。

表 1.1.3　糖果公司的 10 次重复模拟（$Q=60$）

重复	骰子点数	需求量	利润/美元
1	5	80	270
2	3	60	270
3	2	50	210
4	4	70	270
5	1	40	150
6	3	60	270
7	5	80	270
8	6	90	270
9	2	50	210
10	3	60	270
平均值			246

利用表 1.1.3 可构造一个利润的频数分布，可见，利润为 150 美元的机会是 10%，为 210 美元的机会是 20%，为 270 美元的机会是 70%。这个利润频数分布提供了对 60 盒订购量决策所涉风险的评估。

如果再重复模拟，不难预料将掷出不同的骰子点数，从而可能获得不同的利润平均值和频数分布。这对洞悉模拟的本质，即抽样实验本身带有不确定性是重要的。因此，必须设法将模拟结果中的不确定性数量化。

从上面的实验还可以看到，10 次重复将只给出有限个结果。对于大的重复次数，可预计骰子的每个值大致会有相同的掷出次数。在本次小实验中，掷出 2、3 和 5 的次数是掷出 1、4 或 6 的次数的 2 倍（粗略地说是这样，细究之，从表 1.1.3 可知 3 出现 3 次，是 1、4 或 6 出现次数的 3 倍）。因此可以预料，关于平均利润和风险的结论是有点偏差的，且得到的频数分布并不代表真实的利润分布。例如，将这种模拟重复 100 次，得到表 1.1.4 所示的频数分布。平均利润为 232.80 美元。这个平均值，可能比仅利用 10 次重复得到的结果更接近真实的期望值。因而，为了用蒙特卡罗模拟得出有效的结果，必须重复足够多的次数。

表 1.1.4 利润的频数分布

利润/美元	频数
150	20
210	22
270	58

最后，表 1.1.3 的结果并未给出订购量 $Q=60$ 是否最优的结论。为了找出最优决策，必须用不同的订购量进行实验，即对 40、50、60、70、80 和 90 这些订购量重复模拟 100 次，最终得到的结果是，使平均利润最大的订购量为 $Q=80$，此时平均利润为 251.40 美元。

这个例子说明蒙特卡罗模拟的本质为，从概率分布中重复抽样以建立输出变量的分布。

1.2.3 系统模拟

系统模拟是一种讲究时间概念，并且以先期事件序列和时间推移为依据的模拟方法，它是在建立符号模型的基础上，通过计算机实验，对系统按照一定的决策原则或作业规则，随着时间的推移，由一个状态变换为另一个状态的动态行为进行描述和分析。

1. 分类

在 1.1.2 小节中，系统模型可以按照存在形式、运行规律进行分类。系统模拟也有相应或类似的分类。

1）按照时间变化的分类

根据 1.1.3 小节系统模型按时间变化的分类，系统模拟也有相应的三种类型——离散模拟、连续模拟、离散-连续混合模拟。在某些情况下，对于同样的系统，既可以采用离散性变化（突然变化）的模型进行模拟，也可以采用连续性变化（光滑变化）的模型进行模拟。

从数学模型的变量的角度来看，组成系统模拟模型的变量包括因变量和自变量。因变量反映的是系统的状态，系统模拟就是通过对因变量（动态行为）的描述和统计，来分析系统的性能；而自变量就是模拟时钟。

通常，模拟时钟是系统模拟的唯一自变量，因变量，即系统状态是模拟时间的函数。

2）按照技术特征的分类

根据系统模拟的技术特点来看，即从系统模拟的实现途径来看，系统模拟的实现途径包括两大类——从下到上的方法及从上到下的方法。这也就是系统模拟的方法分类——微观模拟方法和系统动力学方法。

如前所述，系统模拟是针对复杂系统进行建模和分析的，由于系统的复杂性，我们无法把握其运行规律，只好从底层入手来研究，即根据系统要素的局部规则来建模，以推演整体系统的演化。顾名思义，这类方法被称为微观模拟方法。微观模拟方法又分为离散模拟和多 Agent 模拟方法。

相反，系统动力学模拟方法通过对系统总体上的把握，建立描述系统整体的数学模型，并通过整体数学模型的运算，分析系统动态行为的变化规律。其中，反映系统动态行为的整体数学模型，通常以微分方程组和差分方程组的形式表示。

数学方程组及对数学方程组的模拟实现，都属于连续模拟方法中要研究的问题，因此，我们将系统动力学方法归类到连续模拟之中。

2. 输入/输出结构

从管理系统的角度来看，无论何种类型的模拟模型，都可视为输入/输出的变换器，当对模型输入一定的变量时，经过模拟运行，即可得到相应的输出响应。图 1.1.6 描述的为这种变换过程。

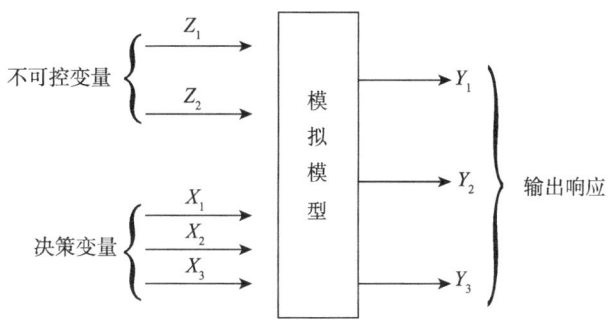

图 1.1.6　输入/输出变换

输入变量可分为不可控的随机变量和可控的决策变量。

不可控变量取决于客观的过程，它们不能由建模人员控制。例如，在离散模拟的服务系统中，顾客的到达间隔时间、服务时间等就是典型的不可控变量。又如，在连续模拟的生产-销售系统（见 3.4.2 小节）中，顾客每周商品的需求量也是不可控变量。

决策变量是建模人员可以控制的，并最终将形成管理方案，如服务系统中的服务员数目、队列数目、排队规则等，以及生产-销售系统中的每周商品订货量等。

输出变量可分为系统的状态变量和性能变量。

状态变量是系统随时间推移的状态的描述。例如，在服务系统中，顾客在系统中的停留人数［相当于生产系统中的在制品（work in process，WIP）］数、服务员的繁忙或空闲状态等；又如，生产-销售系统商品的库存量。

性能变量是对状态变量进行统计得出的系统性能的描述。例如，在服务系统中，顾客在系统中的平均停留时间、服务员的负荷率等。

管理系统模拟的目的，就是在内部和外部环境（即不可控变量）既定的条件下，通过对模拟输出的统计和分析，对管理系统或管理方案（即决策变量）的性能进行评价。因此，状态变量和决策变量都可以作为系统的评价指标。

3. 作用

管理系统模拟是一种崭新的辅助管理决策和系统设计的现代化管理技术，具体作用如下。

（1）直接用真实系统进行实验的做法有时根本不可能，如研究确定宇宙飞船的发射操作程序；为一个规划中的制造工厂设计和确定其生产设施设备的布局，当真实的系统还没有建立时，利用计算机模拟模型进行模拟是分析系统的唯一选择。

（2）对于现有的实际运行的系统，如果为了深入了解它并改进它，在实际的系统中进行实验，往往要花费大量的人力、物力、财力和时间，有时甚至成为不可能，而通过计算机模拟，系统可以正常工作而不受干扰，经过分析模拟结果，对现有系统在既定的工作条件下的性能做出正确分析与评价，并预测其未来发展，提出改进方案。

（3）对于所设计的新系统，在未能确定它的优劣的情况下，可以不必花费大量的投资去建立它，而是采用计算机模拟，对新系统的可行性和经济效益做出正确的评价，帮助人们选择最优或较优的系统设计方案。

（4）在管理的宏观、微观决策中，通过收集、处理和分析有关信息，可能拟订多个不同的决策方案，它们具有不同的决策变量或参数组合。针对这些不同的决策方案，进行多次计算机模拟运行，按照既定的目标函数对不同的决策方案进行分析比较，从中选择最优方案，辅助最优管理决策。

1.3 系统模拟的一般步骤

管理系统模拟是一项辅助管理决策和系统设计的现代化管理技术。对一个管理系统进行计算机模拟，需要经历一个去粗取精、去伪存真、由表及里、由浅入深，逐步把握系统状态变化规律的过程，整个系统模拟过程可以划分为一定的阶段，经过一定的步骤。图1.1.7说明了系统模拟的步骤。现对各个步骤简要说明如下[1]。

1）问题描述与系统定义

这是系统模拟的首要阶段。在进行系统模拟之前，必须对所研究的问题进行正确的定量的或定性的描述，明确规定系统模拟的目的与任务。问题描述远比问题求解更为重要，显然，对于一个错误的问题，无论花费多大的精力和时间去探求"精确解"，都将是徒劳的。要正确定义所研究的系统的边界、组成部分和环境，正确决定评价模拟方案优劣的准则，即衡量系统性能或模拟输出结果的目标函数。实践证明，这个阶段工作的好坏，对于系统模拟的质量和效率至关重要。

2）建立系统模型

根据系统的结构、管理决策原则和作业规则，分析系统及其各组成部分的状态变量

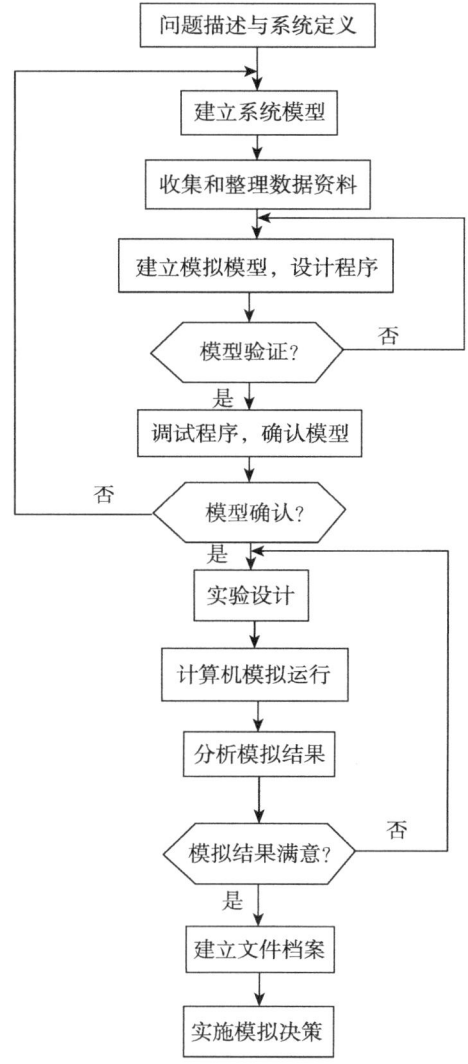

图 1.1.7　系统模拟的步骤

和参数之间的数学逻辑关系,在此基础上建立所研究的系统的数学逻辑模型。系统模型应该正确反映实际系统的本质,还应繁简适宜。它过于简化,无助于研究系统任务的完成;它过于详细,又会使模型显得烦琐,淹没了影响系统状态变化的主要因素,问题难以求解,并且浪费人力和财力。一种可取的办法是,先建立考虑系统的主要因素的较为简单的模型,之后再逐步加以补充和完善。

3) 收集和整理数据资料

在系统模拟中,需要输入大量的数据,并且它们的正确性直接影响模拟输出结果的正确性,于是正确地收集和整理数据资料便成为系统模拟的重要组成部分。通过这项工作,提供数学模型计算所需的参数数值及基础资料(如有关的物资、工时、能源等的消耗定额,各种费用定额等),确定各项随机变量的分布函数形式及其相应参数,并汇集系统组成部分的相互关联的定性分析资料。所以，在一定程度上说，良好的管理基础工作是管理系统模拟得以进行的重要前提。

4）建立模拟模型，设计程序

运用通用的计算机程序语言或专用模拟语言，将系统的数学逻辑模型转变为主要由计算机程序组成的模拟模型，以便在计算机上进行模拟运行。在这个阶段，要进行模型的验证，考察计算机模拟程序是否正确反映了系统的数学逻辑模型，并在必要时进行相应的修改。

5）调试程序，确认模型

进行调试性模拟，分析其结果，确认模型，考察所设计的数学逻辑模型是否正确地反映了现实系统的本质。随之相应地修改模型和调整计算机程序，直至数学逻辑模型的精度达到满意的水平。

6）实验设计

主要是建立系统模拟运行的实验条件。通常计算机模拟实验要达到两个目的：①探求优化输出结果的可控变量与参数的最佳组合；②阐明模拟输出结果与系统的可控因素之间的关系。为此，要合理设计具有不同的可控变量与参数组合的模拟方案，设定系统的初始条件，确定模拟运行长度，决定随机样本大小和独立模拟运行次数等。

7）计算机模拟运行

对所研究的系统进行大量的计算机模拟运行，以获得丰富的模拟输出资料。一般应详细、准确记录每次模拟运行的输入参数和输出结果，以供分析时使用。

8）分析模拟结果

从以下几方面对计算机模拟运行所获得的输出结果进分析：①通过计算样本均值、均方差及置信区间等指标分析模拟结果的统计特征。②进行灵敏度分析，考察输入参数值的变化对输出结果的影响。如果某些参数的微小变化会引起输出结果的巨大变化，那么这些参数的灵敏度高，值得花费更多的时间和精力对它们求得更精确的估计；反之亦然。在进行灵敏度分析方面，系统模拟实验较之现实系统实验有着独到的优点。③依据既定的目标函数，选择较优方案。在上述分析的基础上，做出模拟结论，向管理决策人员提出建议以辅助管理决策。

9）建立文档

把经过验证、确认和运行考核的系统模型、计算机模拟程序，以及相应的输入、输出资料和分析结论写成书面文件，建立档案以备查询。一方面供系统分析与设计人员改进模型、深化模拟做参考，另一方面供管理决策人员改善决策和实施决策之用。

10）实施模拟决策

将经过计算机模拟实验辅助做出的管理决策付诸实施。只有实现了这一步，系统模拟才能完成自己的任务，达到预期的目的。

1.4 系统模拟的实例：一个手工模拟

1.4.1 单服务员储蓄所系统

为了帮助读者理解模拟的基本概念和应用，现在来考虑一个离散系统模拟的简单例子[1]。假设需要被分析的系统是一个单服务员储蓄所系统（图 1.1.8）。

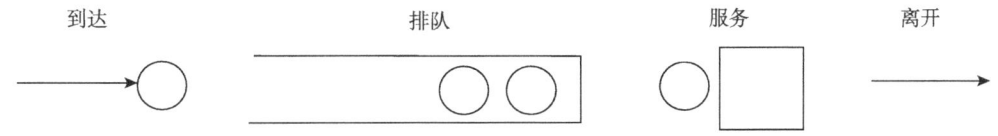

图 1.1.8 一个单服务员排队系统

这个系统是拥有一个出纳员的储蓄所。顾客来到储蓄所，当出纳员繁忙时就排队等候，当出纳员空闲时就接受服务，然后离开系统。从图 1.1.8 中可以看出，这个单服务员排队系统是由下列要素构成的："顾客"是在系统中流动的个体，"出纳员"是为个体提供服务的资源，此外，还需要一个"排队"来容纳进入系统并等候服务的个体。

为了模拟这个系统的过程，需要产生两组符合实际情景的随机变量数值：一组代表顾客的到达时间，而另一组代表相应的售票服务时间。

假设顾客随机地进入系统（即其到达系统的时间是随机变量），加入排队等候服务。出纳服务的时间也是随机分布的变量。模拟这个排队服务系统的操作运转，直到该系统完成第十位顾客的服务（即此例的模拟终止条件为完成第十位顾客的服务）。

为简化问题起见，假设我们已经通过某种方法产生了这些数值（即到达时间和服务时间），具体如表 1.1.5 所示。

表 1.1.5 顾客的到达时间和服务时间（单位：分）

顾客编号	到达时间	服务时间
1	3.2	3.8
2	10.9	3.5
3	13.2	4.2
4	14.8	3.1
5	17.7	2.4
6	19.8	4.3
7	21.5	2.7
8	26.3	2.1
9	32.1	2.5
10	36.6	3.4

我们对该系统进行人工模拟，其目的在于确定出纳员的空闲时间所占的比例以及顾客在系统内的平均停留时间。

1.4.2 系统的手工模拟

由于系统模拟是系统状态随时间而变化的动态写照,因此必须定义系统状态。在本例中,系统状态可以由出纳员的繁忙或空闲状态以及系统内顾客数量来决定。系统状态在下列情况下发生改变:①顾客到达储蓄所;②出纳员完成任务。然后顾客离开系统。

为了进行模拟,我们通过处理在一个时间序列中的顾客到达事件和顾客离开事件来确定系统状态随时间的变化。

在单服务员储蓄所系统的人工模拟中,为系统假设了以下的初始条件:系统内没有顾客,出纳员空闲,第一个顾客在3.2分来到系统。表1.1.6说明了本储蓄所的人工模拟情况。

表 1.1.6 本储蓄所的人工模拟情况(单位:分)

顾客编号	到达时间	开始服务时间	离开时间	排队时间	系统内停留时间
1	3.2	3.2	7.0	0	3.8
2	10.9	10.9	14.4	0	3.5
3	13.2	14.4	18.6	1.2	5.4
4	14.8	18.6	21.7	3.8	6.9
5	17.7	21.7	24.1	1.0	6.4
6	19.8	24.1	28.4	1.3	8.6
7	21.5	28.4	31.1	6.9	9.6
8	26.3	31.1	33.2	4.8	6.9
9	32.1	33.2	35.7	1.1	3.6
10	36.6	36.6	40.0	0	3.4

在表1.1.6中,第1、2栏数据取自表1.1.5。第3栏开始服务时间等于本顾客到达时间与前一顾客离开时间中的较大值。第4栏离开时间等于第3栏开始服务时间与表1.1.5中的服务时间之和。第5栏排队时间等于开始服务时间与到达时间之差。第6栏顾客在系统内停留时间等于离开时间减去到达时间。顾客的平均排队时间为2.61分,平均停留时间为5.81分。

到达事件和离开事件的处理逻辑与事件时间的系统状态有关。在到达事件中,来到系统的顾客的处理取决于出纳员状态。若出纳员空闲,则将出纳员状态变为繁忙,并安排一个顾客离开事件在与现在时间相隔的服务时间后发生。可是,当顾客来到时,若出纳员繁忙,则他就只能加入排队行列,于是排队人数加1。

对于离开事件,其处理逻辑由队列长度而定。如果队列中有顾客等候服务,那么出纳员状态仍未繁忙,此时队长减1,并安排此顾客的离开事件;如果队列已空,那么就将出纳员状态设定为空闲。

表1.1.7是本系统模拟的事件描述。其中事件按事件时间由小到大的顺序排列。

表 1.1.7 本系统模拟的事件描述

事件时间	顾客编号	事件类型	排队人数	系统内人数	出纳员状态	出纳员空闲时间
0.0	—	开始	0	0	空闲	—
3.2	1	到达	0	1	繁忙	3.2
7.0	1	离开	0	0	空闲	
10.9	2	到达	0	1	繁忙	3.9
13.2	3	到达	1	2	繁忙	
14.4	2	离开	0	1	繁忙	
14.8	4	到达	1	2	繁忙	
17.7	5	到达	2	3	繁忙	
18.6	3	离开	1	2	繁忙	
19.8	6	到达	2	3	繁忙	
21.5	7	到达	3	4	繁忙	
21.7	4	离开	2	3	繁忙	
24.1	5	离开	1	2	繁忙	
26.3	8	到达	2	3	繁忙	
28.4	6	离开	1	2	繁忙	
31.1	7	离开	0	1	繁忙	
32.1	9	到达	1	2	繁忙	
33.5	8	离开	0	1	繁忙	
35.7	9	离开	0	0	空闲	
36.6	10	到达	0	1	繁忙	0.9
40.0	10	离开	0	0	空闲	

图 1.1.9 表示系统状态随时间的变化。由图 1.1.9 可以看出,在模拟开始后的 40 分钟内,系统内的平均顾客人数为 1.452 5,出纳员的空闲时间占 20%。

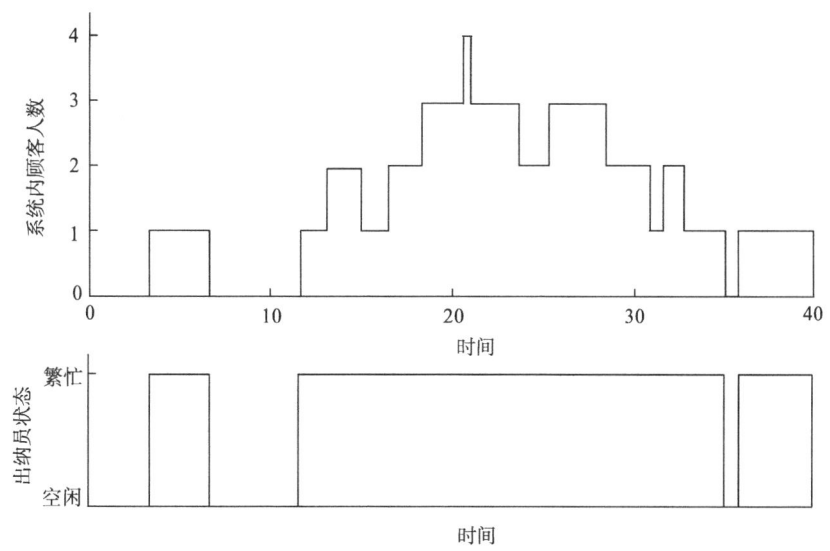

图 1.1.9 系统状态的变化

尽管这是一个很小的简单例子,而且采用的是手工计算而不是计算机建模的方式进行模拟,但是我们仍然可以通过这个例子来了解系统模拟的基本方法和过程。

习题与思考

1. 请分析和比较一般系统、管理系统的特征。
2. 查阅资料，总结管理领域蒙特卡罗模拟的最新应用进展。
3. 考虑下面的问题：假设某个银行只有一个营业窗口开放，顾客们随机性地进入银行，然后按照先后次序排队等候服务。营业员服务顾客的时间也是一个随机变量。假定顾客的到达时间和每位顾客的服务时间都已经给出，并且列在下面的表格中，采用手工的方式模拟这个系统，直到第十位顾客完成其服务后离开系统。

顾客序号	到达时间	服务时间	服务开始时间	服务结束时间	停留时间	空闲时间	等候时间
1	2	3					
2	6	4					
3	9	6					
4	10	3					
5	13	2					
6	17	5					
7	22	4					
8	27	5					
9	31	4					
10	34	3					

根据模拟结果回答下列问题：
（1）顾客在系统中的平均停留时间（从进入到离开的时间）。
（2）顾客的平均排队等候时间。
（3）营业员处于空闲状态的百分比。
（4）在排队中经历了等候时间的顾客的百分比。
（5）平均的排队长度（或者说，排队中平均有多少顾客）。
（6）营业员的平均负荷率（即处于工作状态的百分比）。

第2章

离散模拟原理

如果系统的状态变量随着时间的推移是发生离散变化的，这时就要采用离散模拟方法来实现该类系统的模拟。离散模拟是最成熟的模拟方法，已形成完整的理论方法体系。

2.1 基本概念

在模拟模型中，有两类主要的变量，即自变量和状态变量，其中自变量一般是指时间变量。离散系统的状态变量随自变量（时间变量）的变化，在某些离散时间点上呈现突变现象，而且这些离散时间点一般是不确定的。

例如，在单服务员理发馆系统中，设上午 9：00 开门，下午 5：00 关门，其间顾客的到达时间一般是随机的，为每个顾客服务的时间长短也是随机的。描述该系统的状态包括服务台的状态（繁忙或空闲）、顾客排队等待的队长等。这些状态变量的变化有如下两个突变现象：

（1）状态变量的变化只能在离散的随机时间点上发生。顾客是随机到达的，而不是连续不断到达的；顾客是随机服务完的，而不是连续不断服务完的。

（2）状态变量在离散时间点上发生的变化是突变。顾客一旦到达理发馆，如果此时服务员的状态是空闲的，那么服务员立刻从空闲变成繁忙，而不会缓慢地变为繁忙；如果此时服务员的状态是繁忙的，那么顾客排队等待的队长立刻增加一人，而不会缓慢地增加一人。

类似的例子还很多，如订票系统、库存系统、加工制造系统、交通控制系统、计算机系统等。

由于离散系统固有的随机性，对这类系统的研究往往十分困难。经典的概率及数理统计理论、随机过程理论为研究这类系统提供了理论基础,并能对一些朴素系统提供解析解,但在现实生活和工作中的系统,只有依靠计算机模拟技术才能提供较为完整的结果。

下面首先介绍在离散系统模拟中所用到的一些基本概念。

2.1.1 术语

1) 实体

实体(entity)是指由系统外部到达系统的人、物等个体,它们在系统中停留并接受处理,最终离开系统,如单服务员理发馆系统的顾客,就是实体,它按一定规律到达,经过服务员服务(可能要排队等待一段时间)后即离开系统。那些虽然到达但未进入理发馆的顾客则不能称为该系统的实体。

2) 资源

资源是指处理实体的服务员、设备等永久驻留在系统中的个体,如单服务员理发馆系统中的服务员。只要系统处于活动状态,这些资源就存在,或者说资源是系统处于活动的必要条件。

实体按一定规律不断到达(产生),在资源的作用下通过系统,最后离开系统,整个系统呈现出动态过程。

3) 属性

属性是指系统的实体和资源的特性。在某种意义上来说,管理系统模拟的任务就在于,分析和研究系统实体、资源及其属性(attributes)的变化规律,评价系统的工作性能,从而辅助管理决策和系统设计。因而,正确划定模拟的实体、资源及其属性是系统建模的重要组成部分。表 1.2.1 列举了一个生产计划系统的实体、资源及属性。

表 1.2.1 生产计划系统的实体、资源和属性

对象		属性
实体	产品	类型、需求量、生产量、库存量、交货期单价、工时定额
	元件	类型、需求量、生产量、库存量、单价、工时定额
	原材料	类型、需求量、库存量、订货点、订货批量、消耗定额
资源	机器	类型、拥有量、作业时间、调整时间、役龄
	工人	工种、组别级别、数量、作业时间、工资、工龄

4) 事件

事件是指引起系统状态发生变化的事实。发生事件的时间点称为事件时间。一个事件可以是一个实体的产生或消失,它引起实体、资源的属性值的变化,也可以是一项活动的开始或结束。从某种意义上说,这类系统的运行是由事件来驱动的。可以把这类离散系统称为离散事件系统,对这类系统的模拟称为离散事件模拟(见 2.1.2 节)。

例如,在单服务员理发馆系统中,可以定义"顾客到达"为一类事件,由于顾客到达,系统的状态,如资源(服务员)的"状态"可能从空闲变到繁忙(如果无人排队),或者系统状态,如排队的顾客人数发生变化(队列人数加 1)。一个顾客接受服务完毕后

离开系统也可以定义为一类事件,因为资源"状态"由繁忙变成空闲。

在一个系统中,往往有许多类事件,而事件的发生一般与某一类实体相联系,某一类事件的发生还可能会引起别的事件发生,或者是另一事件发生的条件等。为了实现对系统中的事件进行管理,模拟模型中必须建立事件表,表中记录每一个已经发生的或将要发生的事件类型和发生时间及与该事件相连的实体或资源的有关属性。

在模拟模型中,由于是依靠事件来驱动,除了系统中固有事件(又称为系统事件)外,还有所谓"程序事件",它用于控制模拟进程。例如,如果要对单服务员理发馆系统进行从上午9:00开门到下午5:00关门这一段时间内的动态过程模拟,则可以定义"模拟时间达到8小时后停止模拟"为一个程序事件,当该事件发生时结束模拟模型的执行。

5)模拟时钟

模拟时钟用于表示模拟时间的变化。由于引起状态变化的事件发生时间的随机性,模拟时钟的推进步长则完全是随机的;而且,两个相邻发生的事件之间系统状态不会发生任何变化,因而模拟时钟可以跨过这些"不活动"周期,从一个事件发生时刻推进到下一事件发生时刻,模拟时钟的推进呈现跳跃性,推进速度具有随机性。可见,在模拟模型中时间控制部件是必不可少的,它按一定规律来控制模拟时钟的推进。

2.1.2 分类

离散模拟模型按照工作机理的不同,或者按照分别侧重于处理事件、活动和过程的不同,可以分为三类:

(1)以事件为基础(event orientation)的。

(2)以活动扫描为基础(activity scanning orientation)的。

(3)以过程为基础(process orientation)的。

下面以一个单人服务排队系统为实际背景来分别加以说明。

1)以事件为基础的离散模拟

以事件为基础的离散模拟称为离散事件模拟。在这种模拟中,系统的建模是通过定义系统状态在事件时间的变化来实现的。建模的任务在于,确定导致系统状态改变的事件以及与各类事件相对应的逻辑关系。系统的模拟正是由执行与在一个时间序列中的每个相关联的逻辑变换而进行的。这是目前在离散型模拟中应用得最为广泛的一种模型。

在排队系统中,顾客到达事件和顾客离去事件是基本的事件。图 1.2.1 表示排队系统的离散事件模拟模型。

2)以活动扫描为基础的离散模拟

在以活动扫描为基础的离散模拟中,模拟模型描述系统的实体所进行的活动,以及预定导致活动开始或结束的条件。活动开始或终止的事件并非由模型事先安排,而是由活动规定的条件所初始化。随着模拟时钟按一定步长推进,对每项活动的开始或终止的条件进行扫描。如果预定的条件满足的话,那么相应的活动就得以进行。为了保证顾及每项活动,必须在每个时间点对整个活动集合进行扫描。

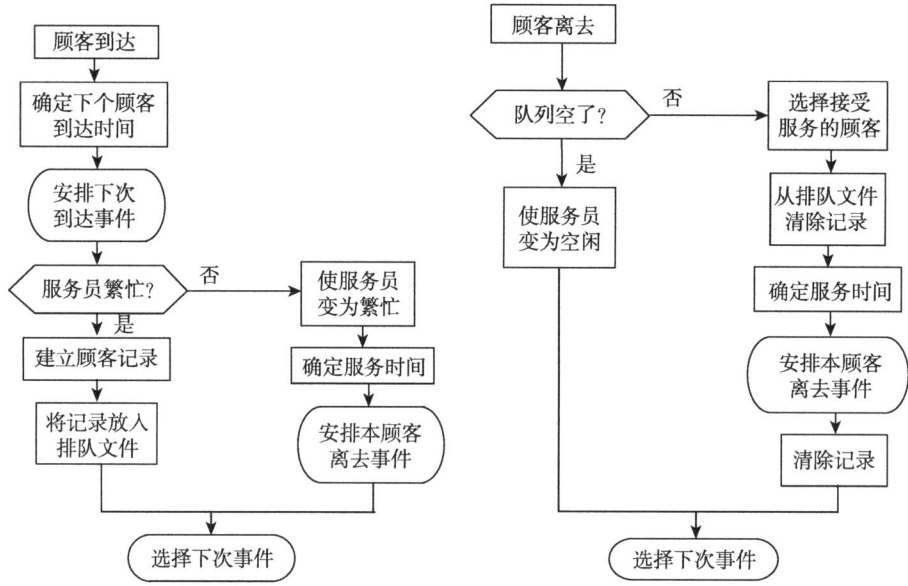

图 1.2.1　排队系统的离散事件模拟模型

这种模拟尤其适宜于活动延续时间不定并且是由满足一定条件的系统状态而决定的情况。由于当模拟时间每向前推进一步，都需要对所有的活动进行扫描，所以与以事件为基础的模拟相比，它的效率低，因而目前应用不够广泛。

3）以过程为基础的离散模拟

所谓过程是由事件的时间序列以及若干活动所组成。它描述了作为模拟对象的实体如何流经具有一定资源的系统的过程。

例如，为了模拟排队服务系统，可以运用下述语句：

（1）每隔 T 分钟产生一个到达的实体。
（2）实体排队等候服务。
（3）将模拟时钟以服务时间的步长向前推移一步。
（4）当服务结束时"解脱"服务员。
（5）将实体从系统清除。

2.2　模拟时间推进机理

系统的状态通常表示为时间的函数。这里有两种时间——模拟时间和计算机时间需加以区别。模拟时间是指模型所规定的模拟时间，它等于设定的模拟开始时间与模拟终止时间之的差，以年、月、日、时、分、秒等表示；而计算机时间是指在计算机上进行该项模拟所占用的时间。

前文中已经谈到，系统模拟是系统状态随时间而变化的动态写照。在系统模拟中，随着模拟过程的进行，必须保持跟踪模拟时间的当前数值。因而设计正确的模拟时间推进机理是系统模拟的一个非常重要的问题。它应该正确推进模拟时间或更新系统的时间状态，保持系统的各项要素和发生的事件的同期化。通常在模拟模型中，设置一个变量来表示模拟时间的当前值，称为模拟时钟。

推进模拟时间的基本方法有下列两种。

1）下次事件法

在离散事件模拟中主要应用下次事件法。它是将模拟时间从一个事件时间点推进至紧接的下次事件的时间点，并相应更新反映系统状态的变量的值。

由于在离散事件模拟中，系统状态仅在事件时间点发生变化，即系统状态在两次事件之间不发生变化，因而模拟时钟可以跳过这些系统状态不发生变化的时间区间。图1.2.2中子图（a）表示了下次事件法的机理。

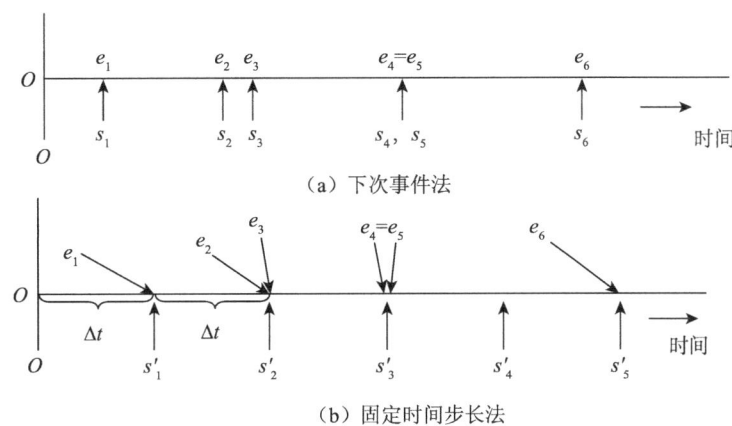

图 1.2.2 模拟时间推进方法

图1.2.2中，e_1、e_2、e_3、e_4、e_5、e_6为依次发生的离散事件，其中e_4、e_5为同时发生的事件，s_1、s_2、s_3、s_4、s_5、s_6为模拟时钟依次推至的相应的离散时间点，即$s_1=e_1$、$s_2=e_2$、$s_3=e_3$、$s_4=e_4$、$s_5=e_5$、$s_6=e_6$。为打破多个事件同时发生而出现的僵持局面，需要设定这些相互重叠的事件的处理顺序的规则。

2）固定时间步长法

按照这种方法，模拟时间每次以相等的固定步长向前推进。图1.2.2中子图（b）表示了固定时间步长法的机理。图1.2.2中，s'_1、s'_2、s'_3、s'_4、s'_5为模拟时钟依次推至的时间点。显然，$s'_1=\Delta t$、$s'_2=2\Delta t$、$s'_3=3\Delta t$、$s'_4=4\Delta t$、$s'_5=5\Delta t$。在每次更新模拟时间之后，要检查在相应的步距（Δt）内是否发生了事件，若有事件发生，则在更新系统状态时，将该区间发生的事件移至该区间终点处理，如将e_1移至s'_1处理，e_1和e_2移至s'_2处理，依次类推。显然，这样的处理会导致计算误差，减少步长可以减少误差，但都会增加计算机模拟的时间和费用，对此应权衡利弊。这种方法在离散模拟中应用不多，而在连续型模拟中应用较多。

2.3 离散系统模拟的评价

此处以排队服务系统为例介绍离散系统模拟的评价。排队理论已经广泛应用于各种管理系统，如仓库供应、企业生产、物资分配与流通、交通运输、计算机作业、银行服务、医院及保健服务、商店、餐厅、理发店等生活服务，都可以作为如图 1.2.3 所示的排队服务系统进行处理。在系统模拟的应用中，尤以排队系统的离散型模拟最为普遍。在某种程度上说，管理系统模拟正是在排队系统的离散模拟的基础上逐渐发展起来的。

图 1.2.3 排队服务系统

排队服务系统的主要实体是由接受服务的各种形式的顾客及提供各种形式服务的服务者或服务设施构成的。表 1.2.2 简要说明了多种排队服务系统的实体。

表 1.2.2 排队服务系统的实体、资源

系统类型	顾客（实体）	服务者（资源）
物资仓库	领料人员	仓库管理员
货物储运站	待运货物	储运人员及设备
机械加工工段	加工工件	加工设备、操作工人
计算机系统	待处理的作业	计算机
航空公司售票处	旅客	售票员
银行	存款户	出纳员
医院	病人	医生、护士
商店、理发店	男、女顾客	服务员、理发师
餐厅	食客	服务员、厨师

在分析排队服务系统时，通常涉及的因素可能包括以下几个方面。

（1）顾客到达的速率或相邻顾客到达的间隔时间，呈确定性或随机性。
（2）服务速率或单位顾客的服务时间，呈确定性或随机性。
（3）服务者或服务设施的数量。
（4）顾客排队规则，有先进先出、后进先出及其他优先规则。
（5）排队列数，有单列的和多列的。
（6）队列容量，分为有限的和无限的。

评价排队服务系统性能的指标主要有以下三个。

（1）顾客在系统内的平均停留时间（$\bar{d}$）为

$$\bar{d} = \frac{\sum_{i=1}^{n} d_i}{n}$$

其中，d_i 为第 i 个顾客在系统内的停留时间；n 为完成服务的顾客人数。

（2）系统内的平均顾客人数（$\bar{q}$）为

$$\bar{q} = \frac{\sum_{j=1}^{m}\left[q_j \cdot (t_j - t_{j-1})\right]}{T}$$

其中，q_j 为发生第 j 事件时的系统内的顾客人数；t_j 为第 j 事件的发生时间；t_{j-1} 为第 j-1 事件的发生时间；T 为整个模拟时间；m 为在 T 期间发生的事件数目。

图 1.2.4 说明了 $\bar{q}$ 的计算方法。

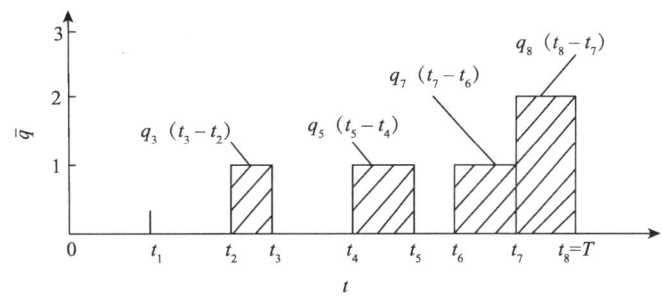

图 1.2.4　$\bar{q}$ 计算说明图

图 1.2.4 中的画有剖面线的面积之和等于下式右边的分子部分，即

$$\bar{q} = \frac{q_3 \cdot (t_3 - t_2) + q_5 \cdot (t_5 - t_4) + q_7 \cdot (t_7 - t_6) + q_8 \cdot (t_8 - t_7)}{T}$$

（3）服务员负荷率等于服务员繁忙时间之和与整个模拟时间之比。

下面介绍排队系统及库存系统的模拟，它们是两类最常见的离散事件模拟。

2.4　M/M/1 排队系统的模拟

这个排队系统的服务员为一人。顾客到达系统的间隔时间为平均值等于 1 分的指数分布随机变量。单位顾客服务时间为平均值等于 0.5 分的指数分布随机变量。单列排队，采取先进先出的规则，排队行列的最大容量为 100。模拟的终止条件为有 1 000 个顾客服务结束离开系统。

2.4.1　系统的实体、属性和事件

事件类型包括顾客到达事件、服务开始事件及服务结束事件。但是，一般，服务开始事件与顾客到达事件或服务结束事件相互重合，所以也可以称事件类型包括有两类事件：

（1）第 1 类事件——顾客到达事件。

（2）第 2 类事件——顾客在服务结束后离开系统。

2.4.2 系统模拟程序

为了进行模拟，除了主函数外，还要编制一系列的子函数，它们的功能如表 1.2.3 所示。

表 1.2.3 排队服务系统模拟的函数

函数名称	功能
INIT	初始化所有变量
TIMING	确定离当前模拟时钟最近时间点的事件类型和事件时间，并将模拟时钟推移到该时间点
ARRIVE	处理 1 类事件
DEPART	处理 2 类事件
REPORT	输出打印模拟报告
EXPON（RMEAN）	产生平均值为 RMEAN 的指数分布随机变量

表 1.2.4 列举模型的变量的名称和定义。

表 1.2.4 本模型的变量

变量名称	定义
输入参数：	
MARRVT	顾客到达间隔时间的平均值
MAERVT	顾客服务时间的平均值
TOTCUS	进行观测的结束服务的顾客总数
模拟变量：	
ANIQ	排队系统中顾客数目的时间积分值
DELAY	顾客排队等待时间
NEVNTS	事件类型数目，本例中为 2
NEXT	下一事件的类型
NIQ	排队等待的顾客数目
UMCUS	系统中已经结束服务的顾客数目
RMEAN	指数分布随机变量的平均值
RMIN	定时子程序用于确定最近事件时间的变量
STATUS	服务员状态变量，空闲时它为 0，繁忙时它为 1
TARRVL(I)	在排队系统中等待的第 i 个顾客的到达时间
TIME	模拟时间
TLEVNT	上次事件的时间
TNE(I)	下一次事件 I（I=1,2）的发生时间
TOTDEL	已经结束服务的所有顾客的停留时间总数
U	(0,1)间均匀分布随机变量
输出变量：	
AVGDEL	顾客在系统中的平均停留时间
AVGNIQ	系统中的平均顾客人数

以下是用 C#开发的各个函数的代码。

下面是变量声明部分：

```
static double Marrvt = 0.5;      //到达的间隔时间的期望
    static double Mservt = 1;    //服务时间的期望
        static int TotalCus = 1000;    //顾客总数
```

```csharp
const int NEVENTS = 2;        //事件类型数
/// <summary>
/// 在排队系统中等待的第i个顾客的到达时间
/// </summary>
static double[] TARRVL = new double[TotalCus];
/// <summary>
/// 顾客排队等待时间
/// </summary>
static double DELAY;
/// <summary>
/// 下一时间的类型,只能取0或1
/// </summary>
static int NEXT;
/// <summary>
/// 排队等待的顾客数目
/// </summary>
static int NIQ=0;
/// <summary>
/// 系统中已经结束服务的顾客数目
/// </summary>
static int NUMCUS;
/// <summary>
/// 服务员状态变量,空闲时为0,繁忙时为1
/// </summary>
static int STATUS;
/// <summary>
/// 模拟时间
/// </summary>
static double TIME;
/// <summary>
/// 上次事件的时间
/// </summary>
static double TLEVNT;
/// <summary>
/// THE[0] 表示下次到达事件发生的时间,THE[1]表示下次离开事件发生的时间
/// </summary>
static double[] TNE = new double[2];
```

/// <summary>
/// 已经结束服务的所有顾客的停留时间总数
/// </summary>
static double TOTDEL;
/// <summary>
/// 系统中人数的时间积分值
/// </summary>
static double ANIQ;
/// <summary>
/// 离当前模拟时钟最近事件的时间
/// </summary>
static double RMIN;
/// <summary>
/// 顾客在系统中的平均停留时间
/// </summary>
static double AVGDEL;
/// <summary>
/// 系统中的平均顾客人数
/// </summary>
static double AVGNIQ;

下面是主函数:

```
INIT();                        //为各变量赋予初始值
while (NUMCUS < TotalCus)
{
    TIMING();                  //定时函数,用于决定下个发生的事件类型、事件时间
    if (NEXT == 0)             //判断即将发生的时间类型
    {
        ARRIVE();              //处理到达事件
    }
    else
    {
        DEPART();              //处理离开事件
    }
}
REPORT();                      //打印结果
```

下面是INIT初始化函数:

```
private static void INIT()
```

```csharp
        {
            // throw new NotImplementedException();
            TIME = 0.0;              //模拟运行从0时刻开始
            STATUS = 0;              //开始时，服务员为空闲
            NIQ = 0;                 //系统中的停留人数
            TLEVNT = 0.0;            //上次事件时间
            NUMCUS = 0;
            TOTDEL = 0.0;
            ANIQ = 0.0;
            TNE[0] = TIME + Exprand.RandExp(Marrvt);
            TNE[1] = 1.0E+30;
            for(int i=0;i<TOTDEL;i++)
            {
                TARRVL[i] = 0.0;
            }
        }
```

下面是 TIMING 定时函数：

```csharp
  private static void TIMING()
  {
        RMIN = 1.0E+30;
        NEXT = −1;
        for(int i=0;i<NEVENTS;i++)
        {
            if(TNE[i]<RMIN)
            {
                RMIN = TNE[i];
                NEXT = i;
            }
        }
        if(NEXT<0)
        {
            MessageBox.Show("EVENT LIST IS EMPTY");
        }
        else
        {
            TIME = TNE[NEXT];
        }
  }
```

ARRIVE 函数是处理第 1 类事件即顾客到达事件的子函数。图 1.2.5 为 ARRIVE 函数流程图。

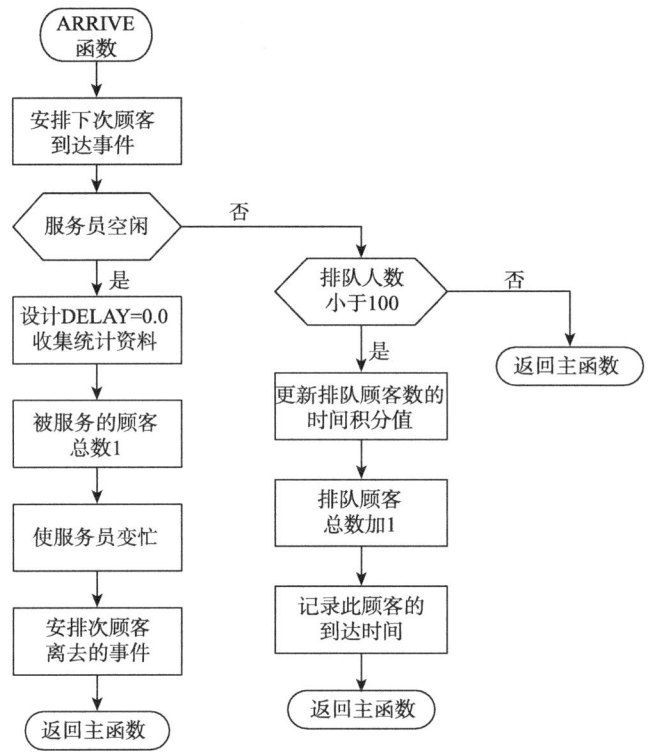

图 1.2.5 ARRIVE 函数流程图

下面是 ARRIVE 函数：

```
private static void ARRIVE()
{
                TNE[0] = TIME + Exprand.RandExp(Marrvt);
    if (STATUS == 1)
    {
        ANIQ = ANIQ + NIQ * (TIME − TLEVNT);
        TLEVNT = TIME;
        NIQ = NIQ + 1;
        TARRVL[NIQ −1] = TIME;
        if (NIQ > 100)
        {
        ANIQ = ANIQ + NIQ * (TIME − TLEVNT);
        TLEVNT = TIME;
        NIQ = NIQ + 1;
        TARRVL[NIQ − 1] = TIME;
```

                }
            }
            else
            {
                DELAY = 0.0;
                NUMCUS = NUMCUS + 1;
                STATUS = 1;
                TNE[1] = TIME + Exprand.RandExp(Mservt);
            }
        }
DEPART 函数处理顾客服务结束离开系统事件，其流程图见图 1.2.6。

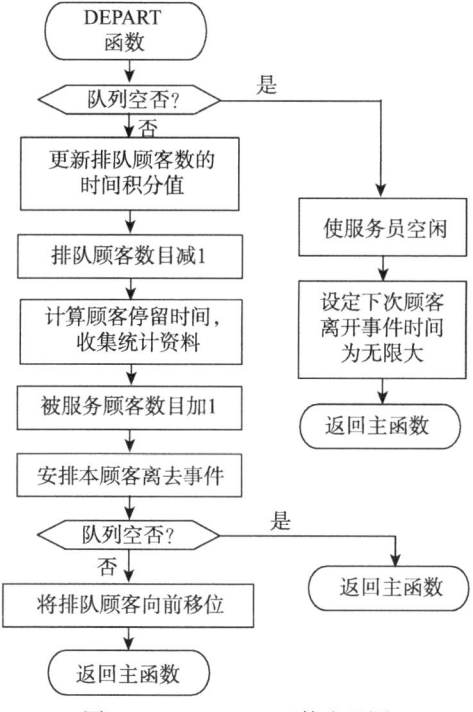

图 1.2.6　DEPART 函数流程图

下面是 ARRIVE 函数：

        private static void DEPART()
        {
            //throw new NotImplementedException();
            if(NIQ<=0)
            {
                STATUS = 0;
                TNE[1] = 1.0e+30;

```
            }
            else
            {
                ANIQ = ANIQ + NIQ * (TIME − TLEVNT);
                TLEVNT = TIME;
                NIQ = NIQ − 1;
                DELAY = TIME − TARRVL[1];
                TOTDEL = TOTDEL + DELAY;
              // Console.WriteLine(DELAY);
                NUMCUS += 1;
                TNE[1] = TIME + Exprand.RandExp(Mservt);
                if(NIQ!=0)
                {
                    for(int i=0;i<NIQ−1;i++)
                    {
                        TARRVL[i] = TARRVL[i + 1];
                    }
                }
            }
        }
```

下面是 REPORT 函数：

```
        private static void REPORT()
        {
            AVGDEL = TOTDEL / NUMCUS;
            AVGNIQ = ANIQ / TIME;
            Console.WriteLine("AVERAGE DELAY IN QUEUE {0}", AVGDEL);
            Console.WriteLine("AVERAGE NUMBER IN QUEUE {0}", AVGNIQ);
        }
```

下面是 EXPON(RMEAN)函数：

```
        public static double RandExp(double const_a)
        {
            Random rand = new Random(Guid.NewGuid().GetHashCode());
            double p = rand.NextDouble();
            double temp;
            if(const_a!=0)
            {
                temp = 1/const_a;
            }
```

```
        else
        {
            // MessageBox.Show("", "ERROR");
             throw new SystemException("除数不能为零！不能产生参数为零的
指数分布！ ");
        }
        double randres;
        while(true)
        {
            p = rand.NextDouble();
            if (p < const_a)
                break;
        }
        randres = -temp * Math.Log(temp * p, Math.E);
        return randres;
}
```
运行结果见图 1.2.7。

AVERAGE DELAY IN QUEUE 3.64593153169328
AVERAGE NUMBER IN QUEUE 0.430746332896108

图 1.2.7　排队系统模拟的输出报告

2.4.3　离散事件模拟模型的组成部分

在系统模拟中，离散事件模拟模型已经获得日益广泛的应用，通过以上例子的观察，我们可以归纳出离散事件模拟模型通常涉及的基本组成部分。

（1）系统状态：它由一组系统状态变量构成，用于描述系统在不同时刻的状态。例如，对上述的单一排队服务系统来说，我们可以定义两个状态变量：

$X=$服务者状态，取值范围（0，1）：0＝"空闲"，1＝"正在工作"

$Y=$等候服务的个体数量，取值范围：$0\sim N$（N是一个有限的整数）

（2）模拟时钟：其可以提供模拟时间的当前数值的变量，记录并代表模拟运行的时间。这种模拟时间是从一个事件的发生时刻跳跃到下一个事件发生的时刻，而"忽略"两事件之间的时间间隔。

因为从模拟的角度来讲，追踪运行这段时间间隔是毫无意义的，模拟所关心的是追踪事件发生时系统状态变量所发生的变化，所以我们采用的办法是跳过这段时间间隔，直接把模拟时钟从前一个事件跳跃到下一个事件的发生时刻。

（3）事件表：其包含有即将发生的事件的类型和时间，并将事件按一定规则排序的列表。事件代表着某种能够使系统状态产生变化的事情的发生，对于单一排队服务系统来说，"顾客的到达"和"顾客完成服务后离去"就是使系统状态发生变化的两个事件。

将距当前模拟时钟将要发生的事件排列在事件表中，模拟过程的运行就是按照时间顺序，由事件表中的一系列事件的不断发生而展开进行的。

（4）统计计数器：其用于存储关于系统工作成果的统计信息。模拟模型中为了跟踪收集有关系统表现的统计数据从而设置各种变量，如在单一排队服务系统中，我们就可以设置两个累计排队等候时间与闲置时间的变量作为统计计数器。

（5）初始化函数：其是指在开始模拟时对系统模拟进行初始化的函数。

（6）定时函数：此函数根据事件表确定下次事件，并将模拟时钟前移到下次事件时间。

（7）事件函数：一个事件函数对应于一种类型的事件，它在相应的事件发生时，处理该事件，更新系统状态。

（8）模拟报告函数：它在模拟结束时，计算与打印模拟的结果。

（9）主函数：它调用定时函数以确定下次事件，并以此控制各事件函数、更新系统状态。

图 1.2.8 是离散事件模拟的控制流程。它清楚地说明了离散事件模拟模型的各个组成部分的主要功能和相互关系。

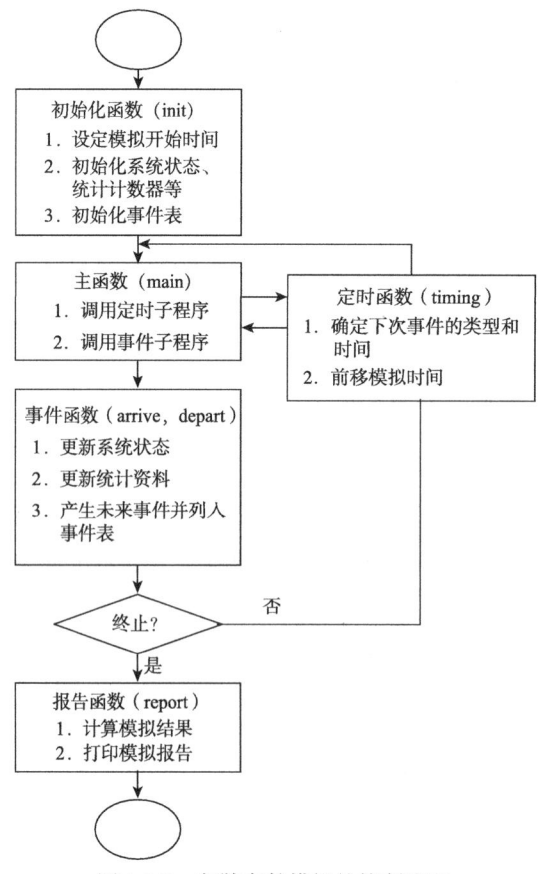

图 1.2.8　离散事件模拟的控制流程

2.5 库存控制的模拟

2.5.1 库存控制系统模型基本概念

目前已有大量的书籍和文献阐述了有关库存控制的理论和方法。实践表明，系统模拟是辅助库存控制系统尤其是随机库存控制系统的优化决策的重要方法。

通过系统模拟探求较优的库存策略，它可能涉及以下要素：①订货方法，如定量订货法（货点法）或定期订货法；②订货点水平；③订货批量；④检查间隔期；⑤最高库存量；⑥保险库存量。它们构成模拟模型的主要决策变量或参数。

一般来说，下述因素会在不同程度上影响库存控制系统的性能：

（1）库存货品的需求规律：对于确定型系统，它主要是指单位期间的货品需求量；对于随机型系统，它主要是指单位期间货品需求量的统计分布及其参数，或者单位货品需求的间隔期的统计分布及其参数。

（2）订货提前期及供应间隔期。

（3）货品库存量。

（4）缺货数量。

（5）每次订货费用。

（6）每次检查费用。

（7）单位货品单位期间的库存费用。

（8）单位货品单位期间的缺货费用。

（9）货品单价。

（10）订货次数。

（11）利息率。

通常，可以运用下述指标中的一项或几项来评价系统的性能：

（1）服务水平，其是指库存控制系统满足产品需求的程度，它等于已满足的需求累计数量与累计需求总量之比。

（2）库存控制费用，包括订货费用、库存维持费用、缺货费用等。

（3）库存货品流动资金占用量。

运用离散模拟模型对库存控制系统进行模拟，安排和处理事件是十分重要的。通常主要涉及下列类型的事件：

（1）货品需求发生事件。

（2）货品到达事件。

（3）库存检查事件，必要时安排订货事件。

（4）模拟运行终结事件。

下面介绍一个单项货品随机型库存控制系统的模拟模型建模过程。

2.5.2 单项货品随机库存控制系统模拟[5]

为简化问题，对于一个仅有一种货品的库存控制系统进行模拟，以决定何时订货以及订多少货。

该系统的需求发生间隔时间为平均值等于 0.1 月的指数分布随机变量。每次货品需求量 D 是独立的离散型随机变量，如下所示：

$$D = \begin{cases} 1, & \text{概率为}1/6 \\ 2, & \text{概率为}1/3 \\ 3, & \text{概率为}1/3 \\ 4, & \text{概率为}1/6 \end{cases}$$

系统采用定期检查订货法，即按月检查库存，将库存量 I 与订货点 R 进行比较，以决定货数量 Q

$$Q = \begin{cases} M - I, & \text{当}I < R \\ 0, & \text{当}I \geqslant R \end{cases}$$

其中，M 为最高库存量。

当需求发生时，若库存量大于或等于需求量，则需求量得到满足，如库存量仍为正值，就形成实际库存量，记为 $I^+(t)$，为此需支付库存费用。若需求量大于库存量，则超过部分就是缺货数量，假设可以由以后的到货来满足，为此需支出缺货费用，此时库存量为负值，记为 $I^-(t)$。订货提前期为在(0.5, 1)区间内的均匀分布随机变量。

以月平均库存总费用来衡量系统工作性能，它由下式计算：

$$\text{ACOST} = \text{AORDC} + \text{AHLDC} + \text{ASHRC}$$

其中，ACOST 为月平均库存总费用；AORDC 为月平均订货费用；AHLDC 为月平均库存维持费用；ASHRC 为月平均缺货费用。

月平均订货费用由订货次数和每次订货费用决定。月平均库存维持费用由下式决定：

$$\text{AHLDC} = h \frac{\int_0^n I^+(t) \mathrm{d}t}{n}$$

其中，h 为单位货品的月库存维持费用；n 为模拟期间的月数；t 为模拟时钟时间。

月平均缺货费用可由下式计算而得

$$\text{ASHRC} = \pi \frac{\int_0^n I^-(t) \mathrm{d}t}{n}$$

其中，π 为单位货品的月缺货费用。

假设系统的初始库存量 $I(0)=60$，模拟期 $n=120$。要求进行系统模拟，以月平均库存总费用为准则，对下述九个库存订货策略进行比较与分析：

$$(R, M) = \begin{cases} (20,40), (20,60), (20,80), (20,100), (40,60), \\ (40,80), (40,100), (60,80), (60,100) \end{cases}$$

本模型设定四类事件，如表 1.2.5 所示。当同时发生多种事件时，编号小的事件优先处理。

表 1.2.5　事件的类型和内容

事件类型	事件内容
1	货品到达
2	货品需求发生
3	模拟运行终结
4	检查库存(必要时订货)

货品到达事件如图 1.2.9 所示，当供应商的货品到达时，依据到达的货品数量增加相应的库存量，并将已经完成的事件清除。货品需求事件如图 1.2.10 所示，首先产生一定量的需求，其次依据需求量减少相应的库存量，最后安排下一次货品需求事件。值得注意的是，这一过程可能导致库存量为负。

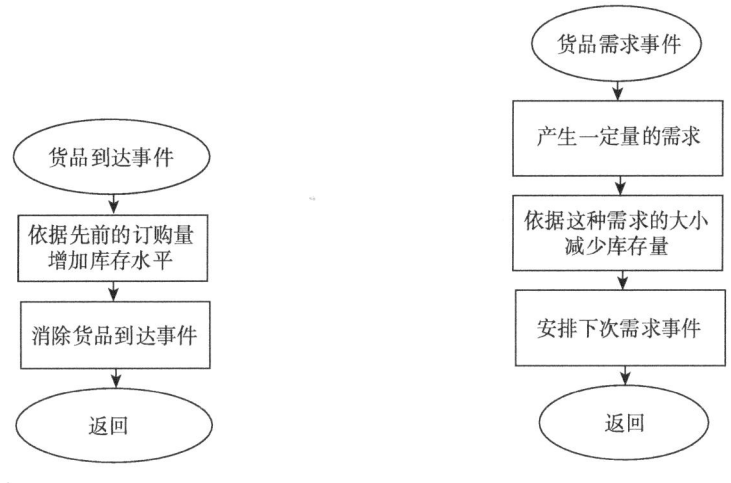

图 1.2.9　货品到达事件　　　　图 1.2.10　货品需求事件

检查库存事件一般发生在每月的月初，如图 1.2.11 所示，如果库存量 $I(t)$ 至少为最高库存量 M，则无法再放置货品，直接转入下次检查库存事件；如果库存量 $I(t)$ 小于最高库存量 M，则可放置 $M-I(t)$ 的货品，通过货品到达事件来增加库存货品量，并安排到达时间，最后转入下次检查库存事件。

模拟运行终结流程如图 1.2.12 所示，此过程需要更新库存时间积分值，如果上次库存量为负，则继续更新缺货数量 $I^-(t)$；如果上次库存量为正，则继续更新实际库存量 $I^+(t)$；如果上次库存量为零，则无需任何更新。

具体开发时，除编有主函数以外，还要编制若干子函数，如表 1.2.6 所示。

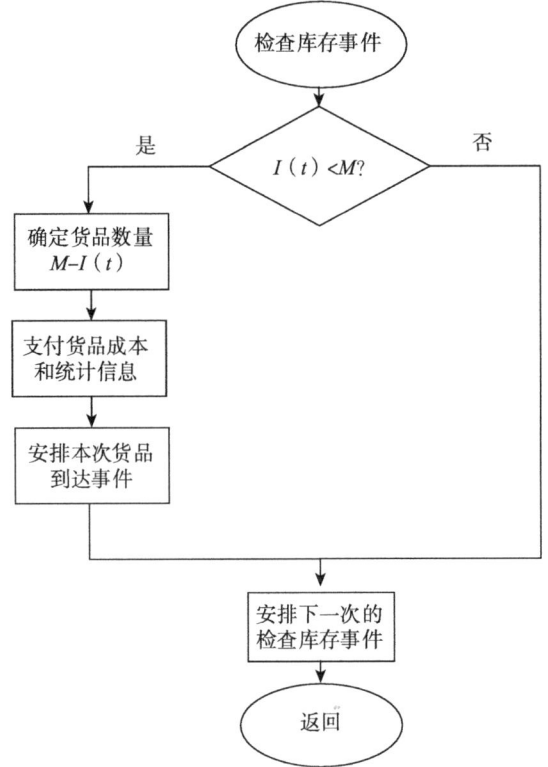

图 1.2.11 检查库存事件

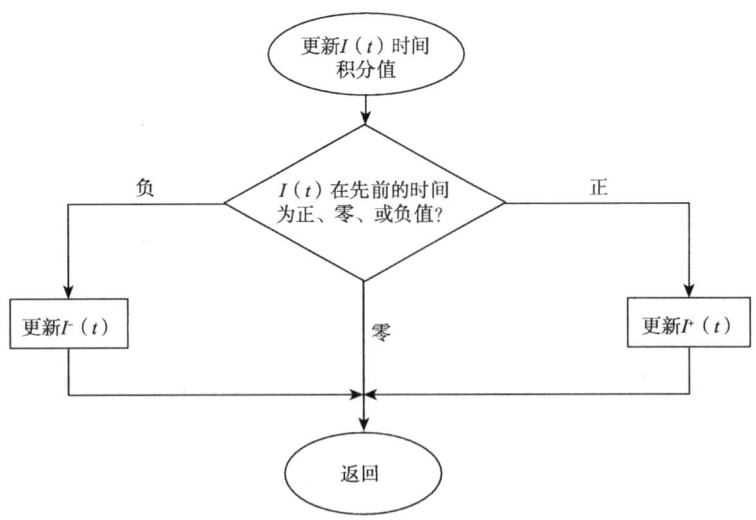

图 1.2.12 模拟运行终结(更新库存时间积分值)

表 1.2.6　本模型的子函数

子函数	主　要　功　能
INIT	系统初始化
TIMING	定时子程序
ORDARV	处理货品到达事件
DEMAND	处理货品需求发生事件
REPORT	处理模拟运行终结事件
REVIEW	处理检查库存事件
UPDATE	更新 $I^+(t)$ 和 $I^-(t)$ 的时间积分数
EXPON（RMEAN）	指数分布随机变量生成函数
RANDI（Z）	离散型随机变量生成函数
UNIFRM（A，B）	在 [A，B] 区间内的均匀分布随机变量的生成函数

本系统模拟的输入参数包括 M、R、n、h、π、$I(0)$、指数分布函数均值、订货策略方案数、每次需求量的种数、各种需求量的概率、每次订货费用等。

本系统模拟的模型变量如下：$I^+(t)$ 的时间积分值、$I^-(t)$ 的时间积分值、Q、$I(t)$ 事件类型数目、需求量、各种类型的下次事件时间（TNE(I)）、模拟时钟、总订货费用、与上次事件的时间间隔等。

本系统模拟的输出变量为 ACOST、AORDC、AHLDC、ASHRC 等。

主函数起着本系统模拟的总控制台的作用，它依次履行下述功能：

（1）读入各种参数值。

（2）打印模拟报告的表头。

（3）调用 INIT 函数，进行系统初始化。

（4）调用 TIMING 函数，安排事件的类型和时间。

（5）依据事件类型，调用 ORDARV、DEMAND、REPORT、REVIEW 等函数，以处理相应的事件。

（6）终止模拟。

INIT 函数设定系统模拟的初始条件，给有关变量和参数赋初值，安排首次货品需求事件，设定模拟终结事件。TIMING 函数确定下次事件的类型和时间，并更新模拟时钟。其工作机理和排队系统模拟的 TIMING 函数基本类似。

ORDARV 函数处理货品到达事件，它完成以下功能：①调用 UPDATE 函数，更新 $I^+(t)$ 或 $I^-(t)$ 的时间积分值；②更新库存量；③为下次货品到达事件时间 TNE(1) 赋予很大的数值。

DEMAND 函数处理货品需求事件，它依次完成下述功能：

（1）调用 UPDATE 函数，更新 $I^+(t)$ 或 $I^-(t)$ 的时间积分值。

（2）进行随机抽样，决定货品需求量。

（3）更新货品库存量。

（4）通过 TNE(2)=TIME+EXPON(RMEAN) 语句安排下次货品需求事件。

REVIEW 函数处理检查库存事件，将现有库存量与最高库存量进行比较，小于最高库存量则安排货品到达事件，否则直接转入下一次库存检查事件。

UPDATE 函数首先判断库存量 $I(t)$ 的状况,若 $I(t)$ 为正,则更新 $I^+(t)$ 的时间积分值;若 $I(t)$ 为负,则更新 $I^-(t)$ 的时间积分值;若 $I(t)$ 为零,则返回。

REPORT 函数处理模拟运行终结事件。它调用 UPDATE 函数计算 $I^+(t)$ 或 $I^-(t)$ 的时间积分值,计算 AORDC、AHLDC、ASHRC 和 ACOST,输出打印模拟报告。

表 1.2.7 提供了本系统模拟的输出结果。从表 1.2.7 中可见,在这 9 个订货策略方案中,$R=20$,$M=80$ 的方案为最优方案,此时月平均库存总费用最低,为 118.24 元。

表 1.2.7 本系统模拟的输出结果

订货策略		月平均库存总费用	月平均订货费用	月平均库存维持费用	月平均缺货费用
R	M				
20	40	123.92	98.80	8.91	16.21
20	60	125.58	92.77	15.98	16.82
20	80	118.24	82.95	27.04	8.25
20	100	126.13	82.07	35.96	8.10
40	60	125.71	98.13	26.24	1.34
40	80	123.58	86.72	35.98	0.87
40	100	134.35	87.68	45.15	1.52
60	80	145.69	101.20	44.29	0.20
60	100	144.08	89.16	54.93	0.00

2.6 并行/分布式模拟

2.6.1 概念

并行/分布式模拟起源于 20 世纪 70 年代末到 80 年代。该领域的研究起始于同步算法的研究。同步算法保证当模拟分布于多个计算机时,模拟结果与在单机上执行时相同。而用于虚拟环境的分布模拟开始于 20 世纪 80 年代,最引人注目的是分布式模拟在军事组织和娱乐行业的应用。军用虚拟环境早期工作始于 1983~1989 年的 SIMNET(SIMulator NETworking)计划,SIMNET 演示了自主模拟器的互联在军事训练上的应用,并从此部署用于实际训练,后来被 DIS(distributed interactive simulation)代替。分布式虚拟环境也用于交互式游戏,主要代表是施乐公司开发的一款虚拟计算机游戏 Adventure 和英国艾塞克斯大学开发的 MUD 游戏,游戏者在计算机虚拟世界各自扮演一个角色,并沉浸其中。随着并行/分布式模拟技术的发展,这项技术已经广泛应用于军事训练、军事测试和评估、娱乐、社会交往与商业合作、教育、远程通信网络、数字逻辑电路和计算机系统、交通等很多方面。

并行/分布式模拟是使模拟程序在并行/分布计算机系统(即有多个计算机组成的互联系统)上执行的一种技术。并行模拟运行在局限于单个机柜或计算机机房的一组计算机上,而分布模拟运行在分布于不同地理位置的多个计算机上。并行/分布式模拟主要有以下四个优点。

（1）减少运行时间。通过将大型模拟计算任务分解为大量子任务，并把这些子任务分配给多个处理器执行，可以将运行时间最多缩短到十分之一。

（2）地理上分布。能够让位于不同地理位置的人员共同参与模拟。

（3）能够实现不同型号硬件设备的集成。

（4）容错能力强。由于并行/分布式模拟系统是由多台计算机联网组成，如果某一台计算机失效，可以由其他计算机接替该计算机继续处理任务，可以保证模拟程序的执行不会中断。

2.6.2 并行/分布式模拟同步算法[6]

为实现并行/分布式模拟，我们通常将模拟对象看做由若干以某种方式相互作用的物理进程组成，并且每一种物理进程被建模成一个逻辑过程（logic process，LP），物理进程的交互，被建模成相应逻辑进程间带时戳（标记事件产生或消息发出的时间；在模拟过程中，指事件产生的时间）的消息交互。每个 LP 执行的计算是一系列的事件计算（即 2.4 节中提到的处理事件的事件函数），或为自己以及为其他 LP 调度新的事件。

然而，这里存在一个关键技术问题：每个 LP 可能收到了一个或多个从其他 LP 发送的事件消息，但是它并不能确定是否应该处理这些事件，因为模拟要求每个 LP 都必须按时戳顺序处理它所有的事件，包括它自己的和其他 LP 产生的。如果没有按照时戳顺序处理事件，可能会导致一个事件的计算影响过去的事件，这会引起计算错误。次序颠倒的事件处理引起的错误结果称为因果关系错误，确保事件按照时戳顺序来处理是并行/分布式模拟中的关键问题，被称为同步问题。当前，解决同步问题的方法主要有保守同步算法和乐观同步算法。

1）保守同步算法

为了确保所有 LP 都按照事件的时戳顺序进行处理，保守同步算法引入了"阻塞"、"前瞻量"及"空消息"机制。如果一个进程包含一个未处理的事件 E1，且没有时戳更小的事件，而且确定以后不可能接收到时戳小于 E1 的事件，那么事件 E1 被认为是安全的，可以处理。如果有其他未处理的时戳小于 E1 的事件，或者无法确认以后是否会接收到时戳小于 E1 的事件，那么 E1 被认为是不安全的，将被阻塞，等待处理。当 LP 在运行中必须阻塞时，会建立一个空队列循环，进入死锁状态，如图 1.2.13 所示。这时候，保守同步算法用"前瞻量"和"空消息"来打破死锁状态。

在图 1.2.13 中，假设任意两个 LP 之间的最小距离为 2。每个 LP 中矩形中的数字表示该 LP 包含的消息（事件）的时戳。由于 LP1 当前时间是 5，这意味着以后任何从 LP1 送往 LP2 的消息时戳最小为 7（即它的当前时间加上到 LP2 的距离）。这些信息对于 LP2 安全处理它的下一消息（时戳为 8）依然不充分。但是，因为 LP2 知道它的下一事件的时戳至少是 7，任何从 LP2 送往 LP3 的消息时戳至少是 9（即 7 加上 LP2 到 LP3 的最小距离）。因为 LP3 现在保证了任何从 LP2 收到的消息的时戳至少是 7，且任何从 LP1 收到的消息的时戳至少也是 7（即 5 加上 LP1 到 LP3 的最小距离），所以它能够安全处理时戳为 7 的消息，从而打破死锁。它利用了 2 个单位模拟时间的前瞻量来解决死锁问题。

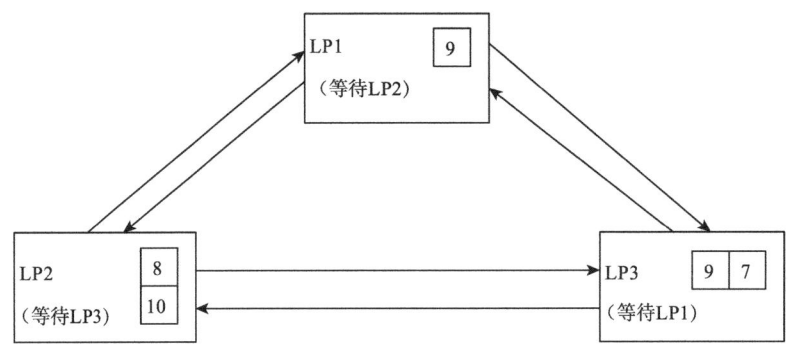

图 1.2.13 死锁状态

LP1 当前时间是 5，每个 LP 都在等待包含最小时戳的新事件，所有程序都被阻塞

对于保守机制来说，最基本的概念就是前瞻量。如果一个仿真时间为 T 的 LP 能够确定新事件的时戳至少为 T+L，那么 L 就是这个 LP 的前瞻量。前瞻量能够在运行过程中动态改变，但是前瞻量不能瞬间减小。在任何时刻 T，值为 L 的前瞻量表示模拟运行不会产生任何时戳小于 T+L 的新事件。如果前瞻量减少了 K 个模拟时间单位，那么 LP 必须在改变的前瞻量起作用之前推进 K 个单位，以保证不会有时戳小于 T+L 的时间产生。

另外，为了保持同步，保守同步机制还常用到"空消息"，空消息不与物理系统的实际活动对应，只用来通知其他 LP，该 LP 将来发送消息的时戳下限会更小。空消息的接收者能够计算出它对外连接的新下限，并且将这个消息发送给它的邻居们。空消息的时戳被设置为当前 LP 的时间加上它的前瞻量。

2）乐观同步算法

与保守同步算法不同的是，乐观同步算法允许 LP 可以不遵从事件的时戳序列进行处理，但提供某种机制恢复计算的正确性。在乐观同步协议下，即使计算的安全性得不到保证，这些事件也将被及时处理，当发现因果关系错误时，通过某种机制来"退出"错误的计算。乐观同步算法有很多，但最广为人知的是时间弯曲算法。

时间弯曲算法提出了乐观同步算法的基本概念，如回退、反消息、全局虚拟时间（global virtual time，GVT）等。时间弯曲算法由两部分组成——本地控制机制和全局控制机制。本地控制机制由每个 LP 执行，独立于其他 LP。全局控制机制用来提交不能回退的操作，如 I/O 操作，并回收内存资源，全局控制机制需要分布式计算，牵涉到系统中的所有处理器。

本地控制机制有以下两个特点。

（1）LP 事件列表中的事件可能是由其他的 LP 为其调度的。

（2）LP 在处理一个事件后并不立刻删除该事件，而是暂时保存在一个队列中。因为该事件可能会被回退，所以必须保留已处理的事件，回退发生时已处理的事件必须被再次处理。

图 1.2.14 显示了一个 LP 同时包含已处理和未处理的事件，必须进行回退操作。时大于掉队事件的事件计算是错误的，因为进行这些事件计算时的 LP 状态并没有考虑掉队事件对它的影响。因此，在图 1.2.14 中，时戳为 23 和 35 的事件处理是错误的。时间

弯曲算法解决这个问题的方法是回退或撤销时戳为 23 和 35 的事件计算，当处理完时戳为 17 的掉队事件后，按时戳顺序重新执行这些事件。

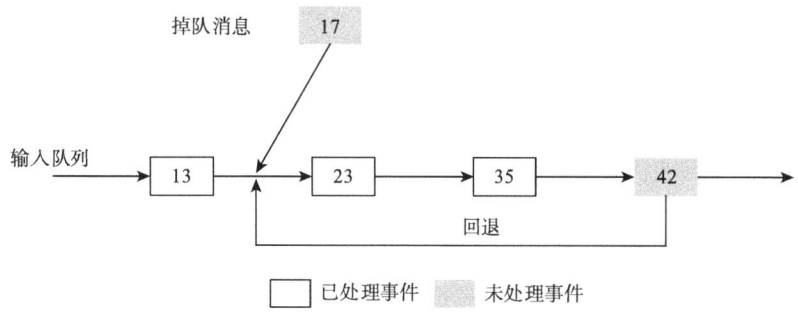

图 1.2.14　当掉队事件到达时，LP 进行回退

显然，乐观同步算法的核心是用一种好的方法回退或撤销已经处理的事件。经典的回退方法包括回退状态变量和取消消息发送。时间弯曲算法根据事件修改的特点可以通过全状态保存和递增式状态保存两种办法撤销对状态变量的修改操作，或者利用反消息取消消息发送操作。

（1）回退状态变量。

时间弯曲算法有两种广泛使用的技术对状态变量进行回退操作，分别是全状态保存和递增式状态保存。

第一，全状态保存。时间弯曲算法对 LP 内所有可修改的状态变量进行复制。在每个事件执行之前，所有的状态变量都将被首先复制到与该事件相关联的内存中，当掉队事件到达时，LP 的状态被恢复到掉队事件的时戳对应的仿真时间，在掉队事件之前已被处理的事件将被全部撤销。

第二，递增式状态保存。每个事件保留一份在计算该事件时实际修改的状态变量的记录日志，日志的每条记录包括被修改状态变量的地址，以及状态变量被修改前的原值。为了回退一个事件对状态变量进行的修改操作，时间弯曲程序以递减的时戳顺序扫描每个需要被回退的事件。对每个被扫描的事件，时间弯曲程序将按照从后往前的顺序读取该事件日志中的每一条记录，并将记录中保存的状态变量恢复到对应的变量中。

如果每个事件中都修改绝大部分状态变量的值，那么全状态保存法将更加有效，因为程序不需要保存每个变量的地址；如果每个事件中只有一小部分状态变量被修改，递增式状态保存将更有效。

（2）取消消息发送。

取消消息发送需要用到"反消息"机制，时间弯曲算法中 LP 每发送一个消息，便产生一个对应的反消息。反消息是该消息的一份完全相同的副本，唯一不同点在于反消息中有一个标志位表明它是一个反消息。当消息与其对应的反消息存储在一个队列中时，两者被同时删除。

要取消一个已经发送的消息，LP 只需要将该消息对应的反消息发送到相同的时间弯曲进程。每个时间弯曲进程都需要定义一个输出队列，每发送一个消息时，其对应的反消息将被保存在发送 LP 的输出队列中，如果该事件被回退，输出队列中存储的所有与该事件相关的反消息都将被发送。

本地控制机制能够保证并行模拟计算得到与串行模拟计算相同的结果，但是它还未解决这种算法的可行性。

（1）通过生成新的事件，模拟计算不断消耗内存资源，但它很少释放内存。因此必须有一种机制来回收内存资源，包括已处理事件、反消息和不再需要保存的状态信息所占用的内存。

（2）模拟计算有些操作不能被回退。

解决这两个问题的关键在于确定一个未来所有回退操作的时戳下限，也称为 GVT。只要确定了 GVT，所有时戳小于 GVT 的已处理事件所保存的状态信息占用的内存资源，都可以被回收，这就是全局控制机制。因而，本地控制机制和全局控制机制共同保证了 LP 计算的正确性。

下面介绍简单 GVT 算法，通过这种算法，可以知道乐观同步算法如何通过全局控制机制保证同步。

简单 GVT 算法步骤如下：

第一步，中央控制器广播一个"开始 GVT 计算"的消息，命令系统中的所有处理器开始 GVT 计算。

第二步，在收到"开始 GVT 计算"消息后，每个处理器停止事件处理，并向中央控制器发出一个"收到 GVT 计算命令"的消息。处理器被阻塞，直到它从中央控制器收到另外一个消息为止。

第三步，当中央控制器收到了所有处理器发来的"收到 GVT 计算命令"消息后，将广播一个"计算本地最小值"的消息。

第四步，在收到"计算本地最小值"消息后，每个处理器计算如下两项中的最小时戳：每个处理器内未处理的事件及反消息；所有该处理器已发送，但尚未收到确认消息的消息。将该最小值发送给中央处理器。

第五步，当中央处理器收到了所有处理器发送的最小值后，将计算一个全局最小值并将该值广播给每个处理器。

尽管全世界很多学者已经研究了同步协议多年，但是仍然没有哪种协议显示出对所有应用都具有显著优势，这说明任何一种情况下的最优的协议都是与具体问题紧密联系在一起的。因此，需要分析哪种同步协议适用于哪些情况，保守同步与乐观同步的比较见表 1.2.8。

表 1.2.8 保守同步协议与乐观同步协议的比较

协议	保守	乐观
开销	模拟执行体简单，可能需要特别的机制支持动态 LP 拓扑结构；如果前瞻量大，则开销低	模拟执行体复杂，要能够保存状态和回收历史状态占用的内存资源；需要特殊机制支持动态内存分配、I/O 操作、运行时错误处理
并行性	由最差情况决定；需要大的前瞻量以实现并行处理和可扩展性	由实际依赖关系决定，而不是潜在的依赖关系

续表

协议	保守	乐观
应用程序开发	代码可能脆弱，复杂；难以开发并行性	代码更加健壮，较少依赖前瞻量；同步机制更加透明
遗留模拟器集成	可以直接集成在原有模拟系统中	要求附加的操作（如状态保存）来支持回退操作

2.6.3 并行/分布式模拟应用实例

在经济全球化时代，企业之间的合作与联盟具有显著的时代特点，几乎任何一件商品都需要来自全世界众多企业之间的协同与合作。假设一个联盟由4个企业构成，每个企业需要处理大量的业务，每一项业务必须经过一系列工序，而每一项工序又需要不同的资源（包括人力、设备、库房等），这些资源不同程度地分布在这4个企业中，也就是说许多业务必须通过联盟企业间的相互合作才能完成。希望通过模拟这个联盟的实际运作情况，获取资源、业务处理等方面的数据或信息，并对组织结构及资源配置情况进行优化。

1）问题分析

通过对上述问题的分析可知，大量的业务都需要联盟企业之间的协同合作，协同的关键就是企业之间的信息交互与资源调度，当资源调度不及时导致许多工序必须长时间等待或者业务量过大时，如果采用串行离散事件模拟的方法进行模拟，系统运行效率很可能非常低，模拟程序运行一次的时间也会很长，甚至导致系统崩溃。为了避免这种情况发生，提高运行效率，我们采用并行/分布式模拟的方法设计模拟系统，把每个企业分别看做一个LP，企业之间的信息交互和资源调度被建模成LP之间的通信，并让它们分别在4台计算机上同时运行。下面对建模过程做简要介绍。

例如，有一项业务有4项工序，工序的编号分别为1、2、3、4，工序1需要企业1完成，工序2需要企业1和企业2合作完成，工序3需要企业1和企业3合作完成，工序4需要企业4完成。假设目前系统的模拟时钟为t_0，这项业务在时刻t_0到达，它将首先进入工序1，由于工序1是由企业1来执行的，所以它被加入企业1的事件列表。企业1判断它需要的资源是否充足，如果可利用的资源足以支持完成工序1，那么企业1就处理该事件，工序1完成后企业1向企业2发送消息，请求共同完成工序2，并将该事件加入到企业1的已完成事件列表中；如果企业1无法调度足够的资源支持工序1，则该事件在企业1的事件列表中继续等待。企业2、企业3、企业4在t_0时刻没有事件到达，但是企业2还不能执行工序2，这是因为工序1还未完成，而工序1是工序2的前驱工序，它会影响工序2，工序3和工序4无法启动也是因为类似的原因。在这种情况下企业2、企业3、企业4必须进入阻塞，以防事件未按时间顺序处理。当在t_0时刻到达的所有事件都处理完成后，模拟系统按照固定步长t（这里以最简单的方式取所有工序的最短的工艺时间t为步长）向前推进到$t_1(t_1= t_0+t)$时刻，各企业检查此时刻是否有可以处理的事件，如果相应的工序满足执行条件（前驱工序已完成，本工序需要的资源充足），那么就把它加入相应企业的事件列表，企业按照时间先后顺序处理相关事件，如果没有，则进入阻塞，待所有 LP 处理完 t_1 时刻的事件后，时钟继续向前推进 t 个时间步长。系统根据这种模式运行，直至模拟结束。

2) 模型实现

为了方便系统设计，引入一个虚拟平台企业，该企业只负责任务的产生、分配及协调这 4 个企业在模拟进程中的时钟保持同步，具体的业务处理需要各个企业根据实际情况去完成。下面对系统的主要模块进行介绍。

模块 1：初始化每个企业的属性、状态及企业拥有的资源，包括企业编号、名称、合作伙伴、描述、资源等，如图 1.2.15 所示。

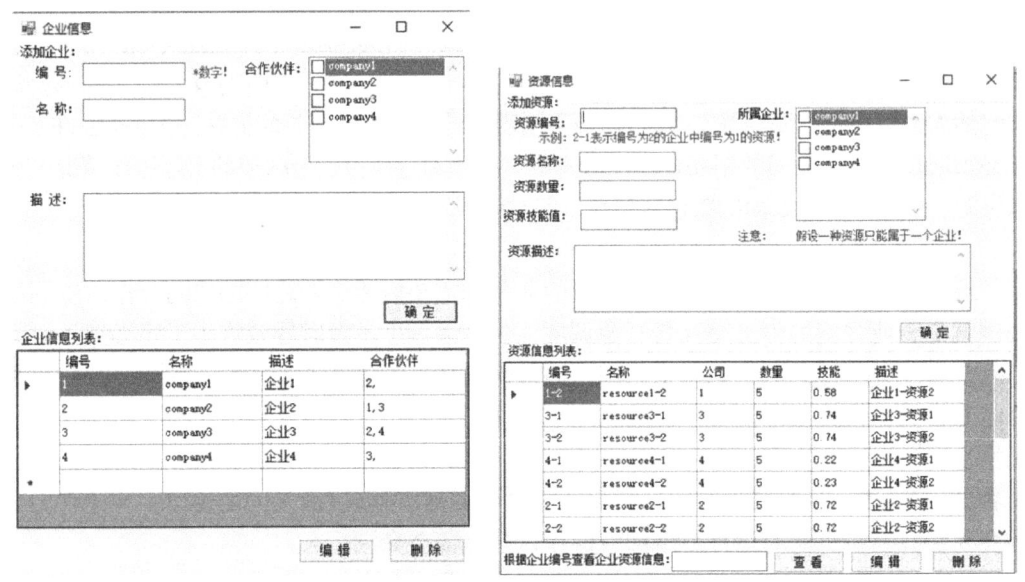

图 1.2.15 初始化各个企业的属性和状态

模块 2：初始化业务信息，设定每种业务需要的资源、业务名称、工序、标准时间等信息，如图 1.2.16 所示。

模块 3：模拟模型设置，设置业务产生的方式是均匀产生还是随机产生（服从某种分布），并设置相应的参数及模拟时间，如图 1.2.17 所示。

3) 模拟系统运行状态

启动虚拟平台企业系统，企业 1、企业 2、企业 3、企业 4 的模拟系统。设定模拟时间为 200 小时，任务以确定的方式产生，模拟结果如图 1.2.18 ~ 图 1.2.22 所示。

系统主要包括 3 个部分，左侧为任务信息和资源信息及系统的运行状态；右侧上方为企业之间的关系结构，包括企业与企业、资源与资源及企业与资源之间的关系，连线表示有联系，连线颜色代表关系的强弱，颜色越深，关系越强。另外，企业之间关系是随合作关系的变化而变化的；右侧下方记录了资源的相关指标随时间的变化过程，如反映资源技能值的动态变化、资源（如岗位）的自我效能感等。

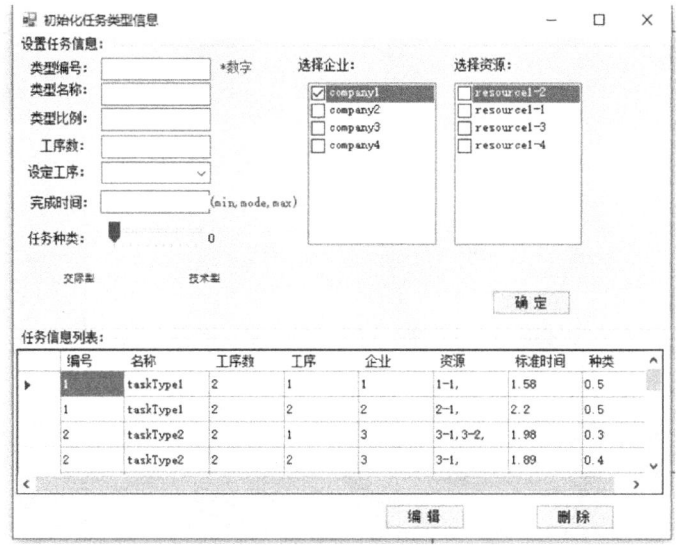

图 1.2.16　业务信息初始化

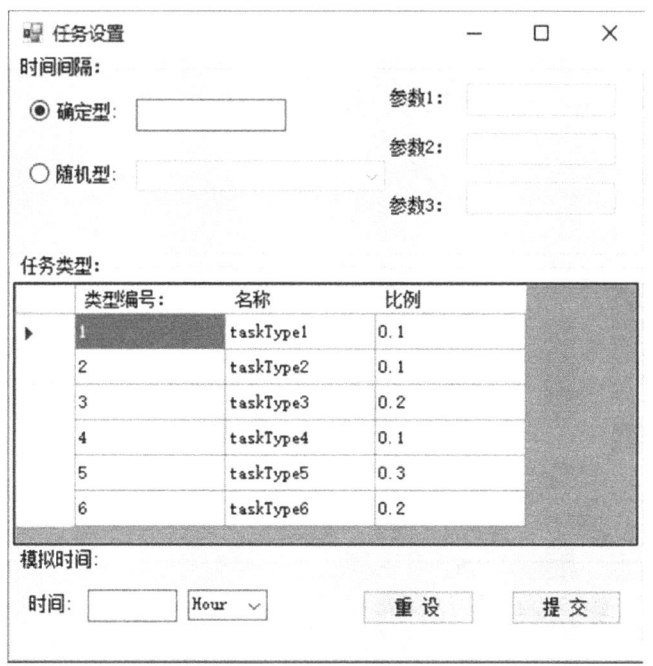

图 1.2.17　模拟模型设置

4）模拟结果

为了了解联盟的运作情况，模拟系统对业务处理时间和资源的负荷率进行了统计，如图 1.2.23 所示。业务处理时间包括标准的工艺时间、实际的处理时间及在系统中的停留时间，对业务处理时间和资源负荷率进行统计分析，可以帮助管理者实时把握企业联盟的业务绩效和资源使用情况，辅助管理者做出更好的决策。

52 管理系统模拟

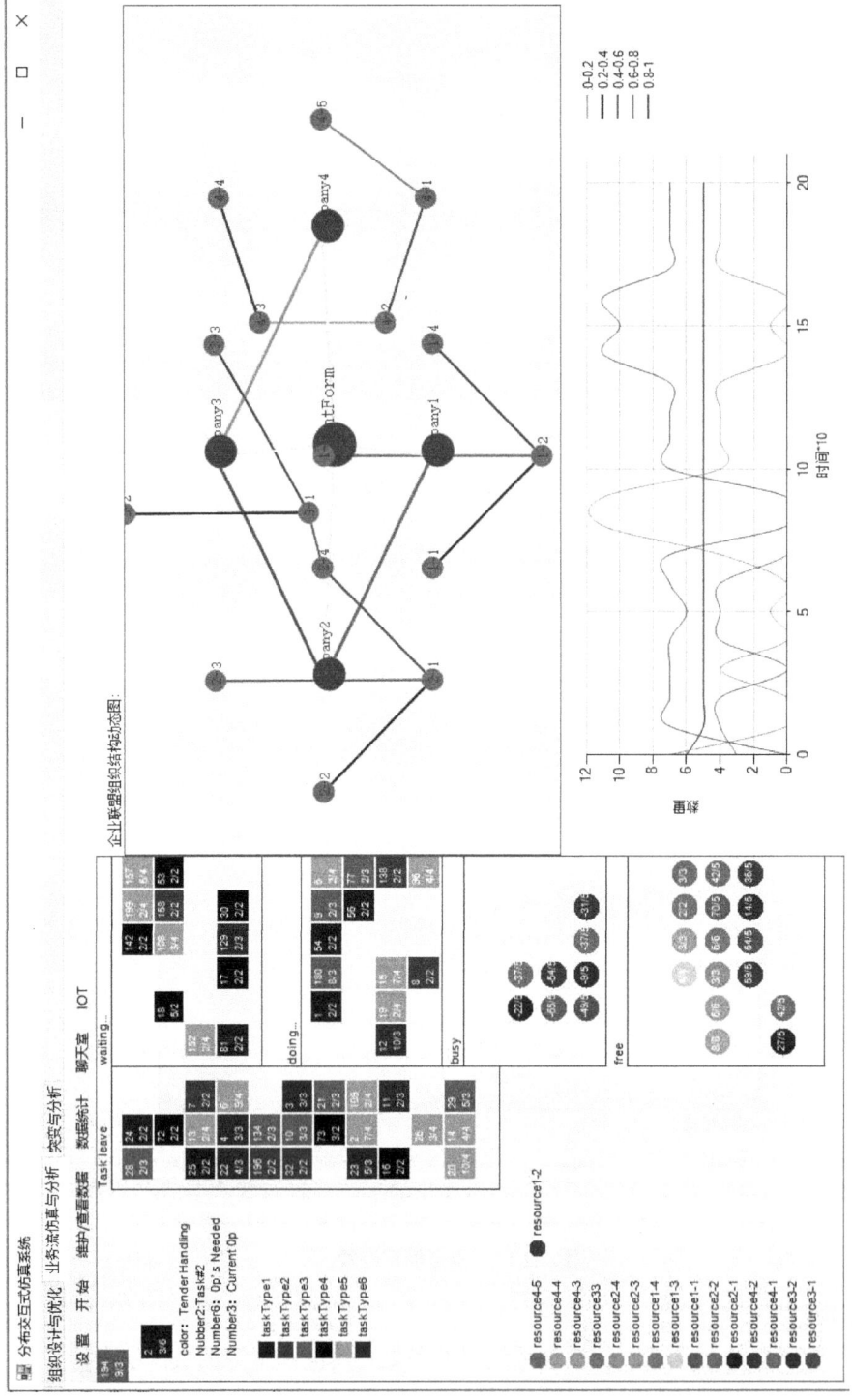

图1.2.18 虚拟平台企业的运行状态

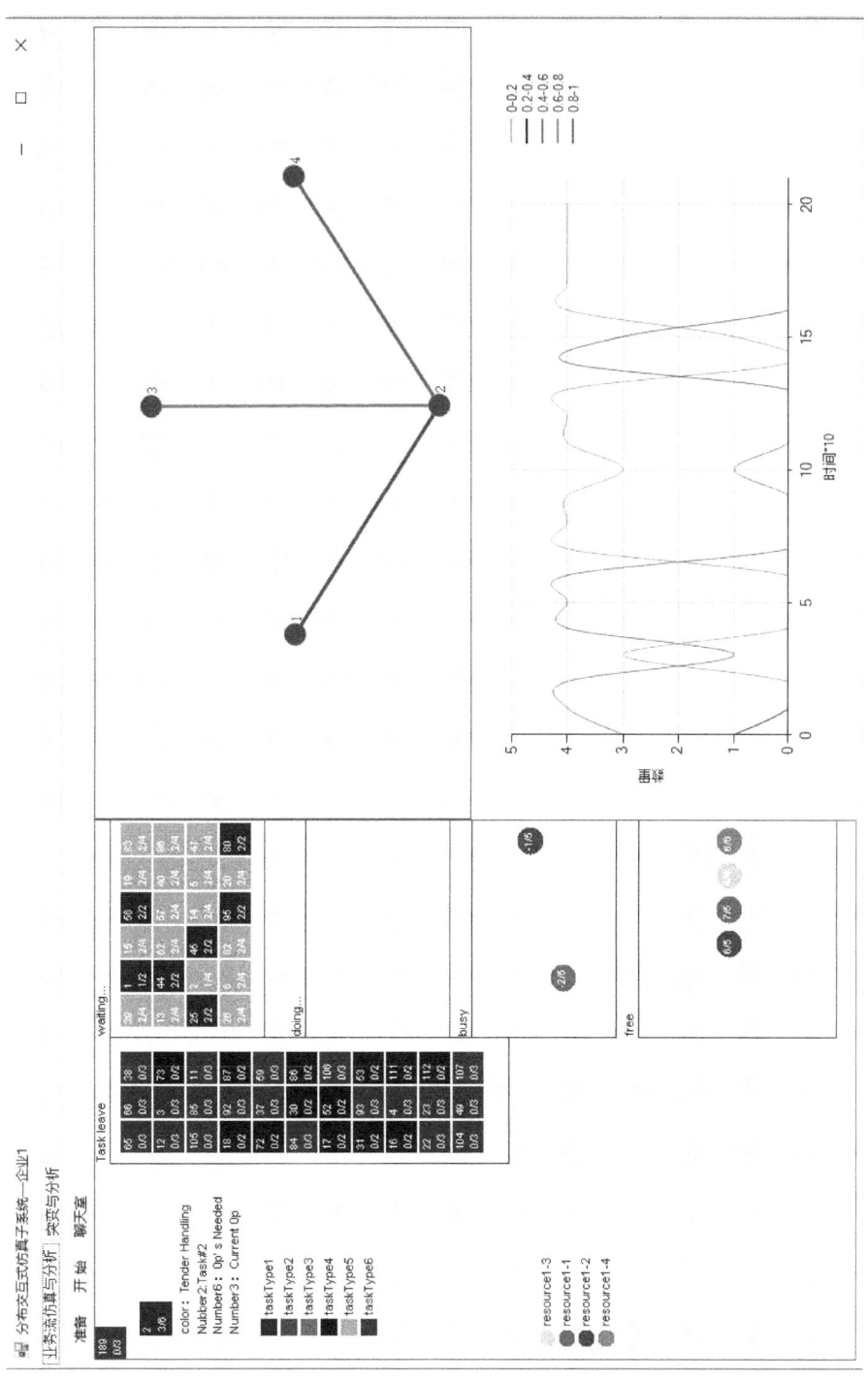

图1.2.19 企业1的运行状态

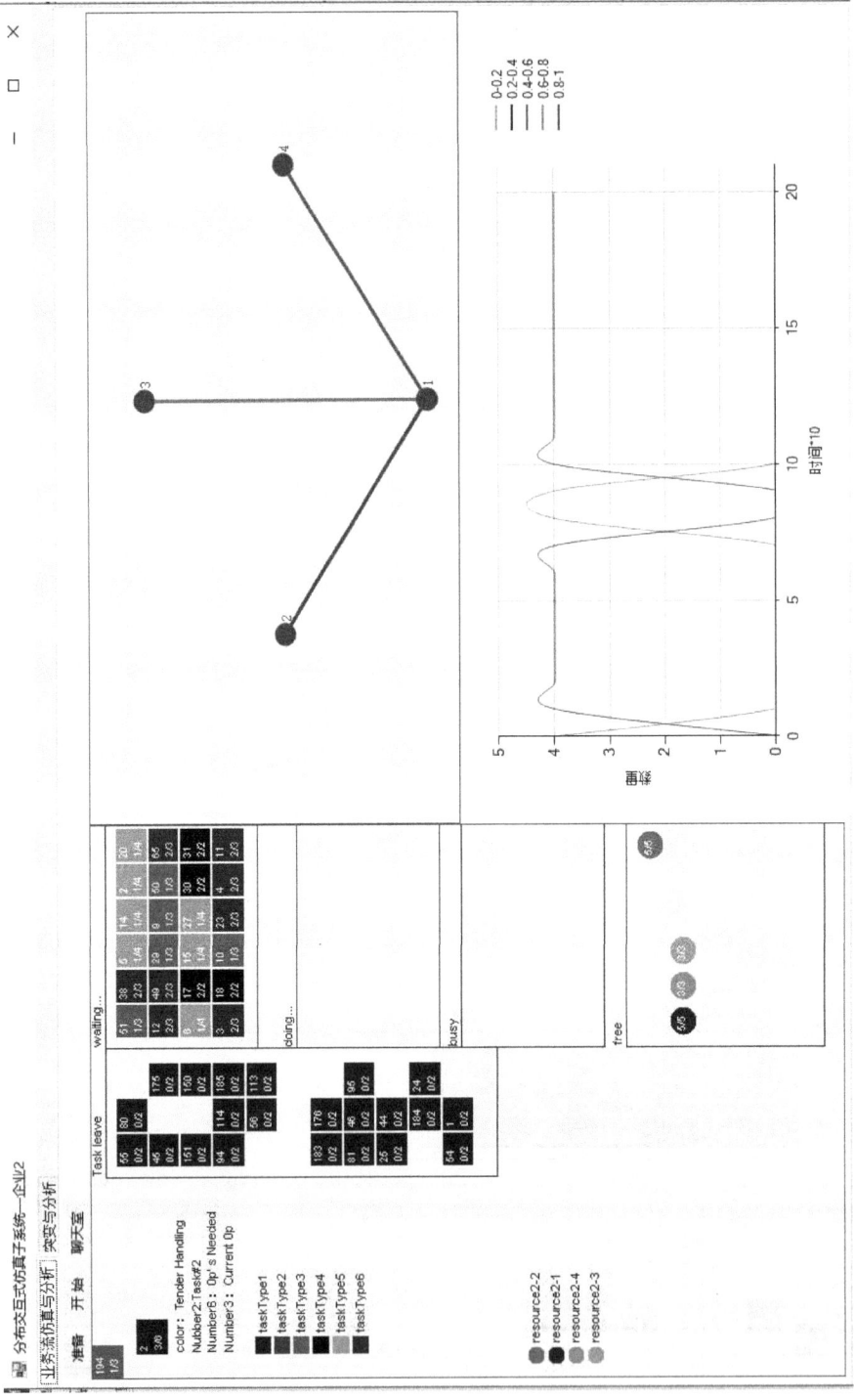

图1.2.20 企业2的运行状态

第 2 章 离散模拟原理

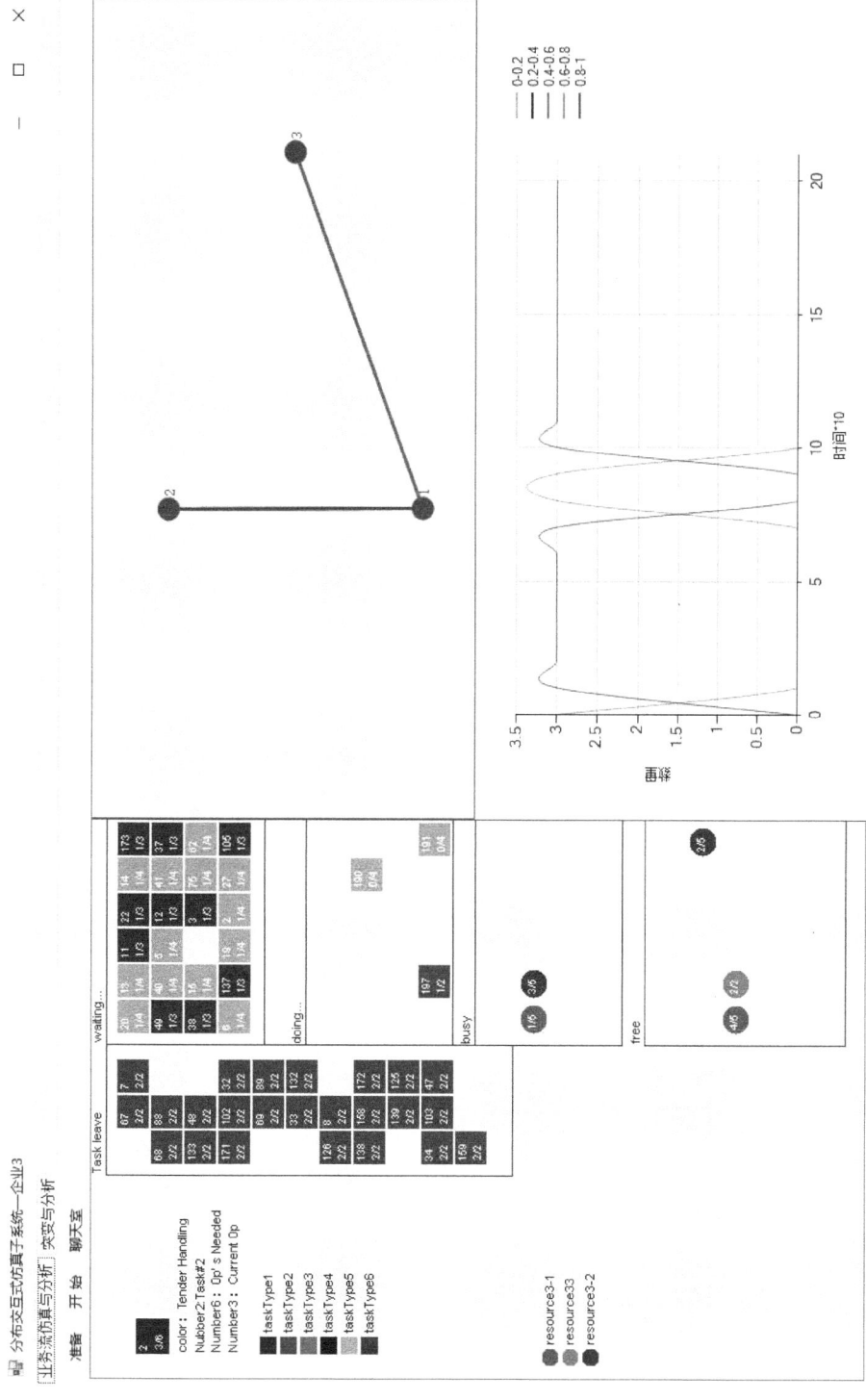

图1.2.21 企业3的运行状态

56 管理系统模拟

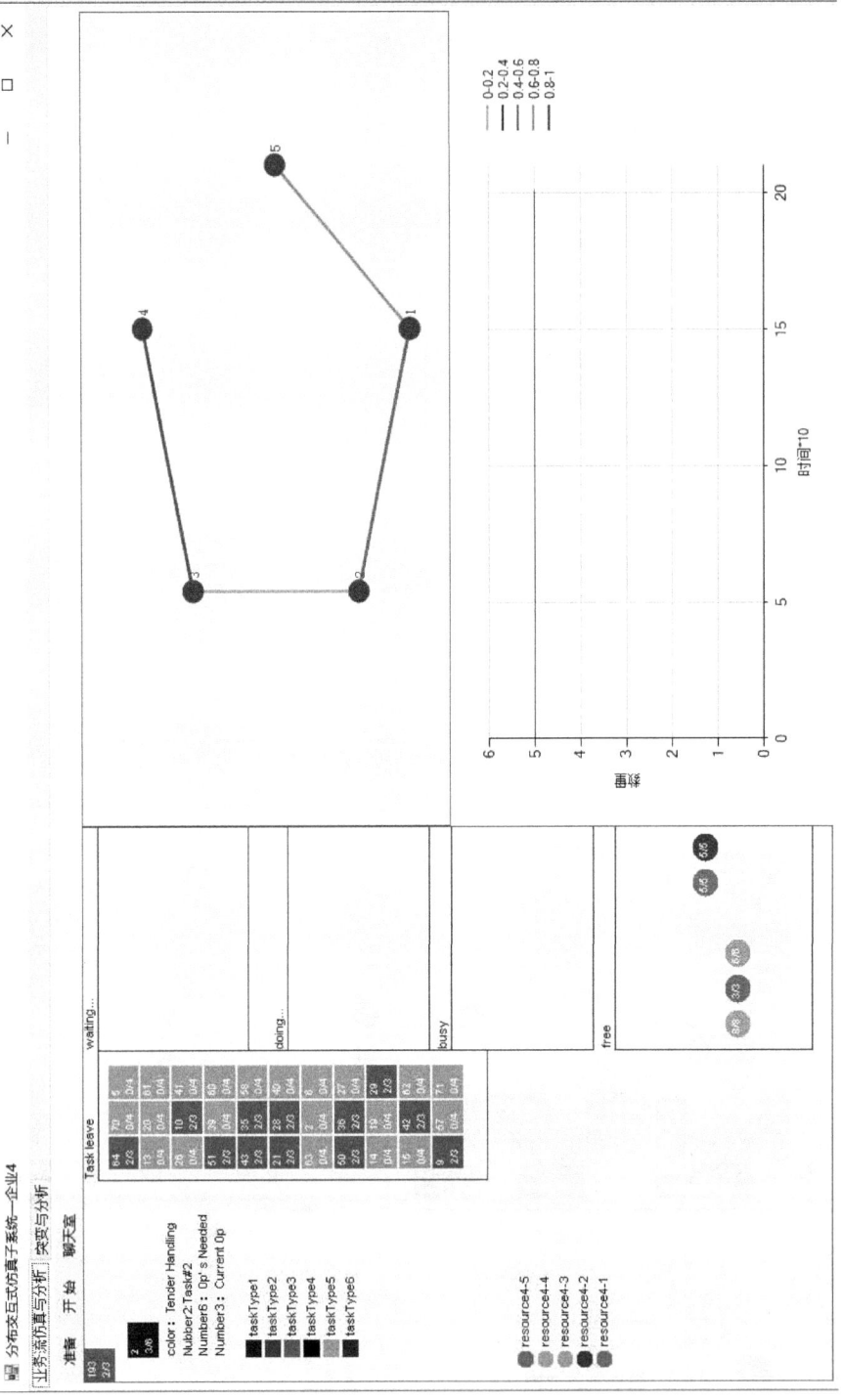

图 1.2.22 企业 4 的运行状态

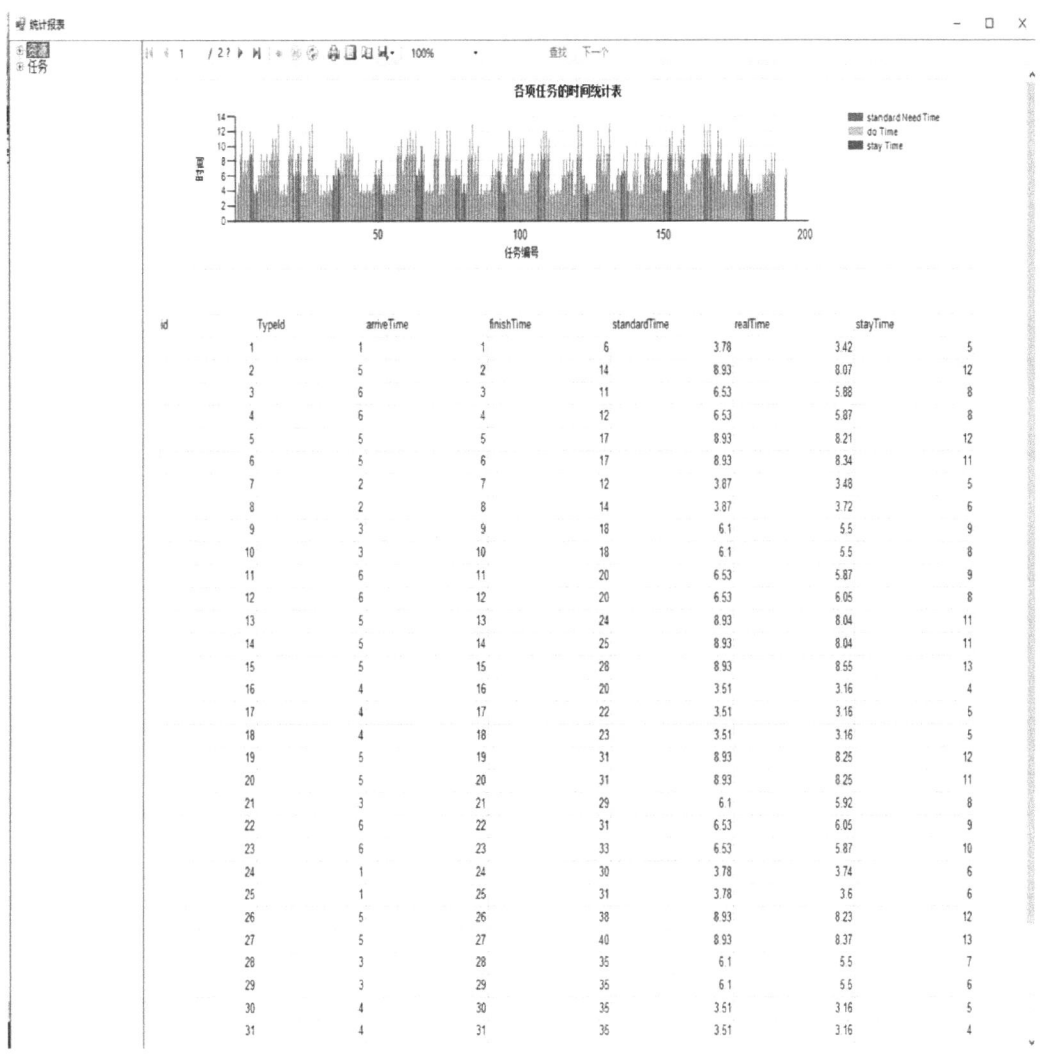

图 1.2.23 业务处理时间统计表

习题与思考

1. 病人到达急诊室，经处理后离开。病人一到达，根据他们的病情，把病人分为 5 个等级。类型 1 的病人是最严重的，被立即送给医生等候医学观察诊断。所有其他的病人必须在接待室等候，直到完成必要的登记手续再送给医生。病人的到达间隔时间服从指数分布，均值为 20 分钟。急诊室有 2 个医生和 1 个登记护士，为 2~5 类型病人登记的时间是 15 分钟。所有类型病人的处理时间服从均匀分布，不同类型的病人处理时间的上、下限不同。按类型分的病人分布及处理时间的上、下限给出如下：

病人类型	说明	所占比例	下限	上限
1	开放性外伤	8	25	35
2	内伤	13	25	30
3	多处外伤	33	15	25
4	内脏病	20	10	20
5	慢性疾病	26	5	15

运用离散事件模拟方法运行上述系统 8 小时，为求系统中按不同类型病人就医时间以及医生和护士的负荷率，请设计离散事件模拟模型的变量、事件类型、主函数、处理不同类型事件的子函数、定时子函数和报告子函数。

2. 某加工车间的单位工件到达的间隔时间为均值等于 0.5 小时的指数分布随机变量。到达车间的工件中，1 类工件占 40%，2 类工件占 60%，第一个工件在模拟开始后 5 分钟到达。

该车间分为两个加工小组——A 组和 B 组。A 组具有两台可以平行加工工件的机器，称之为 1 号机器和 2 号机器。1 类工件的单件加工时间介于 0.5~1.4 小时区间内的均匀分布随机变量，2 类工件的单件加工时间为最小值、众数、最大值分别等于 50 分、60 分、80 分的三角分布随机变量。在 A 组安排加工顺序的原则是最短加工时间优先。

A 组的工作地面积有限，仅能容纳存放 4 个工件（包括正在加工的工件，每台机器每次只能加工一件）。当这两台机器同时空闲时，工件（无论 1 类或 2 类）送往 1 号机器加工的概率为 0.35，送往 2 号机器加工的概率为 0.65。

当工件到达时，如果 A 组工作地已经放满工件，那么就将工件转往 B 组，B 组仅有一台 3 号机器加工工件，存放面积不受限制，1 类工件和 2 类工件的单件加工时间均为 3~5 小时的均匀分布随机变量，安排加工顺序的原则是先到的先加工。

要求对这个系统进行 240 小时的离散事件模拟，然后分析与评价下列指标：

（1）各类工件的平均加工周期。

（2）各台机器的负荷率。

（3）系统内平均的 WIP 数。

另外，变更加工顺序原则。A 组改为最长加工时间优先，B 组改为后到的先加工，再次进行模拟，并将两次模拟所得到的结果进行分析与比较。

为解决上述问题，请设计离散事件模拟模型的变量、事件类型、主函数、处理不同类型事件的子函数、定时子函数和报告子函数。

第3章

连续模拟原理

如果系统的状态变量随着时间的推移是发生连续变化的，即是与离散系统的运行规律截然相反的，那么，就要采用连续模拟方法来实现该类系统的模拟。连续模拟也是成熟的模拟方法，拥有完整的理论方法体系，其中系统动力学就是一套理论、方法完整的连续模拟方法。

3.1 连续模拟基础

3.1.1 连续模拟的定义

如第2章所述，离散系统的状态随自变量（时间变量）的变化而呈现突变现象。与此不同的是，连续系统的状态在某一时间范围内是连续变化的。对于那些状态变量随着时间变量呈连续变化的模拟，可以称之为连续模拟。连续模拟的目的是得到系统的状态变量的动态变化过程，并由此分析系统的性能。

为了达到此目的，我们要弄清与连续模拟模型的建模及模拟运行相关的术语。

1）状态变量

状态变量是指反映系统状态的变量，通过设置两类变量来描述，即水平变量（level variables）和速率变量（rates variables）。水平变量反映状态变量的绝对值大小，而速率变量反映状态变量单位时间的变化大小。

2）模拟时间

此概念与离散模拟的模拟时间一致，仍为连续模拟模型的自变量。连续模拟模型的模拟时间可以是连续的也可以是离散的，因此，状态变量的输出结果呈连续变化的光滑曲线或连续变化的间断曲线,如图 1.1.2 和图 1.1.3 所示。

模拟时间不论是连续的还是离散变化的,在将连续模拟模型转化为计算机程序进行模拟运行时,涉及连续模拟模型的时间推进机制。连续模拟模型的时间推进多采用固定步长法。例如,世界人口增长的连续模拟,固定时间步长为 1 年;三级供应链的模拟,固定时间步长为 1 周。

3)状态方程

状态方程是指描述连续系统的数学模型,通常是一系列由状态变量、模拟时间的集合表示的方程组。为了研究系统动态行为,不仅要考察状态变量的绝对水平,而且还要考察状态变量的变化速率以及它们的变化规律。

由于描述状态变量变化速率的方式不同以及作为自变量的模拟时间的取值不同,状态方程组可以分为连续时间模型和离散时间模型。

如果一个系统的输入量 $u(t)$、输出量 $y(t)$、系统的内部状态变量 $x(t)$ 都是时间的连续函数,那么可以用连续时间模型来描述它。如果一个系统的输入量、输出量及其内部状态变量是时间的离散函数,即为一时间序列,其中 T 为离散时间间隔,那么可以用离散时间模型来描述它。

系统的连续时间模型有多种表示方式,如微分方程、传递函数、权函数和状态空间等。离散时间模型也有差分方程、z 传递函数、权序列、离散状态空间模型四种形式。这里主要介绍微分方程和差分方程。

3.1.2 连续模拟模型

1. 微分方程模型

微分方程又分为常微分方程(ordinary differential equation,ODE)和偏微分方程,在管理系统中,常微分方程描述的系统主要表现为以时间参数为自变量的系统,偏微分方程描述的系统主要表现为具有多个自变量的系统。

1)ODE[7]

在管理系统中有大量可以用 ODE 描述的系统,下面举一些示例来说明。

(1)传染病模型。

以某地区有传染病情况下三种类型人员人数变化为例。设可能受到传染的人数为 x_1,已被传染得病人数为 x_2,已经治愈人数为 x_3,α 为 x_1 中单位时间内的传染系数,β 为 x_2 中单位时间内被治愈的比例系数。则此问题的线性微分方程为

$$\begin{cases} \dfrac{dx_1}{dt} = -\alpha x_1 x_2 \\ \dfrac{dx_2}{dt} = \alpha x_1 x_2 - \beta x_2 \\ \dfrac{dx_3}{dt} = \beta x_2 \end{cases}$$

（2）阻滞增长模型。

以人口增长问题为例，受环境、资源有限的影响，当人口增长到一定数量后，人口增长率就开始下降。描述此过程的模型称为阻滞增长模型，即 Logistic 模型。

设 x 为世界人口数量，t 为时间，x_m 为考虑环境、资源因素时地球所能容忍的人口最大数量，x_0 为初始时刻世界人口数量，α 为不考虑环境、资源因素时人口固有的增长率。那么此问题的非线性微分方程为

$$\frac{\mathrm{d}x}{\mathrm{d}t} = -\alpha x\left(1 - \frac{x}{x_m}\right), \quad x(0) = x_0$$

2）偏微分方程[7]

以人口发展方程为例，为了研究任意时刻不同年龄的人口数量，引入人口的分布函数和密度函数。时刻 t 年龄小于 r 的人口称为人口分布函数，记为 $F(r,t)$，其中，$t, r \geq 0$，均为连续变量，设 F 是连续、可微的。

人口密度函数定义为 $p(r,t) = \frac{\partial F}{\partial r}$，表示单位年龄内的人口数量。时刻 t 年龄 r 的人的死亡率记为 $\mu(r,t)$。初始密度函数记为 $p(r,0) = p_0(r)$，单位时间出生的婴儿数记为 $p(0,t) = f(t)$，称为婴儿出生率。那么人口发展方程为

$$\begin{cases} \frac{\partial P}{\partial r} + \frac{\partial P}{\partial t} = -\mu(r,t) p(r,t) \\ p(r,0) = p_0(r) \\ p(0,t) = f(t) \end{cases}$$

2. 差分方程模型

差分方程的一般表达形式为

$$a_0 y(n+k) + a_1 y(n+k-1) + \cdots + a_n y(k) = b_1 u(n+k-1) + \cdots + b_n u(k)$$

例如，差分形式的世界人口阻滞增长模型为

$$x_{k+1} = (\alpha+1) x_k \left[1 - \frac{\alpha}{(1+\alpha) x_m} x_k\right], \quad k = 0, 1, 2, \cdots$$

其中，x_k 为第 k 时间阶段世界人口数量。

3.1.3 连续模拟的过程

由于连续系统的状态是随着时间呈连续性变化的，因此，连续模拟的过程与离散模拟完全不同。其主要任务如下：

1）系统结构的建立

由于连续型的管理系统，即模拟对象往往涉及的要素（状态变量）较多，内部要素之间的作用关系及外部环境中的影响因素等都比较复杂，对管理系统直接建立系统

模型是不现实的。因此，在建立系统模型前，要有一个对管理系统进行艰苦的因果关系分析过程，该过程主要是定性分析，也包含了定量分析，这就是系统动力学中的流图绘制过程。

2）系统模型的建立

系统模型的建立是指在流图的基础上建立一组反映系统行为特征的数学模型，它描述的是各项状态变量与主要自变量–模拟时间的关系，因为系统行为是动态变化的，所以数学模型通常是差分方程组或者微分方程组，还可能包含有各种随机因素，即其中的变量或参数可能是服从某种概率分布的。

3）离散化转换

要将连续的数学模型转换为计算机程序进行模拟运行，有一项工作就必须要做，那就是离散化转换。由于连续系统的数学模型的特征是变量连续变化，而计算机的 CPU 运算方式或者说 CPU 时间的推进，从数学意义上来讲不是连续的，而是离散变化的。因此，为了使数学模型适应计算机的工作方式，要将连续模型转换成离散模型，转换的方法则采用数值积分方法。

4）模拟模型的建立

模拟模型的建立量是指将数学模型转换为能在计算机上运行的计算机程序。将数学模型转换为计算机程序，可以采用一般计算机语言，如 C、Matlab 等，但是这里面有很多工作需要编程者自己编程实现，如模拟时钟的推移、离散化转换、模拟输出数据的收集、图形的绘制等，相当烦琐。因此，对连续模拟模型的建模，一般采用专用的模拟语言。

在管理系统模拟中，有专用的模拟语言可对连续数学模型编程，实现连续模拟，最典型的就是 Vensim 语言，还有很多通用模拟语言，除了可完成离散模拟或其他类型的模拟，也可用于连续模拟，如 AnyLogic 等。应用模拟语言优点，主要表现为程序设计简便、适应性强、效率高等。

5）模拟实验与分析

程序调试成功后，对模型和收集到的基础数据在计算机上进行模拟实验，计算和记录各个状态变量在各个时间点的具体数值。之后分析模拟结果，修改模型，调整模型方案。

对模拟结果的分析工作可以通过适当的形式（如图表、曲线等）进行，连续模拟结果的平面图形输出形式主要有两种，一是以时间为横轴、状态变量为纵轴，对系统的状态在整个时间序列中的连续型变化进行动态写照；二是以状态变量为横、纵轴，分析系统状态变化的相轨线。

图 1.3.1 所示为某类传染病模拟结果的图形分析[7]，其中，$i(t)$为总人口中的染病人数比例；$s(t)$为未染病人数的比例。图 1.3.1 中子图（a）是对 $i(t)$和 $s(t)$在整个时间序列中的连续变化的记录，图 1.3.1 中子图（b）则是对 $i(t)$和 $s(t)$进行的相轨线分析。

由于"离散化转换"是将连续系统模型转换为连续模拟模型的重要过渡工作，因此，

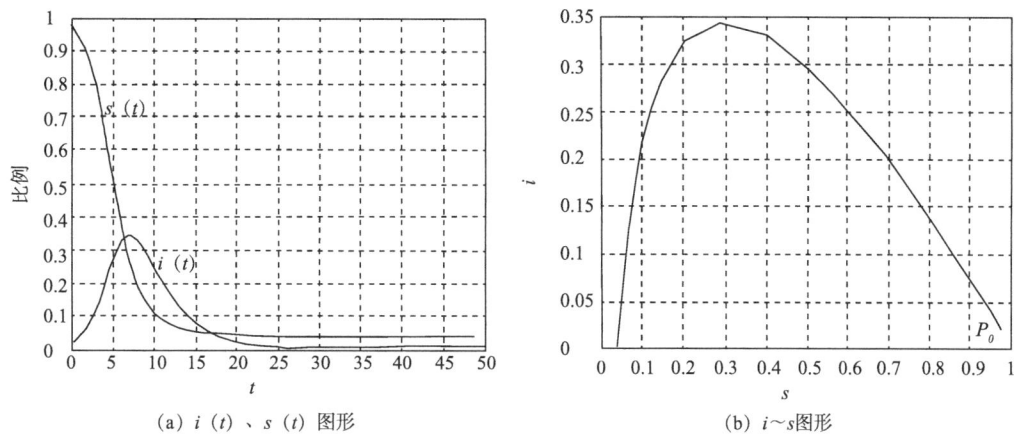

图 1.3.1 传染病演化的模拟结果

虽然专用模拟语言在建立连续模拟模型中可以通过参数的设置自动完成，但是，我们很有必要了解实现离散化转换的数值积分方法的原理，这将在 3.2 节进行介绍，并且将在 3.3 节通过系统动力学的基本概念来介绍模拟对象的定性分析方法。而在 3.4 节，我们通过两个示例来说明连续系统的系统模型建模，即流图的绘制和数学模型的建立。

3.2 连续模拟的数值积分法[2]

常用的数值积分法基本分为三类，即单步法、多步法和预测校正方法。这里详细介绍单步法里的欧拉法（Eular）和龙格-库塔（Runge-Kutta）法，并简略介绍多步法。它们都具有明显的几何意义，通过介绍我们可以清楚地看出其数值解是如何逼近微分方程精确解的。

3.2.1 欧拉法

欧拉法又称折线法，其近似计算原理如图 1.3.2 所示。

设一微分方程如下：

$$\frac{dy}{dt} = f[t, y(t)] \quad (1.3.1)$$

且

$$y(0) = 0$$

对式（1.3.1）所示的初值问题的解 $y(t)$ 是一连续变量 t 函数，现要以一系列离散时刻的近似值 $y_1, y_2, \cdots, y_n$ 来代替，即为微分方程初值问题的数值解。不同的近似方法可以得出不同精度的数值解。欧拉法的数值解法如下。

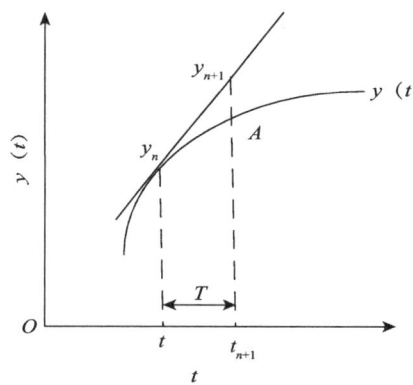

图 1.3.2 欧拉几何图形表示

对式（1.3.1）在区间 (t_n, t_{n+1}) 上进行积分，则可得

$$y_{n+1} - y_n = \int_{t_n}^{t_{n+1}} f[t, y(t)] dt \tag{1.3.2}$$

把式（1.3.2）右端积分以近似分式代之，即得

$$\int_{t_n}^{t_{n+1}} f[t, y(t)] dt = Tf$$

其中，$T = t_{n+1} - t_n$ 为步长（时间增量）；T 为常数时，称为定步长；T 为变数时，称为变步长。

令

$$f_n = f[t, y(t)], \quad y_{n+1} = y(t_{n+1}), \quad y_n = y(t_n)$$

只要 T 取得比较小，就可以认为：在该步长内的导数近似保持前一时刻 t_n 时的导数值 f_n。这样式（1.3.2）可以写成如下递推公式：

$$y_{n+1} = y_n + Tf_n \tag{1.3.3}$$

式（1.3.3）又称为欧拉递推公式。

因已知初始值 $y(0) = y_0$，由欧拉递推公式可以推出 y_1，然后求出 y_2，依次类推。

这种方法的规律是，由前一点 t_n 上的数值 y_n 就可以求出后一点 t_{n+1} 上的数值 y_{n+1}，这种方法称为单步法。由于它可以直接由微分方程已知的初始值 y_0 作为递推计算时的初值，而不需要其他信息，所以它是一种自启动算法。

从欧拉法可以看出，微分方程的数值解（模拟解）实质上是以有限的差分解近似表示精确解；从几何图形上也可以看出，它用折线逼近 $y(t)$，因此，有时也称欧拉法为折线法。

3.2.2 龙格-库塔法

欧拉法的优点是简单易行，但其缺点是精度较低。为得到高精度的数值积分法。Runge 和 Kutta 两人先后提出：用函数值 f 的线性组合来代替 f 的高阶导数项，则可避免计算高阶导数，又可提高数值积分的精度。其方法具体如下。

考虑如下微分方程：

$$\frac{dy}{dt} = f(t,y)$$
$$y(t=t_0) = y_0$$

将其精确解 $y(t)$ 在 t_n 附近用泰勒级数展开成：

$$y(t_0 + T) = y(t_n) + T\dot{y}(t_n) + \frac{T^2}{2!}\ddot{y}(t_n) + \cdots\cdots$$

因为

$$\dot{y}(t_n) = y_n + Tf_n; \quad \ddot{y}(t_n) = \dot{f}_n + \dot{f}y_n f_n$$

所以

$$y_{n+1} = y_n + Tf_n + \frac{T^2}{2!}(\dot{f}_n + \dot{f}y_n f_n) + \cdots\cdots \tag{1.3.4}$$

为了避免计算 f_n、fy_n 等导数项，可以令 y_{n+1} 由式（1.3.5）表示：

$$y_{n+1} = y_n + T\sum_{i=1}^{r} b_i k_i \tag{1.3.5}$$

其中，r 为阶数；b_i 为待定系数；$k_i = f(t_n + C_i T, y_n + \sum_{i=1}^{i-1} a_i K_i)$，$i=1,2,\cdots,r,c_i=0$。

当 $r=1$ 时，

$$y_{n+1} = y_n + Tf_n$$

当 $r=2$ 时，

$$\begin{aligned} y_{n+1} &= y_n + \frac{T}{2}(K_1 + K_2) \\ k_1 &= f(t_n, y_n) = f_n \\ k_2 &= f(t_n + C_2 T, y_n + a_1 k_1 T) \end{aligned} \tag{1.3.6}$$

称式（1.3.6）为二阶龙格-库塔式。

再把函数 $f(t_n + C_2 T, y_n + a_1 k_1 T)$ 在 (t_n, y_n) 点附近用泰勒级数展开得

$$f(t_n + C_2 T, y_n + a_1 k_1 T) = f(t_n, y_n) + C_2 T\dot{f}_n + a_1 k_1 \dot{f}y_n T \tag{1.3.7}$$

把式（1.3.6）和式（1.3.7）代入式（1.3.5）可得

$$y_{n+1} = y_n + b_1 T k_1 + b_2 T k_2$$

所以

$$y_{n+1} = y_n + b_1 Tf_n + b_2 T[f_n + C_2 T\dot{f}_n + a_1 k_1 T\dot{f}y_n] \tag{1.3.8}$$

将式（1.3.4）和式（1.3.8）右端对应项系数相等，则有如下等式成立：

$$\begin{aligned} b_1 + b_2 &= 1 \\ b_2 c_2 &= \frac{1}{2} \\ b_2 a_1 &= \frac{1}{2} \end{aligned}$$

上述方程中有四个未知数 a_1、b_1、b_2、c_2 需要求解，可先设定一未知数，常用的有以下几种。

设

$$c_2 = \frac{1}{2}, b_1 = 0, b_2 = 1, a_1 = \frac{1}{2}$$

$$c_2 = \frac{1}{3}, b_1 = \frac{1}{4}, b_2 = \frac{3}{4}, a_1 = \frac{2}{3}$$

$$c_2 = 1, b_1 = \frac{1}{2}, b_2 = \frac{1}{2}, a_1 = 1$$

则相应的递推公式为

$$y_{n+1} = y_n + Tf\left(t_n + \frac{1}{2}T, y_n + \frac{1}{2}Tf_n\right)$$

$$y_{n+1} = y_n + \frac{T}{4}\left[f_n + 3f\left(t_n + \frac{2}{3}T, y_n + \frac{2}{3}Tf_n\right)\right]$$

$$y_{n+1} = y_n + \frac{T}{2}\left[f_n + f(t_n + T, y_n + Tf_n)\right]$$

以上是三个典型的二阶龙格-库塔公式，其中第二个也可称为改进欧拉公式。

改进欧拉公式的几何意义如图 1.3.3 所示。可以看出，这种方法为什么比欧拉法的计算精度高一些。图 1.3.2 中 L_1 是 (t_n, y_n) 点的切线，其斜率为 f_n；L_2 是 $(t_n + T, y_n + Tf_n)$ 以 $(t_n + T, y_n + Tf_n)$ 为斜率做的直线，现取 $\frac{1}{2}[f_n + f(t_n + T, y_n + Tf_n)]$ 为斜率在 (t_n, y_n) 点做切线，则 t_{n+1} 时的解即为 A 点纵坐标。显然，由于下一时刻的变化量并不是取前一时刻的变化率与步长之积，而是取 t_n 及 t_{n+1} 两时刻的斜率平均值与步长相乘，所以精度要比欧拉法高一些。

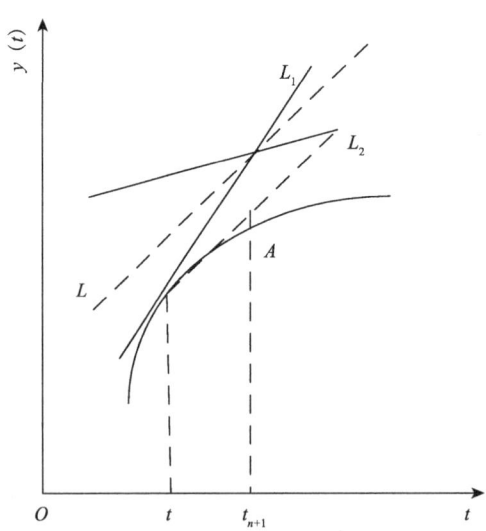

图 1.3.3　二阶龙格-库塔法几何图形表示

当 $r=3$、$r=4$ 时，也可得出三阶、四阶龙格-库塔式，读者可查阅相关文献，此处不再展开。

欧拉法和龙格-库塔法都可通过将 $f(t,y)$ 在初值附近展开成泰勒级数而推出。从理论上讲，取的项数愈多，计算精度愈高，但是，精度的阶数并非随计算函数 f 的次数的增加而等量增加，对于大量的实际问题，四阶龙格-库塔方法可满足精度的要求，所以它得到了广泛的应用。

前面讨论的单步法，在计算 $(n+1)$ 时刻的值时，只要利用前一步的 y_n 和 f_n 的值，就可以自动进行计算。在逐步推进计算中，计算 y_{n+1} 前，已求出了一系列的近似值 $y_0, y_1, \cdots, y_n$ 及 $f_0, f_1, \cdots, f_n$ 等。如果能够充分利用前面多步的信息来计算 y_{n+1}，则可以既加快模拟速度，又获得较高的精度，这就是构造多步法的基本思想。

对于多步法的递推计算公式，读者可以查阅相关文献，此处不再展开。

3.3 系统动力学[2,8]

系统动力学是 1958 年美国麻省理工学院的福瑞斯特（J. W. Forrester）教授为分析生产管理及库存管理等企业问题而提出的系统模拟与分析方法，最初称为工业动力学。1961 年，福瑞斯特发表的《工业动力学》（*Industrial Dynamics*）成为经典著作。随后，系统动力学应用范围日益扩大，几乎遍及各个领域。

系统动力学是一门分析信息反馈系统的学科，它基于系统论，吸收了控制论、信息论的精髓，是一门综合自然科学和社会科学的交叉学科。

3.3.1 基本原理

在一个现实的大系统中，一个元素可能与多个元素有关，一种后果可能是多种原因所产生的，一个政策的改变会在地理上不同的地方、时间很迟的时刻产生作用，而且各种作用相互抵消，使系统的变化对各种政策的改变都不太敏感。在数学上这些因果关系常常反应为多元的、非线性的或其他复杂的运算。若按系统的数学函数去描述，很难构造出精确的数学模式，但系统动力学方法能够描述此类问题。

系统动力学的理论基础是控制论，涉及以下概念。

1. 物流与信息流

系统动力学把世界上一切系统的运动假想为流体运动。系统的运动包括物质的运动和信息的运动，分别称为物流和信息流。

系统中可能有不同的物流，如一个工厂系统里存在材料流、能量流、资金流、人流、设备流、订单流等。这些物流是相互作用、相互依赖的，这种相互作用、相互依赖的媒介就是信息流。在系统动力学中，信息流是指系统中不同要素（如状态变量）之间的相互作用和响应。

2. 因果关系

因果关系是指系统的某两个要素之间的影响和响应关系，当然，这种影响和响应是通过信息流的作用而发生的。有正关系、负关系、无关系或者复杂关系，如图 1.3.4 所示。

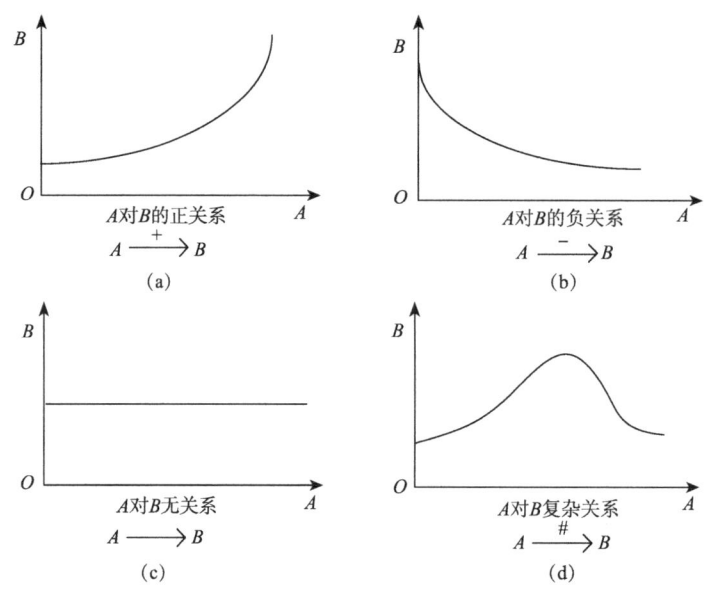

图 1.3.4 两个变量之间的各种关系

正关系是指一个量的增加会引起相关联的另一个量的增加，无论是线性的还是非线性的，正关系曲线恒具有正的斜率；负关系是指一个量的增加会引起相关联的另一个量的减少，负关系曲线恒具有负的斜率；无关系的曲线恒具有零斜率。复杂关系的曲线的斜率有时为正、有时为负。

3. 反馈环

反馈环，即因果关系环。当变量之间的关系，从某一变量出发经过一个闭合回路的传递，最后导致该变量本身的增加，这样的回路称为正反馈环。反之，当从某一变量出发经过一个闭合回路的传递，最后导致该变量本身的减少，这样的回路称为负反馈环。判别反馈环极性的一个简便的判别准则是：反馈环的极性恰好就是环内各个因果关系极性的乘积，极性分别标在环中间，分别用"+、-"符号表示。

图 1.3.5 所示的人工水位控制系统，说明了信息反馈的过程形成了一个闭环结构。水位高，阀门开得小些，水进少些；水位低，阀门开得大些，水进多些，这样在水位与阀门开度之间形成了一个负因果关系。另外，阀门开度大则水进的多，水位升高，阀门开度小则水进的少，水位降低，则阀门开度与水位之间形成另一个正因果关系。把两个因果关系联系起来看，从水位经阀门开度回到水位，连成一个闭环。水位通过阀门开度影响水速，是负向影响关系，具有恢复水位恒定的特性，因此，这是一个负反馈环。

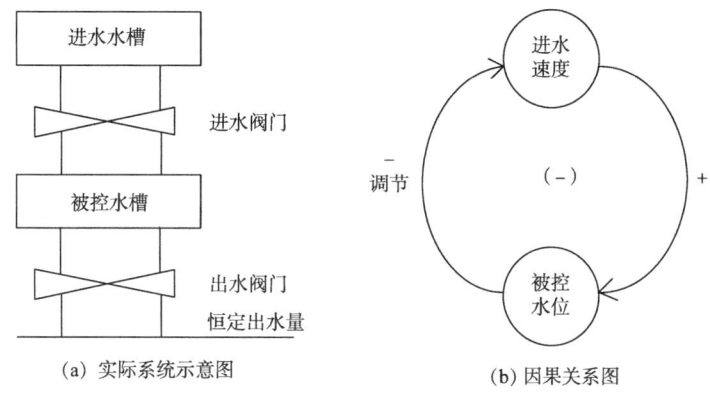

(a) 实际系统示意图　　　　　(b) 因果关系图

图 1.3.5　人工水位控制系统

而在人口系统中，存在正、负两个反馈图，其基本结构如图 1.3.6 所示。

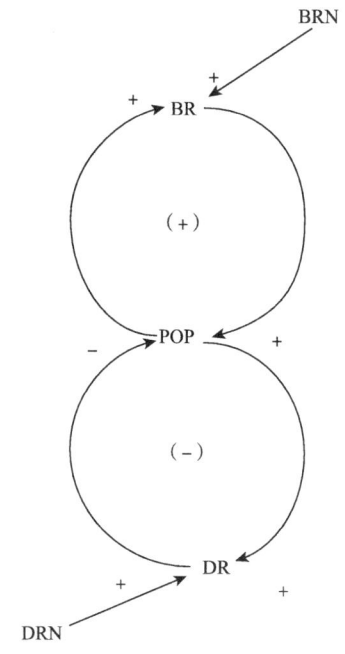

图 1.3.6　人口系统因果关系图

POP 为人口，BR 为年出生人口；BRN 为出生率常数；DR 为年死亡人口；DRN 为死亡率常数

4. 延迟

要素（如状态变量）之间的作用和响应是有延迟的。使系统的状态变量的值发生变化所花费的时间叫做延迟。延迟的大小影响了状态变量的变化率，延迟值的大小一般是系统固有的特性，由其自然规律、经济规律所确定。

1）水平延迟

水平延迟的最简单类型是"管道延迟"，就像流经管道的水，物流从延迟的一端流入，经过一段特定的时期后保持不变从另一端流出。管道物流延迟的流位

（level）与速率均保持不变，只是在时间上被延迟了，图 1.3.7 为管道物流延迟的流程图，在该图中，输入延迟（delay input）和输出延迟（delay output）之间的粗线代表着延迟。例如，货物从甲地发往乙地，输入量与输出量均等于货物量，延迟时间是货物运输的路程时间。

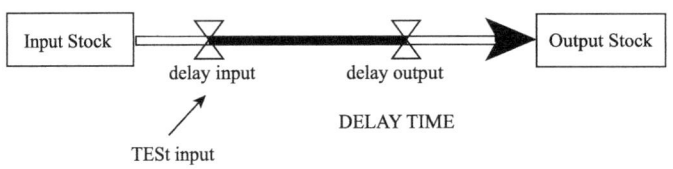

图 1.3.7　管道物流延迟流程图

值得注意的是，在某些业务流程中，管道物流延迟中的延迟时间会发生改变，如生产过程中的延迟时间会随着工作人员数量的不同而发生改变。如果要对此种情况建模，需要确保当延迟时间改变时，物流不会随之改变。

2）速率延迟

管道物流延迟体现了物流流位的水平延迟，但有些情况下，延迟后的物流速率也可能会被改变，指数延迟用来描述延迟后变量速率呈现动态变化的现象。例如，水箱水流量问题，当流入水量与流出水量的速率相等时，水箱中的水位处于动态平衡状态。如果输入突然增大，这时输出流率（rate）却不会聚增，而是随着水位的逐渐增高而不断增大，直到等于输入流量，最终达到新的动态平衡。

图 1.3.8 为指数延迟示意图，$R1$ 为输入值，$R2$ 为输出值，经过一段延迟时间后，输出结果缓慢地变化最终等于输入值。

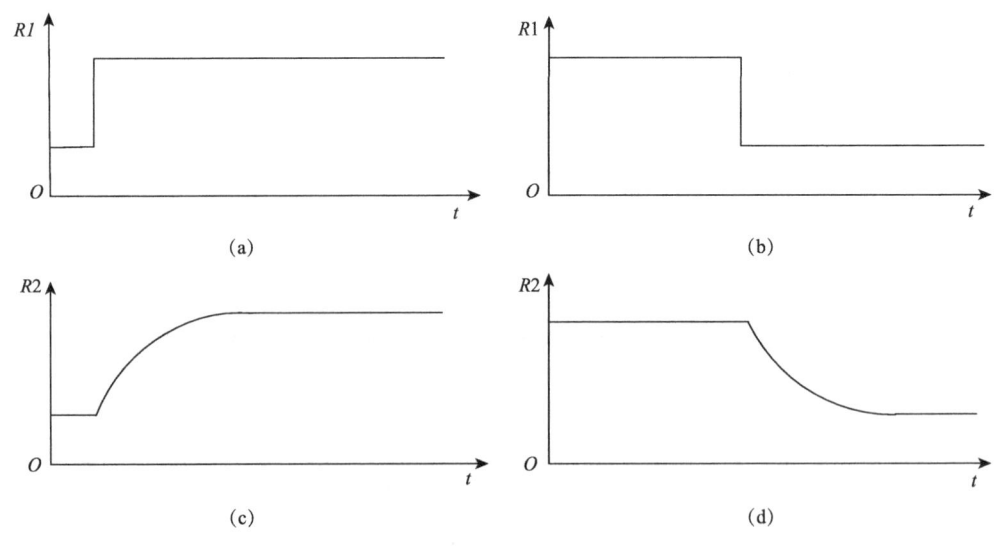

图 1.3.8　指数延迟示意图

速率延迟是讲究阶次的，对于相同的输入，如果速率延迟的阶次不同，那么输出的结果就不同，图 1.3.9 描述的是某一个输入（即阶跃输入）经过一阶、二阶、三阶、六阶、十二阶延迟的输出（呈 S 形曲线）。速率延迟的输入与输出的逻辑关系及与阶次的关系见图 1.3.9。

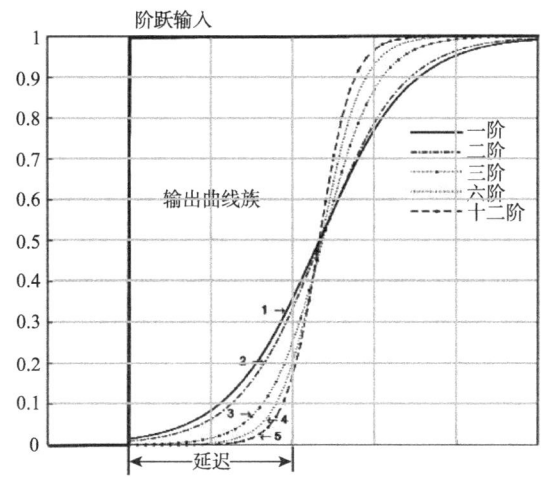

图 1.3.9　各阶次延迟环节对阶跃输入的响应

5. 平滑

在模拟分析中，关注数据根本的、显著的变化，忽视随机的、短暂的波动的过程被称为平滑。这个过程可以使用正式的统计方法进行计算，也可以是非正式的管理者在日常管理活动时进行。把平滑应用到决策时，引入延迟的概念非常重要。例如，对销售目标的制定，是基于上个月的平均销售量，而不是当前的销售量，这就使用了延迟的信息，因为计算平均销售没有使用当前的数据，而是使用经过延迟后的数据。因此，将延迟应用于平滑处理中，对商业流程如何响应外部环境的变化具有重要作用。

1）移动平滑

移动平滑是最常用的平滑方法。这种方法的特点是使用特定时间段的数据（如过去一个月的每日销售数据），并且在计算平均值时赋予每一个条目相同的权重。这样，可以通过简单地增加条目和除以条目数来计算平均值。随着时间变化，在每一个时间段删除最旧的条目并增加最新的条目，从而不断地重新计算平均值。

然而，这种方法有一个弊端，移动平滑方法赋予每一个条目相同的权重，忽视了有些条目可能已经十分陈旧。例如，使用移动平滑方法计算销售目标时，如果使用了上个月的销售数据，那么一个月以前的销售数据和昨天的销售数据就被赋予了相同的权重。但是，环境是不断变化的，如果要用计算出的平均值指导下一步商业行动，似乎昨天的销售数据应该被赋予更多的权重，毕竟昨天的销售环境与今天的销售环境可能更为接近。特别是，当人们非正式地处理信息时，当下的数据更为重要。当考虑过去的条件时，可以给刚刚发生的事情赋予更多的权重，然后依次是几天前、几周前和几个月前。

2）指数平滑

指数平滑是按照时间顺序赋予对应数据不同权重的方法。数据的权重由实验者决定，但须满足以下条件，即发生时间越近的数据权重更大（计算平均值时所占的比重越大），发生时间越远的数据权重更小，并且相邻层级数据的权重之比相同。例如，第二新数据与第一新数据的权重之比为 0.8，则第三新数据与第一新数据的权重之比为 0.64（0.8×0.8）。

理论上，指数平滑法考虑的数据能够追溯到过去无限远。然而，随着新的数据不断增加，较旧数据的权重变得越来越小，对平均值的作用也越来越小。

大多数专用模拟软件，都有能够实现指数平滑的函数，这些函数一般包括两个参数，第一个是输入需要被平滑的数据，第二个是用来设置权重比率的常数。图 1.3.10 是一个指数平滑的流程图，可知正在平均化的信息流比标准的信息流更粗。

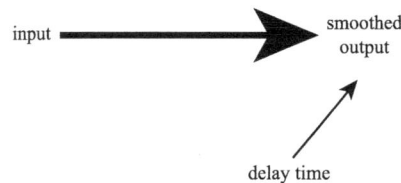

图 1.3.10　指数平滑流程图

图中英文保留，为软件生成时所带，本书中类似图余同

6. 结构

系统结构是由反馈回路结构搭建的。由物流贯穿着状态变量及其变化率，说明实物流的变动；由信息流连接着状态变量、其变化率及外部因素，反映着反馈关系和环境影响。由此构成动力学系统的基本元素，由这些基本元素再进一步构成延迟环节（delay）、反馈环节。如此一个反馈环一个反馈环地跟踪，最终可以把系统的结构全貌刻画出来，形成系统结构。系统动力学认为系统具有如下九种基本反馈回路结构，即九种基础模型。

其中，回路中的"+"和"–"符号表示回路的极性，箭头上的双杠表示箭头和箭尾变量之间存在延迟。

（1）迟滞的调节环路模型见图 1.3.11。

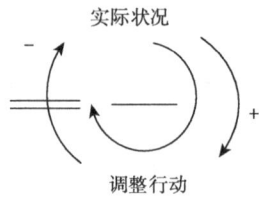

图 1.3.11　调节环路模型

（2）以销售人员扩充为例的成长上限模型见图 1.3.12。

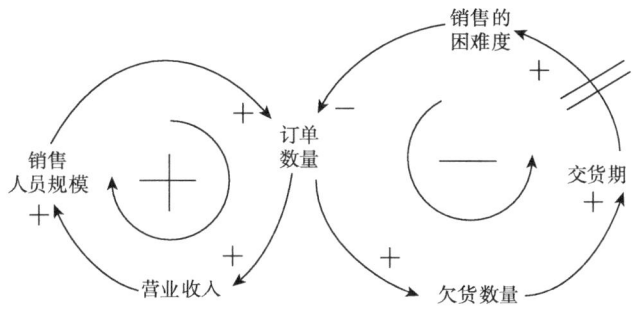

图 1.3.12　销售人员扩充模型

（3）舍本逐末模型见图 1.3.13。

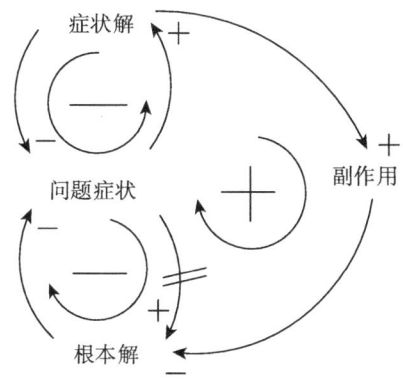

图 1.3.13　舍本逐末模型

（4）以企业不断降低为例的目标侵蚀模型见图 1.3.14。

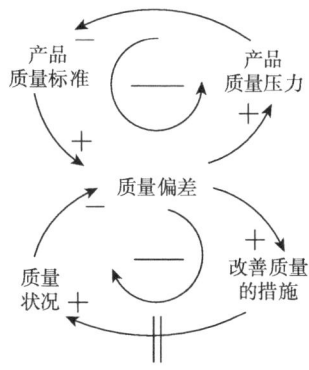

图 1.3.14　企业不断降质模型

（5）恶性竞争模型见图1.3.15。

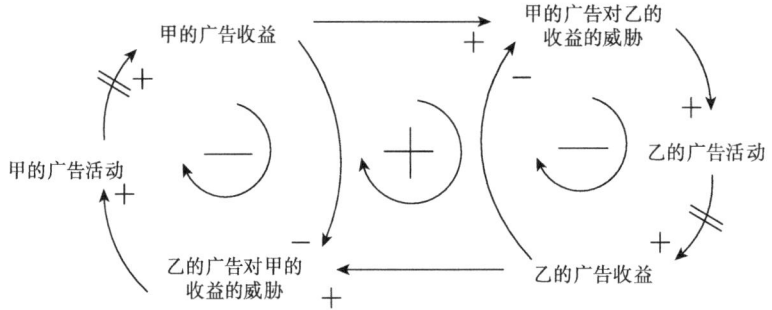

图1.3.15　广告恶性竞争模型

（6）富者愈富模型见图1.3.16。

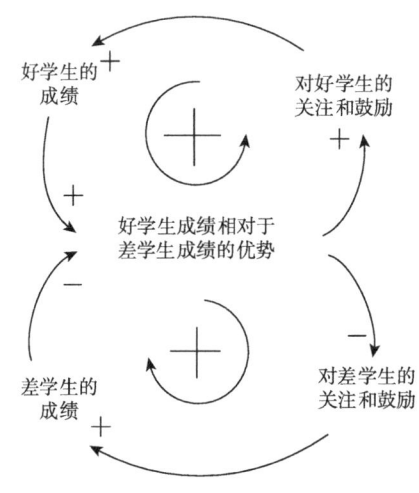

图1.3.16　富者愈富模型

（7）共同悲剧模型见图1.3.17。

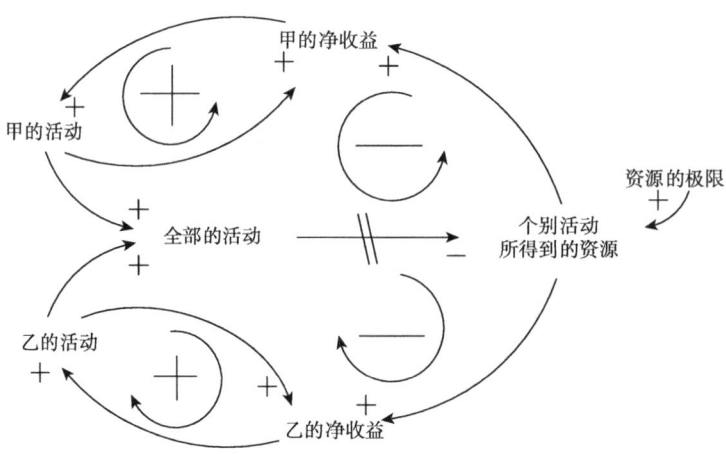

图1.3.17　共同悲剧模型

（8）以汽车的折扣销售为例的饮鸩止渴模型见图 1.3.18。

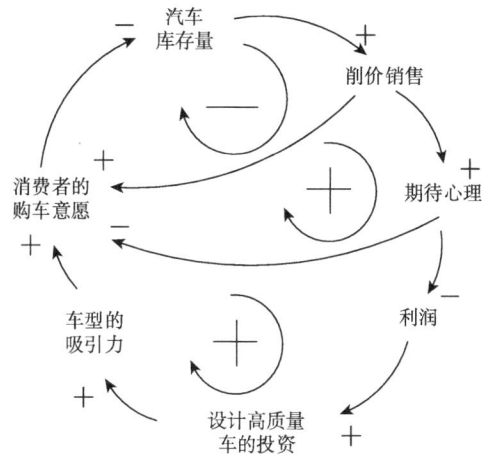

图 1.3.18　汽车的折扣销售模型

（9）以基础设施建设投资成长与投资不足模型见图 1.3.19。

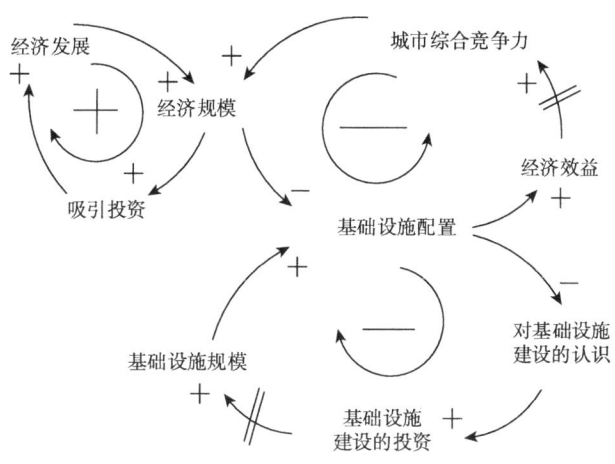

图 1.3.19　基础设施建设投资模型

在计算模型结果时，系统动力学采用固定时间步长法推进模拟时钟，据前一时刻的系统状态估计下一时刻的系统状态值，这样一步步地展现着系统的动态变化。从计算的角度看，如果系统是稳定的，那么当时间步长取得足够小，模拟的结果与真实系统的误差就会在允许的范围内。

3.3.2　系统动力学图解

系统动力学把系统中的物质与信息的运动想象成流体的运动，设计出特有的一套符号来描述系统。这种用符号描述系统的图称做流图。

流图介于文字描述与数学方程描述之间，特别适宜于表示系统各部分之间的相互关系，如各子系统的相互关系，反馈环的结构及它与系统的连接，反馈环中流位与流率的连接，以及流位、流率和辅助变量（auxiliary）的相互关系。流图的特点是直观、易理解、便于检查，它是建模的有力工具。

1. 流图符号及含义

1）流位

流位又称为存量、水平量，是系统内部流的积累，也是系统的状态变量，如库存量、人口数量、销售量等，都是比较典型的存量。一个复杂的系统中，存量个数是很多的，建立模型时，没有必要也不可能把所有的存量都列入模型。因此，选出与当前研究目标直接有关的存量是建立模型的首要任务。

流位在 SD 图中用一个矩形框表示。指向 level 的实线箭头表示输入流，向外的实线箭头表示 level 的输出流，如图 1.3.20 所示。

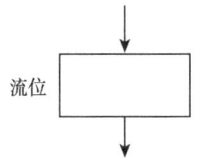

图 1.3.20　流位图符

2）流率

流率又称为流速，是指单位时间内流入或流出流位的流量，或者说，各种存量增加或减少的速度，即流位的变化率。系统中的一个存量受各种与其有关的物流的影响，不断地改变其数值。确定流速与其他各种变量（主要是存量）的关系是系统建模的又一任务。

在系统流图中，流率用类似阀门的符号来表示。通过流率的箭头表示流，流率又称决策函数，它可以用来控制输入流和输出流的大小，如图 1.3.21 所示。

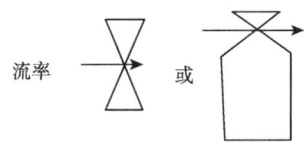

图 1.3.21　流率图符

3）流

流（flow）包括物流和信息流。由一些量来确定另一些量会怎么变的是信息流。信息流是不守恒的，物流遵守物理上的守恒定律，是实际物体的流动路径。实线表示物流的流动路径，虚线表示信息流动的路径，如图 1.3.22 所示。

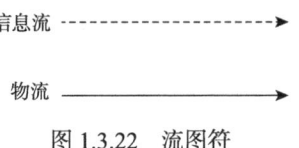

图 1.3.22　流图符

4）辅助变量

辅助变量是指设置在流位与流率之间的信息通道上的变量。它用于描述比较复杂的反馈关系，把一个复杂的函数关系用中间变量（辅助变量）来描述，突出每个因素分别起的作用。它的引入使系统结构和各要素的关系更加清晰。另外，有些引起流率变化的外部原因，也可用辅助变量来表示，使流率的表达式得以简化。

它的符号为圆圈，其中注明变量名字和意义，如图 1.3.23 所示。

图 1.3.23　辅助变量图符

5）常量

常量（constant）用来描述系统的参数或系数，这些参数值在模拟时间内是保持不变的。用模拟方法研究问题时，需要探索或调整参数或系数，用常数来表示它们，在不同的模拟运算中，可更改常数的赋值，以便探索那些真实反映系统的常数变量数值。

常量用一段实线表示。常数可直接输入给流率，或者通过辅助变量输入给流率变量。因此，实线上常标有小圆圈，表示引出信息，如图 1.3.24 所示。

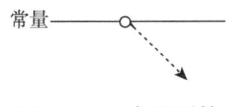

图 1.3.24　常量图符

6）信息的取出

在信息取出的地方画一个小圆圈，表示信息产生的地方，信息不是一种守恒的量。例如，从某一流位取得信息并不会使该流位的值变小，如图 1.3.25 所示。

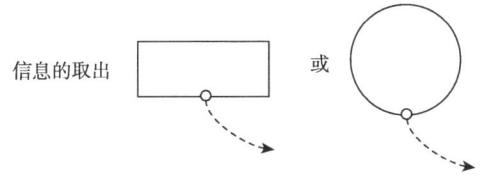

图 1.3.25　信息取出图符

7）图外的变量

在画局部流图时，往往流线的起点或终点是局部图外的变量，这时可在该变量名外加括弧表示，如图 1.3.26 所示。

8）函数

系统动力学中有两种函数——普通函数和宏函数。普通函数在流图中用一个圆圈来表示，函数的名字写在圆圈的中间，并用两条横线标在函数名称的上下，如图 1.3.27 所示。

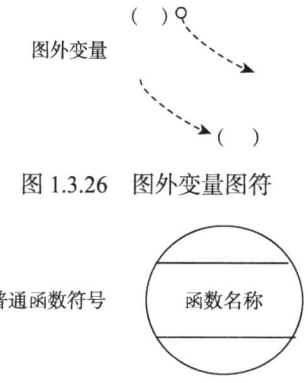

图 1.3.26　图外变量图符

图 1.3.27　普通函数图符

宏函数与普通函数不同，普通函数仅对信息进行交换或产生特定要求的信息，其间无时间延滞。而宏函数的主要特征是对信息进行时间延迟处理，因而宏函数中含有流位变量。

9）外生变量

外生变量由作为研究对象的系统之外决定，对内生变量有影响，反过来却不受内生变量影响的变量。有些本质上是内生变量，但有时为了研究的方便也可将其作为外生变量处理。外生变量的符号为双圆圈，如图 1.3.28 所示。

图 1.3.28　外生变量图符

10）延迟环节

延迟环节是指系统中某些因素的作用并不是立即起作用，而是要经过若干时间，分若干次作用。为了使模型更加简洁，可忽略中间过程的细节，用宏函数表示更为方便。

实际上，一个延迟环节均可以用流位和流率的组合来表示。一阶延迟是由一个流位和一个流率组成，如图 1.3.29 中子图（a）所示；二阶延迟是由两个一阶延迟的串联所组成，如图 1.3.29 中子图（b）所示；三阶延迟是由三个一阶延迟的串联所组成，如图 1.3.29（c）所示。

11）源和漏

源（source）是指系统边界以外向系统提供物质的来源。漏（sink）是指信息或物质由系统向外界输送的目的地，即去向。源和漏仅仅是一种表示形式，它们对系统的行为无任何影响，仅用来增强流图的清晰感，如图 1.3.30 所示。

2. 简单系统的动力学图解

简单人口增长系统模型的动力学结构如图 1.3.31 所示。

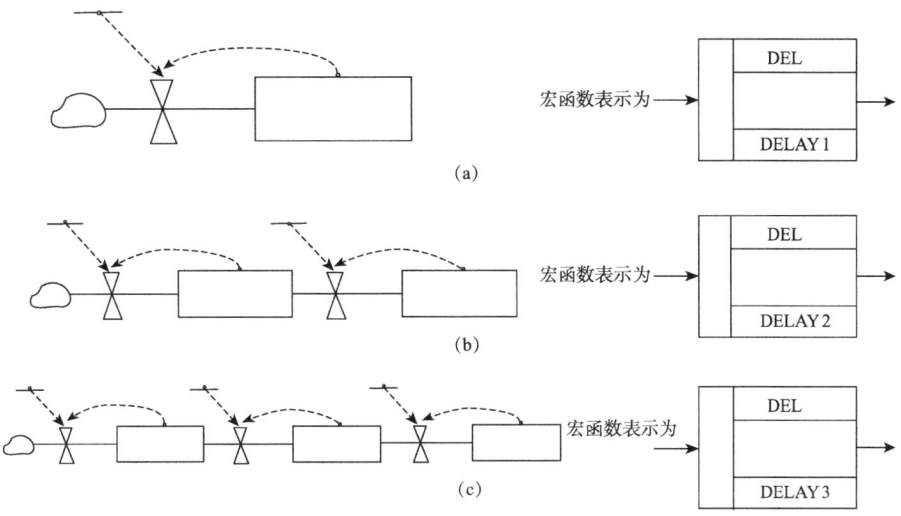

图 1.3.29 延迟环节的宏函数表示

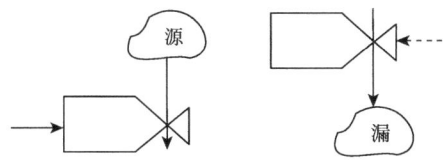

图 1.3.30 源和漏图符

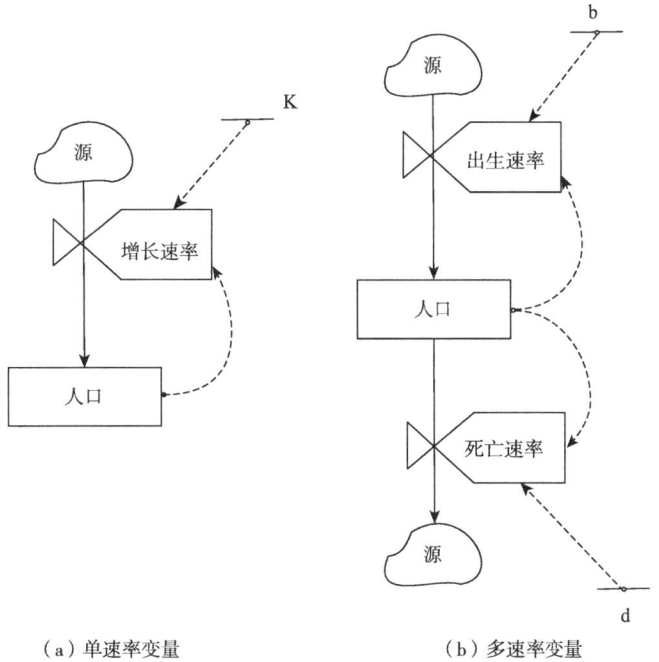

(a) 单速率变量　　　　(b) 多速率变量

图 1.3.31 简单人口增长系统模型动力学图解

若人口出生率超过死亡率时,则系统模型描述为 $\dfrac{\mathrm{d}x}{\mathrm{d}t}=Kx$,当 $t=0$ 时,$x=x_0$。也写成参量方程 $\dot{x}=Kx,x=x_0,t=0$。其系统动力学图解如图 1.3.31 中子图(a)所示。速率系数 K 是一个常数,流率与流位之间的依赖关系可用图 1.3.31 中子图(a)中的虚线表示。

人口模型的另一种表示方法是把出生速率和死亡速率分开表示,如图 1.3.31 中子图(b)所示。现在流位受如下两个流率变量的影响:一是出生速率,它使存量增加;另一个是死亡速率,它使存量减少。若假定两个速率都取决于现在人口水平,则表示生长速率的方程就是指数增长模型 $\dfrac{\mathrm{d}x}{\mathrm{d}t}=bx,x=x_0,t=0$,其中 b 为出生速率系数。而死亡速率是一种指数衰减模型 $\dfrac{\mathrm{d}x}{\mathrm{d}t}=-dx,x=x_0,t=0$,其中 d 为死亡速率系数。

市场模型系统动力学结构可由图 1.3.32 所示。

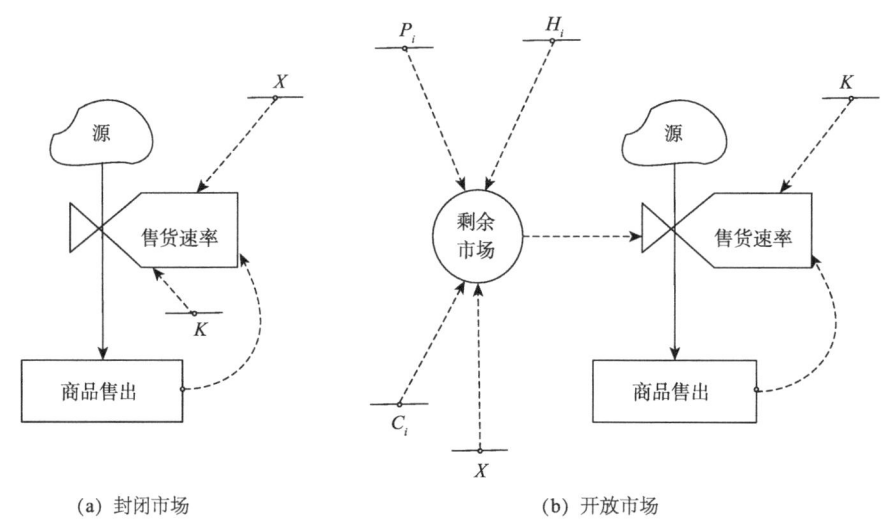

(a) 封闭市场　　　　　　　　　(b) 开放市场

图 1.3.32　市场模型系统动力学图解

对于市场模型,假设售货量增长的速率正比于还没有购买商品的人数。若市场受某一最大值 X 的限制,X 是可能购买商品的人数,而 x 为已购买了商品的人数,那么还没有购买商品的人数为 $X-x$,若用 K 表示比例系数,则模型为 $\dfrac{\mathrm{d}x}{\mathrm{d}t}=K(X-x),x=0,t=0$;其模型的动力学图解如图 1.3.32 中子图(a)所示。

若考虑到一些辅助因素,住户 H_i、资金 P_i 及消耗费用 C_i 对剩余市场的影响,则系统模型的动力学图解可由图 1.3.32 中子图(b)所示,其中剩余市场为 $(X-x)=H_i\times P_i\times C_i$。

3.3.3　系统结构的建立

系统结构的建立即为流图的绘制过程。系统结构通常是指系统要素是如何关联的,这些要素可以是系统变量,也可以是反馈环或子系统。系统动力学认为,虽然外部条件有时也有重大影响，但系统行为主要是由系统的内部结构所决定的。系统动力学方法在确定系统结构时常常借助于因果关系图和流图。用图来表示系统结构不仅十分直观，而且便于修改和讨论。搭建系统结构的步骤如下：

1）划定系统边界

划出系统边界的一条准则是把系统中的反馈回路考虑成闭合的回路。应力图把那些与建模目的关系密切、重要的量都划入边界，界限应该是封闭的。必要时还可以在定性分析的基础上辅以定量分析，以确定系统的主要变量与回路。

系统动力学认为，一个系统的动态行为的模式是由系统边界内各部分的相互作用产生的。也就是说，"边界"两字隐含着，某一特定的动态行为主要由系统内部因素所决定的含义。

为确定界限应先明确建模的目的，同一研究对象，由于建模目的不同系统边界可以不同。

2）找出系统的因果关系环

找出系统的因果关系环，即找出系统所有的反馈环。在工程系统中讨论的几乎都是负反馈环，但管理系统中除了负反馈环之外，还存在着指数增长过程的正反馈环，如人口和物质财富等的增长。

变量之间的复杂关系常常导致反馈环极性的变化。正反馈系统和负反馈系统表现出不同的行为模式。复杂系统中不仅有正反馈环，而且还有负反馈环，常常会出现反馈极性的转移。多重反馈环相互连接、相互作用及相互制约是社会经济系统呈现复杂的动态行为的主要原因。反馈环极性转移的示例如图 1.3.33 中子图（a）所示。若 $A<\bar{A}$，则此环由正反馈环逐渐向负反馈环转移；若 $A>\bar{A}$，则此环一直是负反馈环。通常一个复杂系统的因果关系链可如图 1.3.33 中子图（b）所示。

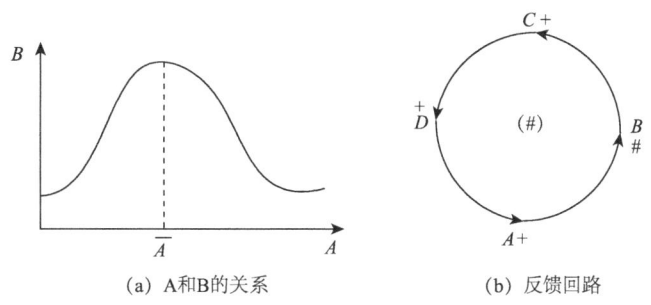

(a) A和B的关系　　(b) 反馈回路

图 1.3.33　反馈极性转移

因果关系图擅长于分析系统变量之间的因果关系及描述反馈环的构成，但它不能反映出物流和信息流的差别，也不能反映出流位与流率的差别。因此，在构思系统结构时，往往是在做出系统的因果关系图之后再做出流图。

3）找出反馈环中的流位与流率

系统结构的每一个反馈环中至少包含两种基本的变量，即流位与流率。

流位是系统内流量的积累，它是系统的状态变量。根据建模目的，分析收集到的信息资料，从各种各样的要素中抽象出能描述系统概貌的必要而又恰当的流位变量。

流率是单位时间内流入或流出流位的变量。在任一反馈环中流位变量与流率变量总是同时出现，交错出现的。

作为一个例子，图1.3.34表示一个反馈环的结构。图1.3.34的意义可以理解为，根据信息进行决策，结果就是采取行动，而该系统作用于系统又产生新的信息，如此循环不已。

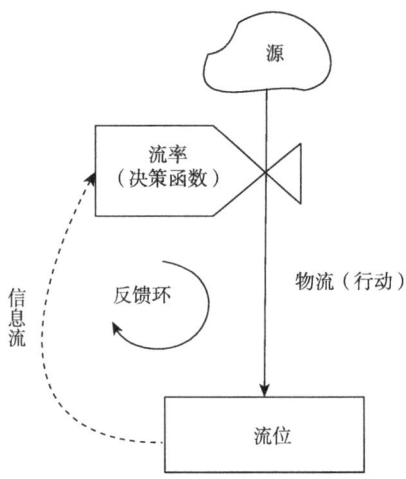

图1.3.34　反馈环中的流位与流率

4）决定流率的结构

决定流率的结构是建模的核心。因为流率方程表达了流率对系统状态的依赖关系和对系统状态的控制策略，从而描述了系统流位动态变化的内在规律。

要决定流率的结构必须摸清系统运行的机制。管理系统一般都受到人为的控制，虽然流率可以用来控制流入流位或流出流位的流量的大小，但并不是每个都适合人为控制的，哪些流率适合人为控制，需要去思索去研究。

例如，在人口增长系统中，要控制人口总数量宜控制人口出生率而不是死亡率；在商店存货系统，要控制商品的存货量宜控制商品的进货率而不是销售率。这类流率变量的控制表明了某种控制流位的策略，故有时也称这类流率变量为"决策函数"。

通常管理系统中流率的表达过于复杂，在这种情况下，为了简化流率的描述可以引入辅助变量。辅助变量必定出现在流图的信息通道中，它往往是具有实际意义的。

通过以上四个步骤，即可得到一个系统结构的完整流图。可以从因果关系及流图上看到系统中的各要素是如何关联的。例如，可以清楚知道系统中两变量之间的关联是正还是负，是直接还是间接，是即刻还是延迟的。基于流图，我们就能得出一组完整的数学方程来。

3.4　连续系统模型的建模示例[1]

本节通过示例介绍连续系统的流图绘制和数学模型的建立。第1个示例是一个湖的生态系统的自然演化过程的系统模型建模，其数学模型为常微分方程组；第2个示例是一个三级供应链系统，在外部环境（用户的需求）影响下的演化过程的系统模型建模，其数学模型为差分方程组。

3.4.1 基于微分方程组的建模

现以美国 Williams 提出的美国明尼苏达州雪松湖有机物新陈代谢系统模型为例，说明基于微分方程组的系统模型的建模。

该系统模型包含以下状态变量：①植物生成数量 X_P；②吞食植物的虫类生成数量 X_H；③食虫植物的生成数量 X_C；④太阳能量供应量 X_S；⑤湖底的有机物沉淀量 X_O；⑥扩散于周围环境的能量 X_E。

将植物生成数量 X_P、吞食植物的虫类生成数量 X_H 和食虫植物的生成数量 X_C 选做流位变量；R_1 代表 X_P 的增加率，R_2 代表 X_H 的增加率，R_3 代表 X_C 的增加率；太阳能量供应量 X_S、湖底的有机物沉淀量 X_O 和扩散于周围环境的能量 X_E 为辅助变量；可得该系统模型流图如图 1.3.35 所示。

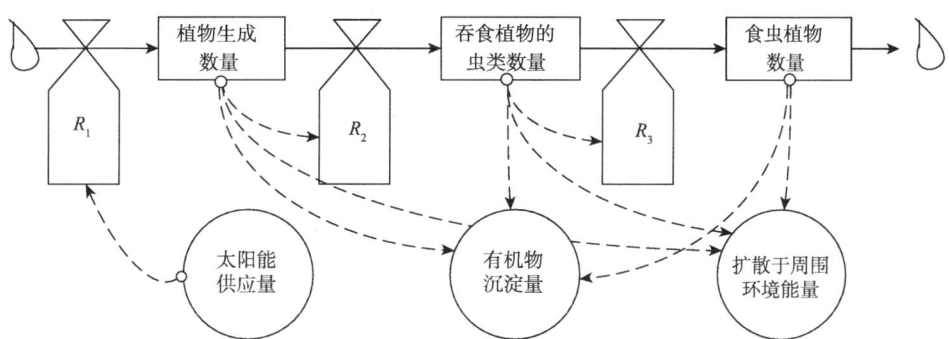

图 1.3.35　雪松湖有机物新陈代谢系统流图

根据图 1.3.35，可以建立该系统的状态方程组如下：

$$\frac{dX_p}{dt} = X_s - 4.03X_p$$

$$\frac{dX_h}{dt} = 0.48X_p - 17.8X_h$$

$$\frac{dX_c}{dt} = 4.85X_h - 4.65X_c$$

$$\frac{dX_o}{dt} = 2.55X_p + 6.12X_h + 1.95X_c$$

$$\frac{dX_e}{dt} = 1.00X_p + 6.90X_h + 2.70X_c$$

$$X_s = 95.9(1 + 0.635\sin 2\pi t)$$

其中，t 为以弧度计量的时间，一年等于 2π 弧度。这些方程表示物种与物种相互之间吞食、光合作用的过程。

3.4.2 基于差分方程组的建模

此处引用 Forrester 教授在他的 *Industrial Dynamics* 中提出的生产–销售系统的动态模型，以此说明基于差分方程组的系统模型的建模。

1. 系统构成

图 1.3.36 表示了生产–销售系统的构成，该系统由用户、零售商店、物资分配中心、制造工厂仓库和制造工厂组成。

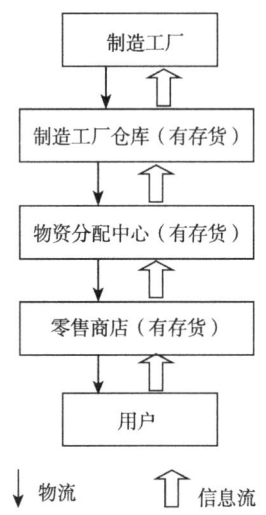

图 1.3.36　生产–销售系统的构成

系统的各级之间存在着一定的相互联系和相互制约的关系。一般来说，从用户逐级向上直至制造工厂存在着产品需求关系，而从制造工厂逐级向下直至用户存在着供应货品、满足需求的关系。在各级之间，自然会形成错综复杂的物资、人员、资金和信息的流动。

其中物流主要表现为制造货品、库存货品、发送货品及欠交货品等形式。信息流主要表现为逐级递交订货单及各级之间相应的信息反馈。物流和信息流的各个阶段都需占用一定的时间，也即产生一定的时间延迟，如准备订货单、邮寄订货单、处理订货单、制造货品、库存货品、发送及运输货品等所造成的时间延迟。

系统的各个组成部分都有相应的物流和信息的输入和输出。它们形成整个系统的复杂的动态变化。系统模拟的任务在于在深入分析系统的各环节的定性关系和定量关系的基础上，提出恰当的模型去正确地表述这些关系，进行动态模拟，从而探索较优的生产–售管理决策。

2. 系统的状态变量或参数

为了描述系统的状态特征，在模拟中运用了多种状态变量或参数，它们可划分为以下几类：

（1）水平变量：它包括物品欠货数量、物品库存量及物品发货数量等，量纲为单位。下标 i、$i-1$ 表示时间阶段。

（2）速率变量：它包括物品的发货率和进货率等，量纲为单位/周。

（3）时间延迟：它包括准备订货单、处理订货单、满足订货、货品保管、调整库存、邮寄订货单、平滑性要求、货品运输、库存缺货等所造成的时间延迟，量纲为周。

表 1.3.1 表示系统变量的定义和初始值，具体如下。

表 1.3.1 系统变量的定义和初始值

变量	定义	初始数值		
		$J=R$	$J=D$	$J=F$
AIJ	库存量对平均销售量的比例系数	8.0	6.0	4.0
CPJ	在 J 的处理中的订货	DCR·RRI	DCD·RRI	DCF·RRI
DCJ	处理订货单的时间延迟	3.0	2.0	1.0
DFJ	满足订货的时间延迟	a	a	a
DHJ	货品保管的时间延迟	1.0	1.0	1.0
DIJ	调整库存的时间延迟	4.0	4.0	4.0
DMJ	邮寄订货单的时间延迟	5.0	5.0	6.0
DRJ	平滑性要求引起的时间延迟	8.0	8.0	8.0
DTJ	货品运输的时间延迟	1.0	2.0	—
DUJ	由库存缺货引起的时间延迟	0.4	0.6	1.0
IAJ	实际库存量	AIR·RRI	AID·RRI	AIF·RRI
IDJ	要求的库存量	a	a	a
LAJ	实际在途货品（由 J 发出的）	a	a	a
LDJ	要求的在途货品（到达的）	—	a	a
MOJ	送往工厂的每周制造订货			MDF
MTJ	运往 J 的货品	DTR·RRI	DTD·RRI	na
NIJ	J 的非负库存限制率	a	a	a
PDJ	J 决策的购货率	r	RRD	
PMJ	由 J 发出的邮购订货	DMR·RRI	DMD·RRI	—
PSJ	由 J 发出的每周订货	PDR	PDD	na
RRJ	J 的每周货品需求	RRI	PSR	PSD
RSJ	J 的每周平滑需求	RRR	RRI	RRI
SRJ	J 每周接受的货品	SSD	SSF	MOF
SSJ	由 J 每周发送的货品	r	RRD	RRF
STJ	在 J 的试图发货率			
UNJ	J 正常的欠货数量	a	a	a
UOJ	J 的欠货数量	a	a	a
		1.4·RRI	1.6·RRI	2.0·RRI
ALF	工厂每周制造能力	—	—	1 000·RRI
DPF	工厂生产提前期	—	—	6.0
MDF	工厂决策的生产率	—	—	RRF
MWF	工厂试图的生产率	—	—	a
OPF	工厂生产中的订货	—	—	DPF·RRI

注：（1）$J=R$ 表示在零售商店，$J=D$ 表示在物资分配中心，$J=F$ 表示在制造工厂。（2）a 表示初值由辅助方程设定。（3）r 表示初值由速率方程设定。（4）na 表示不加应用。（5）"—"表示不用

3. 系统的状态方程

为了描述这个系统各个组成部分的相互联系和相互制约的关系，我们运用了一系列的状态方程组。它们分别属于零售商店、物资分配中心和制造工厂等不同部分。方程式的右侧注有"L"字母者表示水平变量方程式，注有"R"字母者表示速率变量方程式，注有"A"者表示辅助方程式。ΔT表示步长，即时间增量。

下面，我们先运用流图来描述系统的各部分（包括零售商店、物资分配中心、制造工厂仓库）所进行的一系列活动，之后根据流图建立相应的差分方程组。

1）零售商店部分

零售商店活动的流图如图1.3.37所示。

根据图1.3.37，建立差分方程组如下：

（1）$\text{UOR}_i = \text{UOR}_{i-1} + \Delta T \times (\text{RRR}_{i-1,i} - \text{SSR}_{i-1,i})$。 L

（2）$\text{IAR}_i = \text{IAR}_{i-1} + \Delta T \times (\text{SRR}_{i-1,i} - \text{SSR}_{i-1,i})$。 L

（3）$\text{STR}_i = \dfrac{\text{UOR}_i}{\text{DFR}_i}$。 A

（4）$\text{NIR}_i = \dfrac{\text{IAR}_i}{\Delta T}$。 A

（5）$\text{SSR}_{i,i+1} = \begin{cases} \text{STR}_i, & \text{若 } \text{NIR}_i \geq \text{STR}_i \\ \text{NIR}_i, & \text{若 } \text{NIR}_i < \text{STR}_i \end{cases}$。 R

（6）$\text{DFR}_i = \text{DHR} + \text{DUR} \times \left(\dfrac{\text{IDR}_i}{\text{IAR}_i}\right)$。 A

（7）$\text{IDR}_i = \text{AIR} \times \text{RSR}_i$。 A

（8）$\text{PSR}_i = \text{RSR}_{i-1} + \Delta T \times \dfrac{\text{RRR}_{i-1,i} - \text{RSR}_{i-1}}{\text{DRR}}$。 L

（9）$\text{PDR}_{i,i+1} = \text{RRR}_{i-1,i} + \dfrac{\text{IDR}_i - \text{IAR}_i}{\text{DIR}} + (\text{LDR}_i - \text{LAR}_i) + (\text{UOR}_i - \text{UNR}_i)$。 R

（10）$\text{LDR}_i = \text{RSR}_i \times (\text{DCR} + \text{DMR} + \text{DFD}_i + \text{DTR})$。 A

（11）$\text{LAR}_i = \text{CPR}_i + \text{PMR}_i + \text{UOD}_i + \text{MTR}_i$。 A

（12）$\text{UNR}_i = \text{RSR}_i \times (\text{DHR} + \text{DUR})$。 A

（13）$\text{CPR}_i = \text{CPR}_{i-1} + \Delta T \times (\text{PDR}_{i-1,i} - \text{PDR}_{i-1,i})$。 L

（14）$\text{PSR}_{i,i-1} = \text{DELAYS3}(\text{PDR}_{i-1,i}, \text{DCR})$。 R

（15）$\text{PMR}_i = \text{PMR}_{i-1} + \Delta T \times (\text{PSR}_{i-1,i} - \text{RRD}_{i-1,i})$。 L

（16）$\text{RRD}_{i,i+1} = \text{DELAYS3}(\text{PSR}_{i-1,i}, \text{DMR})$。 R

（17）$\text{MTR}_i = \text{MTR}_{i-1} + \Delta T \times (\text{SSD}_{i-1,i} - \text{SRR}_{i-1,i})$。 L

（18）$\text{SRR}_{i,i+1} = \text{DELAYS3}(\text{SSD}_{i-1,i}, \text{DTR})$。 R

其中，DELAY3表示三阶延迟的函数。

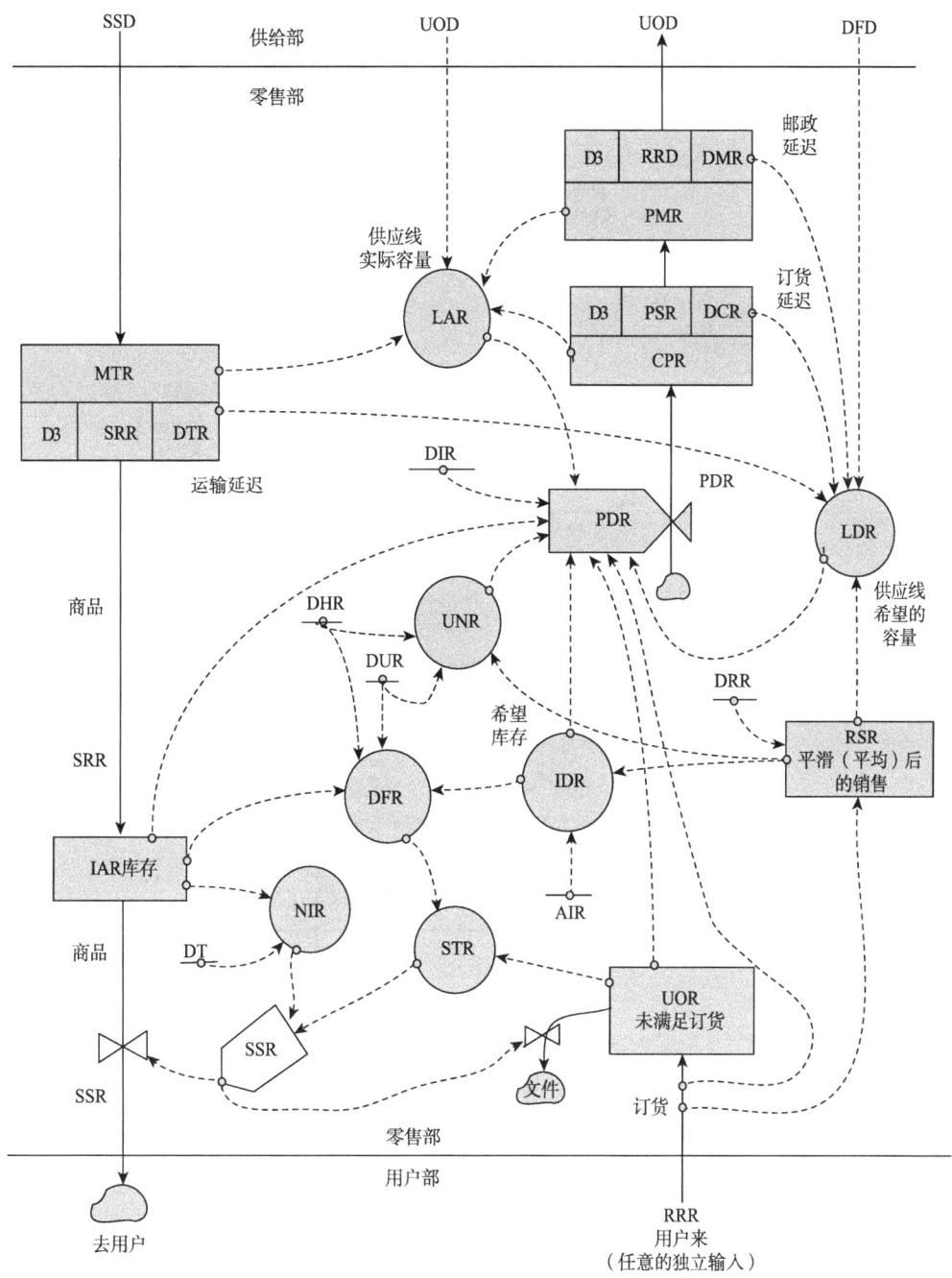

图 1.3.37 零售商店的流图

2）物资分配中心部分

物资分配中心活动的流图如图 1.3.38 所示。

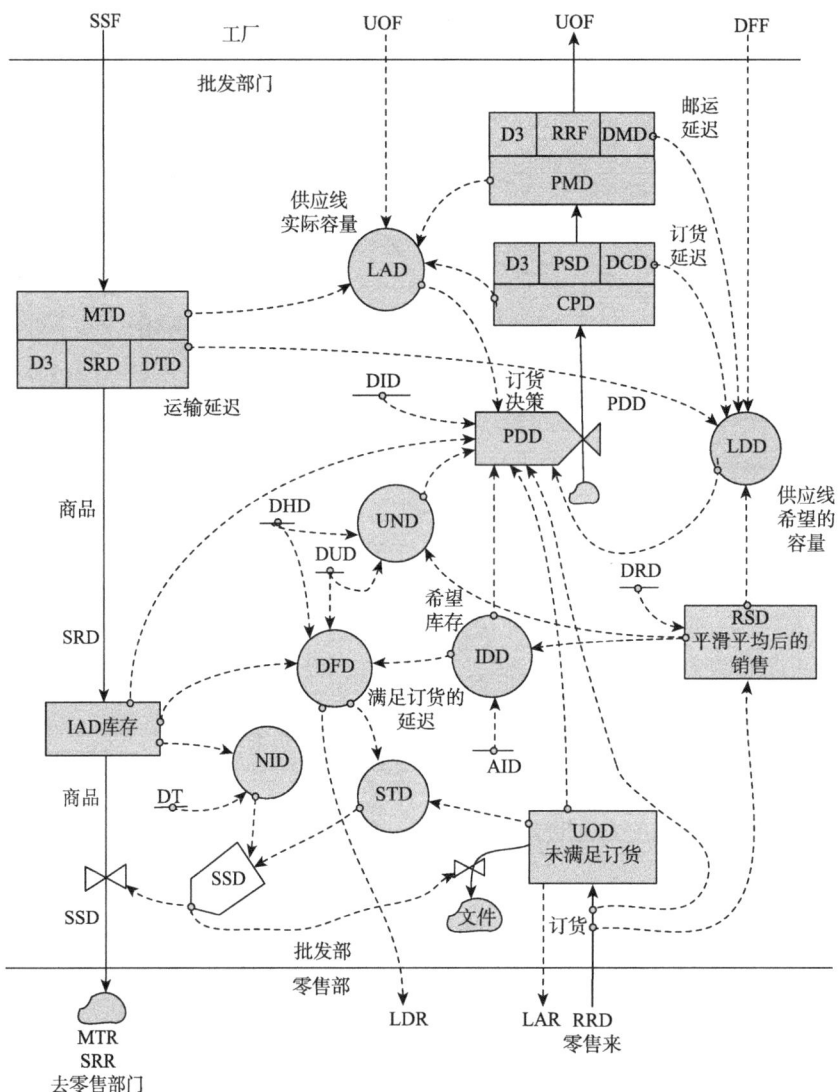

图 1.3.38　物资分配部门的流图

根据图 1.3.38，建立差分方程组如下：

（19）$\text{UOD}_i = \text{UOD}_{i-1} + \Delta T \times (\text{RRD}_{i-1,i} - \text{SSD}_{i-1,i})$。　　　　　　　　　　L

（20）$\text{IAD}_i = \text{IAD}_{i-1} + \Delta T \times (\text{SRD}_{i-1,i} - \text{SSD}_{i-1,i})$。　　　　　　　　　　L

（21）$\text{STD}_i = \dfrac{\text{UOD}_i}{\text{DFD}_i}$。　　　　　　　　　　A

（22）$\text{NID}_i = \dfrac{\text{IAD}_i}{\Delta T}$。　　　　　　　　　　A

（23）$\text{SSD}_{i,i+1} = \begin{cases} \text{STD}_i, & \text{若 } \text{NID}_i \geqslant \text{STD}_i \\ \text{NID}_i, & \text{若 } \text{NID}_i < \text{STD}_i \end{cases}$。　　　　　　　　　　R

（24）$DFD_i = DHD + DUD \times \left(\dfrac{IDD_i}{IAD_i}\right)$。 A

（25）$IDD_i = AID \times RSD_i$。 A

（26）$PSD_i = RSD_{i-1} + \Delta T \times \dfrac{RRD_{i-1,i} - RSD_{i-1}}{DRD}$。 L

（27）$PDD_{i,i+1} = RRD_{i-1,i} + \dfrac{IDD_i - IAD_i}{DID} + (LDD_i - LAD_i) + (UOD_i - UND_i)$。 R

（28）$LDD_i = RSD_i \times (DCD + DMD + DFF_i + DTD)$。 A

（29）$LAD_i = CPD_i + PMD_i + UOF_i + MTD_i$。 A

（30）$UND_i = RSD_i \times (DHD + DUD)$。 A

（31）$CPD_i = CPD_{i-1} + -\Delta T \times (PDD_{i-1,i} - PDD_{i-1,i})$。 L

（32）$PSR_{i,i-1} = DELAYS3(PDD_{i-1,i}, DCD)$。 R

（33）$PMD_i = PMD_{i-1} + \Delta T \times (PSD_{i-1,i} - RRF_{i-1,i})$。 L

（34）$RRF_{i,i+1} = DELAYS3(PSD_{i-1,i}, DMD)$。 R

（35）$MTD_i = MTD_{i-1} + \Delta T \times (SSF_{i-1,i} - SRD_{i-1,i})$。 L

（36）$SRD_{i,i+1} = DELAYS3(SSF_{i-1,i}, DTD)$。 R

3）制造工厂部分

制造工厂活动的流图如图 1.3.39 所示。

根据图 1.3.39，建立差分方程组如下：

（37）$UOF_i = UOF_{i-1} + \Delta T \times (RRF_{i-1,i} - SSF_{i-1,i})$。 L

（38）$IAF_i = IAF_{i-1} + \Delta T \times (SRF_{i-1,i} - SSF_{i-1,i})$。 L

（39）$STF_i = \dfrac{UOF_i}{DFF_i}$。 A

（40）$NIF_i = \dfrac{IAF_i}{\Delta T}$。 A

（41）$SSF_{i,i+1} = \begin{cases} STF_i, & 若 NIF_i \geqslant STF_i \\ NIF_i, & 若 NIF_i < STF_i \end{cases}$。 R

（42）$DFF_i = DHF + DUF \times \left(\dfrac{IDF_i}{IAF_i}\right)$。 A

（43）$IDF_i = AIF \times RSF_i$。 A

（44）$PSF_i = RSF_{i-1} + \Delta T \times \dfrac{RRF_{i-1,i} - RSF_{i-1}}{DRF}$。 L

（45）$MWF_{i,i+1} = RRF_{i-1,i} + \dfrac{IDF_i - IAF_i}{DIF} + (LDF_i - LAF_i) + (UOF_i - UNF_i)$。 A

（46）$MDF_{i,i+1} = \begin{cases} MWF_i, & 若 ALF \geqslant MWF_i \\ ALF, & 若 ALF < MWF_i \end{cases}$。 R

（47）$LDF_i = RSF_i \times (DCF + DPF)$。 A

（48）$LAF_i = CPF_i + OPF_i$。 A

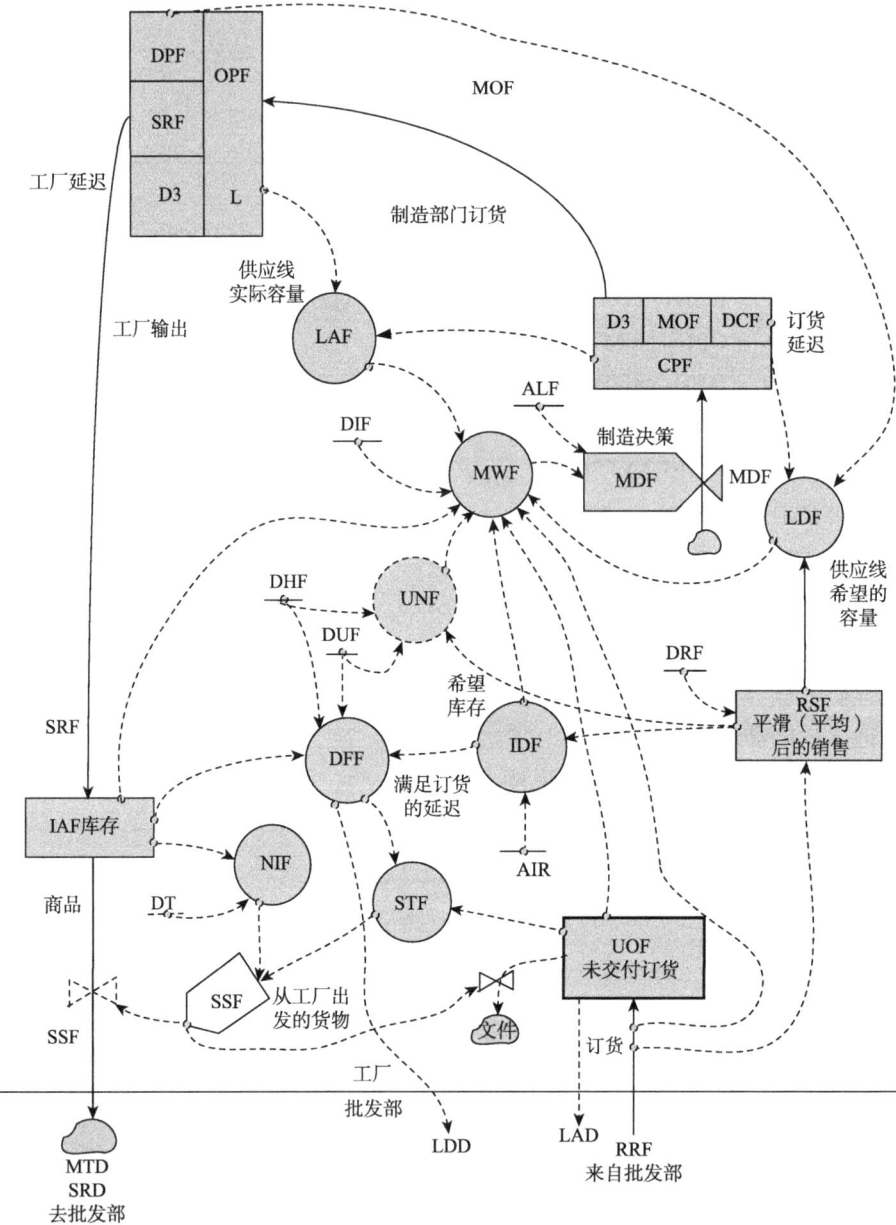

图 1.3.39 制造工厂的流图

（49）$\mathrm{UNF}_i = \mathrm{RSF}_i \times (\mathrm{DHF} + \mathrm{DUF})$。 A

（50）$\mathrm{CPF}_i = \mathrm{CPF}_{i-1} + \Delta T \times (\mathrm{MDF}_{i-1} - \mathrm{MOF}_{i-1,i})$。 L

（51）$\mathrm{MOF}_{i,i+1} = \mathrm{DELAYS3}(\mathrm{MDF}_{i-1,i}, \mathrm{DCF})$。 R

（52）$\mathrm{OPF}_i = \mathrm{OPF}_{i-1} + \Delta T \times (\mathrm{MOF}_{i-1,i} - \mathrm{SRF}_{i-1,i})$。 L

（53）$\mathrm{SRF}_{i,i+1} = \mathrm{DELAYS3}(\mathrm{MOF}_{i-1,i}, \mathrm{DPF})$。 R

4）初始条件

（54）RRR = RRI。
（55）UOR = RSR × (DHR + DUR)。
（56）IAR = AIR × RSR。
（57）RSR = RRR。
（58）CPR = DCR × RRR。
（59）PMR = DMR × RRR。
（60）MTR = DTR × RRR。
（61）RRD = RRD。
（62）UOD = RSD × (DHD + DUD)。
（63）IAD = AID × RSD。
（64）RSD = RRR。
（65）CPD = DCD × RRD。
（66）PMD = DMD × RRR。
（67）MTD = DTD × RRD。
（68）RRF = RRR。
（69）UOF = RSF × (DHF + DUF)。
（70）IAF = AIF × RSF。
（71）RSF = RRF。
（72）CPF = DCF × RRF。
（73）OPF = DPF × RRF。

习题与思考

1. 库存–劳动力系统的结构及内部运行机制如下：库存、劳动力为状态变量，库存受产量、发货率的控制，前者使库存增加，后者则使库存减少。劳动力受雇佣关系所控制。雇佣率则由劳动力调节时间和期望劳动力调节决定。而期望劳动力调节则由库存、期望库存之差、库存校正时间、劳动生产率所决定。

绘制库存–劳动力系统的流图，并建立差分形式的动力学模型。

2. 对于 3.4.2 小节所述的生产–销售系统，运用 Vensim 或 AnyLogic 实现该系统，如果零售商店接受的每周平均订货数量 RRR 为 10，对这个系统进行模拟，观察模拟结果。如果 RRR 改由下式决定：

$$RRR_{i,i+1} = RRI + RCR_i$$
$$RCR_i = 100 \cdot \sin\left(2\pi \cdot \frac{TNOW}{52}\right)$$

其中，RCR 为 RRR 的波动量（件/周）。其余条件保持不变，比较 RRR 取不同值时的模拟结果。

第4章

多 Agent 模拟原理

如果系统内部组成要素的相互影响，导致系统整体呈现"涌现性"状态，其运行规律无法用离散模拟模型或连续模拟模型描述清楚，那么，可以采用多 Agent 模拟方法来实现该类系统的模拟。多 Agent 模拟，是目前研究系统"涌现性"最热门的模拟方法。

4.1 多 Agent 模拟

Agent 的本意是"代理"，即一个人代表另一个人或一个组织去完成某件（些）事情。20 世纪 70 年代，人工智能领域启用了 Agent 的概念，其含义是指，分布式系统由多个 Agent 组成，每个 Agent 是能持续、自主地发挥作用的计算实体，这些 Agent 之间及 Agent 与环境之间的活动都是并发的，具有自主性、交互性、反应性和主动性特征，常简称为多智能体。

4.1.1 多 Agent 模拟原理

运用多 Agent 系统方法，对复杂系统（如生物、生态、社会、经济、管理等系统）建立多 Agent 模型，运用专用多 Agent 模拟语言或一般计算机语言，将多 Agent 模型转换为多 Agent 模拟模型，通过模拟运行来研究复杂系统的行为及行为表现的机理。我们将这整个过程称为多 Agent 模拟。

管理系统作为典型的复杂系统，其结构的不断组合、分解，以及所表现出来的行为的演化，正是各个 Agent 无意识的、自私的行为的综合交互的结果。这正也体现了多 Agent 系统的特征，即系统中各个 Agent 有规则的相互作用，会导致产生单个 Agent 所不具备的特征，即系统在整体表现出来的非个体的简单加总的特征。

作为一种新的研究方法，基于多 Agent 系统的建模方法在管理系统的模型研究中的影响越来越广泛。

1. 多 Agent 建模原理[9]

自 20 世纪 90 年代以来，人们发现多 Agent 模型很适合于描述合作、协调、组织行为、社会动态、联合与集团、习俗和道德的演化等社会现象。尤其适合于模拟社会组织的形成与优化、文化道德和社会制度的形成、危机的产生等过程。

在管理系统领域，把管理系统看做一个由多 Agent 交互协作组成的复杂适应系统，从而把对管理系统的建模分解为多 Agent 的建模，这样建立起的计算机模型，就是所谓的多 Agent 模型。

多 Agent 模型的主要特征是，即便 Agent 的设计只遵循一些非常简单的规则，集体的行为也会由于 Agent 并发引起的非线性关系而呈现出非常复杂的模式。其原理包括复杂系统中的涌现原理及生物学中的自组织原理。

1）涌现原理

涌现原理是指要属之间局部简单的行为交互，可导致系统整体复杂行为的涌现。

涌现这个概念在复杂性研究中非常重要。当低层次单元间交互导致高层次象发生新的现象时，可以称为涌现。或者这样定义也许更精确，即一种现象不能还原解释为它的组成元素之间的作用，可以称为涌现。例如，温度是分子运动的涌现，单个分子没有温度特性，但是许多分子会涌现出温度。

不过，有人参与的管理系统的整体涌现现象，与其他的个体行为导致的集体涌现现象（如蚁群行为、沙堆行为等）是有区别的。因为在这些系统所表现的集体行为涌现现象中，个体一般都被假设为没有理性，仅仅在本能驱动下从事个体的行为，个体对集体中涌现出的现象没有分析能力，也就是说新涌现出的现象与个体行为之间没有双向交叉的反馈影响，或者说涌现的现象没有反身影响效应。如果把个体行为看做原因变量输入，涌现作为结果现象输出，涌现的现象不会再通过个体的认知连接回去成为自身的一种输入。

而在有人参与的管理系统中，人作为系统中的重要个体，他们像社会科学家一样可以认知社会现象中的模式，而且能够对此反思、推理和预测，在社会组织（如政府、社区、商业机构、民间组织）这一层次上，个体并不仅仅是无辜的、自发的涌现，也有从涌现出的效果中反馈到个体的信息，这些信息又影响了个体的行为。

2）自组织原理

除涌现外，源自生物学的自组织理论对复杂系统模拟的影响也越来越大。

自组织关注的是一个机体或组织自产生、自维持的现象。因为在社会、经济、管理领域，系统中也存在大量的自组织聚集的现象，如城市、供应链、企业集群、专业市场等。如何设计一个基于多 Agent 系统的模型，能让 Agent 们通过简单的交互行为自发地形成某种已知的宏观自组织现象？这个问题在多 Agent 建模中非常关键。

2. 多 Agent 建模过程

1.3 节所述的系统模拟步骤，同样适合于多 Agent 建模。所不同的是，多 Agent 建模过程具有明显的从下到上的特征，具体特点如下。

1）通过实际系统分析，建立多 Agent 模型

在对模拟对象进行分析时，从系统的底层，即分析系统的基本要素入手，包括确定 Agent 类型及数目、分析 Agent 的行为、分析 Agent 行为的原因。

（1）确定 Agent 类型及数目。

Agent 类型及数目，即分析被模拟对象的基本组成。例如，社会系统中的社会组织有权利组织、营利组织等不同类型，那么，就可以分别用不同类型的 Agent 来代表；权利组织、营利组织有几个，那么相应的不同类型的 Agent 数量就有几个。又如，管理系统中"人"大致分为管理者和普通员工两类，那么，就可以分别用两类 Agent 来代替，并根据管理者和普通员工的人数来设置 Agent 的个数；当然，普通员工按人性划分，又可分为社会型、经济型等不同类型，那么相应的 Agent 也再可分类。

（2）分析 Agent 的行为。

分析现实系统中每个 Agent 的行为，这要从两两 Agent 之间的相互作用来分析，包括不同类型 Agent 之间及同类型 Agent 之间。例如，在经济系统中，政府 Agent 调整银行 Agent 的贷款利率，居民 Agent 之间就是否购买房产商 Agent 的商品房，而相互传播观念。

（3）分析 Agent 行为的原因。

分析现实系统中每个 Agent 行为发生变化（即采取行动）的条件，即 Agent 两两互动的规则。例如，在管理系统中，企业 Agent 根据经济效益，决定是否裁减员工 Agent；员工 Agent 根据员工群体之间的行为规范要求（社会场的影响），以及管理者 Agent 在物质上的激励措施，权衡自己是否为企业卖力（即提高员工 Agent 的工作努力度）。

将上述分析结果用符号模型表述出来，即成为多 Agent 模型。统一建模语言（unified modelling language，UML）可以胜任该项工作，具体如下。

（1）多 Agent 模型的静态结构的描述。

对于 Agent 类型及数目，可以运用 UML 中的类图和对象图来描述，一个类对应一种类型的 Agent，而对象则为同种类型 Agent 中的各个 Agent。

（2）多 Agent 模型的动态行为的描述。

对于 Agent 之间的相互作用，表现为对象之间互发消息，可以运用 UML 中的顺序图来描述对象之间的这种行为。

而对于行为原因，即对象之间发送消息的条件，那就要运用实际系统所属的领域问题所特有的模型了，如经济系统的经济增长模型、企业管理系统的效益分析模型等，其中具有随机特征的变量，则要用到概率分布函数来描述。

2）运用计算机语言，建立多 Agent 模拟模型

运用计算机语言，建立多 Agent 模拟模型，即运用专用的多 Agent 建模与模拟软件、或者运用一般计算机语言，编成实现多 Agent 模型。这里面要着重解决如下关键问题：

（1）搭建一个平台。

搭建一个平台，是指建立一个模仿现实系统中 Agent 相互影响、相互作用的一个平台，类似于沙盘模型的一个台面。模拟运行时，Agent 就在该台面上工作。

（2）确定 Agent 的空间特性。

确定 Agent 的空间特性是指确定每个 Agent 的空间位置是移动的还是静止的。如果 Agent 是移动的，那么每个 Agent 就可以在平台上到处移动，与相遇的 Agent 或资源发生行为互动；如果是 Agent 静止的，那么每个 Agent 在平面上的各自的位置都相对固定，只与其周边的 Agent 发生行为互动，元胞自动机（cellular automata，CA）就是这种方式。

（3）实现所有 Agent 行动的并发运行过程。

在现实系统中，所有 Agent 的行动是同时发生的，不是一个一个地进行的，这就要求在编程实现时要采用并行处理方式，而不能采用串行方式。而计算机 CPU 的工作方式在理论上是无法实现并行方式的。因此，并行模拟一直是计算机模拟领域要着重解决的问题。

目前，已出现的多 Agent 建模与模拟软件有多种，Swarm 就是其中最负盛名的，还有借鉴 Swarm 的原理但比 Swarm 使用更方便的 Reparst、AnyLogic、NetLogo 等，都可以实现多 Agent 模拟。4.1.2 小节将介绍 AnyLogic、Reparst、NetLogo 的原理及应用。

当然，运用一般的面向对象的计算机语言（如 Studio.Net 系列语言），则更灵活一些，但要费时费力地解决上述三项关键问题。

4.1.2　区域经济系统 Agent 模拟[10]

在本小节，我们以 ASPEN 模型为例来介绍多 Agent 模拟在区域经济系统中的应用。ASPEN 模型中的每个个体（Agent）都代表现实社会中的真实决策者。整个宏观经济的特性是通过所有 Agent 的微观活动来体现的。

1. 模型的框架和运行机制

在 ASPEN 模型中，我们把社会中的每个决策者都看做一个 Agent，把所有的 Agent 分为以下几个类别——家庭、银行、政府（仅一个）、联邦储备（仅一个）及四种类型的企业，即食品生产企业、其他非耐用消费品生产企业、汽车制造企业和房地产企业。此外，还有角色比较特殊的三个类别，每类仅包含一个 Agent，分别是房地产经纪人、资本品企业和金融市场。

图 1.4.1 描述了不同类别 Agent 之间的关系。

在 ASPEN 模型中，连续的时间被划分为离散的时间段（天），每一天又被划分为 11 个阶段，Agent 的行动分布于这些不同的时间段来执行。在每天的每一阶段内，每一个 Agent 都会获取消息，并且基于其当时的状态来采取相互独立的、可行的行动。

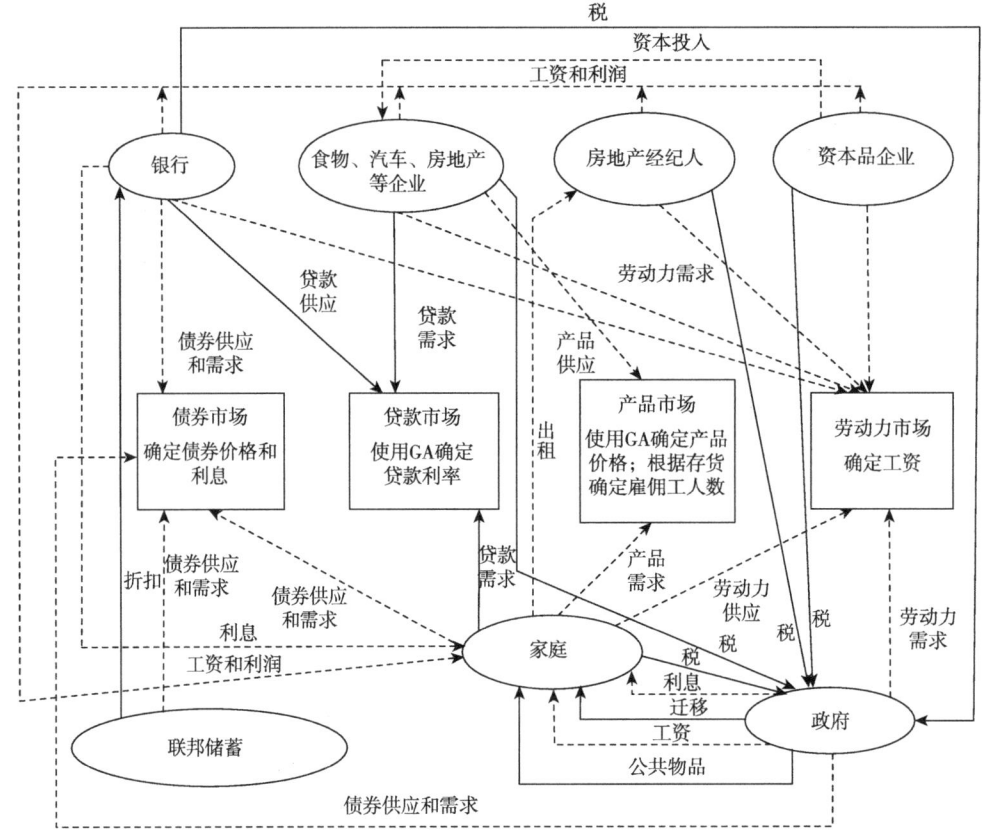

图 1.4.1 Agent 之间的关系

2. Agent 描述

Agent 描述包括 Agent 的状态、Agent 的行为和 Agent 之间相互作用的规则。一旦确定了模型中所有 Agent 的这些内容，模型会自动重复向前演进。下面对上述各类 Agent 分类介绍。

1）家庭 Agent

家庭是整个模型中最重要且数量最多的 Agent。家庭 Agent 通过工作来获取收入，家庭成员作为雇员在企业、银行、政府或其他 Agent 中工作。如果某个家庭没有取得工作或者被解雇的话，他们可以向政府领取一定的福利，年龄较大的公民还可以享受政府的社会保证金。家庭收入的其他来源包括购买债券或储蓄获得的利息，以及从企业分得的利润。此外，家庭还要依据其收入缴纳一定数额的税收。

利用获得的收入（加上储蓄），家庭主要消费四类产品，即食物、其他非耐用消费品、汽车和房屋。

在模型中，食物的需求量是由家庭规模决定的。当需求确定以后，就要决定从哪个企业购买。假设企业 f 提供的食物价格是 $p(f)$，那么某个家庭从该企业购买食物的概率是 $k \times [p(f)]^{-q}$，其中，k 为一个常数；q 的值由用户指定。从中可以看出，食品的价格越低，被购买的概率越大。

其他非耐用消费品的需求量是通过总收入减去食物消费后剩余收入的百分比除以某种非耐用消费品在整个行业内的平均价格来确定的。与食物类似，非耐用消费品的价格越低，被购买的概率越大。

如果某个家庭拥有汽车，且汽车没有出现故障，则不会有买车的需求。在模型中，我们假定汽车每天出现故障的概率是 P，P 值由用户指定。所以，当汽车出现故障或者没有汽车时，家庭会考虑购买汽车。首先，要确定购买的企业，其方法与确定从哪个企业购买食物相同。其次，实际购买时又包括两种情况：如果有足够的储蓄去购买，会直接用其储蓄购买；否则，向银行申请车贷，并且会向贷款利率最低的银行申请。总之，汽车的需求量可以看做个人收入、个人储蓄和贷款利率的函数。

房屋的需求与汽车相类似。在模型初始化时，不同的家庭被指定为房屋拥有者或者租赁房屋者。租赁房屋者每天缴纳一定比例的收入作为房租。租赁房屋者每天都有一定的概率购买房屋，而拥有房屋者则希望购买更好的房屋。在决定购买房屋后，就需要决定从哪个房地产企业购买，向哪个银行贷款。其选择方法与上述三种产品类似。

家庭除了消费外，会把剩余收入转化为金融资产，在现金、储蓄和国债之间进行分配。此外，每隔九十天家庭可以选择将其储蓄从一个银行转移到另一个银行，前提是新的银行的利率比原先银行的利率要高。

因此，家庭 Agent 的属性（含初值）见本章附录，行为设计为：工作收入（ ）；领取福利或社会保证金（ ）；投资债券或储蓄获利（ ）；购买食品（ ）；购买非耐用品（ ）；购买汽车（ ）；购买房屋（ ）；贷款（ ）。

行为规则设计如下：

（1）选择某家食品企业的概率是 $k \times \left[p(f) \right]^{-q}$。

（2）其他非耐用消费品的需求量为总收入减去食物消费后剩余收入除以某种非耐用消费品在整个行业内的平均价格。

（3）购买汽车行为发生的概率为 P。

（4）如果储蓄充足，则直接用储蓄购买；否则，向银行申请车贷。

2）企业 Agent

在 ASPEN 模型中，四种类型的企业在生产产品时都会用到劳动力和资产。产量函数表示为 $y = cK^a L^b$，其中，y 表示某天的产量；K 表示拥有的机器的数目；L 表示雇员数目；a、b、c 为常数，a、b 的默认值是 1，c 在同行业中的取值相同。

显然，企业可以通过改变资本品数目和劳动力数目调整产量。资本品数目可以每年调整一次，企业通过比较增加资本品所带来的收益与购买它们的成本来决定是否购买新的资本品。如果企业要增加资本投入，必须向银行申请贷款，然后在产品市场上选择资本品企业购买资本品。短期内，企业的固定资本不变，企业的产出的改变依靠劳动力的数目来调整。企业根据库存量和近期销售量制定雇佣决策：与销售量相比，如果库存量达到上限水平，则企业要解雇少量工人；库存量达到下限水平，企业要增加少量工人。

在模型中，我们假设所有企业的工资水平是相同且固定的。

为了追求较高的利润，企业会每隔一段时间调整产品的价格以获取最大的利润。ASPEN 模型采用遗传算法分类器系统（genetic algorithm learning classfier system, GALCS）为产品制定价格来体现企业行为的进化性。GALCS 的具体思路是，企业先要确定四种趋势：①近来本企业产品价格的升或降；②销售量的升或降；③利润的升或降；④企业价格相对于社会平均价格的高或低。企业根据这四种趋势来判断自己处于 16 种市场状态中的哪一种。GALCS 为每个市场状态确定一个概率分布 (p^D, p^I, p^C)，其中，p^D 表示降低价格的概率；p^I 表示提高价格的概率；p^C 表示维持价格不变的概率。例如，在某个时间段，第二种状态下，(p^D, p^I, p^C)=(0.1, 0.6, 0.3)，那么涨价。

当企业处于某个市场状态时，首先通过该概率分布决定价格的变化趋势；其次，每次价格的变动为一个定值 ΔP；最后根据企业改变后的价格计算其利润额。若该对策使得利润增加，则增加该对策对应的概率值，若降低了利润就减少该对策对应的概率值。

通过对三种对策的概率值进行调整，企业实现了定价的渐进学习。这里的企业具有相当的理性，同时又受到其他随机因素的影响。企业的理性体现在效果最好的对策（即概率值最大的对策）最有可能被企业选用。但是考虑到存在市场变化等随机或不可预测的因素，企业也可能选用其他的对策。

此外，在完成销售行为后，企业要依据其收入和利润向政府缴纳税收。

因此，企业 Agent 的属性（含初值）见本章附录，方法如下：生产（ ），其中产量的计算公式为 $y = cK^aL^b$；购买资本品（ ）；雇佣和解雇劳力（ ）；制定价格（ ），使用 GALCS 为产品制定价格；缴税（ ）。

行为规则设计如下：

（1）购买资本品的依据：增加资本品所带来的收益——购买它们的成本大于 0，则购买新的资本品 K。

（2）购买资本品的方式：向银行申请贷款，然后在产品市场上选择资本品企业购买资本品。

（3）企业根据库存量和近期销售量制定雇佣决策：如果库存量达到上界水平，则企业要解雇少量工人；库存量达到下界水平，企业要增加少量工人。

3）银行 Agent

银行所进行的活动包括四类——吸收储蓄、购买/出售债券、发放贷款及雇佣少数工人。

如前所述，家庭可以每隔 90 天决定是否转移储蓄到新的银行，银行则每天都会依据债券的回报率来调整利率。在模型中，所有银行的利率最终都将相同，这会导致每个银行的储蓄数也基本相同。

银行每天都会检查其储备量，如果大于全部储蓄额的 3%，且有超过 1%的自由储备，银行会用多余的储备去购买债券；否则，银行一方面会出售目前持有的债券，另一方面会向联邦储备提出申请。

银行的贷款利率是由两方面的因素来决定的：一是债券价格和利息的函数，二是通过 GALCS 计算得出。

此外，银行还雇佣少数的工人，工人的数目是其总资产的函数。银行要向他们支付相应水平的工资。

因此，银行 Agent 的属性（含初值）见本章附录，方法为：吸收储蓄（ ）；购买/出售债券（ ）；贷款（ ）；雇佣工人（ ）。

4）政府 Agent

政府每天的职能包括收取税收、支付福利、支付债券利息、雇佣一定数目的工人。在进行一定阶段的上述活动后，政府将该阶段的总收入和总支出进行比较，如果发生财政赤字，将发行一定数目的国债来平衡。债券没有到期日，每股每年支付 5 分的利息。最初每股债券的定价为\$1，即债券的收益率为 5%，同时债券的价格是可以改变的。除此之外，政府的主要行为是制定宏观经济政策，通过制定宏观经济政策调控宏观经济健康稳定运行。

因此，政府 Agent 的属性（含初值）见本章附录，方法为：收取税收（ ）；支付福利（ ）；支付债券利息（ ）；雇佣员工（ ）。

5）金融市场 Agent

每天，家庭、企业、银行及政府都会进行"购买"或"出售"业务。这些业务最终都是通过金融市场来处理的。金融市场负责收集这些订单，并确定是供大于求还是供小于求。然后，其就向联邦储备 Agent 发送相应的信息，方便联邦储备确定是使用扩张型、紧缩型还是平稳型的货币政策。

当所有的业务被统计之后，金融市场 Agent 会采取相应的行动。假设当前供小于求，（如 z 为销售量/购买量且小于 1 时）市场就会满足所有的卖方和相同数量的买方，并且提高债券的价格。反之，如果供大于求，市场就会满足所有的买方和相同数量的卖方，并且降低债券的价格。

因此，金融市场 Agent 的属性（含初值）见本章附录，方法为：购买（ ）；出售（ ）；统计（ ）；定价（ ）。

6）联邦储备 Agent

联邦储备 Agent 执行现实中的联邦储备的大部分职能。例如，假设银行无法完成其储备需求时，会向联邦储备发送信息，联邦储备会给予相应的折扣；假设政府期望发行债券，但没有足够的购买者，联邦储备便会购买这些债券。

联邦储备 Agent 还可以通过公开市场业务调整其货币政策，决定是采取扩张、紧缩还是常规型经济政策。经济政策的执行是基于金融市场 Agent 发送的市场供求信息的。当它采取扩张型经济政策时，如果目前金融市场上供大于求，它会购买过量的供应；相反，当采取紧缩型经济政策时，如果金融市场上供小于求，它会提供一定量的供应以满足需求。在常规型经济政策中，联邦储备会既提供又购买供应，以保证金融市场的价格的稳定。

因此，联邦储备 Agent 的属性（含初值）见本章附录，方法为：储备折扣（ ）；购买债券（ ）；采取扩张型政策（ ）；采取紧缩型政策（ ）；采取常规型政策（ ）。

7）房地产经纪人和资本品企业 Agent

房地产经纪人向租赁房屋者收取租金，并雇佣少量的工人，工人的数量由租赁房屋者的数量决定。资本品企业负责生产机器设备，它与前面的四种企业不同，生产过程中只用到了劳动力。

因此，房地产经纪人 Agent 的属性（含初值）见本章附录，主要方法为：收取租金（ ）；雇佣和解雇劳力（ ）。资本品企业 Agent 的属性（含初值）见本章附录，主要方法为：生产（ ）；雇佣和解雇劳力（ ）。

3. 模拟实验和结果分析

通过设计模型的框架，定义各 Agent 的行为及不同 Agent 间交互的方法。最终开发的 ASPEN 模型可以很好地模拟现实的经济社会。在此，用模型来分析采用不同的经济政策时对各类 Agent 的行为以及宏观经济指数的影响。

假设模型中的 Agent 包括 1 000 个家庭、3 个食品生产企业、2 个其他非耐用品企业、2 个汽车企业、2 个房地产企业、2 个银行、其他类型的 Agent 各 1 个。

首先，对模型进行初始化，如家庭的储蓄额、银行的存贷款利率、债券的价格及上述公式中需由用户指定的值等。

其次，在常规经济政策下将模型运行 2 000 期，以使 GALCS 中概率的值与现实社会中的实际值相吻合。

最后，在接下来的 3 000 期里分别在扩张型经济政策和紧缩型经济政策下运行模型 10 次。

图 1.4.2 表示了扩张型经济政策和紧缩型经济政策对贷款利率的影响。

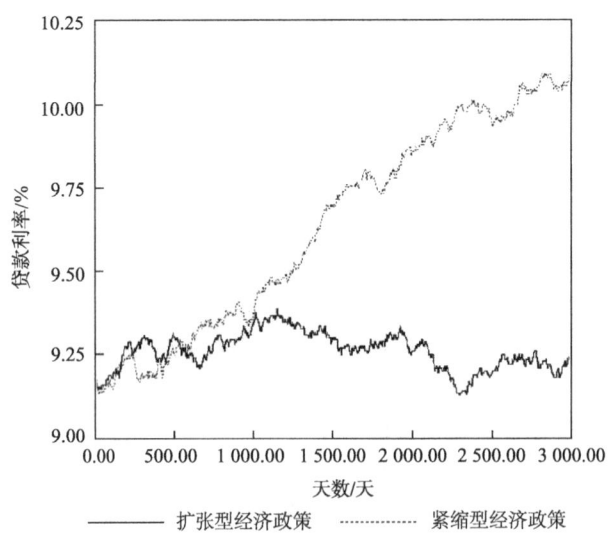

图 1.4.2　经济政策对贷款利率的影响

经济理论表明，在紧缩的经济政策下，债券价格比较低，其原因在于，一旦金融市场出现供小于求的情况，联邦储备就会提供一定数量的债券来消除供大于求的局面。而较低的债券价格意味着购买债券会有较高的回报率,所以银行更倾向于投资债券,这就导致银行其他业务(如发放贷款)的减少。在这种情况下,贷款的需求增加,而银行也只有在贷款利率提高的情况下才会提供较多的贷款。所以,最终结果是银行的贷款利率提高。

从图 1.4.2 中同样可以看出,在紧缩型经济政策下,贷款利率明显高于扩张型经济政策下的贷款利率。模拟实验结果与经济理论推断相一致。

此外,我们还可以通过模型来得到贷款利率增加对其他因素[如房屋购买量、产品价格及国民生产总值(GNP)]的影响。

根据经济理论,贷款利率的增加导致家庭的贷款数量减少,所以导致价值较高的商品如汽车、房屋等的购买量减少。由图 1.4.3 也可以看出,紧缩型经济政策下的房屋购买量较扩张型经济政策下的房屋购买量低。

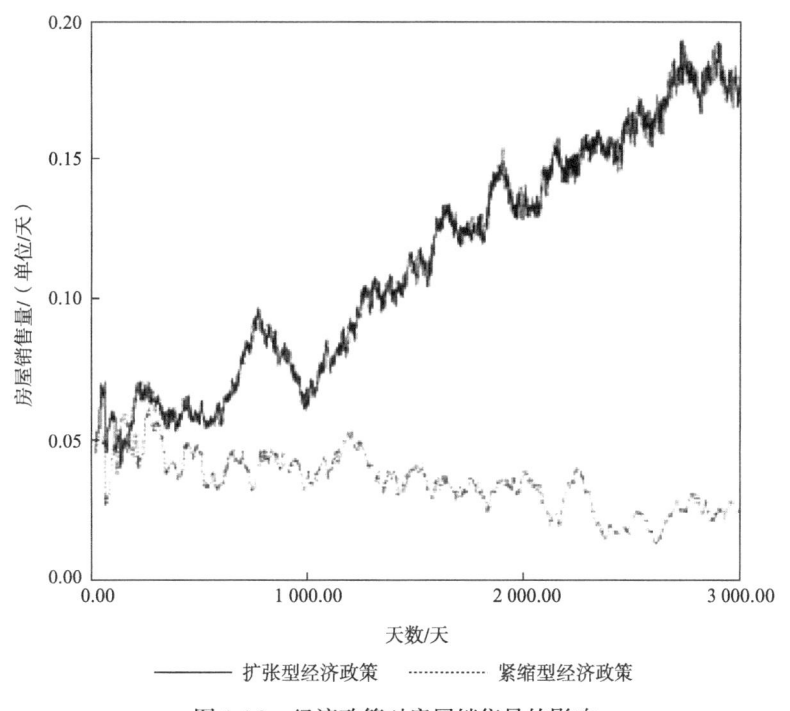

图 1.4.3　经济政策对房屋销售量的影响

同样,在高的贷款利率下,企业会较少添置新的机器设备,因此直接带来企业的产量和利润的下降。而低利润必然带来每个家庭的收入降低,继而导致家庭对产品的需求减少。需求减少就容易出现供大于求的局面,而供大于求会带来产品价格的下降。如图 1.4.4 所示,紧缩型经济政策下的产品价格低于扩张型经济政策下的产品价格。从上面的分析可以看出,紧缩型经济政策下,生产和消费的水平都下降了,这也意味着 GNP 的降低。如图 1.4.5 所示,紧缩型经济政策导致了较低水平的 GNP。

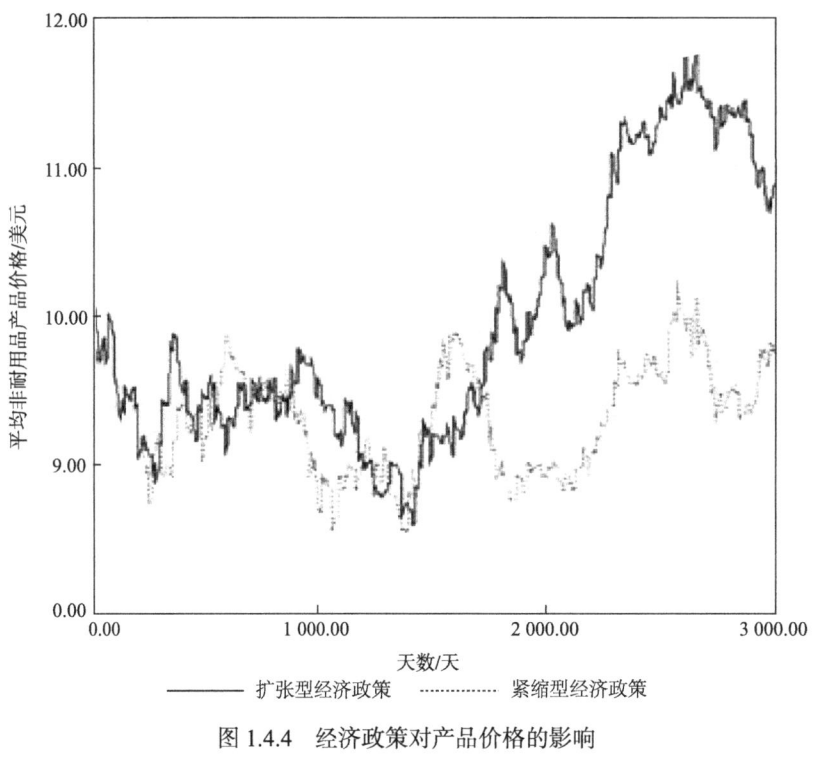

图 1.4.4 经济政策对产品价格的影响

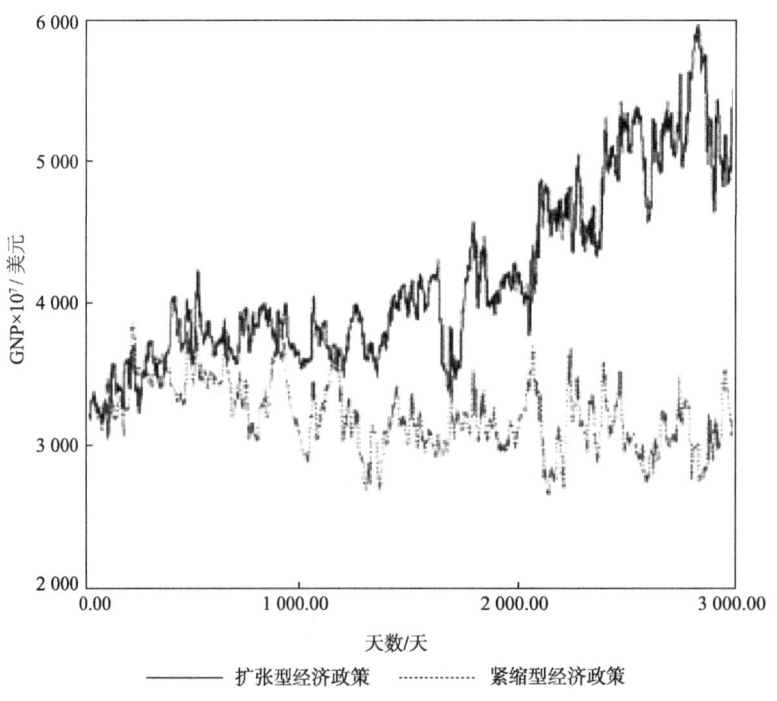

图 1.4.5 经济政策对 GNP 的影响

从上面的实验结果可以看出，多 Agent 模拟通过对复杂系统底层要素及其行为规则的建模，再现复杂系统宏观涌现行为，辅助决策者的管理与决策工作。

4.2 元胞自动机模拟

4.2.1 元胞自动机的定义[11]

元胞自动机是时间、空间和状态都按离散方式变化的动力系统。散布在珊格（lattice）中的每个元胞（cell）取有限的离散状态，遵循同样的相互作用规则，同步更新各自的状态。元胞之间的相互作用规则是简单的，但通过简单的相互作用却能够导致系统整体行为的动态演化。元胞自动机的特点如下。

（1）不同于一般的动力学模型，元胞自动机建模不是通过完整的数学模型进行，而是用元胞之间的一系列局部规则构成。凡是满足这些规则的模型都可以算做元胞自动机模型。因此，元胞自动机提供了一种方法框架。

（2）元胞自动机的运行时间（模拟时钟 $t=0,1,2,\cdots,k$ ）是离散的，运行的物理空间（即珊格）是离散的，每个元胞的状态也是离散的，且状态空间是有限的。

（3）每个元胞状态改变的规则是局部的，即元胞只与其邻居元胞相互作用。

在元胞自动机的发展过程中，科学家们构造了各种各样的元胞自动机模型。其中，Wolfram 的"初等元胞自动机"、Conway 的"生命游戏"、"格子气自动机"、Langton 的"能自我复制的元胞自动机"等几个典型模型对元胞自动机的理论方法的研究起到了极大的推动作用，因此，它们又被认为是元胞自动机发展历程中的几个里程碑。

尽管元胞自动机有着较为宽松，甚至近乎模糊的构成条件。但作为一个数理模型，元胞自动机有着严格的科学定义。同时，元胞自动机是一个地地道道的"混血儿"，是物理学家、数学家、计算机科学家和生物学家共同工作的结晶。因此，对元胞自动机的含义也存在不同的解释。例如，物理学家将元胞自动机视为离散的、无穷维的动力学系统；数学家将元胞自动机视为描述连续现象的偏微分方程的对立体，是一个时空离散的数学模型；计算机科学家将元胞自动机视为新兴的人工智能、人工生命的分支；而生物学家则将元胞自动机视为生命现象的一种抽象。下面给出元胞自动机的物理学定义。

在物理学中，元胞自动机是定义在一个由具有离散、有限状态的元胞组成的元胞空间上，并按照一定局部规则，在离散的时间维上演化的动力学系统。

具体讲，构成元胞自动机的部件被称为"元胞"，每个元胞具有一个状态。这个状态只能取某个有限状态集中的一个，如"生"或"死"或者是 256 中颜色中的一种等。这些元胞规则地排列在被称为"元胞空间"的空间格网（lattice grid）上。它们各自的状态随着时间变化，而根据一个局部规则进行更新，也就是说，一个元胞在某时刻的状态取决于上一时刻该元胞的状态及该元胞的所有邻居元胞的状态。每个元胞依照这样的局部规则进行同步的状态更新，整个元胞空间则表现为在离散的时间维上的变化。

4.2.2 元胞自动机的组成[11]

元胞自动机最基本的组成为元胞、元胞空间、邻居及规则四部分。简单来讲，元胞自动机可以视为由一个元胞空间和定义于该空间的变换函数所组成，如图1.4.6所示。

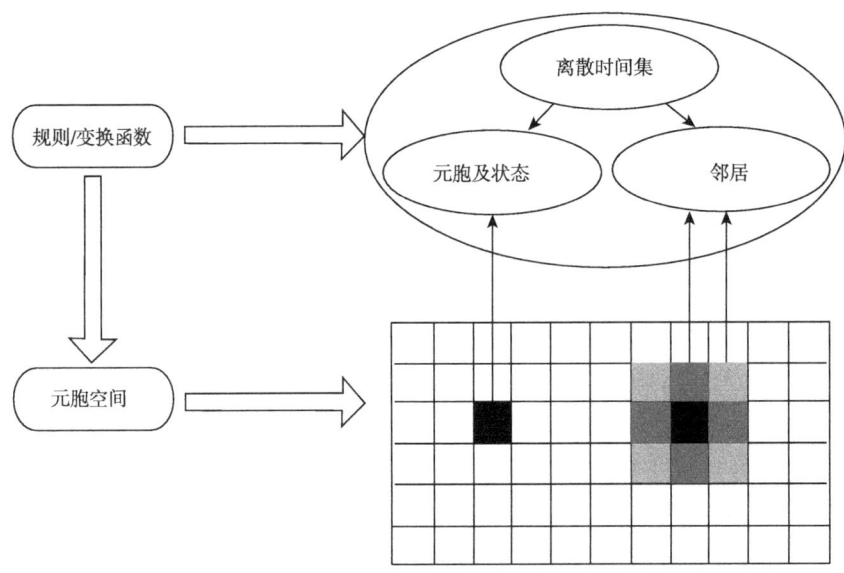

图1.4.6 元胞自动机的组成

1. 元胞

元胞又可称为单元或基元，是元胞自动机的最基本的组成部分。元胞分布在离散的一维、二维或多维欧几里得空间的晶格点上。

2. 状态

状态可以是$\{0,1\}$的二进制形式，也可以是$\{s_1, s_2, \cdots, s_i, \cdots s_k\}$整数形式的离散集。严格意义上，元胞只能有一个状态变量，但在实际应用中，往往将其进行了扩展，如每个元胞可以拥有多个状态变量。

3. 元胞空间

处于分布状态的元胞空间网点集合就是元胞空间。这里涉及以下几个概念。

1）元胞空间的几何划分

理论上，它可以是任意维数的欧几里得空间规则划分。目前研究多集中在一维和二维元胞自动机上。对于一维元胞自动机，元胞空间的划分只有一种。而高维的元胞自动机，元胞空间的划分则可能有多种形式。

对于最为常见的二维元胞自动机，二维元胞空间通常可按三角、四边或六边网格三种排列，如图1.4.7所示。

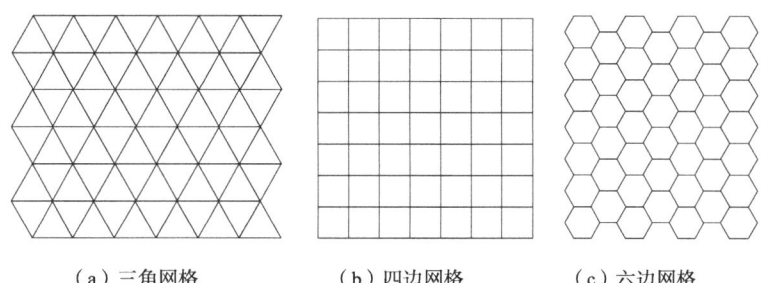

（a）三角网格　　　　（b）四边网格　　　　（c）六边网格

图 1.4.7　二维元胞机的三种网格划分

2）边界条件

在理论上，元胞空间通常是在各维方向上是无限延展的，这有利于在理论上的推理和研究。但是在实际应用过程中，我们无法在计算机上实现这一理想条件，因此需要定义不同的边界条件。归纳起来，边界条件主要有三种类型，即周期型、反射型和定值型。有时，在应用中，为更加客观、自然地模拟实际现象，还有可能采用随机型，即在边界实时产生随机值。

3）构形

在元胞状态、元胞空间概念的基础上，引入另外一个非常重要的概念——构形（configuration）。构形是在某个时刻，在元胞空间上所有元胞状态的空间分布组合，通常在数学上，它可以表示为一个多维的整数矩阵。

4. 邻居

在一维元胞自动机中，通常以半径来确定邻居，距离一个元胞内的所有元胞均被认为是该元胞的邻居。二维元胞自动机的邻居定义较为复杂，但通常有四种形式（以最常用的规则四边网格划分为例）：冯·诺依曼（Von Neumann）型、摩尔（Moore）型、扩展的型和马哥勒斯（Margolus）型，前三种邻居模型如图 1.4.8 所示，黑色元胞为中心元胞，灰色元胞为其邻居，它们的状态被一起用来计算中心元胞在下一时刻的状态。冯·诺依曼型元胞的上、下、左、右相邻四个元胞为该元胞的邻居；摩尔型元胞的上、下、左、右、左上、右上、右下、左下相邻八个元胞为该元胞的邻居；将摩尔型元胞的邻居半径 r 扩展为 2 或者更大，即得到扩展的摩尔型邻居。

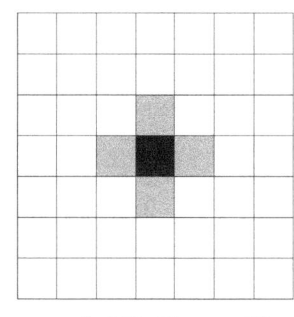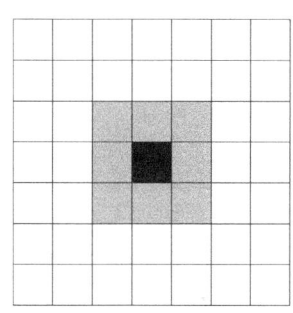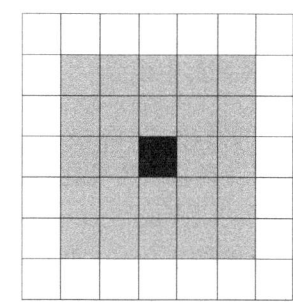

（a）Von Neumann 型　　　（b）Moore 型　　　（c）扩展的 Moore 型

图 1.4.8　元胞自动机的邻居模型

5. 规则

根据元胞当前状态及其邻居状况确定下一时刻该元胞状态的动力学函数，即状态转移函数，该函数包括元胞的所有可能状态、负责该元胞的状态变换的规则两部分。该函数可以记为

$$f: s_i^{t+1} = f(s_i^t, s_N^t)$$

其中，s_N^t 为 t 时刻的邻居状态组合；称 f 为元胞自动机的局部映射或局部规则。

6. 时间

元胞自动机是一个动态系统，它在时间维上的变化是离散的，即时间 t 是一个整数值，而且连续等间距。假设时间间距 $dt=1$，若 $t=0$ 为初始时刻，那么 $t=1$ 为其下一时刻。在上述转换函数中，一个元胞在 $t+1$ 的时刻只取决于 t 时刻的该元胞及其邻居元胞的状态，虽然，在 $t-1$ 时刻的元胞及其邻居元胞的状态间接地（时间上的滞后）影响了元胞在 $t+1$ 的时刻的状态。

由以上对元胞自动机的组成分析，我们可以更加深入地理解元胞自动机的概念。用数学符号来表示，标准的元胞自动机是一个四元组：

$$A = (L_d, S, N, f)$$

其中，A 表示一个元胞自动机系统；L 表示元胞空间；d 为一正整数，表示元胞自动机内元胞空间的维数；S 为元胞有限的、离散的状态集合；N 表示一个所有邻域内元胞的组合（包括中心元胞），即包含 n 个不同元胞状态的一个空间矢量，记为

$$N = (s_1, s_2, \cdots, s_n)$$

其中，n 为元胞的邻居个数；$s_i \in Z$（整数集合），$i \in \{1,2,\cdots,n\}$；f 表示将 S^n 映射到 S 上的一个局部转换函数。所有的元胞位于 d 维空间上，其位置可用一个 d 元的整数矩阵 $\mathbf{Z}^d$ 来确定。

4.2.3 元胞自动机模拟示例[12]

元胞自动机是一种开放的、通用的建模方法，其应用几乎涉及自然、社会、经济、管理等各个领域。元胞自动机很适合于进行群体动力学的分析，下面以人群动力演化过程的模拟为例，介绍元胞自动机的运用。

1. 民意集中模拟

1）问题

当外界环境发生变化时，对于一群人如何应对环境的变化而言，在这群人里会产生多种不同的观点或意见，随着人群中个人和个人之间不断地交换意见，即随着时间的推移，意见的种数会发生变化。我们可以运用元胞自动机，对人群中意见种数发生的变化做如下工作：

（1）模拟变化过程。
（2）分析变化过程的规律。
2）建模

假设 CA 基于有限的二维矩形栅格，采用 Von Neumann 相邻关系模式。把每个元胞都看作有主张的个人，元胞的状态代表每个人的意见，状态的集合服从（0，1）分布。每个人依据其邻居的状态（包括自己）定期改变它自身的状态，每个邻居的影响力相同。其中，$u_j(t)$ 表示在第 t 个阶段元胞 j 的状态；N_i 表示元胞的所有邻居的集合；$\#N_i$ 表示邻居的数目。元胞 j 在下一个阶段的状态可以用式（1.4.1）表示为

$$\frac{1}{\#N_i}\sum_{j\in N_i}u_j(t)\to u_j(t+1) \quad (1.4.1)$$

采用上述的算法计算下一时刻元胞的状态时，可能出现元胞状态集合是无限的情况。而 CA 规定状态集合必须是有限的，所以需要对上述的结果进行修正。在此，我们使用离散化的方法，图 1.4.9 中给出了离散函数。

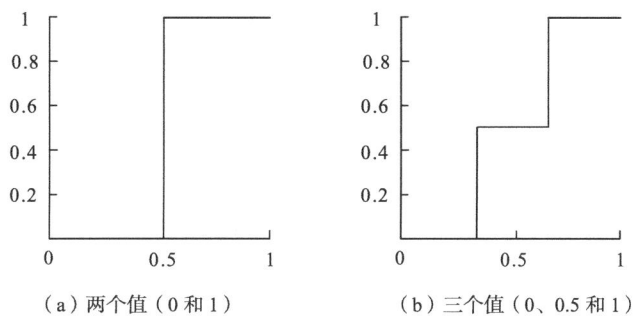

（a）两个值（0 和 1）　　　　（b）三个值（0、0.5 和 1）

图 1.4.9　离散函数

图 1.4.9 中子图（a）中，如果 $x<1/2$，那么 $y=0$；如果 $x\geq 1/2$，那么 $y=1$。图 1.4.15 中子图（b）中，如果 $x<1/3$，那么 $y=0$；如果 $x\geq 1/3$ 并且 $x<2/3$，那么 $y=0.5$；如果 $x\geq 2/3$，那么 $y=1$。

式（1.4.1）的输入值仅限于上述阶梯函数的函数值集合中，包括 0、1 和 0、0.5、1。可以看出，式（1.4.1）的计算结果可能不在此函数值集合中，所以需要用阶梯函数来进行离散化，保证元胞的状态集合有限。

接下来，把该计算结果作为输入，循环进行上述过程。上述过程可以简单描述如下：

$$\frac{1}{\#N_i}\sum_{j\in N_i}u_j(t)\to \text{step function}\to u_j(t+1) \quad (1.4.2)$$

式（1.4.2）是通用的转换规则，它顺序地应用在随机选择的元胞上，称为顺序更新，应用式（1.4.2）。

3）模拟与分析

图 1.4.10 表示了在 2、5、10、15 和 30 种意见的情况下模拟的典型结果。在模拟开始时，每种意见的元胞是等数目的。从图 1.4.10 中可以看出，模拟结束时，同一种状态会显示出一定形状，且表现出涌现性。图 1.4.10 中所示的结构是稳定和持久的。图 1.4.10

中子图（f）给出了连续状态下的模拟结果，其中没有用到阶梯函数，用到的动力学方程是式（1.4.1）而不是式（1.4.2），可以看出，当 t 趋于无穷大时，所有个体的意见基本相同。

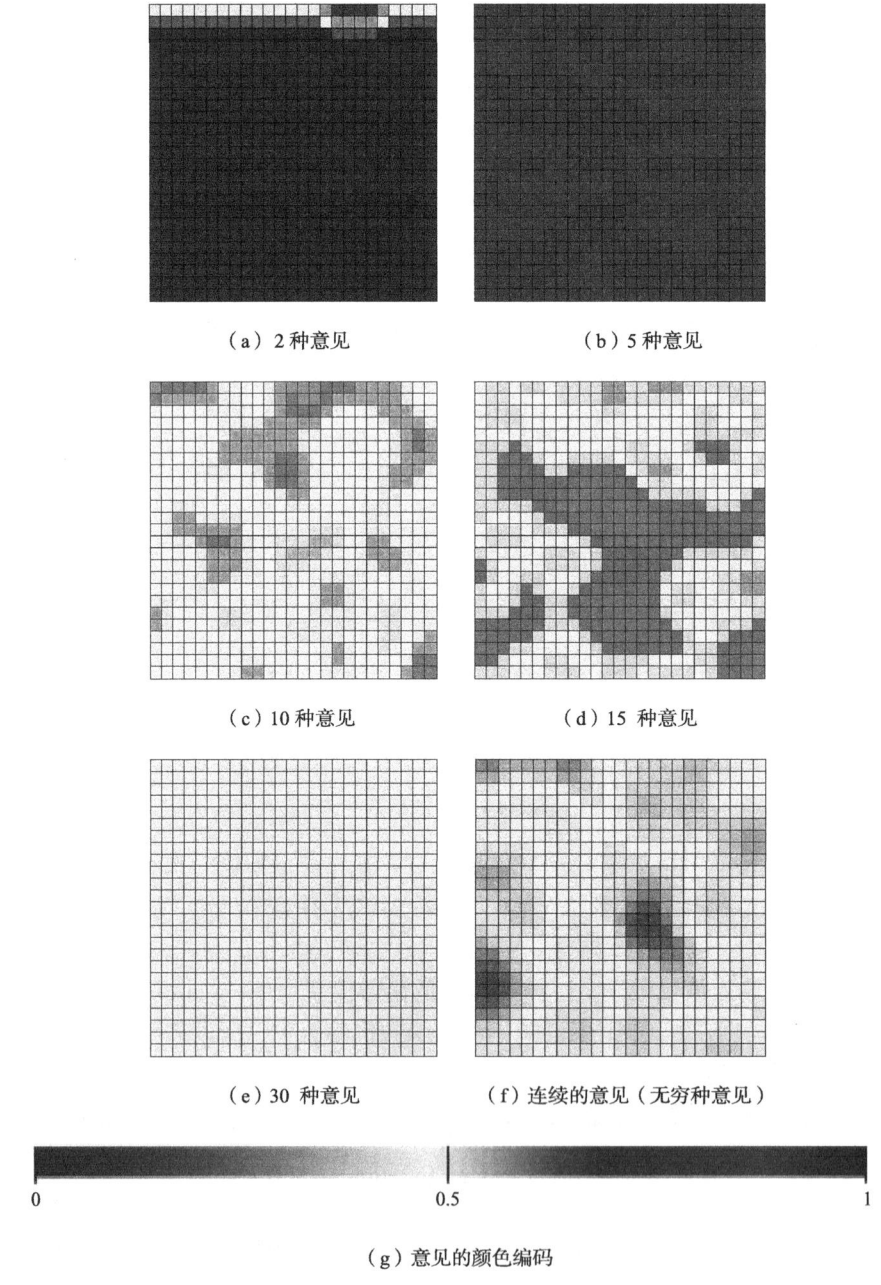

图 1.4.10 模拟结果

从图 1.4.10 可以看出，状态集合中包含的意见种类越多，最终个体间的意见越容易统一，且不同意见之间的转换越平滑。

这个结论需要通过进一步的模拟来得出，如图 1.4.11 所示。X 轴表示在不同离散水平下集中状态的数目,如第一个是 2 种状态(0 和 1),第二个是 3 种状态(0、0.5 和 1),……最后一个是 50 种状态。依据不同的离散水平,把 Y 轴分为相应的区间。Y 轴取值为 0 ~ 1,如当状态数目为 2 时,把 Y 轴分为 2 个区间;为 3 时,把 Y 轴分为 3 个区间;依次类推,这在图 1.4.11 中看得不是特别明显。

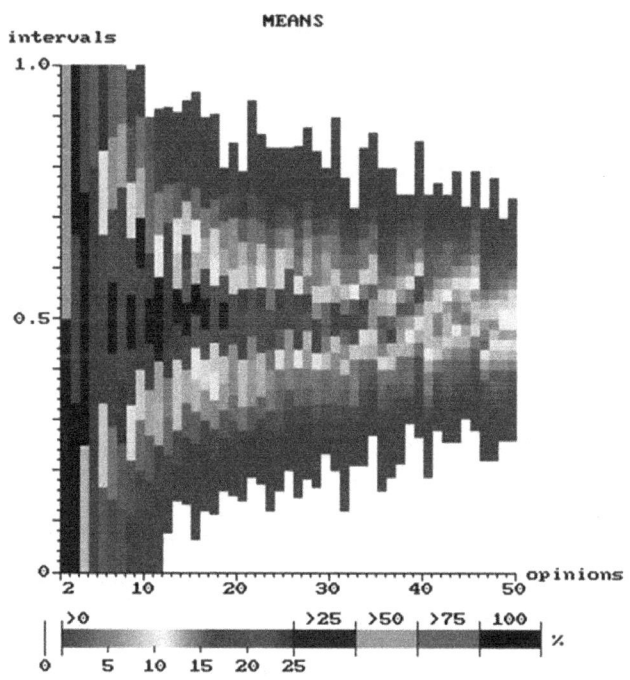

图 1.4.11　离散民意动态模型（最多包含 50 个状态）民意集中后的平均频率

另外,我们把不同的区间用不同的颜色来表示。为了使结果更加可靠,我们在每种离散水平下模拟 10 次。模拟模型的框架如下:

（1）采用 Von Neumann 相邻关系模式。

（2）基于 25×25 的栅格。

（3）运用顺序更新。

（4）运用图 1.4.9 给出的阶梯函数和式（1.4.2）给出的动力学方程。

图 1.4.11 证明了状态的离散化水平对最后结果有很大影响。当一个系统中存在无穷多种意见时,所有的意见最后容易统一成一种意见,而只有少数几种意见时,却容易出现两极分化的结果,并且,意见数越多,意见越容易统一。

2. 群体形成过程模拟

1）问题

有两个不同种族人群,最初各个成员都无意地居住在某个区域的各处,在两类人群中,成员之间的价值观的取向（即一个成员对另一个成员的价值评判或看法）包括三种——正向、中立和负向。正向表示欣赏对方,负向表示敌视对方。当外部环境稳定时,大家都相安无事，各自都居住在原处。

但是，由于社会环境发生了变化，比如两个种群所属的国家发生了战争，成员之间的态度就发生改变了，一种是"隔离"态度（segregation attitude），另一种是"怀疑"态度（suspicion attitude），在这两种态度的驱使下，两类人群的成员们开始选择新的居住地了，表现为成员们不断地搬家。

我们在此介绍 Sakoda 运用元胞自动机，对搬家过程所做的如下工作：

（1）模拟搬家过程。

（2）分析搬家过程中的现象或规律。

2）建模

为了便于模拟，把正向、中立和负向的价值取向进行离散的量化处理，把它们称为"效价"（valences），用整数 V_{ij} 来表示。

P 表示所有个体的集合，并且模型的每一个元胞都代表一个个体，有些元胞中没有个体。个体有机会移动到 3×3 邻居范围的空元胞中。如果没有空元胞的存在，允许个体跨越一个元胞来移动，但是移动通常都是局部的，且必须满足特定的条件。个体 i 最终移动到 $\sum_{j \in P} \frac{V_{ij}}{\sqrt[w]{d_{ij}^2}}$ 最大的元胞中。其中，d 表示个体 i 与 j 之间的欧几里得距离；w 表示随着距离的增加，效价减少的百分比，从式中可以看出，w 越大，距离的增加对效价的减少的影响越小。

模型建立在 8×8 的棋盘上，一共有两类群体，每类群体包括 6 个成员，一类群体的成员用"□"表示，另一类成员用"+"表示。两种态度条件下，成员之间的价值取向值如表 1.4.1 所示。

表 1.4.1 两种态度条件下"效价" V_{ij} 的取值

隔离	□	+	怀疑	□	+
□	1	−1	□	0	−1
+	−1	1	+	−1	0

3）模拟与分析

图 1.4.12 显示了在隔离态度下，两类群体形成的动态过程。从最开始的随机分布到最终聚集在一起只花费了很短的时间。

图 1.4.12 显示的最终结果和我们预想的相同。但是在怀疑态度下，群体最终形成另一种情形，如图 1.4.13 所示。

显然，持中立价值取向的个体不会单独形成一个群体，只有对另一个群体持负向价值取向的个体才会形成独立的群体。

Sakoda 在其模型中没有发现如下的现象：当个体对另一群体持负向价值取向，且对自身所在的群体漠不关心（即中立）时，会比对自身所在群体持正向价值取向时表现出更明显的集群现象。

为了验证这个结果，我们需要在更大范围的棋盘内进行实验，目前的计算机可以很方便地实现其模拟和运行。图 1.4.14 是一个 40×40 的棋盘，两个群体各包含 180 个成员，分别用黑色和白色方块来表示。其他的假设条件与 Sakoda 的模型相同。

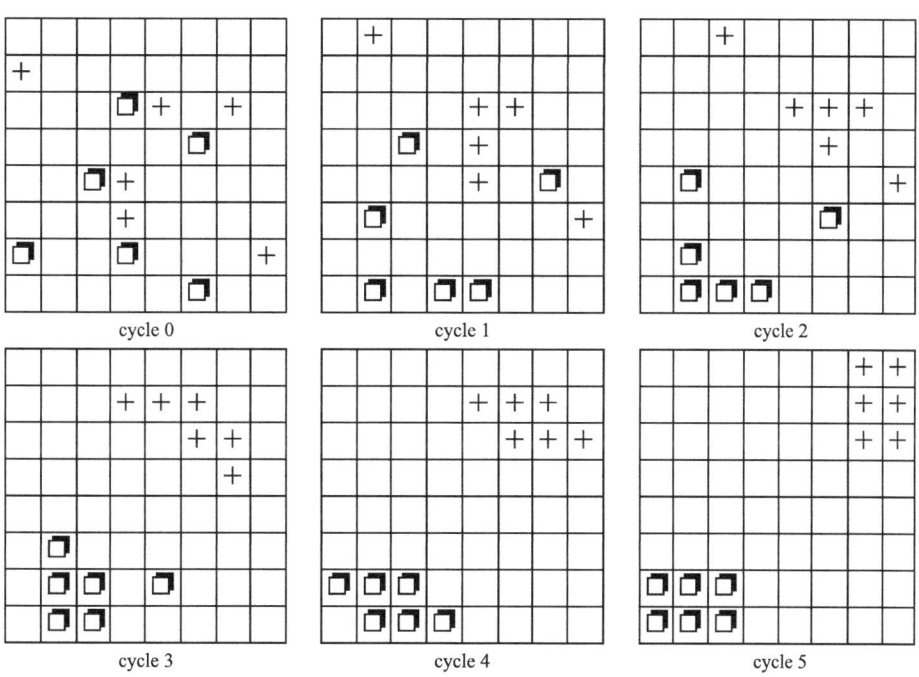

图 1.4.12　隔离态度下群体形成的过程

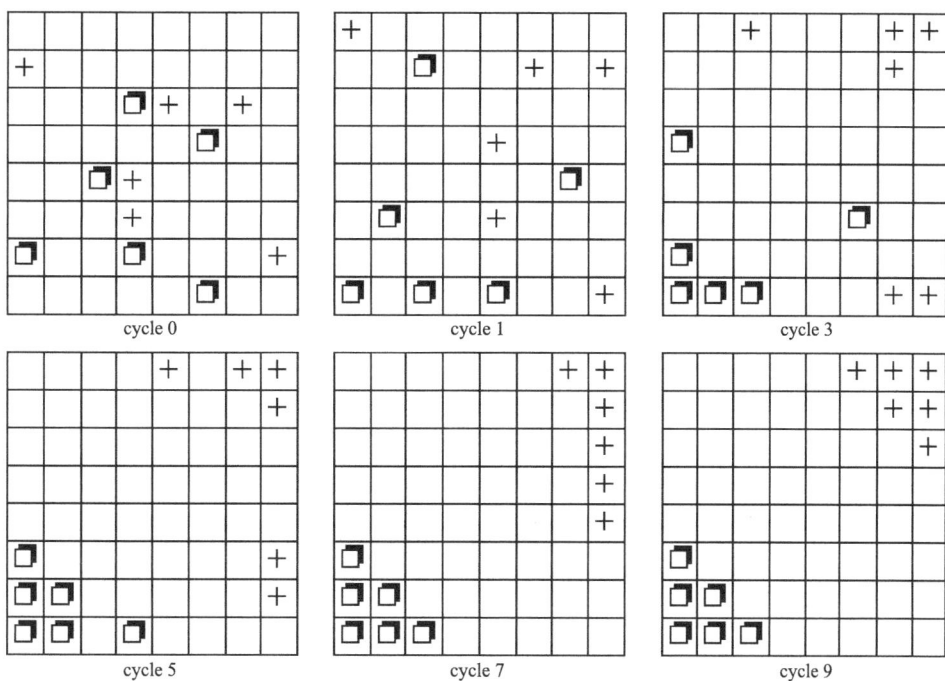

图 1.4.13　怀疑态度下群体形成的过程

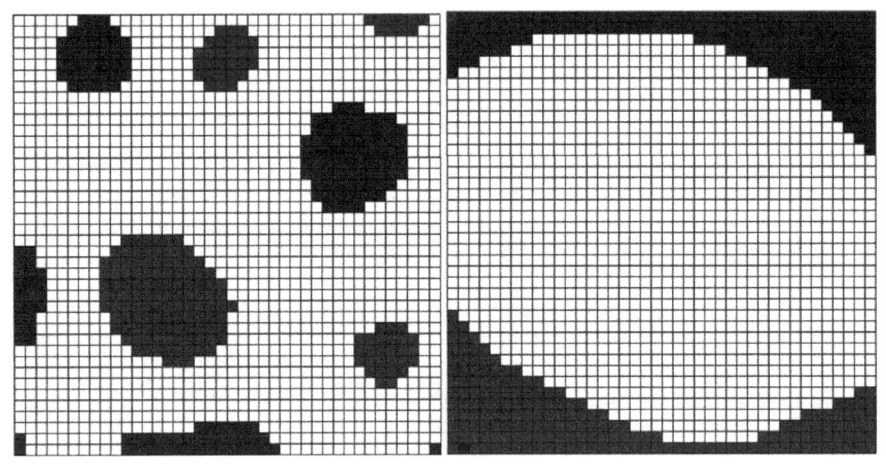

(a) 隔离态度　　　　　　　　　　(b) 怀疑态度

图 1.4.14　40×40 的模拟结果（最初个体的随机分布相同）

通过对上面的实验进行分析，我们不难解释为什么对自身群体持中立价值取向时会表现出更明显的集群现象，且两种价值取向都促使成员远离另一个群体的成员。

在隔离态度下，同一群体中的成员在移动的过程中，当碰到同一群体中的其他成员时，会在相遇点停止移动，并产生足够的影响力，使得他们能够在相遇点停留下来，如图 1.4.14 中子图（a）所示。而在中立态度下，当成员对自身所在群体持中立价值取向时，同一群体的成员之间不会产生吸引力，所以这些成员的唯一目标是远离别的群体的成员，最后导致了同一群体的成员全部聚集在一起，并且远离另一个群体，如图 1.4.14 中子图（b）所示。

此外，还存在个别的成员，因为移动速度太慢而被另外群体的成员包围起来，成为孤立的个体。

上述结果说明 CA 可以深入分析行为变化的基本机制，并且有效解释在社会变化过程中宏观行为和微观行为之间的关系。与此同时，应用 CA 时存在方法学上的差别，即不同的元胞规模会对结果产生不同的影响。

本章附录

1. Agent 属性及其初始化：
(1) 家庭
　　户主年龄：服从（21.0，76.0）的均匀分布
　　户主受雇佣状态：未雇佣
　　储蓄：服从 $800 的指数分布
　　债券：无

(2) 食物生产企业
　　现金资产：服从（$10 000，$50 000）的均匀分布
　　机器数目：100
　　雇佣员工数目：0
　　食物价格：每单位$10
　　存货：1 200 单位食物
(3) 其他非耐用消费品生产企业
　　现金资产：服从（$10 000，$50 000）的均匀分布
　　机器数目：100
　　雇佣员工数目：0
　　非耐用消费品价格：每单位$20
　　存货：1 000 单位非耐用消费品
(4) 汽车生产企业
　　现金资产：服从（$10 000，$50 000）的均匀分布
　　机器数目：100
　　雇佣员工数目：0
　　汽车价格：每单位$15 000
　　存货：0
(5) 房地产企业
　　现金资产：服从（$10 000，$50 000）的均匀分布
　　机器数目：100
　　雇佣员工数目：0
　　房屋价格：每单位$100 000
　　存货：10 单位
(6) 银行
　　个人贷款利率：9.0%
　　企业贷款利率：7.0%
　　存款利率：4.0%
　　现金资产：服从（$100，$500）的均匀分布
　　雇佣员工数目：0
(7) 政府
　　债券价格：每单位$1.0
　　雇佣的员工数目：0
(8) 联邦储备
　　现金资产：$50 000
(9) 房地产经纪人
　　现金资产：$10 000

雇佣的员工数目：0
（10）资本品企业
　　现金资产：$10 000
　　雇佣的员工数目：0
2．参数
注：作为参数的变量的值在模拟的过程不能改变
（1）一般变量
　　家庭数目：1000
　　食品生产企业数目：3
　　其他非耐用消费品生产企业数目：2
　　汽车制造企业数目：2
　　房地产企业数目：2
　　银行数目：2
　　政府数目：1
　　联邦储备数目：1
　　房地产经纪人：1
　　资本品生产企业：1
（2）家庭
　　家庭成员数目：服从(1.0，4.0)的均匀分布
　　收入税率：20%×收入
　　消费税率：汽车和其他非耐用消费品税率：6%
　　食物和房屋税率：0%
　　需求函数中 q 的值：
　　食物：5.0
　　其他非耐用消费品：5.0
　　汽车：5.0
　　家庭：5.0
　　贷款利率：8.0
　　存款利率：−8.0
　　每天的食物需求量：1.0×家庭成员数目
　　每天的其他非耐用消费品需求量：0.4×（收入−食物消费）/ 其他非耐用消费品价格
　　汽车故障率：0.000 18/天
　　公共交通支出（无汽车的家庭向政府支出的费用）：$2/天
　　房租：20%×收入
　　租赁房屋的家庭每天购买新房的概率：0.000 06+0.001×（1.0−债券价格）
　　拥有房屋的家庭每天购买新房屋的概率：0.000 36 +0.001×（1.0−债券价格）

汽车贷款年限：5 年
汽车贷款利率：0.1×收入
房屋贷款年限：30 年
房屋贷款利率：0.35×收入
购买新房屋贷款年限：30 年
购买新房屋贷款利率：0.058×收入
每天不作为储蓄的日常消费存款：$100
不用作购买房屋和汽车的日常消费储蓄：$300
将储蓄转移至别的银行的频率：每隔 90 天
失业补助：($50+$5×家庭成员数目)/天

(3) 食物生产企业

工资：$100/天
收益税率：30%×利润
工资税率：6%×工资
税后利润的分配：平均分配给所有家庭
需求函数中 q 的值
企业贷款利率：8.0
产量函数 $y = cK^aL^b$ 中的参数：
　　c=0.12
　　a=1.0
　　b=1.0
用于资本改进企业贷款的长度：1 年
用于资本改进企业贷款数量：$1 000
企业雇佣工人的比例区间：供应/需求=(2.5, 1)
　　直到产量达到平均需求的 1.2 倍时停止雇佣工人
企业解雇工人的比例区间：供应/需求=(1, 5)
　　直到产量达到平均需求的 0.8 倍时停止解雇工人
GALCS 中每次价格的调整量：+$0.50，$0，−$0.50

(4) 其他非耐用消费品企业

工资：$100/天
收益税率：30%×利润
工资税率：6%×工资
税后利润的分配：平均分配给所有家庭
需求函数中 q 的值
企业贷款利率：8.0
产量函数 $y = cK^aL^b$ 中的参数：
　　c=0.06

　　　　$a=1.0$

　　　　$b=1.0$

　　用于资本改进企业贷款的长度：1 年

　　用于资本改进企业贷款数量：$1 000

　　企业雇佣工人的比例区间：供应/需求=（2.5, 1）

　　　　直到产量达到平均需求的 1.2 倍时停止雇佣工人

　　企业解雇工人的比例区间：供应/需求=（1, 5）

　　　　直到产量达到平均需求的 0.8 倍时停止解雇工人

　　GALCS 中每次价格的调整量：+$0.50，$0，−$0.50

（5）汽车制造企业

　　工资：$100/天

　　收益税率：30%×利润

　　工资税率：6%×工资

　　税后利润的分配：平均分配给所有家庭

　　需求函数中 q 的值

　　企业贷款利率：8.0

　　产量函数 $y = cK^a L^b$ 中的参数：

　　　$c=0.000\ 08$

　　　$a=1.0$

　　　$b=1.0$

　　用于资本改进企业贷款的长度：1 年

　　用于资本改进企业贷款数量：$1 000

　　企业雇佣工人的比例区间：供应/需求=（1, 3）

　　　　直到产量达到平均需求的 1.2 倍时停止雇佣工人

　　企业解雇工人的比例区间：供应/需求=（1, 5）

　　　　直到产量达到平均需求的 0.8 倍时停止解雇工人

　　GALCS 中每次价格的调整量：+$200，$0，−$200

（6）房地产企业

　　工资：$100/天

　　收益税率：30%×利润

　　工资税率：6%×工资

　　税后利润的分配：平均分配给所有家庭

　　需求函数中 q 的值

　　　企业贷款利率：8.0

　　产量函数 $y = cK^a L^b$ 中的参数：

　　　$c=0.000\ 012$

　　　$a=1.0$

$b=1.0$

用于资本改进企业贷款的长度：1 年

用于资本改进企业贷款数量：$1 000

企业雇佣工人的比例区间：供应/需求服从［1，2］的均匀分布

直到产量达到平均需求的 1.2 倍时停止雇佣工人

企业解雇工人的比例区间：供应/需求服从［2，5］的均匀分布

直到产量达到平均需求的 0.8 倍时停止解雇工人

GALCS 中每次价格的调整量：+$500，$0，−$500

(7) 银行

工资：$100/天

收益税率：30%×利润

工资税率：6%×工资

税后利润的分配：平均分配给所有家庭

向联邦储备借款利率：5.5%

储备量比例：3%×全部储蓄额

自由储备量比例：1%×全部储蓄额

个人贷款利率：8.0% /［债券价格×（1.0–默认比率）］

GALCS 中每次贷款利率的调整量：+0.02%，$0，−$0.02

企业贷款利率：7%/债券价格

存款利率：4%/债券价格

(8) 政府

工资：$100/天

提供的工作岗位：250 或者 25%×家庭数目

债券利息：5 分/（年·股）

(9) 房地产经纪人

工资：$100/天

收益税率：30%×利润

工资税率：6%×工资

税后利润的分配：平均分配给所有家庭

(10) 资本品生产企业

工资：$100/天

收益税率：30%×利润

工资税率：6%×工资

税后利润的分配：平均分配给所有家庭

工人产量：1 台机器/工作日

习题与思考

1. 查阅资料，总结管理领域多 Agent 模拟的最新应用进展。

2. 选择企业管理领域中的一个现实问题，建立多 Agent 模拟模型（Agent 可以移动），具体要求如下：①运用类、对象、对象之间的关系，描述现实问题中的 Agent、Agent 之间的关系；②运用 UML，建立该现实问题的多 Agent 逻辑模型。

3. 股票投资者有三种行为——购买股票、抛售股票和持有股票。投资者的行为选择主要受两个方面因素的影响：一是其他投资者的行为，二是宏观管理因素（包括政府的政策、企业的经营及决策等）。请对股票市场投资者行为的演化建立元胞自动机模拟模型。

第5章

定性模拟原理

如第 1 章所述，定性模拟是面向包含人要素在内的复杂管理系统的。本章先归纳人所造成的管理系统的复杂特性，以此引出定性模拟原理及其应用。

5.1 管理系统的复杂性特征

对于包含人要素的管理系统，可用下式表示

$$Z = \Phi(E, D, X)$$

其中，E 为环境变量；$E = \{e_1, e_2, \cdots e_n\}$；$D$ 为决策变量，$D = \{d_1, d_2, \cdots, d_0\}$；$X$ 为结构变量，$X = \{x_1, x_2, \cdots, x_p\}$；$Z$ 为输出变量或行为评价变量，$Z = \{z_1, z_2, \cdots, z_m\}$；$\Phi$ 为 E、D、X 与 Z 之间的关系。

以人力资源管理中的某特定群体绩效管理系统为例，E 指该群体所处的环境，包括外部环境和内部环境，前者指群体所在企业所处的社会、市场等环境，后者指企业内部的企业文化、员工道德规范等环境，这些对群体的行为是有影响的；D 指管理措施、激励手段等，这对群体的绩效有直接的影响；X 为群体的结构和内容，如群体由组或子群体组成，各组或子群体的员工素质、工作能力等；Z 为整个群体的工作绩效。

显然，这些变量都很难用定量值来衡量，是抽象的、模糊的、定性的，有时又无法获取其值，如企业外部环境，总是处于动态变化之中，因此，这些变量的值还是信息不完备的。

另外，关系 Φ 不仅无法用数学模型描述清楚，而且其具有变量的动态特征，因此 Φ 也是变化的。

更为复杂的是，变量 X 有时还具有突变性。如前所述，个体人行为的突变性不再赘述，群体人遇到环境变化时，总有个相互协商、集体拿定主意的过程，于是，群体人行为的突变性就不如个体人那么突出，但这也不能说就完全不存在突变，如管理者对该群体进行了一番激情的企业忠诚度培训，或发布了一项诱人的激励政策，就有可能使群体突然干劲冲天，行为发生突变，尽管持续的时间不一定长。这就将更加深了对 φ 描述的难度。

进一步分析可看出，上述问题都是复杂管理系统中"人"的存在而造成的，除此之外，"人"还导致系统具备学习能力，使管理系统存在均衡回归现象。

人与物的本质区别之一就是，人具有学习能力，这也是复杂管理系统与其他系统之间的区别之一。首先，在复杂管理系统的记忆功能方面，人可以对过去的经历按信息分类进行储存，如当时的内外环境、管理者采取了哪些措施、人群有什么反应、经过了多长时间、系统达到了什么效果等。其次，等到往后复杂管理系统又遇到新情况需要处理时，人可以把过去的信息调出来，与现在的信息一一比较，寻找和决定处理问题的办法，这也是基于范例知识库的思想。

管理系统中普遍存在均衡回归现象。例如，企业管理者制定的政策，肯定是同时考虑企业和员工（人群）的双方利益得失，而不是只偏重一方，否则就不公平，这样的政策就是一种均衡，这是从经济或社会利益的角度来衡量的均衡。新政策出台后，引起人群心态的波动，经过人群的自适应，即采取应对或自我调剂的措施，人群会从波动状态逐渐达到平稳状态，这个平稳状态也是一种均衡，这是从人们心理满意的角度衡量的均衡。

总之，复杂管理系统的特征包括：

（1）突变性。状态变量受环境变量、决策变量动态变化的影响，其值有可能发生突变。

（2）不确定性。其具体包括随机性和模糊性。随机性是指环境发生变化后，企业从众多决策策略中选择哪一种，群体会有哪些反映都是随机的，当然，在存在大量样本的条件下可以统计出其规律。模糊性是指对变量值的描述是非量化的，须采取模糊量词的形式描述，如"很高"、"高"及"一般"等。

（3）不完备性。其是指在描述变量时，无法获取有关变量的全面信息，如企业的外部环境、内部环境、群体的行为特征等是无法全面描述的。另外，其还指上述特征导致环境变量、决策变量和状态变量之间的关系无法描述得详尽。

（4）歧义性。在信息的传递环节中，各节点上人的参与导致传递的信息在含义上会发生偏差，甚至背离原意，这是企业管理活动中的普遍现象。

（5）学习性。对于各类变量变化的历史，系统都有记载，如对于环境变量的变化，决策变量如何应对、状态变量又会如何变化，都可以从历史记载中找到变化的规律，用以指导将来的变化。

（6）均衡性。决策变量的变化是以均衡性为指导的，状态变量的变化是趋于均衡的。

对于带有上述特征的问题，离散模拟和连续模拟方法是无法解决的，因为这两类方法都以数学模型为基础；多 Agent 模拟方法也解决不了，因为多 Agent 模拟方法无法表达突变性、不完备性、歧义性等特征。

这些缺憾正是定性模拟所能弥补的。

5.2 定性模拟的发展过程

从 1984 年美国学者 de Kleer 和 Brown 提出的关于定性建模和定性推理的理论，以及 1984 年国际《人工智能杂志》第一次出版了关于定性问题的专辑以来，定性模拟技术得到了迅猛发展，成为诸多学者的关注热点。

早在 20 世纪 60 年代，经济学家们便开始探索系统的定性分析技术了。为了处理那些无法建立精确模型的问题，他们按照自己思考问题的方式开发了因果序（causality ordering）和统计比较等方法。后来，自动控制领域的学者们对定性问题的研究也产生了兴趣，他们期望从系统的定性行为中获得其性质。由于这些研究成果是从一般模型的微分方程中得来的，因而其结果具有一定的普遍性，对其他领域的研究有很大的潜在应用价值，为后来的定性建模、模拟和定性控制理论的发展奠定了基础。

进入 20 世纪 80 年代，人工智能领域的学者们对定性代数的研究，使定性问题的研究出现了一个转机，即人们想构造出一个类似人类（如工程师）那样研究物理系统的计算机系统，也就是要复制一个人类思维模型去研究物理系统。例如，de Kleer 开发了一个 NEWTON 系统，该系统可以用来定性地研究一些简单的机械运动问题。1984 年，国际《人工智能杂志》第一次出版了关于定性问题的专辑，包括 de Kleer 和 Brown 的 Envision、Forbus 的定性过程理论（qualitative process theory，QPT），以及后来 Kuipers 提出的（qualitative SIMulation，QSIM）算法等，定性模拟的概念也开始逐渐被其他学者们认同。由于定性模拟有推理能力和学习能力，能初步模仿人的思维，所以其成为人工智能和系统建模与模拟领域的一个研究热点。1991 年，《人工智能杂志》出版了有关定性推理的第二本专辑，它标志着该领域理论研究逐渐成熟并且向应用领域扩展。

自 20 世纪 90 年代以来，在电气和电子工程师协会（Institute of Electrical and Electronics Engineers，IEEE）的相关杂志和《人工智能杂志》等国际刊物上，经常可以看到定性模拟方面的研究成果。在人工智能的年会上，定性模拟和定性推理也多次成为会议的热点，人们相继提出模糊模拟方法、基于图表的推理方法等[13]。

上世纪 90 年代以来，我国学者在引进、改进定性模拟方法上做了大量工作，并且将定性模拟方法引用到企业管理领域，如改进或集成定性推理方法（包括 QSIM 和因果推理等），将它们用于群体行为变化过程的定性模拟[14]。

5.3 定性模拟方法的分类[13]

目前的定性模拟方法主要是基于"推理"的，它们可分为非因果关系推理和因果关系推理。

5.3.1 非因果关系推理方法

非因果类方法在系统建模时不需要明确指出其内部状态变迁过程的因果方向，ENVISION、QSIM、QPT 及 TCP 时间推理等方法都属于这一类范畴。其中一些方法已经逐步从实验阶段发展到工程实践阶段。

1）de Kleer 的展望方法

展望（envision）方法采用面向部件的方法来表示系统。它将系统分成部件和连接。不同的部件有自己的行为规则。部件之间通过连接产生作用。无连接的部件间互不影响。行为规则用部件变量的定性方程形式来描述。变量的量空间用符号集 $S = \{-,0,+,?\}$ 来表示。从结构来看，系统由各子部件连接而成。从行为上说，系统总体行为由各部件的行为导出。系统的可能状态，通过状态间的关系由状态转换图描述。这样，给定初始状态，通过求解定性方程获得系统所有可能的行为状态。

2）Forbus 的定性过程方法

QPT 用个体视图和过程来描述实际的物理系统。物理状态用对象集和它们的联系来表示。其中，对象又用个体视图来表示。一个个体视图通常包括个体集合、前提条件、量值条件、关系集合四个部分。过程用来描述实际物理变化的原因。它除了包括个体视图的四个部分外，还包括影响集合。系统的行为状态用视图结构和过程结构来描述。给定一个对象集和它们之间的关系，QPT 就可能通过以下步骤进行推理：

（1）根据给定的对象集和过程集，决定在给定的状态下哪些过程的实例是存在的。

（2）检查过程实例的条件，如满足，则启动相应的活动，否则，活动保持静止。

（3）确定活动过程的影响。如果有几个过程同时作用于一个变量，则确定其综合作用效果。

（4）预测行为。通过过程的发生、停止和引起的变化来预测将来的事件。

3）Kuipers 的 QSIM 方法

QSIM 方法直接用系统部件的参量作为状态变量来描述系统结构，根据适用于系统的物理定理建立定性方程，系统结构就是用参量和参量间的约束来表示。参量的变化是连续的。因此，可从当前值推出下一步的可能值。其推理过程如下：首先给定初始状态出发，其次生成变量的所有可能后续状态，最后通过约束过滤消除不可能状态。将新的状态加入初始状态表中。重复此过程，直到没有新状态出现为止。

5.3.2 因果关系推理方法

1) Iwasaki 和 Simon 的因果顺序方法

定性因果推理法源于 Simon 于 1950 年提出的因果序理论。因果顺序法用一组联立的方程来描述系统。方程中的变量是非对称的。建立因果顺序就是寻找这样的变量子集，这些子集中的变量可以独立于方程中的其他变量而计算出来。而后将这些变量当做已知量，将它们带回方程中进一步简化，使之成为一个只含有剩余变量的较小方程组。重复这一过程，直到推理不出新的变量子集为止。

2) 归纳推理法

归纳推理法的基本思想是将系统视为一个黑箱，通过观察其输入输出值，发现其变化规律，并生成定性行为模型，而后对任一输入序列预测系统行为。归纳推理法是定性模拟的一个新方向，它起源于通用系统理论，主要利用通用系统问题求解（general system problem solve）技术来实现定性模拟，即在系统中输入尽可能多的行为，通过归纳学习的方式，构造系统的定性模型，进行模拟研究。归纳推理法的优势在于它完全不需要对象系统的结构信息，不需要预先提供任何模型。由于它能够模仿人类固有的概括总结和学习的能力，它可以处理观测数据辨识系统中的依赖关系，并运用观测数据自动建模，并优化系统定性行为模型，以此预测系统行为。但是，这种方法需要采集大量的数据并处理和维护；而且，由于现实条件的限制，不能保证归纳的完备性。

5.4 QSIM 方法[14,15]

QSIM 方法用定性微分方程（qualitative differential equation，QDE）来描述模拟对象，QDE 由变量和约束组成，约束描述变量之间的关系。QSIM 方法的主要模拟步骤可归纳如下：

（1）产生变量的所有可能的后续状态。
（2）通过约束过滤掉不合理的后续状态。
（3）组合剩余的后续状态。
（4）通过全局过滤排除不合理的组合。

5.4.1 基本概念

1) 可推理函数

函数 f 为可推理函数（reasonable function），当且仅当 $f:[a,b] \to R^*$ 满足下列条件：

（1）f 在闭区间 $[a,b]$ 上连续。
（2）f 在开区间 (a,b) 上连续且可微。

（3）f 有有限个奇点。

（4）$\lim_{t \to a} f'(t), \lim_{t \to b} f'(t)$ 都存在，且 $f'(a) = \lim_{t \to a} f'(t)$，$f'(b) = \lim_{t \to b} f'(t)$。

2）路标值

路标值（landmark value）是指可推理函数 f 在行为上有标志性意义的重要点处的取值，一般存在多个路标值，它们按照一定顺序组成有序路标值集合。每个可推理函数 f 都对应着一个有限的有序路标值集合，该集合包括 f 为 0 时的点以及在闭区间 $[a,b]$ 边界上的点 $f(a)$ 和 $f(b)$。随着定性模拟的进行，可以发现和使用新的路标值。各变量的定性状态包括由它与路标值的顺序关系确定的定性值和它的变化方向两部分，f 的定性值或者等于一个路标值，或者在两个路标值之间。

3）显著时间点

在定性模拟中，系统当前的时间，或者是在显著时间点（distinguished time）上，或者是在两个显著时间点之间。设 f 为可推理函数，则 t 成为显著时间点的充分必要条件为 $t \in [a,b]$ 且 $f(t) = x$，其中，x 为 f 的路标值。因此，显著时间点集合与路标值集合分别表示为 $T = \{t \mid t = t_0 < t_1 < \cdots < t_n\}$，$L = \{l \mid l = l_0 < l_1 < \cdots < l_n\}$。

4）定性状态与定性行为

设 $f:[a,b] \to R^*$ 有路标值集合 $L = \{l \mid l = l_0 < l_1 < \cdots < l_n\}$，对应的显著时间点集合为 $T = \{t \mid t = t_0 < t_1 < \cdots < t_n\}$，$t \in [a,b]$，则有如下定义。

（1）定义 f 在 t 时刻的值为

$$\text{QVAL}(f,t) = \begin{cases} l_j, & f(t) = l_j \\ (l_j, l_{j+1}), & f(t) \in (l_j, l_{j+1}) \end{cases}$$

（2）定义 f 在 t 时刻的方向为

$$\text{QDIR}(f,t) = \begin{cases} \text{inc}, & f'(t) > 0 \\ \text{std}, & f'(t) = 0 \\ \text{dec}, & f'(t) < 0 \end{cases}$$

（3）定义 f 在 t 时刻的定性状态为

$$\text{QS}(f,t) = <\text{QVAL}(f,t), \text{QDIR}(f,t)>$$

其中，$<\text{QVAL}(f,t), \text{QDIR}(f,t)>$ 为二元组，如 $\text{QS}(\text{temperature}, t_k) = <(0,100), \text{inc}>$ 表示 $t = t_k$ 时水温介于 0℃~100℃，且正在上升。

（4）f 在 $t \in [a,b]$ 上的定性行为定义为 f 的定性状态序列：

$$\text{QS}(f,t_0), \text{QS}(f,t_0,t_1), \cdots, \text{QS}(f,t), \text{QS}(f,t_i,t_{i+1}), \cdots, \text{QS}(f,t_{n-1},t_n), \text{QS}(f,t_n)$$

即定性行为由 f 在显著时间点上的定性状态和显著时间点间的定性状态间隔组成。

5.4.2 定性模型

1）约束

对系统的结构用一个变量间约束的集合来进行描述，这些约束具体如下。

（1）加约束 $\text{ADD}(f,g,h)$：

对于任意 $t \in [a,b]$，$f,g,h:[a,b] \to R^*$，满足 $f(t)+g(t)=h(t)$。

（2）乘约束 $\mathrm{MULT}(f,g,h)$：

对于任意 $t \in [a,b]$，$f,g,h:[a,b] \to R^*$，满足 $f(t) \cdot g(t)=h(t)$。

（3）反约束 $\mathrm{MINUS}(f,g)$：

对于任意 $t \in [a,b]$，$f,g:[a,b] \to R^*$，满足 $f(t)=-g(t)$。

（4）微分约束 $\mathrm{DERIV}(f,g)$：

对于任意 $t \in [a,b]$，$f,g:[a,b] \to R^*$，满足 $f'(t)=g(t)$。

（5）单调增约束 $M+(f,g)$：

$$f'(t)>0 \leftrightarrow g'(t)>0$$
$$f'(t)=0 \leftrightarrow g'(t)=0$$
$$f'(t)<0 \leftrightarrow g'(t)<0$$

（6）单调减约束 $M-(f,g)$：

$$f'(t)>0 \leftrightarrow g'(t)<0$$
$$f'(t)=0 \leftrightarrow g'(t)=0$$
$$f'(t)<0 \leftrightarrow g'(t)>0$$

2）QDE

在定量模拟中，系统结构由一组 ODE 来描述，采用上述六种约束，将 ODE 抽象为 QDE，这是定性模拟对系统结构的描述。ODE 和 QDE 之间的抽象关系如图 1.5.1 所示。

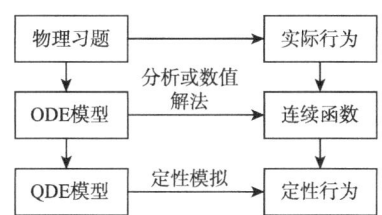

图 1.5.1 物理系统到 ODE 和 QDE 的抽象关系图

用一个例子来说明抽象过程。

$\mathrm{d}y/\mathrm{d}t = kt^2 + t$ 为线性微分方程。令 $A = \mathrm{d}y/\mathrm{d}t$，$B = kt^2$，$C = t$，$T = t^2$，则原方程可分解为 $\mathrm{d}y/\mathrm{d}t = A$，$B+C=A$，$k \cdot T = B$，$C \cdot C = T$。

从而得到定性微分方程：$\mathrm{DERIV}(y,A)$，$\mathrm{ADD}(B,C,A)$，$\mathrm{MULT}(k,T,B)$，$\mathrm{MULT}(C,C,T)$。

5.4.3 定性状态转换

从本质上来说，QSIM 是一种定性推理方法，即由当前定性状态推导出其后继状态的推理过程。推理是按照一定的规则来进行的，这些规则如表 1.5.1 所示。

表 1.5.1　通用函数状态转换表

P-转换	$QS(f,t_i) \to QS(f,t_i,t_{i+1})$	I-转换	$QS(f,t_{i-1},t_i) \to QS(f,t_i)$
p_1	$<l_j, \text{std}> \to <l_j, \text{std}>$	I_1	$<l_j, \text{std}> \to <l_j, \text{std}>$
p_2	$<l_j, \text{std}> \to <(l_j, l_{j+1}), \text{inc}>$	I_2	$<(l_j, l_{j+1}), \text{inc}> \to <l_{j+1}, \text{std}>$
p_3	$<l_j, \text{std}> \to <(l_{j-1}, l_j), \text{inc}>$	I_3	$<(l_j, l_{j+1}), \text{inc}> \to <l_{j+1}, \text{inc}>$
p_4	$<l_j, \text{inc}> \to <(l_j, l_{j+1}), \text{inc}>$	I_4	$<(l_j, l_{j+1}), \text{inc}> \to <(l_j, l_{j+1}), \text{inc}>$
p_6	$<(l_j, l_{j+1}), \text{inc}> \to <(l_j, l_{j+1}), \text{inc}>$	I_5	$<(l_j, l_{j+1}), \text{dec}> \to <l_j, \text{std}>$
p_6	$<l_j, \text{dec}> \to <(l_{j-1}, l_j), \text{dec}>$	I_6	$<(l_j, l_{j+1}), \text{dec}> \to <l_j, \text{dec}>$
p_7	$<(l_j, l_{j+1}), \text{dec}> \to s<(l_j, l_{j+1}), \text{dec}>$	I_7	$<(l_j, l_{j+1}), \text{dec}> \to <(l_j, l_{j+1}), \text{dec}>$
		I_8	$<(l_j, l_{j+1}), \text{inc}> \to <l^*, \text{std}>$
		I_9	$<(l_j, l_{j+1}), \text{dec}> \to <l^*, \text{std}>$

其中，P-转换表示从显著时间点上到显著时间点之间的定性状态转换。I-转换表示从显著时间点之间到显著时间点上的定性状态转换。它们的图形解释如图 1.5.2~图 1.5.17 所示。

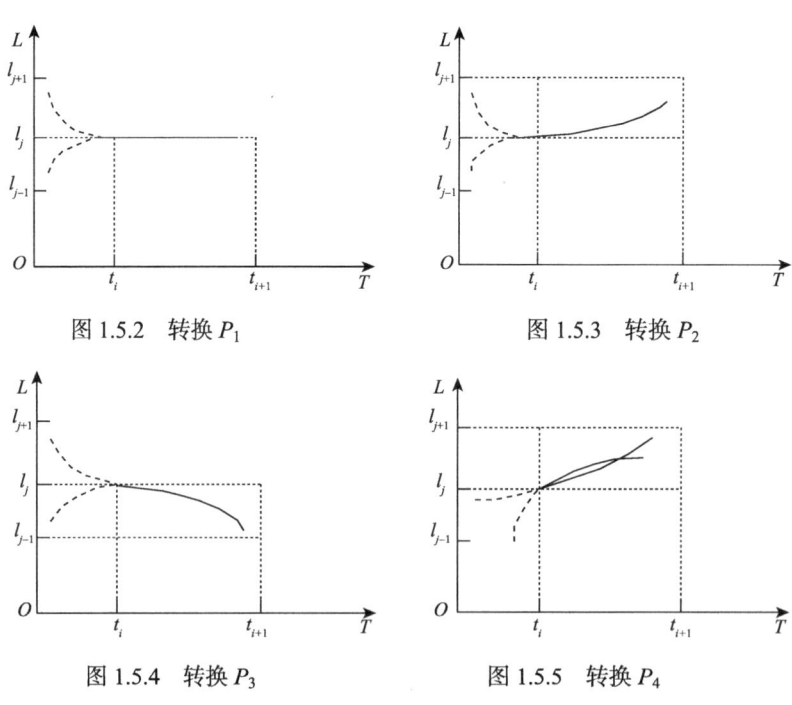

图 1.5.2　转换 P_1

图 1.5.3　转换 P_2

图 1.5.4　转换 P_3

图 1.5.5　转换 P_4

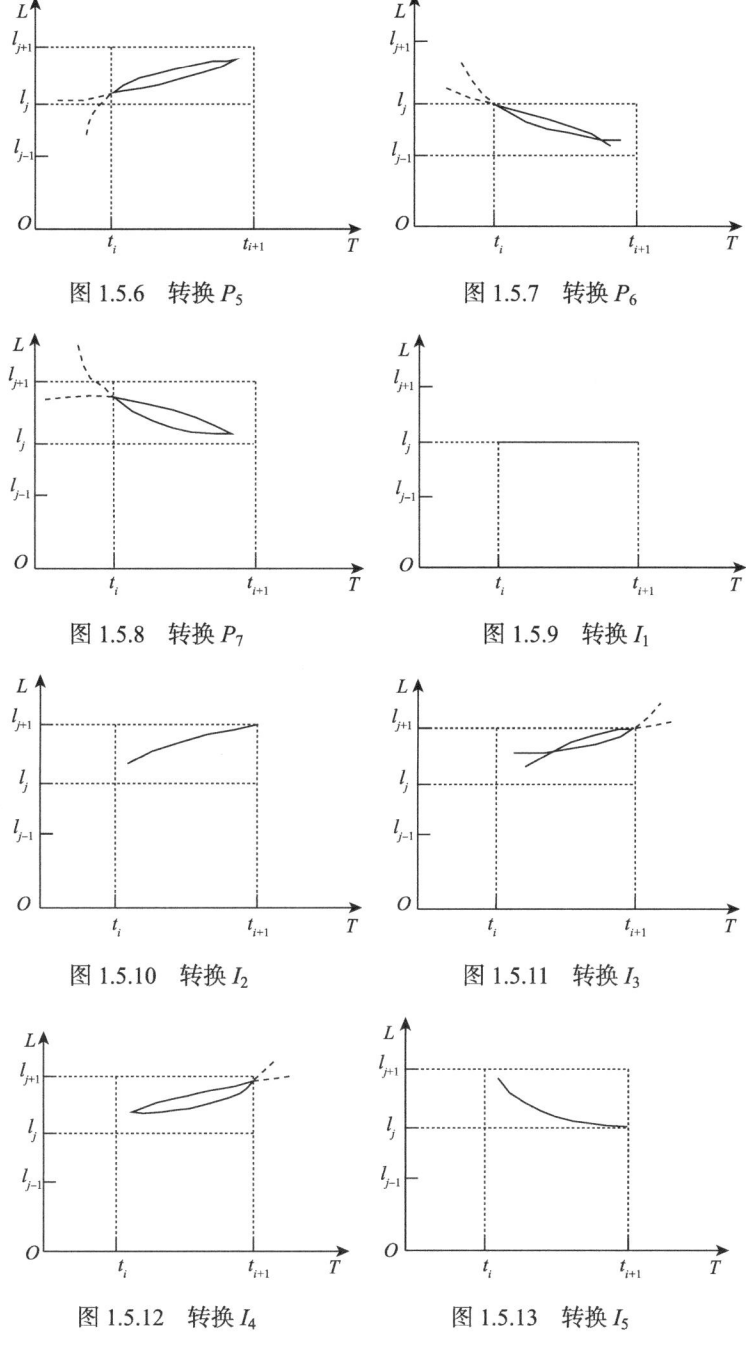

图 1.5.6　转换 P_5

图 1.5.7　转换 P_6

图 1.5.8　转换 P_7

图 1.5.9　转换 I_1

图 1.5.10　转换 I_2

图 1.5.11　转换 I_3

图 1.5.12　转换 I_4

图 1.5.13　转换 I_5

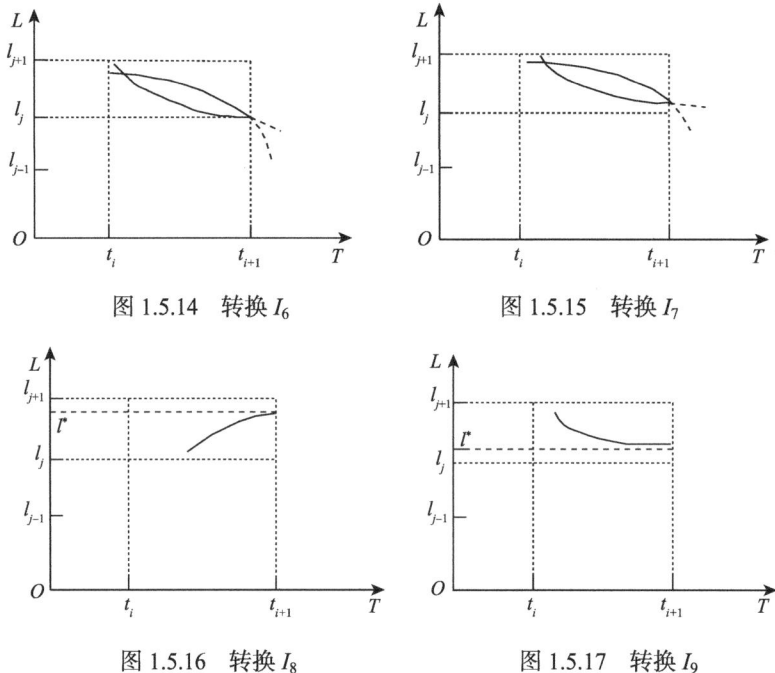

图 1.5.14 转换 I_6 图 1.5.15 转换 I_7

图 1.5.16 转换 I_8 图 1.5.17 转换 I_9

5.4.4 QSIM 方法

Kuipers 定性模拟理论的核心是 QSIM 方法，它用定性微分方程来描述系统的结构，用定性状态转换及过滤来推导系统行为。在每个方程的初始定性状态给定的前提下，QSIM 首先生成所有可能的后继状态，然后用方程间的定性限制和全局相容规则来删除不相容的或多余的状态组合。如此一直下去，模拟系统的行为。

下面分别从数据输入、数据输出、算法步骤及过滤与解释等几个方面来介绍 QSIM 方法。

1. 数据输入

（1）代表系统 m 个变量的一个可推理函数集合 $F=\{f_1,f_2,\cdots,f_m\}$。

（2）用六种约束关系（ADD、MULT、MINUS、DERIV、M+、M-）建立的约束方程集合 $E=\{e_1,e_2,\cdots,e_u\}$。

（3）每一个变量有一个代表路标值的有序集合 $L_i=\{l_1,l_2,\cdots,l_{r_i-1},l_{r_i}\}(i=1,2,\cdots,m)$，其中至少包括 $\{-\infty,0,+\infty\}$。

（4）每个变量取值的上下极限。

（5）初始时间点 t_0 和每个变量 $f_i(i=1,2,\cdots m)$ 在 t_0 时的定性状态 $<\text{QVAL}(f,t_0),\text{QDIR}(f,t_0)>$。

2. 数据输出

（1）显著时间点集合 $T = \{t_0, t_1, \cdots, t_n\}$。

（2）每个变量的完整的、可能扩展了的有序路标值集 $L_i' = \{l_1, l_2, \cdots, l_{wi-1}, l_{wi}\}$，（$i = 1, 2, \cdots, s$）。

（3）每个变量 f_i（$i = 1, 2, \cdots, m$）在显著时间点 t_j 上和显著时间点之间 (t_j, t_{j+1}) 的定性状态 $<\text{QVAL}(f_i, t_j), \text{QDIR}(f_i, t_j)>$ 和 $<\text{QVAL}(f_i(t_j, t_{j+1})), \text{QDIR}(f_i, (t_j, t_{j+1}))>$。

3. 算法步骤

步骤 1：从活动状态表中取出一个状态作为当前状态（系统所有变量取值的组合，即系统的一个状态）。

步骤 2：根据通用状态转换表，确定每一个变量（函数）由前状态可能转换到的状态集合。

步骤 3：对每个约束，产生状态转换的二元或三元组集合，根据约束的限定，过滤掉与约束不一致的元组。

步骤 4：对元组进行配对一致性过滤，即具有相同函数的两个元组，对同一个变量的转换必须一致。

步骤 5：将经过上述过滤剩余的元组加以组合，产生系统状态的全局解释。如果全局解释失败，则当前状态为系统的结束状态；否则，把全局解释产生的状态作为系统的后继状态，并加入活动表。

步骤 6：判断活动状态表是否为空，若为空，模拟结束，否则返回步骤 1，模拟继续进行。

4. 过滤与解释

QSIM 方法中，依次包括了约束一致性过滤、配对一致性过滤、全局解释、全局过滤。

1）约束一致性过滤

约束一致性过滤是指在 QSIM 方法中对每个约束根据变量间的约束关系，将各个变量的独立转换组合为相应的元组，得到状态转换的二元或三元组集合，再根据限定它们的约束方程进行检验，与约束不一致的元组将被过滤掉。其检验主要包括变量定性值的一致性和变量变化方向的一致性两方面。例如，对于满足约束 $M+(f,g)$ 的变量 f 与 g，根据状态转换表得到后续状态，其中一个状态转换组合为 (I_1, I_4)，由于 I_1 为 $<l_j, std> \rightarrowtail <l_j, std>$，$I_4$ 为 $<(l_j, l_{j+1}), inc> \rightarrowtail <(l_j, l_{j+1}), inc>$，而 $M+(f,g)$ 要求变量 f 与 g 保持变化方向相同，因此，这个状态转换组合与约束不一致，被过滤掉。

2）配对一致性过滤

在 QSIM 方法中，若两个约束有公共变量，则称这两个约束是相邻的。配对一致性过滤就是对相邻约束中的公共变量的状态转换的一致性进行检验，不一致的将被过滤掉。配对一致性过滤遵循 Waltz 算法，即逐个访问每个约束，查看所有与它相邻的约束，对由它们所联系着的元组组成的元组对，如果一个元组赋予公共变量的转换在和它相邻的一个约束的所有元组中均不存在，则删除这个元组。如此类推，直到最后一个不一致状态转换得到过滤为止。配对一致性过滤可在很大程度上减少状态转换空间，从而提高了 QSIM 方法的效率。例如，三个变量 f、g、h 分别满足约束 $M+(f,g)$，$M-(g,h)$，在根据状态转换表转换并且经过约束一致性过滤后，剩下符合条件的状态转换组合按照约束组对如下：

（1）对约束 $M+(f,g)$ 有 (P_2,P_2)，(P_5,P_4)。

（2）对约束 $M-(g,h)$ 有 (P_2,P_3)，(P_3,P_2)。

其中，g 为两个约束的公共变量时，两约束是相邻的。根据 Waltz 算法，由于按约束 $M+(f,g)$ 组成的元组对 (P_2,P_2) 在按其相邻约束 $M-(g,h)$ 的元组对 (P_2,P_3) 中，公共变量 g 存在一致的状态转换 P_2，则两元组被保留。而 (P_5,P_4) 与 (P_3,P_2) 因在对应的相邻的约束中 g 并不存在与之一致的状态转换，则双双被过滤掉。

3）全局解释

全局解释就是根据约束一致性过滤与配对一致性过滤后剩余的函数进行转换，得到相应的函数后续状态，系统中所有函数的后续状态的组合即为系统的全局解释。

需要注意的是，并不是所有元组的组合都是全局解释。由于全局解释是根据深度优先算法遍历所有可能的元组空间来完成的，若一个全局解释失败了，则当前状态的所有后继状态被删除，而认为当前状态就是系统的结束状态。

4）全局过滤

全局解释后，还要进行全局过滤，主要是对状态循环、状态不变及取极点值时的状态转换进行处理，具体过程如下。

（1）前后直接相邻状态一致则过滤掉新的状态。若全局解释中的所有转换都是在集合 $\{I_1,I_4,I_7\}$ 中，则认为新的状态和它的直接前驱状态是一致的，新状态被过滤掉。

（2）前后状态出现循环则过滤掉新的状态。若新的状态和它前面的某个祖先状态所有函数定性值与变化方向都一致，即定性状态一致，则认为系统行为在该处出现循环，新的状态被过滤掉。

（3）有一个变量取值为区间的终点，如 ∞，则过滤掉新的状态。

总之，由系统的一个初始状态出发，按通用函数状态转换表得到每个变量当前状态的后继状态，把每个变量的后继状态按约束组合起来依次进行约束一致性过滤与配对一致性过滤，再从整体上组合进行全局解释，经过全局过滤，剩下的当前状态集合即为系统的后继状态。就这样按显著时间点顺序不断往后模拟，最终将得到系统状态的有向图，从根结点到叶结点的路径就是系统的一个定性行为。

5.5 商品产量与价格演化的定性模拟

假设某个封闭市场，人口数量稳定，某企业生产两种不同的产品 A 和 B，每年的产量分别为 QA 和 QB，价格分别为 PA 和 PB（假设没有竞争者）。价格受当前市场上供应量的影响，若供应量大，则价格就低，若供应量小，则价格就高。企业在资源有限的条件下为追求利益，下年度追加当前价格高的产品产量，减少当前价格低的产品产量。随着时间推移，该企业在市场上产品 A 和 B 的产量和价格会呈现波动状态。

我们将上述过程视为一个系统，应用 QSIM 方法来模拟该系统行为（主要是产量和价格的波动）的演化过程。

5.5.1 系统变量的定义及其约束

1）定性变量及其量空间

（1）QA 和 QB 分别为产品 A 和 B 的供应量，量空间分别为[0,QAmax]、[0,QBmax]。

（2）PA 和 PB 分别为产品 A 和 B 的价格，量空间分别为[PAmin,PAmax]、[PBmin,PBmax]。

（3）Dp=PB-PA，为价格之差，是产品和价格波动的驱动力，量空间为$[-\infty, 0, +\infty]$

2）约束

变量之间的约束为

$$M-(QA,PA)$$
$$M-(QB,PB)$$
$$M+(QA,Dp)$$
$$M-(QB,Dp)$$
$$ADD(PA,Dp,PB)$$

下面从 $t=t_0$ 时刻开始推演该系统的演化过程。

5.5.2 系统行为的演化

1. 初始状态（$t=t_0$）

假设系统从下面的初始状态出发：

QS(QA,t)=<QAmax, dec>
QS(QB,t)=<0,inc>
QS(PA,t)=<PAmin,inc>
QS(PB,t)=<PBmax,dec>
QS(Dp,t)=<(0,+∞),dec>

2. 在时间区间中的状态（$t=(t_0,t_1)$）

因为时间阶段是从时间点 $t=t_0$ 转移到两个时间点之间 $t=(t_0,t_1)$，所以，运用表 1.5.1 的 P 转换来推演系统，得到系统在时间阶段 $t=(t_0,t_1)$ 时每个变量的定性值。

QA（运用 P6 规则）：<QAmax, dec>→<(0,QAmax),dec>
QB（运用 P4 规则）：<0,inc>→<(0,QBmax),inc>
PA（运用 P4 规则）：<PAmin,inc>→<(PAmin,PAmax),inc>

PB（运用 P6 规则）：<PBmax,dec>→<(PBmin,PMmax),dec>
Dp（运用 P7 规则）：<(0,+∞),dec>→<(0,+∞),dec>

运用约束，对每个变量的值进行过滤，可以看到在每个约束内变量之间的关系都是符合逻辑的，因此，没有被过滤掉的定性值，即

M−(QA,PA)
<(0,QAmax),dec><(PAmin,PAmax),inc>
M−(QB,PB)
<(0,QBmax),inc><(PBmin,PMmax),dec>
M+(QA,Dp)
<(0,QAmax),dec><(0,+∞),dec>
M−(QB,Dp)
<(0,QBmax),inc><(0,+∞),dec>
ADD(PA,Dp,PB)
<(PAmin,PAmax),inc><(0,+∞),dec><(PBmin,PMmax),dec>

3. 在时间点上的状态（$t=t_1$）

1）状态转换

因为时间阶段是从时间区间 $t=(t_0,t_1)$ 转移到时间点 $t=t_1$ 上，所以，运用表 1.5.1 的 I 转换来推演系统，得到系统在时间点 $t=t_1$ 时每个变量的定性值。

QA（运用 I5 规则）：<(0,QAmax),dec>→<0,std>
　（运用 I6 规则）：→<0,dec>
　（运用 I7 规则）：→<(0,QAmax),dec>
　（运用 I9 规则）：→<QA*,std>

QB（运用 I2 规则）：<(0,QBmax),inc>→<QBmax,std>
　（运用 I3 规则）：→<QBmax,inc>
　（运用 I4 规则）：→<(0,QBmax),inc>
　（运用 I8 规则）：→<QB*,std>

PA（运用 I2 规则）：<(PAmin,PAmax),inc>→<PAmax,std>
　（运用 I3 规则）：→<PAmax,inc>
　（运用 I4 规则）：→<(PAmin,PAmax),inc>
　（运用 I8 规则）：→<PA*,std>

PB（运用 I5 规则）：<(PBmin,PBmax),dec>→<PBmin,std>
　（运用 I6 规则）：→<PBmin,dec>
　（运用 I7 规则）：→<(PBmin,PBmax),dec>
　（运用 I9 规则）：→<PB*,std>

Dp（运用 I5 规则）：<(0,+∞),dec>→<0,std>
　（运用 I6 规则）：→<0,dec>
　（运用 I7 规则）：→<(0,+∞),dec>

（运用 I9 规则）：→<Dp*,std>
其中，"*"表示新发现的路标值。

2）约束内过滤

运用每个约束内变量之间的关系，对每个变量的值进行过滤（见后面打"X"者表示该组合被过滤掉，因变化方向不一致）：

M−(QA,PA)

<0,std><PAmax,std>
<PAmax,inc> X
  <(PAmin,PAmax),inc> X
  <PA*,std>
<0,dec><PAmax,std> X
<PAmax,inc>
  <(PAmin,PAmax),inc>
  <PA*,std> X
<(0,QAmax), dec><PAmax,std> X
   <PAmax,inc>
   <(PAmin,PAmax),inc>
   <PA*,std> X
<QA*,std><PAmax,std>
<PAmax,inc> X
<(PAmin,PAmax),inc> X
<PA*,std>

M−(QB,PB)

<QBmax,std><PBmin,std>
<PBmin,dec> X
<(PBmin,PBmax),dec> X
  <PB*,std>
 <QBmax,inc><PBmin,std> X
<PBmin,dec>
<(PBmin,PBmax),dec>
<PB*,std> X
 <(0,QBmax),inc><PBmin,std> X
   <PBmin,dec>
   <(PBmin,PBmax),dec>
   <PB*,std> X
 <QB*,std><PBmin,std>
   <PBmin,dec> X
   <(PBmin,PBmax),dec> X

M+(QA,Dp)
        <PB*,std>
   <0,std><0,std>
      <0,dec> X
      <(0,+∞),dec> X
      <Dp*,std>
  <0,dec><0,std> X
<0,dec>
      <(0,+∞),dec>
      <Dp*,std> X
   <(0,QAmax),std><0,std> X
       <0,dec>
       <(0,+∞),dec>
       <Dp*,std> X
   <QA*,std><0,std>
      <0,dec> X
      <(0,+∞),dec> X
      <Dp*,std>

M−(QB,Dp)
  <QBmax,std><0,std>
      <0,dec> X
      <(0,+∞),dec> X
      <Dp*,std>
  <QBmax,inc><0,std> X
      <0,dec>
      <(0,+∞),dec>
      <Dp*,std> X
  <(0,QBmax),inc><0,std> X
      <0,dec>
      <(0,+∞),dec>
      <Dp*,std> X
  <QB*,std><0,std>
      <0,dec> X
      <(0,+∞),dec> X
      <Dp*,std>

ADD(PA, Dp, PB)
   <PAmax, std><0,std><PBmin,std>
        <PBmin,dec> X

        <(PBmin,PBmax),dec> X
         <PB*,std>
      <0,dec><PBmin,std> X
<PBmin,dec>
<(PBmin,PBmax),dec>
<PB*,std> X
       <(0,+∞),dec><PBmin,std> X
<PBmin,dec>
<(PBmin,PBmax),dec>
<PB*,std> X
      <Dp*,std><PBmin,std>
<PBmin,dec> X
<(PBmin,PBmax),dec> X
<PB*,std>
   <PAmax, inc><0,std><PBmin,std> X
        <PBmin,dec> X
        <(PBmin,PBmax),dec> X
        <PB*,std> X
      <0,dec><PBmin,std>
        <PBmin,dec>
        <(PBmin,PBmax),dec>
        <PB*,std>
     <(0,+∞),dec><PBmin,std>
        <PBmin,dec>
        <(PBmin,PBmax),dec>
        <PB*,std>
     <Dp*,std><PBmin,std> X
        <PBmin,dec> X
        <(PBmin,PBmax),dec> X
        <PB*,std> X
 <(PAmin,PAmax),inc><0,std><PBmin,std> X
        <PBmin,dec> X
        <(PBmin,PBmax),dec> X
        <PB*,std> X
      <0,dec><PBmin,std>
<PBmin,dec>
<(PBmin,PBmax),dec>
<PB*,std>

$\qquad$ <(0,+∞),dec><PBmin,std>
$\qquad\qquad$ <PBmin,dec>
$\qquad\qquad$ <(PBmin,PBmax),dec>
$\qquad\qquad$ <PB*,std>
$\qquad$ <Dp*,std><PBmin,std> X
$\qquad\qquad$ <PBmin,dec> X
$\qquad\qquad$ <(PBmin,PBmax),dec> X
$\qquad\qquad$ <PB*,std> X
<PA*,std><0,std><PBmin,std>
$\qquad\qquad$ <PBmin,dec> X
$\qquad\qquad$ <(PBmin,PBmax),dec> X
$\qquad\qquad$ <PB*,std>
$\qquad$ <0,dec><PBmin,std> X
$\qquad\qquad$ <PBmin,dec>
$\qquad\qquad$ <(PBmin,PBmax),dec>
$\qquad\qquad$ <PB*,std> X
$\qquad$ <(0,+∞),dec><PBmin,std> X
$\qquad\qquad$ <PBmin,dec>
$\qquad\qquad$ <(PBmin,PBmax),dec>
$\qquad\qquad$ <PB*,std> X
$\qquad$ <Dp*,std><PBmin,std>
$\qquad\qquad$ <PBmin,dec> X
$\qquad\qquad$ <(PBmin,PBmax),dec> X
$\qquad\qquad$ <PB*,std>

上述后面带有"X"的组合，由于不符合约束逻辑，即变化方向不一致，因而被过滤掉。下面根据约束之间的关系来过滤。

3）约束之间过滤

任意一个变量，如果在不同的约束中同时出现，该变量的变化方向应该在不同的约束中保持一致，根据此规则来过滤掉变化方向不一致的组合。

QA：在 M-(AQ,PA)和 M+(QA,Dp)中同时存在，经检查，没有删掉的值。

QB：在 M-(QB,PB)和 M-(QB,Dp)中同时存在，经检查，没有删掉的值。

PA：在 M-(QA,PA)和 ADD(PA,Dp,PB)中同时存在，经检查，没有删掉的值。

PB：在 M-(QB,PB)和 ADD(PA,Dp,PB)中同时存在，经检查，没有删掉的值。

Dp：在 M+(QA,Dp)、M-(QB,Dp)和 ADD(PA,Dp,PB)中同时存在，经检查，没有删掉的值。

4）全局解释

对过滤后剩下的值，进行全局解释：

M-(QA,PA)

```
            <0,std><PAmax,std>    X2
                    <PA*,std>X
        <0,dec><PAmax,inc>    X2
                    <(PAmin,PAmax),inc>X
        <(0,QAmax),dec><PAmax, inc>X
                        <(PAmin,PAmax),inc>
        <QA*,std><PAmax,std>X
                    <PA*,std>
M−(QB,PB)
        <QBmax,std><PBmin,std>    X5
                    <PB*,std>X
        <QBmax,inc><PBmin,dec>    X5
                    <(PBmin,PBmax),dec>X
        <(0,QBmax),inc><PBmin,dec>X
                        <(PBmin,PBmax),dec>
        <QB*,std><PBmin,std>X
                    <PB*,std>
M+(QA,Dp)
        <0,std><0,std> X3
                <Dp*,std> X3
        <0,dec><0,dec> X3
                    <(0,+∞),dec> X3
        <(0,QAmax),dec><0,dec>
                        <(0,+∞),dec>
        <QA*,std><0,std>    X4
                    <Dp*,std>
M−(QB,Dp)
        <QBmax,std><0,std>    X4
                    <Dp*,std>    X6
        <QBmax,inc><0,dec>    X6
                    <(0,+∞),dec>    X6
        <(0,QBmax),inc><0,dec>
                        <(0,+∞),dec>
        <QB*,std><0,std>    X4
                    <Dp*,std>
ADD(PA,Dp,PB)
        <PAmax,std><0,std><PBmin,std>X
                        <PB*,std>X
```

```
                    <0,dec><PBmin,dec>X
                           <(PBmin,PBmax),dec>X
                    <(0,+∞),dec><PBmin,dec>X
                                <(PBmin,PBmax),dec>X
                    <Dp*,std><PBmin,std>X
                             <PB*,std>X
<PAmax,inc><0,dec><PBmin,std>X
                  <PBmin,dec>X
                  <(PBmin,PBmax),dec>X
                  <PB*,std>X
           <(0,+∞),dec><PBmin,std>X
                      <PBmin,dec>X
                      <(PBmin,PBmax),dec>X
                      <PB*,std>X
<PA*,std><0,std><PBmin,std>X
                <PB*,std>X (注：因 A 和 B 是两种不同的产品)
         <0,dec><PBmin,dec>X
                <(PBmin,PBmax),dec>
         <(0,+∞),dec><PBmin,dec>X
                     <(PBmin,PBmax),dec>
         <Dp*,std><PBmin,std>X
                  <PB*,std>X
<(PAmin,PAmax),inc><0,dec><PBmin,std>X
                          <PBmin,dec>X
                          <(PBmin,PBmax),dec>
                          <PB*,std>
                   <(0,+∞),dec><PBmin,std>X
                               <PBmin,dec>X
                               <(PBmin,PBmax),dec>
                               <PB*,std>
```

5）按水平值过滤

根据各约束内，把水平值不符合逻辑规律的组合过滤掉。

M−(QA,PA)：后面带"X"的组合，都是被删除掉的。

M+(QA,Dp)和 M−(QB,Dp)：内部变量之间不为同一量纲，无法判断，所以不过滤。

ADD(PA,Dp,PB)：后面带"X"的组合，都是被删除掉的。

由于 ADD 中，PA 的<PAmax,std>和<PAmax,inc>已删，那么与 ADD 相邻的 M−(AQ,PA)中，删除后面带有"X2"的组合。

由于 M−(QA,PA)中，QA 的<0,std>、<0,dec>已删，那么与 M−(QA,PA)相邻的

M+(QA,Dp)中，删除后面带有"X3"的组合。

回到 ADD 中来，Dp 的<0,std>已删，那么与 ADD 相邻的 M+(QA,Dp)和 M-(QB,Dp)中，删除后面带有"X4"的组合。

回到 ADD 中来，PB 的<PBmin,std>、<PBmin,dec>已删，那么与 ADD 相邻的 M-(QB,PB)中，删除后面带有"X5"的组合。

这样一来，M-(QB,PB)中的 QB 的<QBmax,std>、<QBmax,inc>已删，那么与之相邻的 M-(QB,Dp)中，删除后面带有"X6"的组合。

通过上述过滤后，剩下的组合为

M-(QA,PA)
  <(0,QAmax),dec> <(PAmin,PAmax),inc>
  <QA*,std> <PA*,std>

M-(QB,PB)
  <(0,QBmax),inc> <(PBmin,PBmax),dec>
  <QB*,std> <PB*,std>

M+(QA,Dp)
  <(0,QAmax),dec> <0,dec>
     <(0,+∞),dec>
  <QA*,std> <Dp*,std>

M-(QB,Dp)
  <(0,QBmax),inc> <0,dec>
     <(0,+∞),dec>
  <QB*,std> <Dp*,std>

ADD(PA,Dp,PB)
  <PA*,std> <0,dec> <(PBmin,PBmax),dec>
    <(0,+∞),dec> <(PBmin,PBmax),dec>
     <Dp*,std> <PB*,std>
  <(PAmin,PAmax),inc> <0,dec> <PB*,std>
      <(PBmin,PBmax),dec>
    <(0,+∞),dec> <(PBmin,PBmax),dec>
      <PB*,std>

对剩下的组合，进行全局解释，则只有下列三条是符合逻辑的：

  QA PA Dp PB QB

a. <QA*,std><PA*,std><Dp*,std><PB*,std><QB*,std>

b. <QA*,std><PA*,std><(0,+∞),dec><(PBmin,PBmax),dec><(0,QBmax),inc>

c. <QA*,std><PA*,std><0,dec><(PBmin,PBmax),dec><(0,QBmax),inc>

上述三条全局解释，表明系统在时间点 $t=t_1$ 上，有三种可能的状态。其中，第 a 条表明系统存在一套新的路标值，产品 A 和 B 的产量、价格等变量达到此值时，系统处于一种稳定状态。

第 b、c 条仍处于不稳定状态，可以继续推演下去，我们选择对第 b 条进行推演。

5.5.3 第 b 条路径的演化

1. 在时间区间中的状态：$t=(t_1,t_2)$

1）状态转移

由于第 b 条路径的初始值位于时间点 $t=t_1$ 上，下一步要转移到时间区间 $t=(t_1,t_2)$ 中，因此，运用表 1.5.1 的 P 转换规则。

QA（运用 P1 规则）：<QA*,std>→<QA*,std>
　　（运用 P2 规则）：→<(QA*,QAmax),inc>
　　（运用 P3 规则）：→<(QAmin,QA*),dec>
PA（运用 P1 规则）：<PA*,std>→<PA*,std>
　　（运用 P2 规则）：→<(PA*,PAmax),inc>
　　（运用 P3 规则）：→<(PAmin,PA*),dec>
QB（运用 P5 规则）：<(0,QBmax),inc>→<(0,QBmax),inc>
PB（运用 P7 规则）：<(PBmin,PBmax),dec>→<(PBmin,PBmax),dec>
Dp（运用 P7 规则）：<(0,+∞),dec>→<(0,+∞),dec>

2）约束内过滤

M−(QA,PA)

　　<QA*,std>　　<PA*,std>
　　　　　　　　<(PA*,PAmax),inc> X
　　　　　　　　<(PAmin,PA*),dec> X
　　<(QA*,QAmax),inc>　<PA*,std> X
　　　　　　　　<(PA*,PAmax),inc> X
　　　　　　　　<(PAmin,PA*),dec>
　　<(QAmin,QA*),dec>　<PA*,std> X
　　　　　　　　<(PA*,PAmax),inc>
　　　　　　　　<(PAmin,PA*),dec> X

M−(QB,PB)

　　<(0,QBmax),inc>　<(PBmin,PBmax),dec>

M+(QA,Dp)

　　<QA*,std>　<(0,+∞),dec> X
　　<(QA*,QAmax),inc>　<(0,+∞),dec> X
　　<(QAmin,QA*),dec>　<(0,+∞),dec>

M−(QB,Dp)

　　<(0,QBmax),inc>　<(0,+∞),dec>

ADD(PA,Dp,PB)

　　<PA*,std> <(0,+∞),dec>　<(PBmin,PBmax),dec>

  <(PA*,PAmax),inc> <(0,+∞),dec> <(PBmin,PBmax),dec>
  <(PAmin,PA*),dec> <(0,+∞),dec> <(PBmin,PBmax),dec>

上述后面带有"X"的组合是被过滤掉的，那么剩下的组合为：

M−(QA,PA)

 <QA*,std> <PA*,std> X

 <(QA*,QAmax),inc> <(PAmin,PA*),dec> X

 <(QAmin,QA*),dec> <(PA*,PAmax),inc>

M−(QB,PB)

 <(0,QBmax),inc> <(PBmin,PMmax),dec>

M+(QA,Dp)

 <(QAmin,QA*),dec> <(0,+∞),dec>

M−(QB,Dp)

 <(0,QBmax),inc > <(0,+∞),dec>

ADD(PA,Dp,PB)

  <PA*,std> <(0,+∞),dec> <(PBmin,PMmax),dec> X2

  <(PA*,PAmax),inc> <(0,+∞),dec> <(PBmin,PMmax),dec>

  <(PAmin,PA*),dec><(0,+∞),dec> <(PBmin,PMmax),dec> X2

3）约束之间过滤

M+(QA,Dp)中，QA 的值为<(QAmin,QA*),dec>，因此，删掉 M−(QA,PA)中的其他值，即删除上述后面带有"X"的组合。

这样，M−(QA,PA)中的 PA 只剩下<(PA*,PAmax),inc>，那么，删除掉 ADD 中 PA 的其他值，即删除上述后面带有"X2"的组合。所以，全局解释如下。

4）全局解释

     QA   PA   QB   PB   Dp
<(QAmin,QA*),dec><(PA*,PAmax),inc><(0,QBmax),inc><(PBmin,PBmax),dec><(0,+∞),dec>

2. 在时间点上的状态：$t=t_2$

1）状态转移

由于下一步要转移到时间点 $t=t_2$ 上，因此，运用表 1.5.1 的 I 转换规则。

QA（运用 I5 规则）：<(QAmin,QA*),dec>→<QAmin,std>

 （运用 I6 规则）：→<QAmin,dec>

 （运用 I7 规则）：→<(QAmin,QA*),dec>

 （运用 I9 规则）：→<QA**,std>

PA（运用 I2 规则）：<(PA*,PAmax),inc>→<PAmax,std>

 （运用 I3 规则）：→<PAmax,inc>

 （运用 I4 规则）：→<(PA*,PAmax),inc>

 （运用 I8 规则）：→<PA**,std>

QB（运用 I2 规则）：<(0,QBmax),inc>→<QBmax,std>
　（运用 I3 规则）：→<QBmax,inc>
　（运用 I4 规则）：→<(0,QBmax),inc>
　（运用 I8 规则）：→<QB**,std>
PB（运用 I5 规则）：<(PBmin,PBmax),dec>→<PBmin,std>
　（运用 I6 规则）：→<PBmin,dec>
　（运用 I7 规则）：→<(PBmin, PBmax),dec>
　（运用 I9 规则）：→<PB**,std>
Dp（运用 I5 规则）：<(0,+∞),dec>→<0,std>
　（运用 I6 规则）：→<0,dec>
　（运用 I7 规则）：→<(0,+∞),dec>
　（运用 I9 规则）：→<Dp**,std>

其中，"**"表示新发现的路标值。

2）约束内过滤

M−(QA,PA)

<QAmin,std><PAmax,std>
　　　　　<PAmax,inc>　X
　　　　　<(PA*,PAmax),inc>　X
　　　　　<PA**,std>
　<QAmin,dec><PAmax,std>　X
　　　　　<PAmax,inc>
　　　　　<(PA*,PAmax),inc>
　　　　　<PA**,std>　X
　<(QAmin,QA*),dec><PAmax,std>　X
　　　　　<PAmax,inc>
　　　　　<(PA*,PAmax),inc>
　　　　　<PA**,std>　X
　<QA**,std><PAmax,std>
　　　　　<PAmax,inc>　X
　　　　　<(PA*,PAmax),inc>　X
　　　　　<PA**,std>

M−(QB,PB)

<QBmax,std><PBmin,std>
　　　　　<PBmin,dec>　X
　　　　　<(PBmin, PBmax),dec>　X
　　　　　<PB**,std>
　<QBmax,inc><PBmin,std>　X
　　　　　<PBmin,dec>

        <(PBmin, PBmax),dec>
        <PB**,std>
  <(0,QBmax),inc><PBmin,std> X
        <PBmin,dec>
        <(PBmin, PBmax),dec>
        <PB**,std> X
  <QB**,std><PBmin,std>
        <PBmin,dec> X
        <(PBmin, PBmax),dec> X
        <PB**,std>

M+(QA,Dp)
<QAmin,std><0,std>
        <0,dec> X
        <(0,+∞),dec> X
        <Dp**,std>
  <QAmin,dec><0,std> X
        <0,dec>
        <(0,+∞),dec>
        <Dp**,std> X
  <(QAmin,QA*),dec><0,std> X
        <0,dec>
        <(0,+∞),dec>
        <Dp**,std> X
  <QA**,std><0,std>
        <0,dec> X
        <(0,+∞),dec> X
        <Dp**,std>

M−(QB,Dp)
<QBmax,std><0,std>
        <0,dec> X
        <(0,+∞),dec> X
        <Dp**,std>
  <QBmax,inc><0,std> X
        <0,dec>
        <(0,+∞),dec>
        <Dp**,std> X
  <(0,QBmax),inc><0,std> X
        <0,dec>

	<(0,+∞),dec>	
	<Dp**,std>	X

<QB**,std><0,std>
	<0,dec>	X
	<(0,+∞),dec>	X
	<Dp**,std>	

ADD(PA,Dp,PB)

<PAmax,std><0,std><PBmin,std>
	<PBmin,dec>	X
	<(PBmin, PBmax),dec>	X
	<PB**,std>	

<0,dec><PBmin,std>   X
	<PBmin,dec>	
	<(PBmin, PBmax),dec>	
	<PB**,std>	X

<(0,+∞),dec ><PBmin,std>   X
	<PBmin,dec>	
	<(PBmin, PBmax),dec>	
	<PB**,std>	X

<Dp**,std><PBmin,std>
	<PBmin,dec>	X
	<(PBmin, PBmax),dec>	X
	<PB**,std>	

<PAmax,inc><0,std><PBmin,std>   X
	<PBmin,dec>	X
	<(PBmin, PBmax),dec>	X
	<PB**,std>	X

<0,dec><PBmin,std>
	<PBmin,dec>	
	<(PBmin, PBmax),dec>	
	<PB**,std>	

<(0,+∞),dec ><PBmin,std>
	<PBmin,dec>	
	<(PBmin, PBmax),dec>	
	<PB**,std>	

<Dp**,std><PBmin,std>   X
	<PBmin,dec>	X
	<(PBmin, PBmax),dec>	X

          <PB**,std> X
<(PA**,PAmax),inc><0,std><PBmin,std> X
          <PBmin,dec> X
          <(PBmin, PBmax),dec> X
          <PB**,std> X
<0,dec><PBmin,std>
          <PBmin,dec>
          <(PBmin, PBmax),dec>
          <PB**,std>
<(0,+∞),dec ><PBmin,std>
          <PBmin,dec>
          <(PBmin, PBmax),dec>
          <PB**,std>
<Dp**,std><PBmin,std> X
          <PBmin,dec> X
          <(PBmin, PBmax),dec> X
          <PB**,std> X
<PA** ,std><0,std><PBmin,std>
          <PBmin,dec> X
          <(PBmin, PBmax),dec> X
          <PB**,std>
<0,dec><PBmin,std> X
          <PBmin,dec>
          <(PBmin, PBmax),dec>
          <PB**,std> X
<(0,+∞),dec ><PBmin,std> X
          <PBmin,dec>
          <(PBmin, PBmax),dec>
          <PB**,std> X
<Dp**,std><PBmin,std>
          <PBmin,dec> X
          <(PBmin, PBmax),dec> X
          <PB**,std>

  上述后面带有"X"的组合，由于不符合约束逻辑，因而被过滤掉。剩下的组合如下：

  M−(QA,PA)

  <QAmin,std><PAmax,std>

  <PA**,std> X2

    <QAmin,dec><PAmax,inc>
<(PA*,PAmax),inc> X2
  <(QAmin,QA*),dec><PAmax,inc> X2
<(PA*,PAmax),inc>
  <QA**,std><PAmax,std> X2
<PA**,std>
M−(QB,PB)
<QBmax,std><PBmin,std>
     <PB**,std> X3
  <QBmax,inc><PBmin,dec>
     <(PBmin, PBmax),dec> X3
  <(0,QBmax),inc><PBmin,dec> X3
      <(PBmin, PBmax),dec>
  <QB**,std><PBmin,std> X3
     <PB**,std>

M+(QA,Dp)
<QAmin,std><0,std> X5
     <Dp**,std>
  <QAmin,dec><0,dec> X5
     <(0,+∞),dec>
  <(QAmin,QA*),dec><0,dec> X5
      <(0,+∞),dec>
  <QA**,std><0,std> X5
     <Dp**,std>

M−(QB,Dp)
<QBmax,std><0,std> X5
     <Dp**,std>
  <QBmax,inc><0,dec> X5
     <(0,+∞),dec>
  <(0,QBmax),inc><0,dec> X5
     <(0,+∞),dec>
  <QB**,std><0,std> X5
     <Dp**,std>

ADD(PA,Dp,PB)
<PAmax,std><0,std><PBmin,std> X4
     <PB**,std> X4
<0,dec><PBmin,dec> X4
     <(PBmin, PBmax),dec> X4

<(0,+∞),dec ><PBmin,dec>　　X4
　　　　　　　　　　　<(PBmin, PBmax),dec>
<Dp**,std><PBmin,std>　　X4
　　　　　　　　　　　<PB**,std>　　X4
<PAmax,inc><0,dec><PBmin,std>　　X4
　　　　　　　　　　　<PBmin,dec>　　X4
　　　　　　　　　　　<(PBmin, PBmax),dec>　　X4
　　　　　　　　　　　<PB**,std>　　X4
<(0,+∞),dec ><PBmin,std>　　X4
　　　　　　　　　　　<PBmin,dec>　　X4
　　　　　　　　　　　<(PBmin, PBmax),dec>
　　　　　　　　　　　<PB**,std>　　X4
<(PA**,PAmax),inc><0,dec><PBmin,std>　　X4
　　　　　　　　　　　<PBmin,dec>　　X4
　　　　　　　　　　　<(PBmin, PBmax),dec>　　X4
　　　　　　　　　　　<PB**,std>　　X4
<(0,+∞),dec ><PBmin,std>　　X4
　　　　　　　　　　　<PBmin,dec>　　X4
　　　　　　　　　　　<(PBmin, PBmax),dec>
　　　　　　　　　　　<PB**,std>
<PA** ,std><0,std><PBmin,std>　　X4
　　　　　　　　　　　<PB**,std>　　X4
<0,dec><PBmin,dec>　　X4
　　　　　　　　　　　<(PBmin, PBmax),dec>　　X4
<(0,+∞),dec ><PBmin,dec>　　X4
　　　　　　　　　　　<(PBmin, PBmax),dec>
<Dp**,std><PBmin,std>　　X4
　　　　　　　　　　　<PB**,std>

3）约束之间过滤

由于任意变量在不同约束中同时出现时，变化方向一致，因此没有可过滤的。

4）按水平值过滤

根据各约束内，把水平值不符合逻辑规律的组合过滤掉。

M-(QA,PA)：上述剩下组合中后面带"X2"的，被过滤掉。

M-(QB,PB)：上述剩下组合中后面带"X3"的，被过滤掉。

ADD(PA,Dp,PB)：上述剩下组合中后面带"X4"的，被过滤掉。

在 ADD 中，Dp=<0,std>和<0,dec>已删，那么，删掉 M+(QA,Dp)和 M-(QB,Dp)中的 Dp=<0,std>和<0,dec>，即上述剩下组合中后面带"X5"的，被过滤掉。

经过上述过滤后，剩下的组合为

M−(QA,PA)
<QAmin,std><PAmax,std>
<QAmin,dec><PAmax,inc>
　　<(QAmin,QA*),dec><(PA*,PAmax),inc>
　　<QA**,std><PA**,std>
M−(QB,PB)
<QBmax,std><PBmin,std>　X6
　　<QBmax,inc><PBmin,dec>　X6
　　<(0,QBmax),inc><(PBmin, PBmax),dec>
　　<QB**,std><PB**,std>
M+(QA,Dp)
<QAmin,std><Dp**,std>
　　<QAmin,dec><(0,+∞),dec>
　　<(QAmin,QA*),dec><(0,+∞),dec>
　　<QA**,std><Dp**,std>
M−(QB,Dp)
<QBmax,std><Dp**,std>　X7
　　<QBmax,inc><(0,+∞),dec>　X7
　　<(0,QBmax),inc><(0,+∞),dec>
　　<QB**,std><Dp**,std>
ADD(PA,Dp,PB)
<PAmax,std><(0,+∞),dec ><(PBmin, PBmax),dec>
<PAmax,inc><(0,+∞),dec ><(PBmin, PBmax),dec>
<(PA**,PAmax),inc><(0,+∞),dec ><(PBmin, PBmax),dec>
　　　　　　　　　　　　<PB**,std>
<PA** ,std><(0,+∞),dec ><(PBmin, PBmax),dec>
<Dp**,std><PB**,std>

上述剩下组合中 M−(QB,PB)中的 PB =< PBmin,std >、< PBmin,dec > 在 ADD 中没有，所以，上述后面带"X6"的组合，被过滤掉。

又由于 M−(QB,PB)的 QB =< QBmax,std > 和 < QBmax,inc > 已删，所以，上述后面带"X7"的组合，被过滤掉。

经过上述过滤后的全局解释如下：
　　　　　QA　　　　PA　Dp　　　　PB　　　　　QB
a.<QAmin,std><PAmax,std><(0,+∞),dec><(PBmin,PBmax),dec><(0,QBmax),inc>
b.<QAmin,dec><PAmax,inc><(0,+),dec><(PBmin,PBmax),dec><(0,QBmax),inc>
c.<(QAmin,QA*),std><(PA*,PAmax),inc><(0,+∞),dec><(PBmin,PBmax),dec><(0,QBmax),inc>
d1.<QA**,std><PA**,std><(0,+∞),dec><(PBmin,PBmax),dec><(0,QBmax),inc>

d2.<QA**,std><PA**,std><Dp*,dec><PB*,std><QB*,std>

在 a 中，QA =< QA min,std > 与 PB =<(PBmin,PBmax),dec> 不符合逻辑。在 b 中，QA =< QA min,dec > 与 PA =< PA max,inc > 不符合逻辑。所以，剩下的组合为 c、d1、d2，其中 d2 是发现的又一个均衡状态。

由上述例子可见，QSIM 方法可以推演系统行为（主要是商品的产量与价格）随时间的演化过程，解释系统的行为变化，发现系统的稳定状态。

习题与思考

1. 查阅资料，比较 de Kleer 的展望方法、Forbus 的定性过程方法及 Kuipers 的 QSIM 方法的特征。

2. 寻找企业管理领域中的某个演化现象，要求描述该现象时，QSIM 方法的六种约束方法至少要采用三种，然后完成如下工作：①设计描述该现象的状态变量；②设置状态变量的量空间；③运用 QSIM 方法的约束，建立该现象的 QSIM 模拟模型；④运用 QSIM 方法的步骤模拟该现象的演化过程。

第6章

模拟模型的输入处理

模拟模型的输入变量大多具有随机性特性,如离散模拟中的实体到达时间、资源对实体的处理时间等。这些变量的行为不可能用确定型的数学公式来推算,只能用概率分布来描述,用统计的方法来分析估算。因此,本章介绍输入变量的分析与产生的方法。

6.1 模拟模型的输入分析

6.1.1 输入分析的概念

计算机模拟建模过程其实包括两个部分(图 1.6.1),其一是结构性建模(或者称为逻辑结构建模),即根据真实系统的逻辑构成及其工作运转原理,确定模拟模型的基本功能构件并确定其相互间的逻辑关系,如确定一个加工系统中的流动个体(零件)、各道工序、加工资源(机床)、加工顺序、运输工具及其布置(如传送带)等。其二就是定量建模。定量建模的主要任务是对所有的输入变量确定其随机分布的数量特征(可以通过数量分析或表达的特征,如均值、方差、分布密度函数等)。

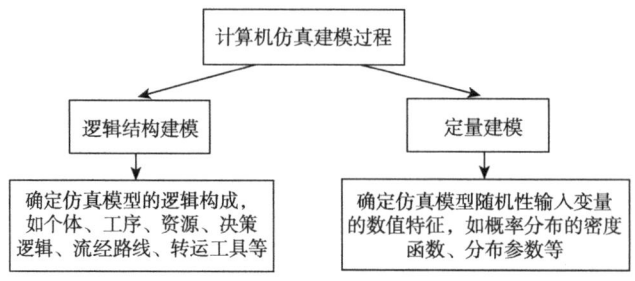

图 1.6.1 计算机模拟建模的两个重要组成部分

我们已经知道，计算机模拟模型只不过是对一个真实系统的抽象而已。在这个抽象的过程中，我们必须设定一些变量来代表那些反映系统本质并影响系统行为的实际因素。定量建模的最终目的就是使模拟模型的输入变量能够非常近似（"逼真"）地反映和代表实际系统中的输入变量，以保证模拟分析能够产生出有效有用的结果。例如，通过对采集到的有限数据的分析，我们认为个体在某道工序的加工时间服从参数为（6.7, 1.1）的正态分布（normal distribution），然而实际系统中个体进入的到达时间间隔却是服从参数为（0.8, 4.3）的伽马分布（Gamma distribution），这个误差便可能导致模拟模型的失效。

6.1.2 输入变量建模分析的基本问题

在模拟输入分析的定量建模过程中，有几个基本问题。其中一个重要的问题就是决定是否应该把一个输入变量确定为随机变量。在许多实际系统中，"随机性"是系统行为及其变化的最重要的特征，如收到客户订单的时间、机器设备突然发生故障而失效的时间、一天之中来到某个餐馆就餐的顾客流量的变化等。能否准确有效地抓住并且在模拟模型中反映出这些随机性的变化往往是计算机模拟成功与否的一个关键。

如果一个输入变量被确定为是随机变量，那么另一个基本的问题就是确定这个输出变量所服从的概率分布，即确定其分布函数，并且估算出该分布函数的数值特征（即分布参数）。如果用 X 表示这个随机变量，那么 $F(x,\theta)$ 通常表示 X 所服从的分布函数，也即 $X \sim F(x,\theta)$。其中，θ 代表一个有限的分布参数集合。例如，就正态分布而言，θ 包括两个参数——均值 μ 和均方差 σ。

对一个随机的输入变量 X 来说，定量建模的任务包括两个：一是对假设的概率分布估算其分布参数 θ；二是从所有假设的概率分布中选择确定最合适的分布函数并用其来代表和定义实际系统中的变化因素。下面我们将分别叙述这两个问题。

6.1.3 概率分布的参数估算

总的说来，给定随机变量 X 及其概率分布函数 $F(x,\theta)$，我们可以用统计分析的方法来估算出参数集合 θ。首先需要采集有关的数据；其次运用统计的方法来分析这些数据，并从中确定（估计）这些数据所服从的最佳分布；最后用这个分布来作为变量 X 的分布，由此确定 $F(x,\theta)$ 的数值特征。

数据采集，这个看似简单往往被人轻视的任务其实至关重要。因此，必须搞清楚以下两个问题：

1）需要采集什么样的数据

采集的数据必须是与模拟的问题相关，而且能够支持模拟模型的逻辑原理并有助于模型功能构件的设计。最常见的数据类型包括时间的间隔（如相继到达的时间间隔、加工时间或服务时间）和事件发生的频率（如单位时间内次品发生的数量）等。另一个与模拟模型抽象性有关的问题是：采集的数据究竟应该详细到什么程度？采集过于详细的数据不仅要消耗大量的人力物力，而且很可能得不偿失，对模型有效性的增加没有帮助。

2）如何采集所需要的数据

首先需要根据被模拟系统的特点和被采集数据的性质做出有效可行的计划，选择最合适的方法和技术手段。如果被模拟的系统已经存在，就可以从现实的系统中去采集所需要的数据。如果被模拟的系统不存在于现实之中（如设计一个新的工厂），那么我们可以从类似的系统或实验室里的观察中间接获取所求的数据。如果连类似的真实系统也没有，那么还可以从科研文献的资料记载中查找相关的数据。另外，选择可控制的数据采集还是无控制的采集也十分重要。可控制采集指的是能够在采集过程中人为地控制或调节某些系统因素的变化以达到获取所求数据的目的。然而在很多现实系统中存在着大量无法由人为调控的变化因素，因而只能用无控制的采集方式。

以下是几条有助于数据采集的建议：

（1）当输入变量很多时，可以对变量进行敏感度分析，从中确定那些对模拟模型有重要影响力的变量，忽略那些对模拟无关紧要的变量，减少数据采集的工作量。

（2）尽量使数据采集的要求（如详细程度）与模型的抽象程度相匹配。

（3）对不是非常重要的变量采用比较宽松的估算以降低数据采集的成本。

（4）谨守 GIGO 原则——garbage in garbage out！模拟结果的质量完全取决于建模过程的质量。只有可靠有效的数据才能建立起可靠有效的模拟模型，进而保证可靠有效的模拟结果。

（5）当心历史性的数据：系统中过去发生事件的记载不一定能代表或者反映该系统现实行为变化的特征。

6.1.4 分析随机变量的基本方法

本小节介绍随机性输入变量的基本概念和具体方法。定义一个随机变量通常是比较复杂的过程。为了模拟建模的过程能够符合实际需要（平衡成本、效率与质量三者之间的关系），往往会在分析之中加入一些合理的假设来简化分析过程。在大多数情况下，这些假设是合理的。但是读者需要对它们有全面的了解，以达到对模拟技术的理论有基本的认识。

首先，一个随机变化的输入过程（如某系统中的服务时间）可以通过一个随机过程 $\{X_i\}$ 来表达，即一组按顺序排列发生的随机变量 $\{X_1, X_2, \cdots, X_k, \cdots\}$，其中，下标 k 指定这些变量依次发生的顺序，如 X_1 代表第一位顾客的服务时间；X_2 代表第二位顾客的服务时间；等等。在模拟中，通常对这些随机变量做以下两项假设：

（1）在一个随机过程中的每一个变量 X_k 都是独立的随机变量，即其行为的变化不受其他任何变量的变化影响。

（2）在一个随机过程中的所有随机变量都服从同样的概率分布，即它们的分布函数 $F_k(x,\theta)$ 有着相同的参数形式 $F(\cdot)$ 和相同的数值特征 θ。

这两条加起来就是著名的常被人们称为 IID——identically and independently distributed 的假设：在一个服从 IID 假设的随机输入过程中，所有的变量都是独立分布变化的，并且具有相同的概率分布。

可以把一个服从 IID 假设的随机过程称为稳定过程，如机场服务柜台的入港检票时间。由此可以推断：在一个非稳定过程中，随机变量 X 的分布是变化的，或者说其是下标 k 的函数。其中，下标 k 通常代表时间（或时刻）。值得注意的是，在实际当中，一个随机过程里按顺序排列的变量数值通常不是独立的而是相关的。所以，当 IID 的假设不能完全成立时必须知道应该采取什么样的应对措施。

一旦有了足够可靠的数据之后，接下来的任务就是用这些数据来估计确定某个随机输入变量的概率分布模型。在实际中，我们经常假设该变量服从某种分布，然后用采集的数据对假设的分布进行拟合（曲线拟合），最后根据对拟合误差的评估来决定该分布的假设是否成立。拟合的目的是找出最能够代表采集数据实际分布之特征的概率模型（即所谓"最佳拟合"），然后用这个分布模型来作为该变量在模拟模型中的分布。这个过程一般包括三个步骤：

（1）用采集的数据估算假设分布的参数（概率密度参数的估算）。
（2）计算实际数据与假设分布之间的拟合误差。
（3）确定最佳拟合（确定统计意义上与数据最相吻合的概率分布）。

后文中我们将用实例来说明这些步骤。现在来介绍一下在模拟和概率统计分析中经常用来评估数据拟合程度（如拟合误差）的几种拟合检验方法。假定把采集的数据分成为 k 个区间，并计算出每一区间内数值出现的频率（次数），于是可以描绘出采集数据的直方图。拟合的基本想法就是将这个直方图与假设之分布的概率密度曲线进行拟合，然后通过比较来确定拟合程度。

1）误差平方均值

误差平方均值方法很简单，即计算拟合误差平方均值（mean squared error，MSE），然后直接用 MSE 来评估数据拟合程度，最佳分布就是 MSE 值最小的分布：

$$\text{MSE} = \sum_{i=1}^{k} \frac{(f_{ei} - f_{oi})^2}{k}$$

2）χ^2 检验

χ^2 这是统计学中常用的一种拟合误差检验方法。

（1）检验的假设。H_0：观察到的样本分布与期望的总体分布没有显著差别。显著性水平一般定为 5%，即 $\alpha=0.05$。

（2）检验统计量为

$$\chi^2 = \sum_{i=1}^{k} \frac{(e_i - o_i)^2}{e_i}$$

其中，e_i 为区间 i 的期望值 $(i=1,2,\cdots k)$；o_i 为区间 i 的观察值。这个统计量服从的 χ^2 分布（参数为 α 和自由度为 $df=k-2$）。

（3）检验的临界域：如果计算得出的检验统计量 χ^2 数值大于临界数值，我们将拒绝检验之假设 H_0，即

$$\text{if} \quad \chi^2 > \chi^2_{1-\alpha, k-2} \quad \text{then} \quad \text{reject } H_0$$

其中，临界数值是根据显著性水平 $\alpha = 0.05$ 和检验统计量的自由度 $k-2$ 确定的。

3）KS 检验

这是统计学中常用的另一种拟合检验方法。

（1）检验的假设，H_0：观察到的样本分布与期望的总体分布没有显著差别。显著性水平一般定为 5%，也即 $\alpha = 0.05$。

（2）检验统计量。统计量定义为"期望的累计概率与观察到的累计概率之间的最大数值差别"，即

$$\max |F_{ei} - F_{oi}| \quad \text{for } i = 1, 2, \cdots, k$$

其中，F_{ei} 为区间 i 期望的累计概率值；F_{oi} 为区间 i 观察到的累计概率值。

（3）检验的临界域：如果计算得出的检验统计量数值大于临界数值，我们将拒绝检验假设 H_0，即

$$\text{if} \quad \max |F_{ei} - F_{oi}| > \text{KS}_{\alpha, df} \quad \text{then} \quad \text{reject } H_0$$

其中，临界数值 $\text{KS}_{\alpha, df}$ 是根据显著性水平 α 和检验统计量的自由度 df 确定的。

这几种方法中，MSE 最为简单易行，但其结果也是最不可靠的。两种拟合检验方法的区别在于，χ^2 检验用的是统计学中的理论分布，我们需要设定数据的分组划分。而 KS 检验用的则是一种经验分布。

6.1.5 检验有关统计假设的方法[3]

前文中曾提到，模拟建模与分析中最常用到的一个统计假设就是 IID 假设，即假设模拟模型中的许多随机变量以及相关的随机过程是独立的和平稳分布的。然而在许多实际应用中，这两条假设（独立性与平稳分布性）是很难成立的，所以会给模拟模型的建立与分析带来困难。因此，我们必须做两件事：第一，掌握检验有关统计假设是否成立的方法；第二，当有关的假设不能成立时，知道如何应对的措施。在本小节中，主要向读者介绍几种简单有效的，以图解实验数据为基础的方法。

1）检验统计独立性假设的方法

这里介绍两种简单有效的图解法：

（1）估计相关性的表格或图形显示法。

（2）配对数据点的分布图示法。

估计相关性的图解法：假设采集了 N 个数据，把这些数据按下面的要求标注成图形：横坐标代表数据的采集顺序（如采集的时间顺序），而纵坐标代表数据之间的相关性系数。以下是两个例子（图 1.6.2 和图 1.6.3）。从图 1.6.2 中可看出，无论两个数据之间相隔多远，总体说来，相关性并不显著（小于 0.2 大于 -0.2），而且没有观察到明显的规律性变化，因此可以认为这一组数据基本上满足相互独立性要求。

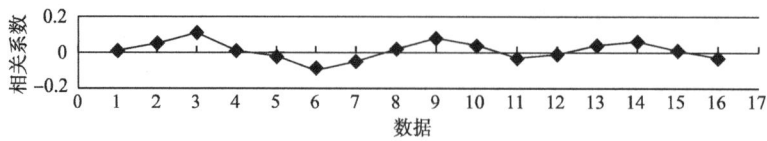

图 1.6.2 满足统计独立性要求的数据的相关性图形显示

第 6 章 模拟模型的输入处理 155

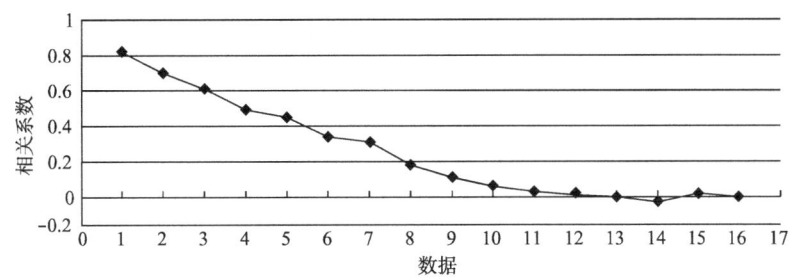

图 1.6.3　不满足统计独立性要求的数据的相关性图形显示

图 1.6.3 却不同，从中可以看到，先采集的数据之间相关性很高（而且呈正值相关），随着采集（时间）顺序的延长，相关性逐渐下降，并基本稳定在零值（0）左右。所以，这一组数据不满足相互独立性的要求。

检验独立性的另一个办法就是配对数据的分布图解法，也就是把相邻的数据两两标注在坐标图上，横坐标、纵坐标都代表数据的取值域。图中每一个点的横坐标代表第 k 个数据的值，而其纵坐标则代表第 $k+1$ 个数据的值。如图 1.6.4 所示，从数据点的分布情况来看，配对数据之间的关系呈随机分布的状态，所以可以认为是满足独立性的要求。

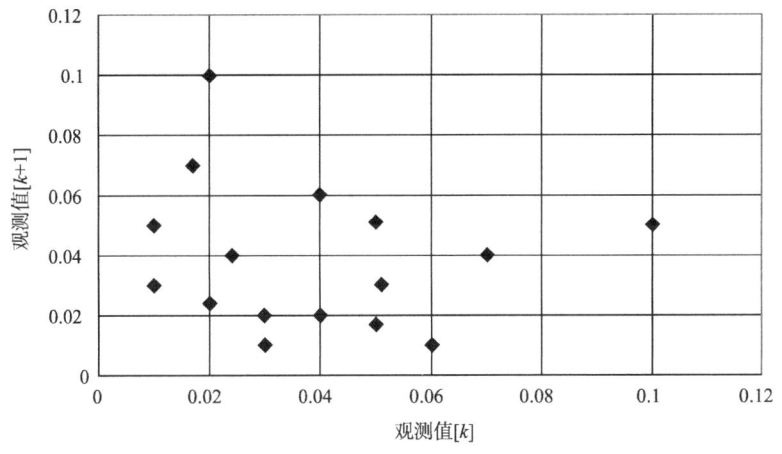

图 1.6.4　满足统计独立性要求的数据的配对分布比较图形

而图 1.6.5 中显示的数据配对分布则有一个明显的规律性的变化，即随着第 k 个数值的增加，第 $k+1$ 个数值也在增加，所以配对数据点的分布呈一致的上升趋势。因此这一组数据不满足相对独立性的要求。

2）检验分布平稳性假设的方法

同样，我们主要通过图示来介绍两种检验方法：

（1）事件发生比例相对于模拟时间的图示。

（2）事件发生的直方图。

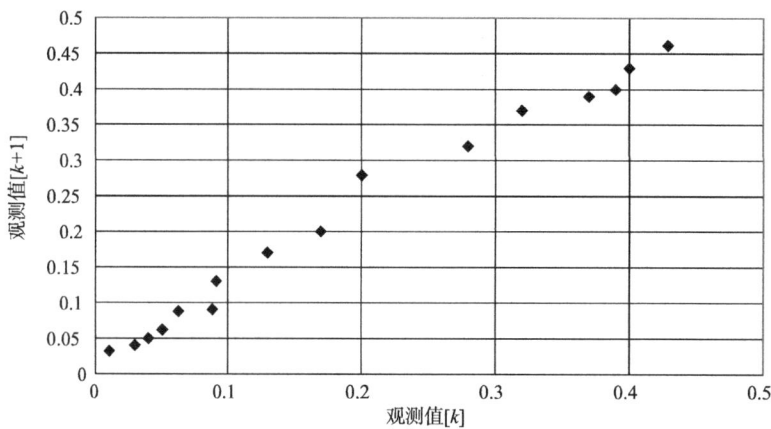

图 1.6.5　具有相关性的数据的配对分布比较图形

图 1.6.6 显示的例子是一个平稳泊松过程的到达比例图形。从图 1.6.6 中可以看出，个体到达的比例（%）基本上与时间 T 成直线关系，所以我们有足够的证据认为这个过程的到达率是一个不变的常数，因而满足平稳泊松过程的假设。反之，图 1.6.7 中显示的曲线很明显，到达比例和时间 T 呈"分段线性"的特征（分界点在 $T=100$ 左右），换句话说，到达率发生了明显的变化，所以这个过程是一个非平稳的泊松过程。

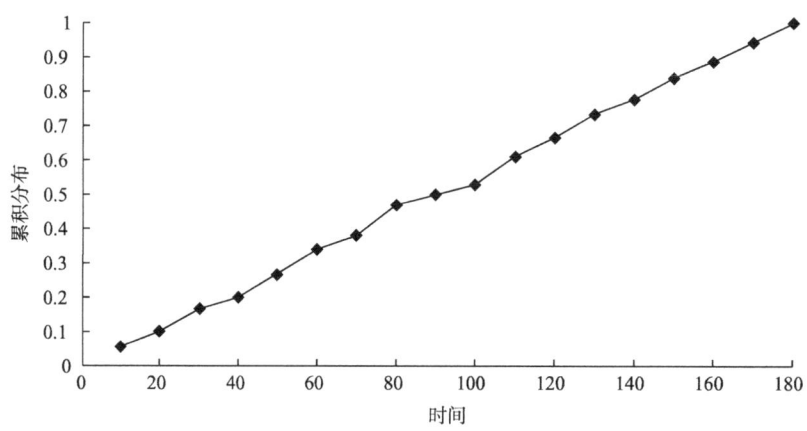

图 1.6.6　稳定泊松过程到达比例的曲线

最后，图 1.6.8 中显示的是某个平稳泊松过程到达计数的直方图。从图 1.6.8 中可以看出，尽管各区间（宽度相等的时间区间）的到达计数（或者说到达频率）不同，但总的来说，却看不出有什么明显的规律性的变化，所以可以认为该过程总体的平均到达率是一个不变的常数。然而从图 1.6.9 里显示的直方图中，却可以观察到一个明显的总体趋势（规律性的变化），即随着时间的延长，区间内的到达频率逐渐增加。因此，可以认为这是一个非平稳的泊松到达过程。

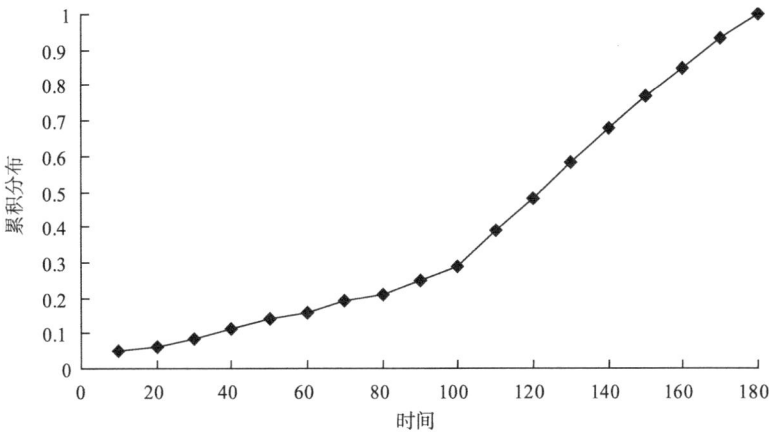

图 1.6.7　非平稳泊松过程到达比例的曲线

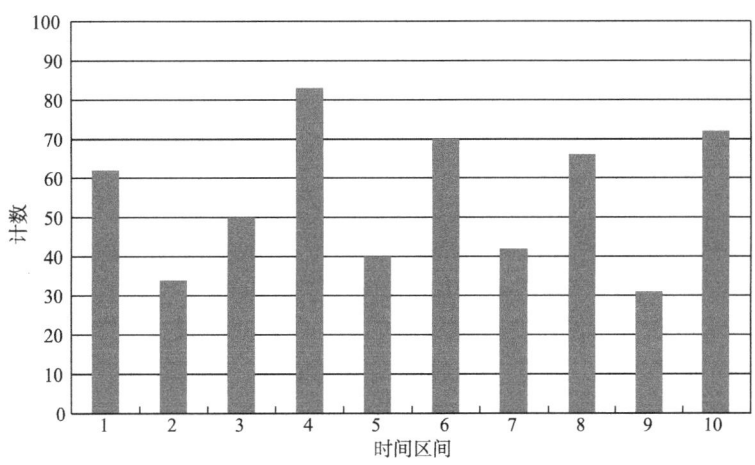

图 1.6.8　平稳泊松过程到达计数的直方图

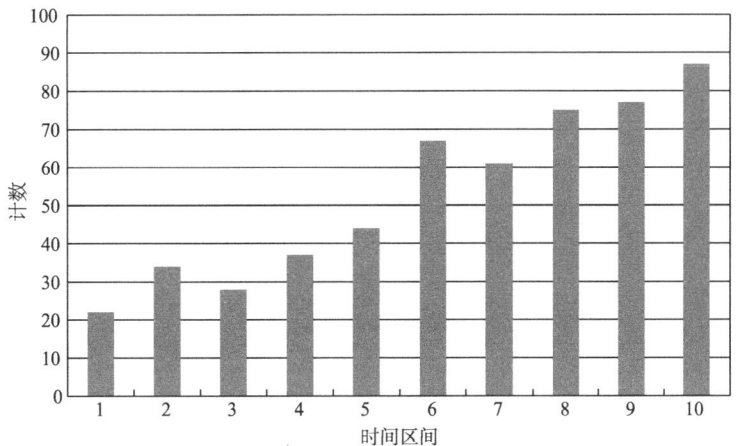

图 1.6.9　非平稳泊松过程到达计数的直方图

6.2 随机变量的生成[1]

为了进行系统模拟，必须进行随机抽样，或者说产生服从一定分布的随机变量，例如生成服从某一分布的到达间隔时间、某一分布的服务时间等。当已知随机变量的分布函数 $F(x)$ 后，我们就可以用各种方法生成服从该分布的随机变量。

常用的随机变量的生成方法包括逆变法、函数变换法、组合法、取舍法、近似法。本节主要介绍逆变法和函数变换法。

无论用哪一种方法，产生哪一种分布的随机变量，都必须以 IID U(0, 1)分布的随机数做基础，没有良好的伪随机数发生器，就难以获得正确的随机变量。

一般计算机语言都有自己的随机数生成函数，当模拟人员采用一般计算机语言生成随机变量时，可直接调用随机数生成函数。读者想要了解随机数生成的原理，可查阅相关文献。

6.2.1 逆变法

定理 1.6.1 若给定任何随机变量 X 的分布函数为 $F(x)$，则 $Y = F(x)$ 为 (0, 1) 区间内的均匀分布随机变量，且与 X 的分布特征无关（证明略）。

定理 1.6.1 的图示见图 1.6.10。由于 $F(x)$ 的连续性和单调增加性，以及 $F(x)$ 的取值域是 [0, 1]，这与随机数 $U \sim U(0, 1)$ 的取值域相同，所以对任意一个给定的随机数 U_j，我们可以通过反函数 $F^{-1}(U)$，确定一个唯一的与之相对应的映射 X，这个 X 就是我们要求的一个随机数值。

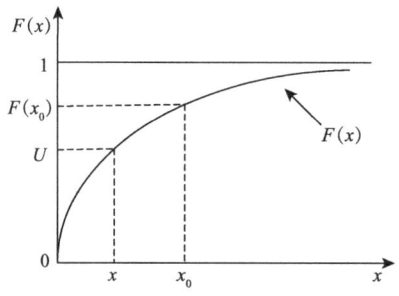

图 1.6.10 通过 $F(x)$ 的反函数 $F^{-1}(U)$ 产生连续随机数值 X

1) 均匀分布

均匀分布的密度函数、分布函数及均值、方差等特征值，见附录 1 的 1.1 部分。用逆变法求服从均匀分布的随机变量步骤如下：

（1）给出 $F(x) = \begin{cases} 0, & x < a \\ \dfrac{x-a}{b-a}, & a \leqslant x \leqslant b \\ 1, & x > b \end{cases}$。

（2）产生 $u \in (0,1)$，令 $F(x) = u$。

（3）做逆变，具体如下：

$$\because F(x) = u = \frac{x-a}{b-a}$$

$$\therefore x - a = (b-a)u$$

$$\therefore x = a + (b-a)u$$

2）指数分布

指数分布（exponential distribution）的密度函数、分布函数及均值、方差等特征值，见附录1的1.2部分。求服从指数分布的随机变量 X 的逆变过程如下：

（1）求出指数分布的分布函数 $F(x) = 1 - e^{-\lambda x}$，$x \geq 0$。

（2）产生 $u \in U(0,1)$，令 $u = F(x) = 1 - e^{-\lambda x}$，$x \geq 0$。

（3）进行逆变

$$\because u = 1 - e^{-\lambda x}$$

$$\therefore e^{-\lambda x} = 1 - u$$

$$\therefore -\lambda x = \ln(1-u)$$

$$\therefore x = -\frac{1}{\lambda} \ln(1-u)$$

（4）因 u 和 $(1-u)$ 都是 $[0,1]$ 区间的均匀分布随机数，故也可以写成如下：

$$x = -\frac{1}{\lambda} \ln(u)$$

3）韦伯分布

韦伯分布（Weibull distribution）的密度函数、分布函数及均值、方差等特征值，见附录1的3.2部分。求 $v = 0$ 时韦伯分布随机变量的逆变法如下：

（1）写出 $F(x) = 1 - e^{-(x/\alpha)^\beta}$，$x \geq 0$。

（2）产生 $u \in U(0,1)$，令 $F(x) = 1 - e^{-(x/\alpha)^\beta} = u$。

（3）进行逆变：由于 $1 - e^{-(x/\alpha)^\beta} = u$，因此有

$$e^{-(x/\alpha)^\beta} = 1 - u$$

$$-(x/\alpha)^\beta = \ln(1-\mu)$$

$$(x/\alpha)^\beta = -\ln(1-\mu)$$

$$(x/\alpha) = [-\ln(1-\mu)]^{1/\beta}$$

$$\therefore x = \alpha[-\ln(1-\mu)]^{1/\beta}$$

4）三角分布

三角分布（triangular distribution）的密度函数、函数及均值、方差等特征值见附录1的1.4部分。其逆变法步骤如下：

（1）写出如上式的 $F(x)$ 形式。

（2）产生 $u \in U(0,1)$。

（3）若 $0 < u \leq \dfrac{m-a}{b-a}$，则 $x = a + [(m-a)(b-a)u]^{\frac{1}{2}}$。

（4）若 $u > \dfrac{m-a}{b-a}$，则 $x = m + [(b-a)u - (m-a)(b-m)]^{\frac{1}{2}}$。

5）离散分布

首先在图上标出离散型经验分布随机变量的分布函数 $F(x)$，如图 1.6.11 所示。其次产生 $u \in (0,1)$ 随机数 u_i，若 u_i 落在 $F(x_i)$ 和 $F(x_{i+1})$ 之间，则对应 $F(x_{i+1})$ 的那个变量 x_{i+1} 即为所求随机变量。

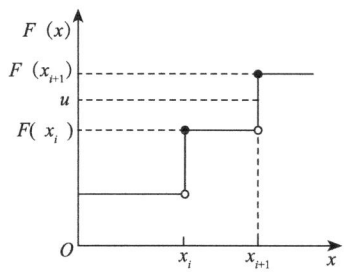

图 1.6.11 离散型经验分布随机变量

例 1.6.1 已知某机械设备每天加工完大零件的概率如下：一件也加工不完的概率为 0.50，加工完一件的概率为 0.30，加工完两件的概率为 0.20，如表 1.6.1 所示。

表 1.6.1 设备加工数据

x	$P(x)$	$F(x)$
0	0.50	0.50
1	0.30	0.80
2	0.20	1.00

已知概率质量函数为

$$P(0) = P(x=0) = 0.50$$
$$P(1) = P(x=1) = 0.30$$
$$P(2) = P(x=2) = 0.20$$

概率分布函数为

$$F(x) \leq 0.5, \quad x = 0$$
$$0.5 < F(x) \leq 0.8, \quad x = 1$$
$$0.8 < F(x) \leq 1.0, \quad x = 2$$

如图 1.6.12 所示，首先产生 $u \in (0,1)$，若 $u_1 = 0.73$，观察 u_i 落在哪一个区间，本例中是落在 $F(1)$ 和 $F(2)$ 之间，故 $X = 1$。

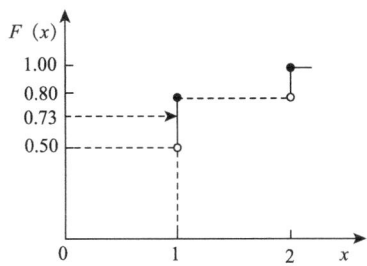

图 1.6.12 离散型随机变量的生成

6.2.2 函数变换法

此处以正态分布为例,介绍函数变换法。

正态分布的密度函数、分布函数及均值、方差等特征值见附录 1 的 1.3 部分。其分布函数的数学形式为

$$F(x) = P(X \leqslant x) = \int_{-\infty}^{x} \frac{1}{\sigma\sqrt{2\pi}} \exp\left[-\frac{1}{2}\left(\frac{t-\mu}{\sigma}\right)^2\right] dt$$

由于上式无法积分得到显式,故不能进行逆变,而采用函数变换法。

令

$$Z = (t-\mu)/\sigma$$

于是

$$F(x) = P(X \leqslant x) = P\left(Z \leqslant \frac{x-\mu}{\sigma}\right)$$

$$= \int_{-\infty}^{\frac{x-\mu}{\sigma}} \frac{1}{\sqrt{2\pi}} e^{\frac{z^2}{2}} dz$$

$$= \int_{-\infty}^{\frac{x-\mu}{\sigma}} \phi(Z) dz = \phi\left(\frac{x-\mu}{\sigma}\right)$$

其中,

$$\phi(Z) = \frac{1}{\sqrt{2\pi}} e^{\frac{z^2}{2}}, \quad -\infty < Z < \infty$$

$\phi(Z)$ 是标准正态分布 $N(0,1)$,标准正态分布的分布函数 $\phi(Z)$ 是

$$\phi(Z) = \int_{-\infty}^{z} \frac{1}{\sqrt{2\pi}} e^{-\frac{t^2}{2}} dt, \quad -\infty < Z < \infty$$

此分布函数也不能进行直接逆变求随机变量 Z,于是采用称为 Box-Muller 的函数变换法,此法先产生两个标准正态分布 Z_1 和 Z_2,然后通过 $Z = \frac{x-\mu}{\sigma}$ 求出两个一般正态分布的随机变量 X,即

$$X_1 = \mu + \sigma Z_1$$
$$X_2 = \mu + \sigma Z_2$$

下面说明如何求出 Z_1（或 Z_2）。

因为 Z_1 和 Z_2 是两个独立的标准正态分布的随机变量，故 Z_1 和 Z_2 的联合概率密度函数为

$$f(Z_1, Z_2) = \frac{1}{\sqrt{2\pi}} e^{-\frac{z_1^2}{2}} \frac{1}{\sqrt{2\pi}} e^{-\frac{z_2^2}{2}} = \frac{1}{2\pi} e^{-\frac{z_1^2 + z_2^2}{2}}$$

令

$$\begin{cases} Z_1 = r\sin\theta \\ Z_2 = r\cos\theta \end{cases}$$

则

$$f(r, \theta) = \frac{1}{2\pi} e^{-\frac{1}{2}(r^2\sin\theta^2 + r^2\cos\theta^2)} = \frac{1}{2\pi} e^{-\frac{r^2}{2}}$$

令

$$f(\theta) = \frac{1}{2\pi}, \quad f\left(\frac{r^2}{2}\right) = e^{-\frac{r^2}{2}}$$

则 $f(\theta)$ 是（0，2π）区间的均匀分布，$f\left(\frac{r^2}{2}\right)$ 是变量为 $\frac{r^2}{2}$，参数为 1 的负指数分布，因此，只要产生 $u_1, u_2 \in U(0, 1)$，使 $\theta = 2\pi u_1$，$\frac{r^2}{2} = -\ln u_2$ 或 $r = \sqrt{-2\ln u_2}$，将 $\theta = 2\pi u_1$ 和 $\frac{r^2}{2} = -\ln u_2$ 代入式 $\begin{cases} Z_1 = r\sin\theta \\ Z_2 = r\cos\theta \end{cases}$ 中，得

$$Z_1 = r\sin\theta = \sqrt{-2\ln u_2} \sin(2\pi u_1)$$
$$Z_2 = r\sin\theta = \sqrt{-2\ln u_2} \cos(2\pi u_1)$$

其中，Z_1 和 Z_2 都是 N（0，1）的随机变量。

对于组合法、取舍法、近似法，读者可查阅相关的文献，此处不再展开。

习题与思考

1. 下面给出的数据是某种产品在 50 个不同地区的零售价格（以元为计价单位）。应用专用模拟软件的输入分析程序，找出与这些数据拟合最佳的概率分布模型，并从统计的意义上解释为什么该拟合是"最佳"的（假设置信度系数 $\alpha = 0.05$）：

18.0	08.0	18.0	18.7	17.0	22.0	28.0
19.0	11.8	7.5	16.0	21.0	19.0	15.0
20.0	18.0	15.4	20.0	23.5	21.0	19.0
15.0	20.0	18.2	13.0	21.4	24.6	24.0
18.6	10.5	17.0	22.9	22.3	17.0	21.0

	17.0	24.0	22.4	26.0	16.0	18.0	20.0	
20.0	19.0	16.0	17.5	23.0	20.4	22.2	9.0	

2. 某种零件随机地进入一个加工中心，下面的数据是 30 个零件的到达时间间隔。那么哪一种概率分布最适合于用来表述这些数据的分布特征？通过适当的分析来确定答案，并从统计意义上解释其置信程度。

42	45	40	38	35	47	40	27	39	43
40	53	23	51	42	48	40	36	51	40
48	34	21	40	31	34	16	39	41	36

3. 某离散型经验分布随机变量 X 取值为 1、2、3、4 的概率分布为 0.20、0.25、0.35、0.20。试确定当抽样随机数 u 分别为 0.91、0.60、0.18、0.41 时的 X 之值。

第7章

模拟输出的统计分析

模拟输出结果是分布特征未知的随机变量,每次模拟运行的结果仅是对该随机变量所有观察值总体的一次抽样,对总体的代表性显然很差。为此,可以把模拟模型重复地运行若干次来收集足够的相关数据,然后通过对这些数据进行特殊(如统计的)分析来获取对有关特征变量的估计值。这个过程称为计算机模拟的输出分析。其中存在的问题如下:

(1)如果延长模拟运行时间,并增加抽样次数,虽然可以得到多个模拟观察值,但是它们并不能构成统计上独立的随机样本,因为传统的统计方法是建立在IID假设(相互独立与相同分布假设)之上的,而大多数模拟实验往往是非平稳并且自动相关的、非独立的随机过程(违反IID假设)。

(2)每次模拟运行都必须在规定的初始条件下进行,不同的初始条件将会对模拟结果产生不同的影响。特别是在估计系统稳态特性时,初始条件的偏差将会产生十分有害的影响。

因此,传统的统计推断方法不能用于这种模拟输出的分析。本章讨论取得模拟输出的独立随机样本的方法,在此基础上进行模拟输出结果的统计分析及不同方案模拟输出的分析比较。

7.1 模拟的类别和系统的性能测度

7.1.1 终态模拟和稳态模拟

模拟模型的每一次运行就相当于在某个样本空间里的一次随机抽样试验。我们可以把模拟模型运行产生的输出过程(产生输出变量观察值的过程)看做一个随机过程

$(Y_1, Y_2, \cdots, Y_n)$，其中，n 为模拟每次（重复）运行的样本容量（即单次运行产生 n 个观察值）。那么模拟实验的第 j 次重复运行便是一个随机过程 $(Y_{1j}, Y_{2j}, \cdots, Y_{Nj})$，其中，$Y_{ij}$ 为变量 Y 在第 j 次重复实验中的第 i 个观察值，如 Y_{ij} 可以是第 j 次实验运行中第 i 个零件的生产周期观察值（假定 Y=零件的生产周期）。

通常在一次实验运行中，模拟输出过程的随机变量往往既不是相互独立也不是同一分布的（也即不符合 IID 的假设）。为了达到统计意义上的相互独立性，可以把模拟实验独立地重复 m 次，而且每一次都用一组不同的随机数来产生输入变量，这样我们可以使随机变量在不同的重复实验中产生相互独立而且服从同一分布的数据，然后再用这些近似满足 IID 要求的数据来估计待求的输出特征变量。例如，为了估计随机变量 Y 的均值 $E(Y)$，我们可以采用以下式：

$$E(Y) = \overline{Y} = \sum_{j=1}^{m} \frac{\overline{y}_j}{m}$$

注意到，上式中的分子也就是第 j 次实验的样本均值，即

$$\overline{y}_j = \sum_{i=1}^{n} \frac{y_{ij}}{n}$$

一个随机变量或者一个随机过程的动态特性表现，可以分为两种或者两个阶段。一种是当系统处于过渡状态中的表现，而另一种则是系统进入平稳状态后的表现。

随机过程在过渡状态下的主要表现如下：各个随机变量的分布是不稳定而且不同一的，更准确地说，也就是这些随机变量的分布形式与分布参数值都不相同，形成非平稳的波动（见图 1.7.1，某系统特征变量 Y 在时间 $0 \sim T_0$ 表现）。

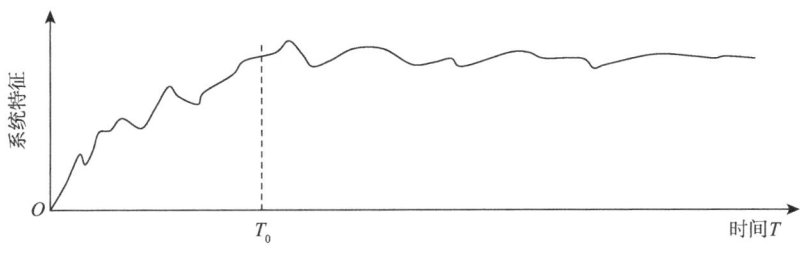

图 1.7.1　过渡状态与平稳状态下系统的特征变化

例如，一家餐馆在早晨 10：30 开张时，顾客的到达很少，但随着时间向中午靠近，来就餐的顾客越来越多，所以开始时顾客的到达过程（一个随机过程）是处于过渡状态之中。系统的初始条件是造成随机过程过渡状态行为的一个主要原因。

就餐馆的例子来说，早晨 10：30 开门时，系统（餐馆）中没有一位顾客，而进入"正常"（稳定）的营业时间后，系统中的顾客及其到达规律都会维持在一个大致稳定的范围之内。从图 1.7.1 中可以看出，当系统进入平稳状态之后（$T > T_0$），尽管其特征变量 Y 仍然在随机地波动，但总体趋势是稳定在某个期望值（平均值）上下，因此可以近似地认为，进入平稳状态后的系统特征变化是服从 IID 假设的随机过程（服从相同分布的独立随机变量序列）。

又如，分析一台机床的噪声水平，当机床刚开始启动运行时，其噪声水平的分布波动很大，然而当机床运行了一段时间而进入平稳运转之后，其噪声的分布则基本上稳定在一定的均值水平上下呈现正常的随机波动。

由此看来，对模拟输出做统计分析，一定要先弄清楚系统行为的特征，或者说模拟模型的行为特征。根据随机过程动态行为特征的不同，可以把模拟模型分为两类——终态模型（terminating model）和稳态模型（steady-state model）。

7.1.2 系统的性能测度

由于大多数模拟模型的输入参数都是随机变量，经过模拟运行后的输出结果也将是未知分布的随机变量。

如果模拟运行中按离散区间观察和记录模拟结果，则模拟输出的观察值将为 $\{Y_1, Y_2, \cdots, Y_n\}$ 的形式，它们构成离散时间的随机过程。因此，对模拟输出结果的分析，就是对一定离散随机过程的分析。终态模拟中的大多数系统属于这种类型。

如果在连续时间区间 $[0, T]$ 中观察和记录模拟结果，则模拟输出的观察值将为 $\{Y(t), 0 \leq t \leq T\}$ 的形式，这是一种连续时间的随机过程。稳态模拟中的多数系统属于这种类型。

设系统的真实参数所对应随机变量的数学期望为 $E(y)$，做 n 次模拟运行的输出 $\{Y_1, Y_2, \cdots, Y_n\}$ 或对系统做 $(0, T)$ 时间长度的模拟运行，其输出为 $\{Y(t), 0 \leq t \leq T\}$，这些输出观察值都是所研究随机过程的一个样本。

系统性能测度就是根据随机样本的取值来估计系统真实参数的统计计量。性能测度一般可用点估计和区间估计来表示。

1）点估计

点估计是利用随机样本的均值和方差对系统真实参数的数学期望和方差进行的估计。

设模拟输出的样本为 $\{Y_1, Y_2, \cdots, Y_n\}$，则其均值为

$$\overline{Y} = \frac{1}{n}\sum_{i=1}^{n} Y_i$$

其中，$\overline{Y}$ 也是服从一定分布的随机变量，称 $\overline{Y}$ 是该参数数学期望的点估计，通常点估计与参数数学期望之间存在一定差异，令

$$E(\overline{Y}) = E(Y) + b$$

其中，$b = E(\overline{Y}) - E(Y)$，且 b 称为点估计 $\overline{Y}$ 的偏差。我们希望这种偏差越小越好。如果点估计 $\overline{Y}$ 的期望值与参数数学期望之间没有差异，即

$$E(\overline{Y}) = E(Y)$$

则 $\overline{Y}$ 称为 $E(Y)$ 的无偏估计。

如果模拟输出的样本为 $\{Y(t), 0 \leq t \leq T\}$，其中，$T$ 为模拟的运行时间长度，则相应地定义为 $\overline{Y}(t) = \frac{1}{T}\int_0^T Y(t)\mathrm{d}t$ 为 $[0, T]$ 上的时间均值。其中，$\overline{Y}(t)$ 也为一个随机变量，称为 $Y(t)$ 在区间 $[0, T]$ 上的点估计。

通常，Y 和 $\bar{Y}(t)$ 为系统性能的均值测度。要估计这种均值测度对系统性能的代表性，还需要对系统参数的方差做出估计。

设模拟输出的随机样本为 $\{Y_1, Y_2, \cdots, Y_n\}$ 或 $\{Y_1(t), Y_2(t), \cdots, Y_m(t)\}$，其样本方差可定义为 $S^2 = \dfrac{1}{n-1} \sum_{i=1}^{n} (Y_i - \bar{Y})^2$ 或 $S^2(t) = \dfrac{1}{m-1} \sum_{j=1}^{m} (Y_j(t) - \bar{Y}(t))^2$，并称 S^2 或 $S^2(t)$ 为系统参数的方差 $V[Y]$ 的点估计。

当模拟输出构成独立同分布的随机样本时，点估计 $\bar{Y}$ 和 S^2（或 $\bar{Y}(t)$、$S^2(t)$）都将是 $E(Y)$ 和 $V(Y)$ 的无偏估计。此外，由于以下事实：

$$V(\bar{Y}) = V\left[\frac{Y_1 + Y_2 + \cdots + Y_n}{n}\right] = \frac{1}{n^2} \{V(Y_1) + V(Y_2) + \cdots + V(Y_n)\}$$
$$= \frac{1}{n^2} \cdot n V(Y) = \frac{V(Y)}{n}$$

显然，样本量 n 越大，则点估计 $\bar{Y}$ 的方差越小，即越接近于 $E(Y)$，模拟精度越高。

由以上讨论可知，一个系统的性能测度可以用系统参数的期望值和方差的点估计来衡量，但是，$\bar{Y}$ 与 $E(Y)$ 之间、S^2 与 $V(Y)$ 之间的差异却难以表示出来。因此，人们往往希望知道 $E(Y)$ 落在某个范围之内的可能性，并且希望这个范围越小越好。这就是接下来要叙述的区间估计问题。

2）区间估计

如果模拟输出结果互相独立且服从同一概率分布，可对系统参数的数学期望 $E(Y)$ 进行区间估计。下面分两种情况来讨论。

（1）已知方差 $V(Y)$，对 $E(Y)$ 做区间估计。

若模拟输出结果为 $\{Y_1, Y_2, \cdots, Y_n\}$，各随机变量之间均相互独立且服从同一概率分布，当 $E(Y_1), E(Y_2), \cdots, E(Y_n)$ 存在，且 $V(Y_i) \neq 0$ 时，由中心极限定理可知：

$$\lim_{n \to \infty} P\left\{\frac{\bar{Y} - E[Y]}{\sqrt{V(Y)/n}} \leqslant y\right\} = \int_{-\infty}^{y} \frac{1}{\sqrt{2\pi}} e^{-\frac{1}{2}u^2} du$$

即当 n 充分大时，以下统计量近似于标准正态分布：

$$Z = \frac{\bar{Y} - E[Y]}{\sqrt{V(Y)/n}} \sim N(0, 1)$$

其中，Y 可以为任意分布的随机变量。图 1.7.2 为统计量 Z 的概率密度函数。

设

$$P\{|Z| \leqslant Z_{1-2/\alpha}\} = 1 - \alpha$$

即 Z 值落在 $\pm Z_{1-2/\alpha}$ 区间内的概率为 $1-\alpha$。其中 $\pm Z_{1-2/\alpha}$ 分别表示标准正态分布的上、下临界点，$1-\alpha$ 称为置信度（或置信水平），$0 < \alpha < 1$。上式可写成以下形式：

$$P\left\{|\bar{Y} - E[Y]| \leqslant Z_{1-2/\alpha} \sqrt{\frac{V(Y)}{n}}\right\} = 1 - \alpha$$

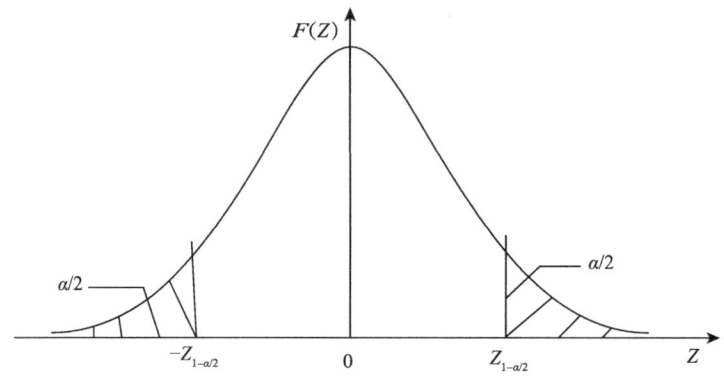

图 1.7.2　标准正态分布的密度函数

即有 $100(1-\alpha)\%$ 的把握保证

$$\left|\bar{Y} - E[Y]\right| \leq Z_{1-2/\alpha}\sqrt{\frac{V(Y)}{n}}$$

或

$$P\left\{\bar{Y} - Z_{1-2/\alpha}\sqrt{\frac{V(Y)}{n}} \leq E[Y] \leq \bar{Y} + Z_{1-2/\alpha}\sqrt{\frac{V(Y)}{n}}\right\} = 1 - \alpha$$

因此称 $\left\{\bar{Y} - Z_{1-2/\alpha}\sqrt{\frac{V(Y)}{n}}, \bar{Y} + Z_{1-2/\alpha}\sqrt{\frac{V(Y)}{n}}\right\}$ 为 $E[Y]$ 的 $1-\alpha$ 置信区间。

应当看到，对于一个既定的系统参数，$E[Y]$ 实际上是一个确定的常数。置信区间的含意是作多次模拟运行时，所得到不同的置信区间中，有 $100(1-\alpha)\%$ 的置信区间包含 $E[Y]$ 值。或者说，"某一置信区间中包含 $E[Y]$" 这一事件的置信程度。

以 95%置信区间为例，由标准正态分布数值表（见附录 2）可知：

$$P\{|Z| \leq 1.96\} = 0.95$$

即

$$P\left\{\left|\bar{Y} - E[Y]\right| \leq 1.96\sqrt{\frac{V(Y)}{n}}\right\} = 0.95$$

虽然 $\bar{Y}$ 是随机变量（其取值随模拟样本的运行结果而定），但我们可以说，有 95%的把握使随机区间 $\left\{\bar{Y} - 1.96\sqrt{\frac{V(Y)}{n}}, \bar{Y} + 1.96\sqrt{\frac{V(Y)}{n}}\right\}$。或者说，有 95%的 $\bar{Y}$ 落在以 $E[Y]$ 为中心，以 $1.96\sqrt{\frac{V(Y)}{n}}$ 为半长的区间内，如图 1.7.3 所示。由图 1.7.3 可见，$\bar{Y}_1, \bar{Y}_2, \bar{Y}_4$ 均可覆盖 $E[Y]$，但 $\bar{Y}_3$ 落在置信区间之外，不能覆盖 $E[Y]$。这种可能性应为 5%。

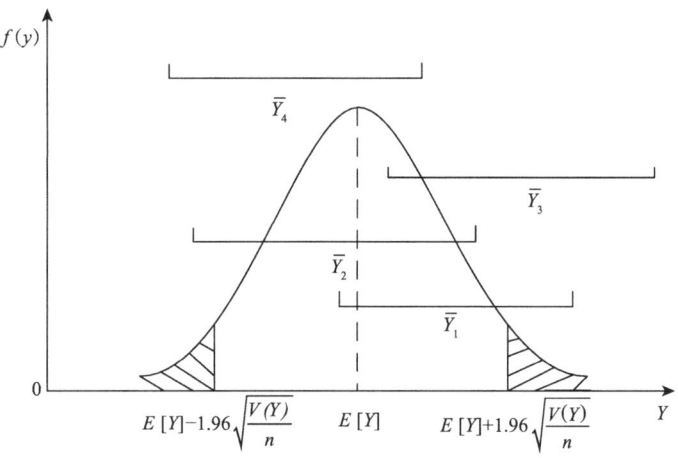

图 1.7.3 置信区间覆盖 $E[Y]$ 的情况

（2）方差 $V(Y)$ 未知，对 $E[Y]$ 进行区间估计。

在一般情况下，对系统参数的方差也是不能确切知道的，在区间估计时，只能用样本方差 S^2 或 $S^2(t)$ 来代替。

设 $Y_1, Y_2, \cdots, Y_n$ 为模拟输出的随机变量序列，若各随机变量间相互独立，且服从正态分布，则可以证明以下统计量：

$$t = \frac{\overline{Y} - E(Y)}{\sqrt{\dfrac{S^2}{n}}} \sim t(n-1)$$

即统计量 t 服从自由度为 $(n-1)$ 的 t 分布。

类似地，可以得到系统参数 $E(Y)$ 的置信区间为

$$\overline{Y} \pm t_{n-1, 1-\alpha/2} \sqrt{\frac{S^2}{n}}$$

其中，$t_{n-1, 1-\alpha/2}$ 表示自由度为 $(n-1)$ 的 t 分布的 $1-\alpha/2$ 临界值，可由 t 分布临界值表（见附录 3）查得。由于 t 分布比标准正态分布较为平坦，且有较长的拖尾，在相同置信度条件下，将有

$$\left| t_{n-1, 1-\alpha/2} \right| > \left| Z_{1-\alpha/2} \right|$$

因此，用 t 分布估计的置信区间将大于用正态分布估计的置信区间，如图 1.7.4 所示。

例 1.7.1 对某系统做 10 次模拟运行，其观察值为

0.202，0.498，0.680，0.888，-0.048，0.486，0.583，0.553，-0.497，0.089

已知总体为正态分布，$V(Y)$、$E(Y)$ 未知。由以上数据可得

$$\overline{Y} = 0.343, \quad S^2 = 0.167$$

则 90%置信区间为

$$\overline{Y} \pm t_{9, 0.95} \sqrt{\frac{S^2}{10}} = 0.343 \pm 0.237$$

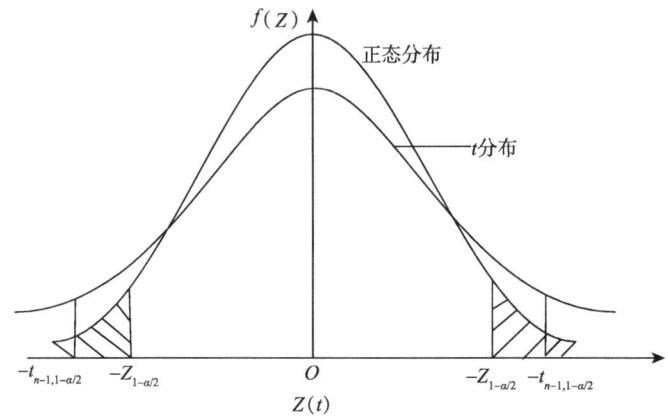

图 1.7.4　t 分布与标准正态分布的密度函数

其中，
$$t_{9,0.95} = 1.833$$
故
$$0.106 < E(Y) < 0.580，\text{（置信度 90\%）}$$

若要求 95% 置信区间，则有
$$t_{9,0.975} = 2.261$$

置信区间为
$$0.051 < E(Y) < 0.675，\text{（置信度 95\%）}$$

显然，当提高置信度时，置信区间将变大。

7.2　终态模拟的置信区间

设在 $[0, T_E]$ 时间区间内做系统的终态模拟，其模拟输出的观察值为 $Y_1, Y_2, \cdots, Y_n$，模拟的样本量可以是一个固定的数字，也可能是一个随机变量。模拟的目的是根据模拟输出来估计系统参数的数学期望。

为了对模拟结果进行统计分析和统计推断，应使模拟输出均为独立同分布的随机变量，因此，必须采用独立重复运行（independent replication）的模拟采样方法。

例如，对单队列、泊松到达和指数分布服务过程的 M/M/1 排队系统进行模拟。要求对前 m 名顾客的平均等待时间做出估计，给定系统的初始条件为空态。这是一种典型的终态模拟系统，即当第 m 名顾客服务结束时，模拟运行结束。若对系统做 R 次独立的重复运行，则可得到以下模拟运行的观察值。

$$y_{11}, y_{12}, \cdots, y_{1m} \overline{y}_1$$
$$y_{21}, y_{22}, \cdots, y_{2m} \overline{y}_2$$
$$\cdots\cdots$$
$$y_{r1}, y_{r2}, \cdots, y_{rm} \overline{y}_r$$
$$\cdots\cdots$$
$$y_{R1}, y_{R2}, \cdots, y_{Rm} \overline{y}_R$$

其中，y_{ri} 为第 r 次运行中第 i 个顾客的等待时间；$\overline{Y}_r$ 为第 r 次运行中 m 名顾客的平均等待时间。在每次模拟运行中，每名顾客的等待时间是自相关的，但在不同的重复运行之间，顾客的等待时间是不相关的，因而，$\overline{Y}_1, \overline{Y}_2, \cdots, \overline{Y}_R$ 将构成独立的随机序列。当每次重复运行的样本量充分大时（即 m 充分大时），则其性能测度——前 m 名顾客的平均等待时间，将趋近于正态分布。显然，通过独立的重复模拟运行，可以得到独立同分布的随机样本，从而使无偏点估计和精确区间估计所要求的基本条件得到保证。

在终态模拟中，有多种方法建立系统参数的置信区间，此处仅介绍固定样本量法，即为 $E(Y)$ 建立置信区间时，常用的方法是对系统做固定次数的重复运行。

设某系统共做 R 次独立重复运行（$R \geq 2$），y_{ri} 为第 r 次运行中第 i 个观察值，则有 $\overline{Y}_r = \sum_{i=1}^{n} \dfrac{y_{ri}}{m}$ 为第 r 次运行的点估计，且 $\overline{Y}_1, \overline{Y}_2, \cdots, \overline{Y}_R$ 构成独立同分布的随机序列。总的点估计为

$$\overline{Y} = \frac{1}{R} \sum_{i=1}^{R} \overline{Y}_r$$

其中，$\overline{Y}$ 为一随机变量，其方差估计为

$$V(\overline{Y}) = \frac{S^2}{R} = \frac{1}{R(R-1)} \sum_{i=1}^{R} (\overline{Y}_r - \overline{Y})^2 \qquad (1.7.1)$$

故对于 $E(Y)$ 的 $100(1-\alpha)\%$ 置信区间为

$$\overline{Y} - t_{R-1, 1-2/\alpha} \frac{S}{\sqrt{R}} \leq E(Y) \leq \overline{Y} + t_{R-1, 1-2/\alpha} \frac{S}{\sqrt{R}} \qquad (1.7.2)$$

其中，$\dfrac{S}{\sqrt{R}}$ 等称为点估计 $\overline{Y}$ 的标准误差，其数值大小为 $E(Y)$ 的点估计 $\overline{Y}$ 的精度指标，当 R 增大时，$\overline{Y}$ 的标准误差渐趋减小，从而有利于提高模拟的精度。

如果模拟输出结果为 $\{Y_r(t), 0 \leq t \leq T_E\}$，$r = 1, 2, \cdots, R$，即对连续时间的系统，在 $[0, T_E]$ 区间中做 R 次独立的终态模拟重复运行，则 $Y_r(t) = \dfrac{1}{T_E} \int_0^{T_E} Y(t) \mathrm{d}t$，$r = 1, 2, \cdots, R$ 是第 r 次独立运行的点估计，构成独立同分布的随机样本。

总的点估计可定义为

$$\overline{Y}(t) = \frac{1}{R} \sum_{i=1}^{R} Y_r(t)$$

相应的方差估计为

$$V(\bar{Y}(t)) = \frac{S^2}{R} = \frac{1}{R(R-1)} \sum_{i=1}^{R} (\bar{Y}_r(t) - \bar{Y}(t))^2$$

其置信区间类似于式（1.7.2）的形式。

用固定样本量法对系统做 R 次独立重复运行可以建立相应的置信区间，但要求每次独立运行的时间足够长，从而使 $\bar{Y}_r$ 或 $\bar{Y}_r(t)$ 都接近于正态分布。然而实际模拟运行中往往不能满足这些条件，因此需要研究置信区间的鲁棒性（robust），即外界条件变化时，如样本量变大或变小时，置信区间的稳定性。

为进行鲁棒性分析，称每做 R 次重复运行并建立相应的置信区间为一次模拟实验，如果对系统共做 N 次模拟实验，将可得到 N 个置信区间。

定义覆盖率（coverage）为 N 次模拟实验所得到的置信区间中能够覆盖系统参数数学期望 $E(Y)$ 的百分比，记为 $\bar{p}$。

显然，N 次模拟实验所得到的覆盖率 $\bar{p}$ 只能是对真实覆盖率 p 的一个点估计。因而可以建立对真实覆盖率的 $100(1-\alpha)\%$ 置信区间。

可以证明，统计量如下：

$$p = \frac{\bar{p} - p}{\sqrt{\frac{\bar{p}(1-\bar{p})}{N}}} \sim N(0,1)$$

类似地，对真实覆盖率的置信区间为

$$\bar{p} \pm Z_{1-\alpha/2} \sqrt{\frac{\bar{p}(1-\bar{p})}{N}}$$

如果分别以不同的重复运行次数做相同次数(N)的模拟实验，观察不同 R 值时覆盖率置信区间的变化，可以得到原系统参数置信区间的鲁棒性。

此外，从 N 次模拟实验中还可以得出系统参数 $E(Y)$ 的平均置信区间长度，由式（1.7.2）可知，该长度应为 $\dfrac{2\sum_{i=1}^{N} t_{R-1,1-\alpha/2} \dfrac{S_i}{\sqrt{R}}}{N}$。令平均置信区间的半长与 N 次模拟实验样本均值的比率为衡量模拟精度的指标之一。当 R 变化时同样可以观察到该指标的变化趋势。

例 1.7.2 某 M/M/1，$p=0.9$ 的排队系统，要求模拟前 25 名顾客的平均等待时间，给定初始条件为系统处于空态。根据排队论原理，该等待时间的理论值应为 2.124。如果分别以 $R=5,10,20,40$ 作独立的终态模拟运行，对每种重复运行次数都做 $N=500$ 次模拟实验，从而可以得到不同 R 时覆盖率的 90% 置信区间和相应的模拟精度指标，如表 1.7.1 所示。

表 1.7.1 M/M/1 排队系统做 500 次模拟实验的结果

R	覆盖率置信区间	模拟精度标志
5	0.880±0.024	0.672
10	0.864±0.025	0.436
20	0.886±0.023	0.301
40	0.914±0.021	0.212

由以上实验结果可见，不同重复运行次数时，500 个置信区间的覆盖率均在 85% 以上，随着 R 的增大，覆盖率将接近 90%，即覆盖率趋于同置信度相等。另一方面，当增大 R 时，模拟精度指标将显著提高，由于置信区间中存在 $\sqrt{R}$ 项，因此 R 增加到 4 倍时，精度指标仅提高了 1 倍。以上情况表明，该系统具有较好的鲁棒性。

例 1.7.3 为了说明非正态分布的随机变量对覆盖率的影响，考虑某种由三个部件构成的电子系统的可靠性问题。若 G 为系统发生故障的时间，G_i 是第 i 个部件发生故障的时间，$Z=1，2，3$。只要部件 1 正常工作，部件 2 或 3 中有一个正常工作，系统就能正常工作。因此，$G=\min\{G_1, \max\{G_2, G_3\}\}$。假设 $G_i，i=1，2，3$ 均为独立的随机变量并服从形状参数为 0.5、尺度参数为 1 的韦伯分布。按可靠性原理计算得出的系统可靠性为 0.778。对此系统分别做 $R=5，10，20，40$ 次重复运行，各做 500 次模拟实验，其结果如表 1.7.2 所示。R 值较小的覆盖率出现显著的退化现象，其精度指标也都相对偏低。

表 1.7.2 可靠性系统做 500 次模拟实验的结果

R	覆盖率置信区间	模拟精度标志
5	0.708±0.033	1.163
10	0.750±0.032	0.820
20	0.800±0.029	0.600
40	0.840±0.027	0.444

这两类问题产生差别的原因就在于：排队系统的观察值 $\bar{Y}_i$ 是由 25 个顾客的等待时间所产生的均值，而可靠性系统只是在三个部件中出现两个故障事件的可靠性指标，前者近似于正态分布，而后者则偏离正态分布较远。由此可见保持模拟随机样本中各变量服从同一的正态分布的重要性。当样本中随机变量为非正态分布时，要达到较高的覆盖率和模拟精度，必须做较多次数的重复运行，这是模拟分析人员必须注意的。

7.3 稳态模拟的置信区间

在稳态模拟中，我们关心的是系统在平稳状态之下或者达到平稳状态以后的行为表现特征，即要研究的是系统"长期稳定"的行为特征。从理论上讲，稳态模拟的运行没有一个自然的停止时间，而且系统在初始阶段"不规则"的波动变化（图 1.7.1）并不会对系统的长期稳定状态造成重大影响。

所以在稳态模拟中，系统的初始条件及其过渡时期的行为表现是被忽略不计的，我们所要确定或估计的是系统在平稳状态下的行为特征。在本节介绍两种基本方法，即重复运行-删除法（replication-deletion approach）、分段法。

7.3.1 重复运行-删除法

在终态模拟中采用独立重复运行法可以取得很好的效果。但是在稳态模拟中，每次重复运行都需要做充分长时间的模拟运行，使模拟的输出结果不再取决于初始条件，并进入稳态运行阶段。

例如，某 M/M/1、$p=0.9$ 的排队系统，顾客的平均等待时间将随进入系统的顾客数的增加而上下波动，然后逐渐进入平稳状态，如图 1.7.5 所示。

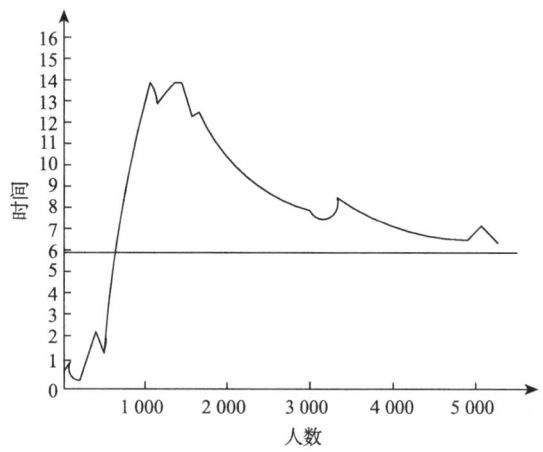

图 1.7.5　M/M/1、$p=0.9$ 排队系统的平均等待时间的模拟输出

显然，由于模拟初始条件的影响，系统性能要经过一段时间的较大波动之后，才能逐渐趋于稳定（平稳过程）。应当指出，系统进入平稳过程并不意味着系统的性能测度稳定不变，而是指该参数的概率分布达到平稳状态。

令 $F_{n,l}(x)$ 为给定初始条件时，系统性能参数在 $L(0)=l$ 时的瞬态概率分布为

$$F_{n,l}(x) = P\{D(n) \leqslant x | L(0) = l\}$$

当 $n \to \infty$ 时，$F(x) = \lim_{n \to \infty} F_{n,l}(x)$，$L(0)$ 取任何状态，但是，对一个实际系统来说，总存在某一个有限的 n^*，使

$$F_{n,l}(x) = F(x), \quad n \geqslant n^*$$

当 $F_{n,l}(x)$ 基本上不随 n 的增大而变化时，则称系统进入了稳态。

根据这一概念，在做稳态模拟时，每次运行仍可做有限时间的模拟，并采用重复运行的方法来进行置信区间的估计。此外，每次运行进入稳态所需要的模拟时间，在很大程度上取决于模拟初始条件的选择。因此，可以考虑采取以下两种措施来消除初始条件产生的偏差：

（1）根据实际问题的性质或理论计算的初步结果，将模拟的初始状态置为典型的工作状态，从而使系统在较短的时间内进入稳态。但是，这种初始状态的估计往往不易得到。

（2）将模拟运行分为初始阶段（从 $t=0$ 到 T_0）和数据采集阶段（从 $t=T_0$ 到 T_0+T_E），在 T_0+T_E 时终止模拟，并使 T_0+T_E 时的系统状态具有一定的稳态代表性。

重复运行-删除法就是基于第二种设想设计的稳态模拟方法。模拟时间的分段如图 1.7.6 所示。

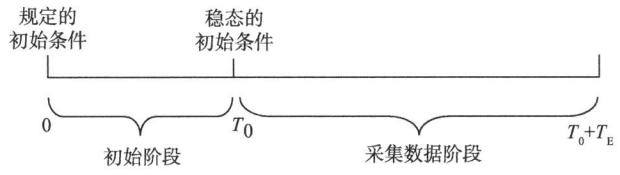

图 1.7.6 稳态模拟的时间分段

相应的模拟输出结果如表 1.7.3 所示。每次重复运行都是估计 $E[Y]$ 的一个随机样本,对于第 r 次重复运行,其均值为

$$\overline{Y}_r(n,d) = \frac{1}{n-d}\sum_{j=d+1}^{n} Y_{rj}$$

即每次运行都删去前面 d 个观察值,以消除初始条件的影响,同时,由于每次重复运行均用不同的随机数流,并在 $t=0$ 时,置相同的初始条件,则:

$$\overline{Y}_1(n,d), \overline{Y}_2(n,d), \cdots \overline{Y}_R(n,d)$$

是独立同分布的随机样本。

表 1.7.3 模拟输出观察值的分段

重复运行次数 1		观察值			均值
	d $d+1$				n
1 Y_{11}	……	Y_{1d} $Y_{1,d+1}$	……	……	Y_{1n} $\overline{Y}_1(n,d)$
2 Y_{21}	……	Y_{2d} $Y_{2,d+1}$	……	……	Y_{2n} $\overline{Y}_2(n,d)$
……					
R Y_{R1}	……	Y_{Rd} $Y_{R,d+1}$	……	……	Y_{Rn} $\overline{Y}_R(n,d)$
均值 $\overline{Y}_1$		$\overline{Y}_d$ $\overline{Y}_{d+1}$	……	……	$\overline{Y}_n$ $\overline{Y}(n,d)$

令总的点估计为 $\overline{Y}(n,d)$,则有

$$\overline{Y}(n,d) = \frac{1}{R}\sum_{r=1}^{R}\overline{Y}_r(n,d)$$

若 d 和 n 都选得足够大,使

$$E[\overline{Y}(n,d)] = E[Y]$$

则就是的近似无偏点估计。

依同样的推论,可以得到 $E[Y]$ 的 $100(1-\alpha)\%$ 置信区间,其形式与式(1.7.2)所示置信区间相同,即

$$S^2 = \frac{1}{R-1}\sum_{r=1}^{R}[\overline{Y}_r(n,d) - \overline{Y}(n,d)]^2$$

例 1.7.4 某 M/G/1 排队系统,顾客的平均到达率=0.1 人/分,服务时间服从正态分布,均值等于 9.5 分,标准偏差为 1.75 分。对此系统作 $R=10$ 次独立重复运行,每次模拟运行时间 $T_0 + T_E$ =15 000 分。系统初条件为空态。要求模拟的参数为稳态时队列中的平均人数。

设系统的响应变量为 $L_q(t+r)$,即第 r 次重复运行中 t 时刻队列中等待的人数。

为了收集模拟输出数据，将时间区间[0，5 000)划分为 15 个子区间，每一子区间的 $L_q(t,r)$ 的均值可计算如下：

$$Y_{r,j} = \frac{1}{1\,000} \int_{(j-1)1\,000}^{j(1\,000)} Lq(t,r)\mathrm{d}t, \quad j=1,2,\cdots,15, r=1,2,\cdots,10$$

模拟结果如表 1.7.4 所示。

表 1.7.4 M/G/1 排队系统模拟观察值

重复运行	子区间														
	1	2	3	4	5	6	7	8	9	10	11	12	13	14	15
1	3.61	3.21	2.18	6.92	2.82	1.59	3.55	5.60	3.04	2.57	1.41	3.07	4.03	2.70	2.71
2	2.91	9.00	16.15	24.53	25.19	21.63	24.47	8.45	8.53	14.84	23.65	27.58	24.19	8.58	4.06
3	7.67	19.53	20.06	8.11	12.62	22.15	14.10	9.87	23.96	24.50	14.56	6.08	4.82	16.04	23.41
4	6.62	1.75	12.87	8.77	1.25	1.16	1.92	6.29	4.74	17.43	18.24	18.59	4.62	2.76	1.57
5	2.18	1.32	2.14	2.18	2.59	1.20	4.11	6.21	7.31	1.58	2.16	3.08	2.32	2.21	3.22
6	0.93	3.54	4.80	0.72	2.95	5.56	1.96	2.07	2.74	3.45	14.24	13.39	7.87	0.94	3.19
7	1.12	2.59	5.05	1.16	2.72	5.12	5.03	4.14	4.98	15.81	9.29	2.14	8.72	29.80	28.94
8	1.54	5.94	5.33	2.91	2.69	1.91	3.27	3.61	10.35	9.66	4.13	6.14	7.90	2.61	7.95
9	8.93	4.78	0.74	2.56	9.43	18.63	8.14	1.49	4.51	1.69	12.67	11.28	3.32	3.42	3.35
10	4.78	2.84	10.39	5.87	1.01	2.59	16.77	27.25	26.81	20.96	7.26	2.32	5.04	8.50	9.11
均值	4.03	5.45	8.00	6.37	6.33	8.15	8.33	7.50	9.70	11.25	10.76	9.37	7.28	7.76	8.76

每次重复运行均从空态开始，因而开始几个子区间的均值显著偏低，造成初始状态的偏差。

如果将初始运行的子区间删除一个或两个（即 $d=1$ 或 $d=2$），并以累计均值表示其变化趋势（表 1.7.5 和图 1.7.7），我们再来看统计的效果如何。

表 1.7.5 M/G/1 排队系统的累计均值

运行时间	j	$\bar{Y}_j$	累计均值（$d=0$）	累计均值（$d=1$）	累计均值（$d=2$）
1 000	1	4.03	4.03		
2 000	2	5.45	4.74	5.45	
3 000	3	8.00	5.83	6.72	8.00
4 000	4	6.37	5.96	6.61	7.18
5 000	5	6.33	6.04	6.54	6.90
6 000	6	8.15	6.39	6.86	7.21
7 000	7	8.33	6.67	7.11	7.44
8 000	8	7.50	6.77	7.16	7.45
9 000	9	9.70	7.10	7.48	7.77
10 000	10	11.25	7.51	7.90	8.20
11 000	11	10.67	7.81	8.18	8.49

运行时间	j	$\bar{Y}_j$	累计均值（$d=0$）	累计均值（$d=1$）	累计均值（$d=2$）
12 000	12	9.37	7.94	8.29	8.58
13 000	13	7.28	7.89	8.21	8.46
14 000	14	7.76	7.88	8.17	8.40
15 000	15	8.76	7.94	8.21	8.43

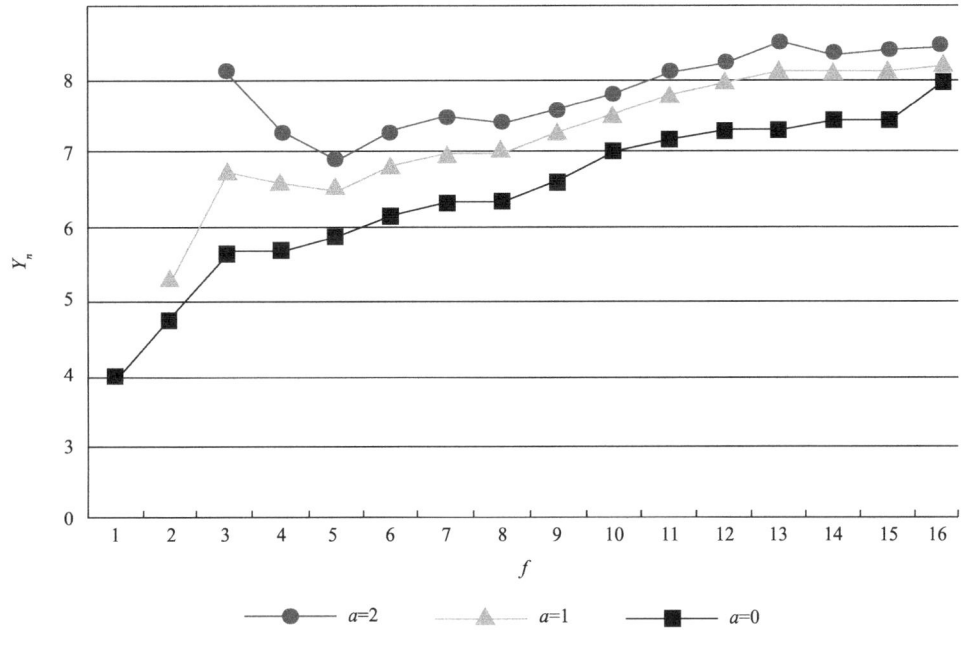

图 1.7.7　队列长度累计均值的变化趋势

以上变化趋势表明模拟运行的初始条件对输出结果的影响。为了判断模拟输出结果的置信度，可以用每次重复运行的均值 $\bar{Y}_r(n,d)$ 所形成的独立同分布随机序列，建立 $100(1-\alpha)\%$ 置信区间。表 1.7.6 所示为 $d=0$、1、2 时不同序列的观察值。当 $d=0$ 时，若要求 $\alpha=0.05$，由 t 分布数值表可得 $t_{9,0.975}=2.26$，则 L_q 的 95%置信区间为

$$7.94-2.26\times 1.47 \leqslant L_q \leqslant 7.94+2.26\times 1.47$$

即

$$4.62 \leqslant L_q \leqslant 11.26$$

类似地，当 $d=1$ 时，$4.66 \leqslant L_q \leqslant 11.74$；当 $d=2$ 时，$4.84 \leqslant L_q \leqslant 12.02$。

表 1.7.6　不同 d 值时重复运行的样本均值

R	第 r 次重复运行的样本均值		
	$Y_r(15,0)$	$Y_r(15,1)$	$Y_r(15,2)$
1	3.27	3.24	3.25
2	16.25	17.20	17.83
3	15.19	15.72	15.43

续表

R	第 r 次重复运行的样本均值		
	$Y_r(15,0)$	$Y_r(15,1)$	$Y_r(15,2)$
4	7.24	7.28	7.71
5	2.93	2.98	3.11
6	4.56	4.82	4.91
7	8.44	8.96	9.45
8	5.06	5.32	5.27
9	6.33	6.14	6.24
10	10.10	10.48	11.07
$\overline{Y}(15,d)$	7.94	8.21	8.43
$S/\sqrt{10}$	1.47	1.57	1.59

以上计算结果表明,当 d 增大时,即删除初始数据项增多时,T_E 时间区间缩短,相当于减少样本量,从而会引起点估计的标准误差 $\dfrac{S}{\sqrt{R}}$ 增大,使置信区间变大。但减少了初始状态的数据,使模拟的初始偏差减小,因而置信区间向上移动,比较接近稳态的性能测度。

因此,用重复运行-删除法做稳态模拟时,如果总的样本量固定不变(即 R 和 T_0+T_E 不变),则减少初始偏差总会使点估计的方差增大,也就是以增大方差为代价来换取偏差较小的系统稳态性能测度。

7.3.2 固体样本量法

固定样本量法在终态模拟中已得到成功的应用。在稳态模拟中也可借用其基本思想,将单次模拟运行的输出数据 $Y_1, Y_2, \cdots$ 分割成若干组近似独立同分布的观察值,从而可采用古典的统计分析方法建立其置信区间。可用于稳态模拟的分段算法有五、六种之多,此处仅介绍最常用的批平均值法。

设 $\{y_i, i=1,2,\cdots\}$ 是一个协方差平稳过程,该过程满足以下条件:
$$E[Y_i]=E[Y]$$
$$V[Y_i]=V[Y]$$

且 $\text{Cov}(Y_i, Y_{i+j})$ 独立于 i。

令 $E[Y]$ 为系统稳态参数的数学期望,从理论上说,系统进入稳态时应有
$$E[Y]=\lim_{m\to\infty} Y_i/m$$

在做稳态模拟时,可做单次长时间模拟运行,取足够多的 m 个观察值 $Y_1, Y_2, \cdots, Y_m$,并将它们人为地分成 n 批,每批 l 个观察值,即
$$m=n\cdot l$$

故有

$Y_1, Y_2, \cdots, Y_l$ 第一批的 $\overline{Y}_1(l)$

$Y_{l+1}, Y_{l+2}, \cdots, Y_{2l}$ 第二批的 $\bar{Y}_2(l)$

……

$Y_{(n-1)l+1}, Y_{(n-1)l+2}, \cdots, Y_{nl}$ 第 n 批的 $\bar{Y}_n(l)$

则总的样本均值为

$$\bar{\bar{Y}}(n,l) = \sum_{j=1}^{n} \bar{Y}_j(l)/n = \sum_{j=1}^{m} Y_i/m$$

且 $\bar{\bar{Y}}(n,l)$ 是 γ 的点估计。

以上观察值具有下列特点：

（1）由于 $Y_1, Y_2, \cdots, Y_m$ 是协方差平稳过程，$\mathrm{Cov}(Y_1, Y_{1+l}) = \mathrm{Cov}(Y_i, Y_{l+i})$，若取 l 足够大时，$\bar{Y}_j(l)(j=1,2,\cdots,n)$ 之间将是互相独立的，且都近似地服从正态分布。

（2）对于协方差平稳过程，有 $E[Y_i] = \gamma, V[Y_i] = \sigma^2$，故 $\bar{Y}_j(l)(j=1,2,\cdots,n)$ 具有相同的均值和方差。

（3）由上述两个特点，则 $\bar{Y}_j(l)(j=1,2,\cdots,n)$ 是具有共同均值和方差的独立同分布（正态分布）的随机变量。

构造 $100(1-\alpha)\%$ 置信区间为

$$\bar{\bar{Y}}(n,l) \pm t_{n-1,1-\alpha/2}\sqrt{S^2_{\bar{Y}_j(l)}(n)/n}$$

其中，

$$S^2_{\bar{Y}_j(l)}(n) = \frac{\sum_{j=1}^{n}[\bar{Y}_j(l) - \bar{\bar{Y}}(n,l)]^2}{n-1}$$

这与终态模拟的置信区间很相似，从而可以用同样的方法确定满足规定精度的批次数 n。

然而这个置信区间可能存在一定误差，其根源在于：

（1）对实际系统做长时间单次运行，其观察值 $Y_1, Y_2, \cdots$，极少是协方差平稳的，因而 $E[Y_i]$ 并不是 γ 的无偏点估计。

（2）若 l 不充分的大，则 $\bar{Y}_j(l)(j=1,2,\cdots,n)$ 不一定是正态分布的。

（3）若 l 不充分的大，则 $\bar{Y}_j(l)$ 之间将是相关的，从而 $S^2_{\bar{Y}_j(l)}(n)$ 将是 $V[\bar{\bar{Y}}(n,l)]$ 的有偏点估计。当 $\bar{Y}_j(l)$ 为正相关过程时，方差的点估计会显著变小，使置信区间的宽度减小。

实践证明，$\bar{Y}_j(l)(j=1,2,\cdots,n)$ 之间的相关性是产生误差的主要根源。如果删除足够数量的初始观察值（即 d 足够大），以减少初始偏差，并在一定批量 l 的条件下，增大批数 u，仍可达到将误差控制在允许范围内的目的。

同理，对于连续时间的随机样本 $\{Y_t, t \geq 0\}$，则有

$$E[Y] = \lim_{t \to \infty} \frac{\int_0^t Y(u)\mathrm{d}u}{t}$$

设模拟运行长度为 t,则可将 $[0,t)$ 划分为 n 个相邻的时间间隔,每一时间间隔为 $\Delta t = t/n$,则定义批平均值 $\overline{Y}_j(\Delta t)$ $(j=1,2,\cdots,n)$ 如下:

$$\overline{Y}_j(\Delta t) = \frac{\int_{(j-1)\Delta t}^{j\Delta t} Y(u)\mathrm{d}u}{\Delta t}$$

按类似方法可建立 $\overline{Y}_j(\Delta t)$ 关于 $E[Y]$ 的置信区间。

例 1.7.5 某计算机分时系统,作业按 $\lambda=1$(条/秒)的速率到达,此时 $\rho=0.8$,多路作业稳态模拟的响应时间构成 $\{R_i, i \geq 1\}$ 随机序列。要求用不同方法对响应时间建立 90% 置信区间,并进行比较。为保持其可比性,使不同方法的总观察数相同,并分别以 $n=5$、10、20、40 批做 200 次模拟实验,以观察其覆盖率的差异。由排队论原理,响应时间的期望值 $r = \frac{\rho}{\lambda(1-\rho)} = 4$(秒)。

对于批平均值法,取总观察值为 320、640、1 280、2 560,分别与批数 n 相对应,则每批观察数可由 $l = m/n$ 确定。因此每次模拟实验可建立 16 个不同的置信区间(表 1.7.7)。

表 1.7.7 计算机分时系统做 200 次模拟实验估计的覆盖率

m	批平均值法								k
	$n=5$		$n=10$		$n=20$		$n=40$		
	l	p	l	p	l	p	l	p	
320	64	0.740	32	0.630	16	0.495	8	0.375	64
640	128	0.745	64	0.715	32	0.615	16	0.480	128
1 280	256	0.755	128	0.740	64	0.710	32	0.595	256
2 560	512	0.810	256	0.810	128	0.760	64	0.645	512

设 N_j 为第 j 个循环中到达的作业数,$Z_j = \sum_{i=B_j}^{B_{j+1}-1} R_i$ 为第 j 个再生循环中完成作业的响应时间总和,则响应时间的点估计为 $\overline{r} = \frac{E(Z)}{E(N)}$,相应的循环次数为 $k = \frac{m}{E(N)}$,因此,每次模拟实验可建立 4 个置信区间(表 1.7.7)。

由此例中可见以下各点:

(1)覆盖率都低于 90% 置信度,表明模拟的观察数仍然不够。

(2)随着 m 值加大,覆盖率均有提高,要得到稳态的置信区间,还需要加大 m 值。

(3)用批平均值法时,增大批数会使每批观察数减少(当 m 一定时),这将引起批平均值 $\overline{Y}_j(l)$ 之间相关性增大,使方差估计产生显著偏差,因而覆盖率显著下降。因此,减少批次,增加批观察数总是有利的。

7.4 多方案模拟输出的比较分析

系统模拟的重要用途之一是对不同的系统设计方案进行比较，从而选出一种较好或最好的方案。也可以对同一管理系统做多种经营策略的模拟运行，在不同策略之间进行优选，达到辅助决策的目的。本节仅介绍两种方案做模拟比较的方法。

这里我们所讲的方案，含义非常广泛，如可以是指两个不同的设施布局方案、两套不同的交通管制方案、两种不同的库存物料控制策略，或者两个不同的额定生产计划等。这里所谓的"不同"，可以是系统结构上的不同，也可以是参数化的不同。重要的是我们对每一个方案都可以建立相应的模拟模型来收集分析数据，即通过模拟从两个不同的方案模型中获得随机抽样的两组数据，一组是 $(X_{11}, X_{12}, \cdots, X_{1n})$；而另一组是 $(X_{21}, X_{22}, \cdots, X_{2n})$。如果我们进一步假设它们来自同一个总体，则我们可以做的统计假设之一便是

$$H_0 : \bar{X}_1 = \bar{X}_2$$

从统计学的理论可以知道，我们能够采用假设检验的方法来比较两个样本的估计值，然而在模拟分析里，人们通常采取用置信区间对方案差别进行估计的方法，也就是说，在比较两个样本时，我们估计它们之间统计值（如均值）的差别，并且建立该差别的统计置信区间。这样做的主要好处是：除了对样本之间的差别有一个估计以外，我们还可以对所做出的估计得出一个误差概率，从而建立起对该估计的信心。

模拟人员首先要确定不同方案一次运行的长度 $T_{E_i}(i=1,2)$ 和相应的重复运行次数 R_i。对第 i 个方案，第 r 次重复运行所得到的系统性能测度的均值为 $\bar{Y}_{ri}$ 与此相对应的样本均值和样本方差均可方便地求出，如表 1.7.8 所示。

表 1.7.8 两种系统方案的模拟样本

方案 i	重复运行次数				样本均值	样本方差
	1	2	...	R_i		
1	$\bar{Y}_{11}$	$\bar{Y}_{21}$	...	$\bar{Y}_{R_1 1}$	$\bar{Y}_1$	$S_{R_1}^2$
2	$\bar{Y}_{12}$	$\bar{Y}_{22}$	...	$\bar{Y}_{R_2 2}$	$\bar{Y}_2$	$S_{R_2}^2$

每种方案的性能参数的数学期望分别为 $E[Y_1]$ 和 $E[Y_2]$，并设 $\bar{Y}_1$ 和 $\bar{Y}_2$ 是 $E[Y_1]$ 和 $E[Y_2]$ 的无偏点估计。模拟的目的是为了比较 $E[Y_1]$ 和 $E[Y_2]$ 之间的差别，对于不同方案的模拟输出结果，可以建立 $E[Y_1] - E[Y_2]$ 的置信区间。

建立不同方案性能参数之差的置信区间，应能回答以下问题：

（1）两个方案的平均差别有多大。
（2）对平均差别的估计精度。
（3）两个方案之间是否有显著性差别。

对实际系统的模拟结果，以上问题可能有三种不同的情况（设系统性能参数取较小者为优选方案）：

（1）若 $E[Y_1]-E[Y_2]$ 的 95%置信区间的位置在零的左侧，即至少有 95%的把握 $E[Y_1]-E[Y_2]<0$，则方案 1 优于方案 2。

（2）若 $E[Y_1]-E[Y_2]$ 的 95%置信区间在零的右侧，即有 95%的把握 $E[Y_1]-E[Y_2]<0$，按同样的选优准则，方案 2 将优于方案 1。

（3）若 $E[Y_1]-E[Y_2]$ 的 95%置信区间内含零，则两种方案的优劣难以判断。

图 1.7.8 表明在进行两个方案的比较时，置信区间的可能位置。

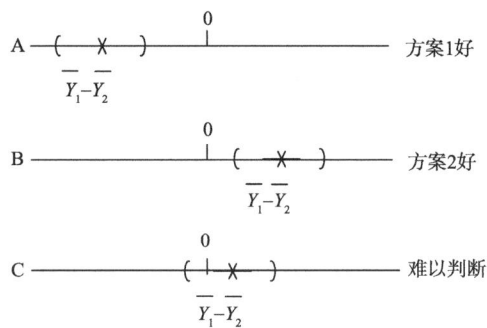

图 1.7.8　两种方案比较时置信区间的可能位置

对于第三种情况，若增加重复运行次数 R，则样本均值之差 $\bar{Y}_1-\bar{Y}_2$ 和置信区间都可能发生变化，当 R 增大到一定数值时，总可做出两个方案的比较结论。应当注意的是，出现第三种情况时，不能简单地得出两种方案之间没有差异的结论。因为 $\bar{Y}_1-\bar{Y}_2$ 可能随 R 增大而向左或向右移动。

为了建立对于 $E[Y_1]-E[Y_2]$ 的置信区间，应根据实际模型的特点和模拟过程的执行情况，做出不同的处理。下面分别从不同情况对两种方案性能参数之差的置信区间进行讨论。

1）两种方案的模拟样本相互独立，且方差相等

这里独立的含意是两种方案分别用不同的随机数流进行模拟，即模拟的观察值 $\{Y_{11}, Y_{21}, \cdots, Y_{R_1 1}\}$ 与 $\{Y_{12}, \bar{Y}_{22}, \cdots, Y_{R_2 2}\}$ 相互独立。因此两种方案的样本总平均值的方差分别为

$$V[\bar{Y}_1] = V\left[\frac{\bar{Y}_{11}+\bar{Y}_{22}\cdots+\bar{Y}_{R_1 1}}{R_1}\right] = \frac{R_1 \cdot V(\bar{Y}_{r_1 1})}{R_1^2}$$

$$= \frac{V(\bar{Y}_{r_1 1})}{R_1}, \quad r_1 = 1, 2, \cdots, R_1$$

$$V[\bar{Y}_2] = \frac{V(\bar{Y}_{r_2 2})}{R_2}, \quad r_2 = 1, 2, \cdots, R_2$$

由于 $\bar{Y}_1$ 与 $\bar{Y}_2$ 相互独立，两种方案期望性能之差的点估计为 $\bar{Y}_1-\bar{Y}_2$。其方差可表示为

$$V[\bar{Y}_1 - \bar{Y}_2] = V[\bar{Y}_1] + V[\bar{Y}_2] = \frac{V(\bar{Y}_{r_1 1})}{R_1} + \frac{V(\bar{Y}_{r_2 2})}{R_2} \tag{1.7.3}$$

其中，$V(\overline{Y}_{r_1 1})$ 和 $V(\overline{Y}_{r_2 2})$ 主要取决于两种方案在每次重复运行中的运行长度 T_{E_1} 和 T_{E_2}，如果 $V(\overline{Y}_{r_1 1}) \neq V(\overline{Y}_{r_2 2})$，则总可以使 T_{E_1} 或 T_{E_2} 增大，即

$$V(\overline{Y}_{r_1 1}) = V(\overline{Y}_{r_2 2}) = V(\overline{Y}_{r_i i}), \quad r_i = 1, 2, \cdots, R_i, i = 1, 2.$$

对于两种方案的模拟样本，其性能测度 $\overline{Y}$ 的方差点估计为

$$S_{R_i}^2 = \frac{1}{R_i - 1} \sum_{r_i=1}^{R_i} (\overline{Y}_{r_i i} - \overline{Y}_i)^2$$

$$= \frac{1}{R_i - 1} \left(\sum_{r_i=1}^{R_i} \overline{Y}_{r_i i}^2 - 2\overline{Y}_i \sum_{r_i=1}^{R_i} \overline{Y}_{r_i i} + \sum_{r_i=1}^{R_i} \overline{Y}_i^2 \right)$$

$$= \frac{1}{R_i - 1} \left(\sum_{r_i=1}^{R_i} \overline{Y}_{r_i i}^2 - 2R_i \overline{Y}_i^2 + R_i \overline{Y}_i^2 \right)$$

$$= \frac{1}{R_i - 1} \left(\sum_{r_i=1}^{R_i} \overline{Y}_{r_i i}^2 - R_i \overline{Y}_i^2 \right), \quad i = 1, 2$$

并且 $S_{R_i}^2$ 为 $V(\overline{Y}_{r_i i})$ 的无偏估计。

由于在模拟样本中，总可达到两种方案观察值的方差都相等，其综合方差点估计可表示为两种方案的加权平均形式，即

$$S_P^2 = \frac{(R_1 - 1)S_{R_1}^2 + (R_2 - 1)S_{R_2}^2}{R_1 + R_2 - 2}$$

其自由度 $f = R_1 + R_2 - 2$。

由式（1.7.3）可得

$$S_{\overline{Y}_1 - \overline{Y}_2} = S_P^2 \left(\frac{1}{R_1} + \frac{1}{R_2} \right)$$

因此，两种方案期望性能测度之差的置信区间应为

$$(\overline{Y}_1 - \overline{Y}_2) \pm t_{f, 1-\alpha/2} \cdot S_P \sqrt{\frac{1}{R_1} + \frac{1}{R_2}}$$

根据此置信区间相对于零的位置，即可判断两种方案的优劣。

2）两种方案的模拟样本相互独立，但方差不等

这种情况的实际背景是方案 1 为一实际系统，$\overline{Y}_{11}, \overline{Y}_{21}, \cdots, \overline{Y}_{R_1 1}$ 是从系统实际运行中得到的观察值。方案 2 可以是某一设计中的系统，$\overline{Y}_{21}, \overline{Y}_{22}, \cdots, \overline{Y}_{R_2 2}$ 是由模拟运行得到的观察值。通常 $R_1 < R_2$，因此，$\overline{Y}_{r_1 1}$ 和 $\overline{Y}_{r_2 2}$ 的方差一般不相等。于是有

$$\overline{Y}_i = \frac{\sum_{r_i=1}^{R_i} \overline{Y}_{r_i i}}{R_i}, \quad i=1,2$$

$$S_{R_i}^2 = \frac{\sum_{r_i=1}^{R_i}[\overline{Y}_{r_i i} - \overline{Y}_i]^2}{R_i - 1}, \quad i=1,2$$

对两种方案性能之差的方差点估计为

$$S_{\overline{Y}_1 - \overline{Y}_2}^2 = \frac{S_{R_1}^2}{R_1} + \frac{S_{R_2}^2}{R_2}$$

其自由度的估计值由下式给出：

$$\overline{f} = \frac{\left[\frac{S_{R_1}^2}{R_1} + \frac{S_{R_2}^2}{R_2}\right]^2}{\left[\left(\frac{S_{R_1}^2}{R_1}\right)^2 \big/ (R_1+1) + \left(\frac{S_{R_2}^2}{R_2}\right)^2 \big/ (R_2+1)\right]} - 2$$

则对于两种方案性能之差的置信区间应为

$$(\overline{Y}_1 - \overline{Y}_2) \pm t_{\overline{f}, 1-\alpha/2} \sqrt{\frac{S_{R_1}^2}{R_1} + \frac{S_{R_2}^2}{R_2}}$$

若 $\overline{f}$ 的计算值为非整数，则可在 t 分布表中按内插法进行查表。

3）两种方案的模拟样本相关，且方差不等

在这种情况下 $\overline{Y}_{r_1 1}$ 与 $\overline{Y}_{r_2 2}$ 是相关的，但可以假设 $R_1 = R_2 = R$，这时当然有 $V(\overline{Y}_{r_2 2}) \neq V(\overline{Y}_{r_i 1})$

如果成对地定义：

$$Z_r = \overline{Y}_{r1} - \overline{Y}_{r2}, \quad r=1,2,\cdots,R$$

于是 $Z_r (r=1,2,\cdots,R)$ 为独立同分布的随机变量，则有

$$\overline{Z}_R = \frac{\sum_{r=1}^{R} Z_r}{R} = \frac{\sum_{r=1}^{R}(\overline{Y}_{r1} - \overline{Y}_{r2})}{R} = \overline{Y}_1 - \overline{Y}_2$$

$$S_{Z_r}^2 = \frac{1}{R-1} \cdot \sum_{r=1}^{R}(Z_r - \overline{Z}_R)^2$$

$$S_{\overline{Z}_R}^2 = \frac{\sum_{r=1}^{R}(Z_r - \overline{Z}_R)^2}{R(R-1)}$$

相应的置信区间为

$$\overline{Z}_R \pm t_{R-1, 1-\alpha/2} \sqrt{S_{\overline{Z}_R}^2}$$

若 Z_r 为正态分布的独立同分布随机变量，则以上置信区间符合原假设。若为非正态

分布的独立同分布的随机变量，则当 R 足够大时，由中心极限定理可知，其覆盖率将逼近 $1-\alpha$。

例 1.7.6 某小型煤矿由 8 辆翻斗车向铁路支线装运煤炭，每辆翻斗车都经过装煤、称重和运输卸煤三道工序。管理部门要求比较两种装煤方案：①采用两台普通装煤机，装车时间为 1~27 分钟内均匀分布的随机变量；②采用一台新型装煤机，装车时间为 1~19 分钟内均匀分布的随机变量。对于不同的方案，称重和运输卸煤工序的时间分布为 1~9 分钟内均匀分布和均值为 58 分钟的指数分布随机变量。其流程图如图 1.7.9 所示。

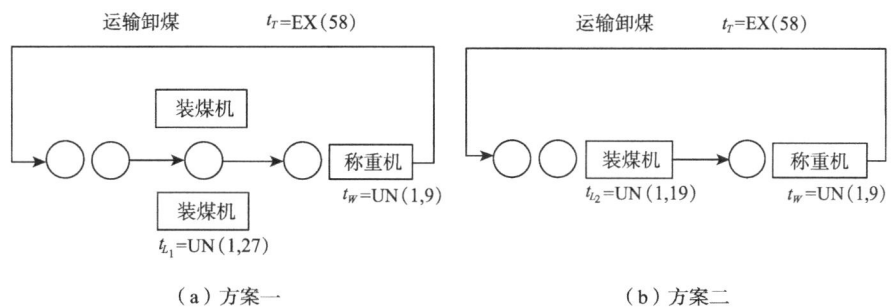

图 1.7.9 不同装煤方案的流程图

模拟初始条件为 8 辆翻斗车均在装煤机前队列中等待装煤，两种方案分别用独立模拟运行和公共随机数模拟运行进行比较，每次模拟实验作六次重复运行。不同方案的判别准则为卡车到达装煤机前队列与卡车离开称重机之间的间隔时间，简称响应时间。

不同方案采取独立模拟（I）和相关模拟（C）的输出观察值如表 1.7.9 所示。

表 1.7.9 两种运煤方案模拟输出的比较

重复运行 R	系统的平均响应时间（分）			方案 1 和方案 2C
	方案 1 （两台装煤机）	方案 2I （一台装煤机）	方案 2C （一台装煤机）	响应时间之差 $Z_{1,2C}$
1	21.38	29.01	24.30	-2.92
2	24.06	24.07	27.13	-3.07
3	21.39	26.85	23.04	-1.65
4	21.90	24.49	23.15	-1.25
5	23.55	27.18	26.75	-3.20
6	22.36	26.91	25.62	-3.26
样本均值	22.44	26.52		-2.56
样本方差	1.28	2.86		0.767
样本标准差	1.13	1.69		0.876

对于独立模拟运行的样本，假设其方差不相等，则两种方案性能测度之差的点估计为

$$\overline{Y}_1 - \overline{Y}_2 = 22.14 - 26.52 = -4.08$$

$$S^2_{\bar{Y}_1-\bar{Y}} = \frac{S_1^2}{R_1} + \frac{S_{22}^2}{R_2} = \frac{1.28+2.86}{6} = 0.69$$

相应自由度为

$$\bar{f} = \frac{\left[\frac{S_1^2}{R_1}+\frac{S_{2I}^2}{R_2}\right]^2}{\left[\left(\frac{S_1^2}{R_1}\right)\bigg/(R_1+1)+\left(\frac{S_{2I}^2}{R_2}\right)\bigg/(R_2+1)\right]} - 2 = 10.22 \approx 10$$

则有

$$(\bar{Y}_1-\bar{Y}_2) \pm t_{\bar{f},1-\alpha/2}\sqrt{\frac{S_1^2}{R_1}+\frac{S_{2I}^2}{R_2}}$$

代入以上数据有

$$-4.08 \pm 2.23 \times \sqrt{0.69}$$

或

$$-5.93 \leqslant E[Y_1]-E[Y_2] \leqslant -2.33$$

对于相关模拟(用公共随机数模拟)运行的样本，其统计分析如下。

点估计为

$$\bar{Z}_R = -2.56$$

样本方差为

$$S^2_{\bar{Z}_R} = \frac{0.767}{R} = 0.218$$

自由度为

$$f = R-1 = 5$$

95%置信区间为

$$-2.56 \pm 2.57 \times \sqrt{0.128}$$

或

$$-3.48 \leqslant E[Z] \leqslant -1.641$$

比较不同方法得到的置信区间，可见用相关模拟的置信区间宽度比独立模拟时减小了约 50%。如果要求达到规定的精度，则用独立模拟将做 24 次独立运行，相当于相关模拟的 4 倍。

从以上分析也可得出一致的结论，用 2 台普通装煤机时，系统的响应时间将比用 1 台新型装煤机为短。如果仅从减少装煤时间和翻斗车排队等待时间出发，则用普通装煤机将是有利的。

习题与思考

1. 考虑通过实验手段来比较分析两种材料的断裂强度。两组实验的样本容量均为

10。实验数据显示在下面的表格中。应用适当的统计方法来分析这些数据。这些实验结果是否提供了足够的证据表明两种材料的断裂强度存在着显著差异?假设要求的置信系数 α=0.05。如果 α=0.1 则结果又如何?

材料 A	材料 B
$\bar{x}_1$ =41.3	$\bar{x}_2$ =39.6
s_1^2 =18.75	s_2^2 =7.85

2. 对于第 2 章习题 2,将模拟单次运行的时间改为 50 小时,重复模拟运行 15 次。采集每一种零件的生产周期、每一个加工中心的排队长度。为所有这些变量建立 95%的置信区间。根据结果说明:各种零件的生产周期之间是否存在着显著的差异?为什么?什么样的统计假设检验支持你的分析?

3. 对于第 2 章习题 2,将模拟运行一次,运行的时间改为 720 小时,并假定热身区间的长度为 24 小时。应用分段法来采集并分析每一类零件的生产周期及系统内平均 WIP 数。为所有这些变量建立 95%的置信区间。将结果与第 2 题的结果相比较,各类零件的生产周期之间是否存在着显著的差异?为什么?分析结果是否与第 2 题的分析相一致?

第8章

模拟模型的确认和实验设计

以上各章介绍的是模拟模型建模的主要环节,但是,从建模方法论的角度来看,还有两个重要问题要解决:一是所构造的模拟模型是否能真正代表所模拟的实际系统;二是当决策变量的数目较多,每一决策变量又可取不同水平的数值时,如何选择这些变量和水平的组合,以便做较少的模拟运行得到最多和最佳的模拟结果。前者是对模拟模型的验证和确认,后者是模拟实验的设计和优化。

模拟模型的验证,解决所建立的模拟模型是否能准确代表系统模型的问题;模拟模型的确认,解决模拟模型是否能真正代表所模拟的实际系统的问题。它们的关系如图 1.8.1 所示。

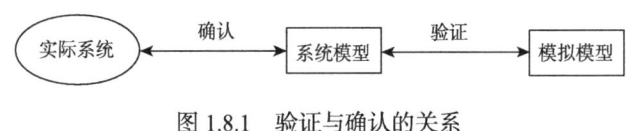

图 1.8.1 验证与确认的关系

■ 8.1 模拟模型的验证

模拟模型的验证是指系统模型与模拟程序在逻辑结构和数据参数之间的比较过程。通过验证过程使模拟程序与系统模型保持一致,并能精确地反映系统模型中各部分之间的逻辑关系、各参数之间的数量关系以及对模型所做的简化和假设等,从而使人们确信,在计算机上运行该模拟程序能够复现系统模型内在的逻辑和数量关系,进而展示实际系统的基本性能。

模拟模型的验证可通过以下途径来排除模拟程序中存在的问题。

1）在开发模拟程序时，应分块或按子程序来分别进行验证

对于大型模拟程序而言，首先可对主程序及若干关键子程序做分别调试和排错，并初步联成系统；其次再将其他子程序逐一加入进行联调，直到能满意地反映系统模型的全部要求时为止。

这种由简到繁的验证过程对一切程序都是适用的，但对模拟程序具有特殊的必要性，尤其是用高级模拟语言编程时，程序语句属于宏指令性质，调试和排错往往更为复杂。如果对一个大型的、未经分别验证的模拟程序直接做调试运行时，往往会出现大量错误信息，它们之间互为因果，因而非常难以排除。

2）在模拟程序的运行中检查输出的合理性

当模拟程序能正常运行并给出模拟输出结果时，应对主要参数的输出响应进行验证。在具有排队功能的模型中，若某些服务设施的利用率过低，则可能是程序中存在逻辑错误，使进入系统的实体数太少或服务时间参数过大所造成的，从而需要在相应程序段中，对照系统模型进行比较，找出不相符合之处，予以修正。

在大多数模拟语言中，都具有打印模拟结果的标准输出的功能。例如，在 Arena 模拟语言中，都有 "WIP" 和 "NumberOut" 等输出。前者表示在某一时刻上，存在于模型各组成部分中的实体数目，而后者则是从模拟开始到该时刻之间进入各部分的实体总数。这些数据均由模拟语言自动收集、统计和打印输出。如果当前含量过大，则表明实体在运行中受到不应有的延迟，如果当前含量呈线性增长趋势，则表明某一队列处于不稳定状态。有时也可能出现 NumberOut 为零的情况，这表明整个模拟过程中，始终没有实体进入该系统，从而可以反映出程序中的逻辑错误。

3）在验证离散事件模拟模型时，模拟运行的跟踪是最有效的工具之一

模拟跟踪是在每一离散事件发生时，将系统的状态，状态变量数值、事件表的内容以及一定的统计计数器数值等都打印出来，从而可以看出模拟程序的运行是否与模型的要求相一致。跟踪不是表示某一时刻上系统的状态，而是在每一事件发生时刻上，按系统的运行次序，不断地反映系统的状态。由此可以得到系统参数的动态变化过程，因而更有利于模拟模型的验证。例如，在一个单服务员排队系统模拟中，可利用模拟语言中的跟踪功能，打印出系统主要状态的跟踪表，如表 1.8.1 所示。

表 1.8.1　系统状态跟踪表

每一事件发生时系统的状态			
CLOCK=0	EVTYP="START"	NCUST=0	STATUS=0
CLOCK=3	EVTYP="ARRIVAL"	NCUST=1	STATUS=0
CLOCK=5	EVTYP="DEPART"	NCUST=0	STATUS=0
CLOCK=11	EVTYP="ARRIVAL"	NCUST=1	STATUS=0
CLOCK=12	EVTYP="ARRIVAL"	NCUST=2	STATUS=1
CLOCK=16	EVTYP="DEPART"	NCUST=1	STATUS=1
……	……		……

其中，CLOCK 为模拟时钟，每当发生离散事件时，模拟时钟即被更新；EVTYP 为事件类型，在此模型中应包含模拟开始事件、到达事件、离开事件和模拟停止事件等；NCUST 表示在时刻 CLOCK 时系统中的顾客人数；STATUS 表示服务员的状态，当服务

员繁忙时 STATUS=1，否则为 0。

表 1.8.1 中仅列出 CLOCK=16 时间单位的跟踪数据。从表 1.8.1 中可见，当 CLOCK=3 时，NCUST=1，但 STATUS=0、CLOCK=11 时，也有 NCUST=1 而 STATUS=0 的情况。这两种情况都是不正常的，即系统中有一位顾客，但服务员却处于空闲状态。这表明在模拟程序中必定存在逻辑错误，需要进行检查和排除，使程序符合模型的基本要求。

大多数模拟语言都具有很好的跟踪功能，是模型验证的有效工具。然而，跟踪是面向每一离散事件的模拟跟随活动，每发生一个随机事件就会产生整个系统状态的大量信息。当模拟大型系统时，跟踪将打印输出数量惊人的系统信息。因此，通常只在验证特定程序段时才使用跟踪技术。

除上述方法以外，在模拟模型验证时，还可以采用验证一般模型所常用的方法。例如，在简化假设下运行模型；利用图像终端显示模拟输出的动态变化，以观察其规律；由未参加编程工作的人员来审查模拟程序；等等。

8.2 系统模型的确认

系统模型的确认是检验所建立的系统模型能否真正代表一个实际系统（或所设计系统）的基本性能。由于系统模型的确认，仍需通过模拟模型的输出来进行，因此，为叙述方便，我们将系统模型的确认统称为模拟模型的确认。

模型确认方法可以分为两类——基本（定量）确认方法和定性确认方法。

定量确认是针对离散模拟、连续模拟、多 Agent 模拟等定量模拟类型的，意即有数值型的输入/输出数据用来确认。定性确认显然是针对定性模拟的，也适用于用图形化的方式表达的输出结果的某些多 Agent 模拟，元胞自动机模拟有这种情形。其特点是模拟模型的输入/输出都是非数值型的。对于定性确认，目前还没有被普遍接受的标准化的方法，可以根据实际问题灵活设计。

模拟模型的确认过程是对系统模型和实际系统做反复比较的过程，并且利用二者的比较差别来改进和修改系统模型，使之逐步向实际系统逼近，直到系统模型被确认为实际系统的真正代表时为止。

系统建模是一种艺术。对于同一个实际问题，不同的建模人员由于水平、素质不同，所建立的系统模型也可能各不相同，这样，由系统模型编成实现的模拟模型，其运行输出自然会有差异。系统建模是从不同系统模型中确认一种最有代表性的模型，再经过模拟模型的验证，就能在计算机上进行模拟实验，以再现实际系统的真实性能。

在对系统模型进行确认时，应注意以下几点：

（1）用模拟模型在计算机上进行实验是对实际系统或所设计系统进行实验的一种"替代"，因此，模型确认的目的，不在于系统模型以及编成实现的模拟模型代表实际系统的精确性，而是使决策人员在利用模拟实验和实际系统实验时，能够做出完全相同的决策或选择。

（2）对于一个复杂的实际系统，其系统模型及其模拟模型只能近似地符合所模拟的实际系统。在模型确认中，我们做不到绝对的确认，而只能说模型在一定程度上符合实际系统。当然在建模中所做的工作越细致，则模型与实际系统就越接近。

（3）系统模型及其模拟模型往往是针对某一特定的目的而建立的，一个模型对某一目标可以被确认，对另一目标则可能是无效的。

（4）模型的确认并不是在模型建立以后所做的点缀，建模和确认在整个模拟研究过程中必须自始至终协同地进行。

作为模型确认的辅助手段，Naylor 和 Finger 提出了模拟模型确认的"三步法"。现简要叙述如下。

1）模型的专家评估确认

模拟模型确认的第一个步骤是使模型具有较好的外观合理性。特别是模型的用户和其他了解所模拟实际系统的人员应当承认模型的直观合理性。因此，在模拟建模过程中，最好有用户代表参加，充分吸收他们的意见，使模型的结构、数据和简化假设具有较好的实用性。因为他们是模型的最终使用人员。要做到这一点，需要进行以下几方面的工作：

（1）观察被模拟的真实系统（实际的构成、具体的操作与流程）并记录观察到的有关数据（如到达时间、操作时间）。

（2）询问了解真实系统的专家（包括操作人员、工程技术和管理人员），包括他们对问题、相关假设的看法和解决问题的兴趣。

（3）学习掌握有关的理论和资料。

（4）借鉴类似的模拟研究的结果。

为此，要做到如下两点：

一是定期且不断地与用户或者系统的管理人员交流，即就模拟建模的各阶段、各方面的工作与问题进行交流，特别是问题的定义、模拟目的的确定、模型和模块的功能及结构设计、建模过程中做出的各种假设等。

二是在逻辑与系统模型确定之后（开始编程之前），举行（至少一次）包括所有"关键人物"在内（如用户和有关的系统专家）的正式排演，向他们系统全面地介绍模型建立的各个主要环节，并征求他们的意见和看法。通过这样的会议和讨论来保证模型假设的合理性、其逻辑与结构功能的正确性、全面性和一致性，从而避免在开始编程以后出现严重的返工（重编）问题。

另外，模型的灵敏度分析也可辅助模型确认。根据对实际系统的观察和运行经验，模型的用户和建模人员通常都具有某种直观概念，即当某些输入变量增大或减小时，模型输出响应应向那个方向变化。通过模型运行中的灵敏度分析，可以判断模型在结构上的合理性。

对于大型复杂的模拟模型，由于变量和响应都比较多，因此有必要对其中最关键的输入变量或灵敏度最高的输入变量进行灵敏度测试，以确定其合理性。如果至少可以获得两组系统的输入数据，则实验设计等古典的统计方法将可用于模拟模型的灵敏度分析，以达到模型确认的目的。

2）模型假设的确认

模型假设可分为两大类，一是结构假设，二是数据假设。

（1）结构假设包括对实际系统的简化和抽象，或者说系统最低限度地运行条件，如银行系统中顾客的队列和服务设施形成该模型的基本结构。但是顾客可以排成单一队列或在每个出纳员前排成一个队列。对于多队列的结构，顾客可以按先到先服务的排队规则进入服务过程，同时也允许顾客选择队长较短或服务速度较快的队列。此外，银行出纳员的数目可以是固定的，也可以是随顾客多少而变化的等。这些模型结构上的假设都必须与银行经理和出纳员进行讨论，并在实际观察的基础上加以确认。

（2）数据假设包括对所有输入数据的数值和概率分布所做的规定，这些规定应与实际系统的运行条件基本符合。

数据假设应在收集实际系统可靠的运行参数的基础上，进行必要的统计分析之后加以确定。例如，在高峰期和正常期内的顾客到达间隔时间分布、不同类型的服务时间分布等，这些基本的输入数据直接影响模拟运行的结果，因此，必须尽可能使之符合实际需要，取得经理、决策人员等用户的确认。

此外，模型的数据假设还应在收集实际系统的随机样本数据的基础上，识别其概率分布类型，拟合其假设理论分布的各项分布参数，并进行 χ 或柯尔莫哥罗夫-斯米尔诺夫适度检验等，使模型的数据假设得到定量的确认，这项工作在第 6 章有详细介绍。

3）模型的输入/输出确认

如果抽象地观察系统模型及其模拟模型的性质，则模型可以看做一种输入/输出变换器，即模型接受输入参数，并通过模型的内部逻辑使之转变为模型的输出响应（即系统的性能测度）。

对模型的确认，最终表现在模型能否预计系统的基本性能。当模型和实际系统都以同样的输入参数或输入策略运行时，应具有相同的输出响应。如果某些输入变量在一定范围内的变动时，模型应能估计出实际系统在同一情况下的输出变化。由此可以确认模型和实际系统具有相同的内部结构，或者说具有相同的输入/输出变换性能。

输入/输出确认有如下三种方法：

（1）利用实际系统的现有运行数据。

如果现有的实际系统与所建模的系统十分相似，则可以先构造一个与现有实际系统一致的模拟模型，并将不同策略环境和数据环境下的模拟运行结果，与相同环境下实际系统的输出数据进行比较和分析。当二者十分接近时，表明该模型对于现有实际系统已被确认。如果必要，可对该系统模型和模拟模型再做必要的修改，使之与所建模的系统在结构上和数据上都有较好的一致性。这时，可以说，该系统模型和模拟模型已在较高的置信度上被确认为所建模的系统的代表。

如果现有的实际系统与所建模的系统并不相同，但从内部结构上看仍有大部分子系统是相同的。在这种情况下，首先对各子系统分别建立子模型，对这些子模型逐一地进行确认；其次再将这些已被确认的子模型组合起来，使之构成需要建模的系统。这样的系统模型和模拟模型，也可被确认为所建模系统的代表。

（2）利用实际系统的历史运行数据。

如果人们要求建立一个与现有实际系统相同的模拟模型，这时可以充分利用现有系统的历史统计数据来进行模型的输入/输出确认。例如，我们可以利用某组历史数据输入模型，以观察其输出响应，并将此输出响应与对应的实际系统的输出数据进行比较。如果二者之间并不一致，则对模型的内部结构或参数进行修改，再做模拟运行，并与对应的历史数据进行比较，直到模型的响应与实际系统的历史数据一致时为止。这一过程称为模型的校准过程（caribration procedure）。

但是，模型的校准并不能代替模型的确认，因为它可能只是某组特定输入/输出数据的代表。因此，还需要另外选择一组历史数据（或不同时期的历史数据），对已经校准过的模型进行运行和比较，如果实际系统的历史数据是可靠的，则模型应能在不同历史数据条件下得到确认。否则应对模型做进一步的修改，使模型输入/输出与实际系统输入/输出的历史数据一致。这种以一组历史数据进行校准，而以另一组数据进行确认的方法，在经济和管理领域中是普遍应用的方法。

（3）图灵实验。

还有一种对系统模型和模拟模型的输入/输出进行确认的方法，称为"图灵实验"（Turing test）。其基本思想是将模拟结果和实际系统的运行数据不加标志地送给深刻了解该系统的专家进行鉴别，如果专家们能区分二者之间的区别，则他们的经验就是修改模型的依据。经过多次这种评议和改进，模拟模型将接近真实系统而达到确认的目的。

8.3 模拟的实验设计

模拟是对客观系统在计算机上进行模仿和实验的过程。一组输入决策变量对应一定的模拟输出响应，当输入决策变量较多，且每一变量均可在一定范围内取值时，如果用穷举法进行模拟，将耗费大量的机时费用，而且效率很低。这就需要对模拟过程做出相应的设计，以便从有限次的模拟实验中得到最多的信息。

具体来说，模拟实验设计就是确定不同决策变量的组合对响应变量的影响。做模拟实验设计的基本要求如下：

（1）事先确定模拟的处理方案，用最少的模拟时间（计算费用）得到所需要的模拟输出结果。

（2）预先进行模拟实验设计可以有目的地做模拟实验，避免无目的地或非系统化地做模拟运行，以提高模拟研究的效率。

（3）按预先设计的模拟方案做模拟实验，确定哪些变量对输出响应的影响最大，即进行输入变量的灵敏度分析。

（4）在模拟实验的基础上，找出最优的变量组合，给出系统的最优响应。

为了说明实验设计的方法，对模拟实验中的一些主要变量可做如下定义：

（1）因子（factor），即系统的输入变量，由数量因子和质量因子组成。凡是可用数量描述的因子，如服务员数目、到达率、服务率、订货点、提前订货期等，均为数量因子。凡是表示某种结构性假设且不能用数量表示的因子，如排队规则（FIFO、LIFO、RM 等）、缺货补充策略等，均为质量因子。

（2）因子水平（level of factors）。模拟输入变量的可能取值或质量因子可取的方案。

（3）处理。在规定水平上的因子组合称为一个处理。对某一处理进行模拟将得到一定的输出响应。若共有 m 个因子，每个因子都有 n 个水平，则共可组成 n^m 个不同的处理。

8.3.1 单因子完全随机化模拟实验设计

首先研究单因子、多水平的模拟实验设计，如果该因子共有 k 个水平。

设 τ_j 为第 j 个水平对响应的影响，μ 为总的平均影响，ε_{ij} 为第 j 个水平上第 i 次观察值的随机项，它是正态分布（$\sim N(0, \sigma^2)$）的随机变量，Y_{ij} 为第 j 个水平上的观察值，则有

$$Y_{ij} = \mu + \tau_j + \varepsilon_{ij}$$

上式表示第 j 个水平的响应围绕 $(\mu + \tau_j)$ 以随机变量 ε_{ij} 而变化。

单因子完全随机化实验设计是指对每一个水平都做模拟实验，每次实验均采用独立的随机数流做重复模拟运行的实验设计。

当因子的水平可由分析人员离散地选定，而不同水平对响应有固定的影响并满足 $\sum_{j=1}^{k} \tau_j = 0$ 时，这种实验设计称为固定效应模型。

本节主要研究单因子完全随机化固定效应的模拟实验设计，其实验设计表如表 1.8.2 所示。

表 1.8.2 单因子完全随机化实验设计

重复运行	因子的水平						总均值
i	1	2	...	j	...	k	
1	Y_{11}	Y_{12}	...	Y_{1j}	...	Y_{1k}	
2	Y_{21}	Y_{22}	...	Y_{2j}	...	Y_{2k}	
...	...	...	...	...	...	...	
R_j	$Y_{R_1 1}$	$Y_{R_2 2}$	...	$Y_{R_j j}$	...	$Y_{R_k k}$	
均值	$\overline{Y}_1$	$\overline{Y}_2$	...	$\overline{Y}_j$	...	$\overline{Y}_k$	$\overline{\overline{Y}}$

注：$Y_{11}, Y_{21}, \cdots, Y_{1k}$ 均相互独立，且 $\overline{Y}_1, \overline{Y}_2, \cdots, \overline{Y}_k$ 也相互独立

对于统计假设：

$$\{H_0 : \tau_j = 0, j = 1, 2, \cdots, k\}$$

若不能拒绝 H_0，则对所有水平，平均响应应均为 μ，该因素对输出响应无显著影响。若拒绝 H_0，则不同水平对响应的影响显著，于是要进一步了解哪一个水平有最大的影响，或不同水平对响应的影响的差异大小。

为了检验零假设 H_0，需要用到方差分析的基本方法。模拟输出响应 Y_{ij} 的变异由两部分组成，一为每一水平引起的变异；二为被模拟过程内部固有的变异，即抽样随机波动引起的偏差。

由表 1.8.2 可知，总的平均响应为

$$\overline{\overline{Y}} = \frac{\sum_{j=1}^{k}\sum_{i=1}^{R_j}Y_{ij}}{R}$$

其中，

$$R = \sum_{j=1}^{k} R_j$$

且 R 为总的模拟重复运行次数。

则响应变量 Y_{ij} 与样本的总平均响应之间的差为

$$Y_{ij} - \overline{\overline{Y}} = (\overline{Y_j} - \overline{\overline{Y}}) + (Y_{ij} - \overline{Y_j})$$

对上式左端求平方和得

$$Q = \sum_{j=1}^{k}\sum_{i=1}^{R_j}(Y_{ij} - \overline{\overline{Y}})^2 = \sum_{j=1}^{k}\sum_{i=1}^{R_j}[(Y_{ij} - \overline{\overline{Y}}) + (Y_{ij} - \overline{Y_j})]^2$$

$$= \sum_{j=1}^{k}\sum_{i=1}^{R_j}(\overline{Y_j} - \overline{\overline{Y}})^2 + 2\sum_{j=1}^{k}(\overline{Y_j} - \overline{\overline{Y}})\sum_{i=1}^{R_j}(Y_{ij} - \overline{Y_j}) + \sum_{j=1}^{k}\sum_{i=1}^{R_j}(Y_{ij} - \overline{Y_j})^2$$

$$= \sum_{j=1}^{k}R_j(\overline{Y_j} - \overline{\overline{Y}})^2 + \sum_{j=1}^{k}\sum_{i=1}^{R_j}(Y_{ij} - \overline{Y_j})^2$$

其中，

$$\sum_{i=1}^{R_j}(Y_{ij} - \overline{Y_j}) = \sum_{i=1}^{R_j}Y_{ij} - R_j\overline{Y_j} = 0$$

令

$$Q_1 = \sum_{j=1}^{k}R_j(\overline{Y_j} - \overline{\overline{Y}})^2$$

$$Q_2 = \sum_{j=1}^{k}\sum_{i=1}^{R_j}(Y_{ij} - \overline{Y_j})^2$$

即

$$Q = Q_1 + Q_2$$

其中，Q_1 为由每一水平引起的偏差平方和，又称组间平方；Q_2 为由抽样随机波动引起的偏差平方和，又称组内平方和。

当 $Y_{ij}(i=1,2,\cdots,R_j, j=1,2,\cdots,k)$ 相互独立，且 $Y_{ij}(j=1,2,\cdots,k)$ 均服从 $N(\mu_j, \sigma^2)$ 分布时（即有公共的 σ 时），则

$$\frac{Q_2}{n-k} = \frac{\sum_{j=1}^{k}\sum_{i=1}^{R_j}(Y_{ij}-\overline{Y}_j)^2}{n-k}$$

为 σ^2 的无偏估计，并且 Q_2/σ^2 服从自由度为 $(R-k)$ 的 χ^2 分布。

当 $\{H_0: \tau_j = 0, j = 1, 2, \cdots, k\}$ 成立时，所有的 μ_j 均相等，则

$$\frac{Q_1}{k-1} = \frac{\sum_{j=1}^{k}R_j(\overline{Y}_j-\overline{\overline{Y}})^2}{k-1}$$

也为 σ^2 的无偏估计，并且 Q_1/σ^2 服从自由度为 $(k-1)$ 的 χ^2 分布。

定义统计量 F 为

$$F = \frac{\dfrac{Q_1/\sigma^2}{k-1}}{\dfrac{Q_2/\sigma^2}{R-k}} = \frac{Q_1/k-1}{Q_2/R-k}$$

可以证明，F 服从自由度分别为 $(k-1)$ 和 $(R-k)$ 的 F 分布。于是可对零假设 H_0 做方差分析的 F 检验。

当 F 值较大时，或 $F > F_{k-1,R-k,1-\alpha}$ 成立，则由不同水平引起的偏差平方和较大，从而对模拟输出响应的影响显著，故 H_0 将以较高的概率被拒绝，可以判断在 $\mu+\tau_1$，$\mu+\tau_2$，$\cdots$ 之间有较大的差异；当 F 值较小时，或 $F \leq F_{k-1,R-k,1-\alpha}$ 成立，则由抽样波动引起的偏差平方和较大，而由不同水平引起的偏差平方和较小，故 H_0 应予以接受。

按照以上方差分析和 F 检验，若判定 H_0 应予拒绝时，还需要确定在第 j 个水平上对 $\mu+\tau_j$ 的估计。

设 $\hat{\mu}$ 和 $\hat{\tau}_j$ 分别是对 μ 和 τ_j 的点估计，因

$$\hat{\mu} = \overline{\overline{Y}}, \hat{\tau}_j = \overline{Y}_j - \overline{\overline{Y}}$$

故

$$\hat{\mu} + \hat{\tau}_j = \overline{Y}_j, j = 1, 2, \cdots, k$$

这表明在第 j 个水平上 $\mu+\tau_j$ 的估计 $\hat{\mu}+\hat{\tau}_j$ 就等于样本均值，则可以建立 $\mu+\tau_j$ 的 $100(1-\alpha)\%$ 置信区间为

$$\overline{Y}_j \pm t_{R-k,1-\alpha/2}\sqrt{\frac{Q_2/R-k}{R_j}}$$

对每个水平都建立相应的置信区间，从而可以分析各水平对响应的影响程度。

例 1.8.1 某加工中心，被加工零件按平均 5 分钟一件的泊松过程到达，加工时间为平均 18 分钟的 2 阶 Erlang 分布，零件可分为普通件和急件两类，急件约占 10%。中心共有四台同类机床，零件可按不同排队规则进行加工，即 FIFO，急件优先加工（PR）和定时轮转加工（RR）等三种。要求确定急件在不同排队规则时，平均等待的时间长度。此问题为单因子（排队规则）、三水平（FIFO、PR、RR）实验设计。设每次模拟运行时

间为 40 小时，每一水平做 3 次重复运行，其模拟输出响应如表 1.8.3 所示。

表 1.8.3   不同规则下的模拟结果

重复运行 i	急件等待时间/分			总平均
	$j=1$（FIFO）	$j=2$（PR）	$j=3$（RR）	
1	21.47	11.11	8.05	—
2	34.56	10.04	14.35	—
3	23.11	9.17	3.35	—
均值	26.38	10.11	9.58	15.36

计算组间平方和 Q_1 及组内平方和 Q_2，具体如下：

$$Q_1 = \sum_{j=1}^{k} R_j (\overline{Y_j} - \overline{\overline{Y}})^2 = 547.22$$

$$Q_2 = \sum_{j=1}^{k} \sum_{i=1}^{R_j} (Y_{ij} - \overline{Y_j})^2 = 205.13$$

则统计量 F 可求得

$$F = \frac{Q_1/k-1}{Q_2/R-k} = 8$$

由 F 分布百分位点表可查得 $F_{2,6,0.95} = 5.14 < F$，故拒绝零假设 H_0，即不同水平之间的差异显著。需要估计不同水平下的 $\mu + \tau_j$。已知对均值的总估计为 $\hat{\mu} = \overline{\overline{Y}} = 15.36$ 分，则

$$\tau_1 = \overline{Y_1} - \overline{\overline{Y}} = 11.02$$
$$\tau_2 = \overline{Y_2} - \overline{\overline{Y}} = -5.25$$
$$\tau_3 = \overline{Y_3} - \overline{\overline{Y}} = -5.78$$

三个水平对 $\hat{\mu} + \tau_j$ 的 95%置信区间为

$$\overline{Y_j} \pm t_{R-k, 1-\alpha/2} \sqrt{\frac{Q_2/R-k}{R_j}}, \quad t_{6, 0.975} = 2.45$$

则 $j=1$ 时（FIFO），置信区间为

$$26.38 \pm 2.45 \sqrt{\frac{34.19}{3}} \Rightarrow 18.11 \leqslant \hat{\mu} + \tau_1 \leqslant 34.65$$

$j=2$ 时（PR），置信区间为

$$10.11 \pm 2.45 \sqrt{\frac{34.19}{3}} \Rightarrow 1.84 \leqslant \hat{\mu} + \tau_2 \leqslant 18.38$$

$j=3$ 时（RR），置信区间为

$$9.58 \pm 2.45 \sqrt{\frac{34.19}{3}} \Rightarrow 1.31 \leqslant \hat{\mu} + \tau_3 \leqslant 17.85$$

由上可见，RR 排队规则可使急件排队等待时间减至最少，从而可进一步对该系统以 RR 排队规则做详尽的分析和模拟运行。

8.3.2 2^m 因子实验设计

对于多数实际问题，影响模拟输出响应的变量（因子）可能不止一个，即 $m \geq 2$ 的情况。每一因子都可对响应不同的影响，而且因子之间也可能互有影响，即某一因子的水平发生变化时，可能使另一因子对响应的影响发生变化。如果采用上述完全随机化的实验设计模型，需将 $m-1$ 个因子固定在某一水平上，然后对该因子所有水平做多次模拟运行，以便显示该因素不同水平对响应的影响。重复此过程，直到 m 个因子平均考察完毕时为止。这种方法显然效率很低，耗费巨大，而且不能提供因子之间的相互影响。

2^m 因子实验设计是在 $m \geq 2$ 个因子的情况时，每个因子只取两个水平的实验设计方法。这种实验设计方法并不着眼于对各因子所有水平作出分析，其目的仅在于了解每一因子对响应的影响及因子之间的相互影响。

2^m 因子实验设计中，每个因子只取一个高水平（用"+"号表示）和一个低水平（用"-"号表示），至于每一因子高、低水平的取值，完全取决于分析人员的经验，以能够表明因子的影响为度，然后对 2^m 个可能的组合进行模拟运行。显然这种实验设计比完全随机化实验设计的模拟运行次数可大为减少，却能提供更有用的信息。

对于 2^m 个可能的组合，可构成 2^m 因子实验设计矩阵，若 $m=3$，则共有 8 种组合或处理，如表 1.8.4 所示。

表 1.8.4 2^m 因子实验设计矩阵

因子的组合	因子 1	因子 2	因子 3	响应
1	−	−	−	Y_1
2	+	−	−	Y_2
3	−	+	−	Y_3
4	+	+	−	Y_4
5	−	−	+	Y_5
6	+	−	+	Y_6
7	−	+	+	Y_7
8	+	+	+	Y_8

设 e_j 为因子 j 低水平（"−"号）变为高水平（"+"号）时，对响应产生的平均影响，则

$$e_1 = \frac{(Y_2 - Y_1) + (Y_4 - Y_3) + (Y_6 - Y_5) + (Y_8 - Y_7)}{4}$$

$$= \frac{-Y_1 + Y_2 - Y_3 + Y_4 - Y_5 + Y_6 - Y_7 + Y_8}{4}$$

其中，$(Y_2 - Y_1)$、$(Y_4 - Y_3)$、$(Y_6 - Y_5)$ 及 $(Y_8 - Y_7)$ 为因子 1 由"−"变化为"+"时响应的变化，e_1 为其平均影响。

类似地，

$$e_2 = \frac{-Y_1 - Y_2 + Y_3 + Y_4 - Y_5 - Y_6 + Y_7 + Y_8}{4}$$

$$e_3 = \frac{-Y_1 - Y_2 - Y_3 - Y_4 + Y_5 + Y_6 + Y_7 + Y_8}{4}$$

因子之间的相互影响可定义为：当因子 j 为 "+" 水平时，因子 k 对响应的平均影响与因子 j 为 "−" 水平时，因子 k 对响应的平均影响之差的一半。例如，

$$e_{12} = \frac{1}{2}\left[\frac{(Y_4 - Y_3) + (Y_8 - Y_7)}{2} - \frac{(Y_2 - Y_1) - (Y_6 - Y_5)}{2}\right]$$

$$= \frac{Y_1 - Y_2 - Y_3 + Y_4 + Y_5 - Y_6 - Y_7 + Y_8}{4}$$

其中，$(Y_4 - Y_3)$ 和 $(Y_8 - Y_7)$ 都为因子 2 为 "+" 水平时，因子 1 由 "−" 变 "+" 的影响，$(Y_2 - Y_1)$ 和 $(Y_6 - Y_5)$ 都为因子 2 为 "−" 水平时，因子 1 由 "−" 变 "+" 的影响。实际上，因子 1 和因子 2 之间的相互影响，可将因子 1 和因子 2 的相应符号相乘，即得 e_{12} 式中各项响应的符号。因此有

$$e_{23} = \frac{Y_1 + Y_2 - Y_3 - Y_4 - Y_5 - Y_6 + Y_7 + Y_8}{4}$$

$$e_{13} = \frac{Y_1 - Y_2 + Y_3 - Y_4 - Y_5 + Y_6 - Y_7 + Y_8}{4}$$

接以上规则可推出相互影响之间的对称性，即 $e_{12} = e_{21}$、$e_{13} = e_{31}$、$e_{23} = e_{32}$ 等。

类似地可得

$$e_{123} = e_{132} = e_{321} = \frac{-Y_1 + Y_2 + Y_3 - Y_4 + Y_5 - Y_6 - Y_7 + Y_8}{4}$$

因此，通过对以上设计方案的初步模拟运行，可以得到各因子对响应的平均影响及各因子之间的相互影响。

例 1.8.2 某工厂生产中需要某种产品，其需求间隔时间为 0.1 个月，每次需要的数量具有不同的概率，具体如下：

$$D = \begin{cases} 1\,\text{件}, & \text{概率为}1/6 \\ 2\,\text{件}, & \text{概率为}1/3 \\ 3\,\text{件}, & \text{概率为}1/3 \\ 4\,\text{件}, & \text{概率为}1/6 \end{cases}$$

当存贮水平到达订货点 s 时，进行一次订货，订货提前期为 0.5~1 个月之间的均匀分布随机变量。工厂每月初检查存贮水平，采取的存贮策略为 (s, S) 策略，即每次订货数量 Z 由下式规定

$$Z = \begin{cases} S - I, & \text{若}\,I < s \\ 0, & \text{若}\,I \geq s \end{cases}$$

其中，S 为最大存贮量水平；I 为月初存贮量。

要求进行模拟实验设计时，以每月总存储费用最小为目标，确定存贮策略，以便对该策略做进一步的模拟研究。

此问题可建立 2^2 因子实验设计模型，根据实际经验，每个因子的高、低水平的确定如表 1.8.5 所示。

表 1.8.5 2^2 因子子水平的设计

策略	因子水平	低水平（−）	高水平（+）
s		20	60
S		70	120

对四种不同的处理分别做实验性模拟运行，其设计矩阵如表 1.8.6 所示（$R=10$ 次重复运行）。

表 1.8.6 设计矩阵

因子组合 i（处理）	s	S	$s \times S$	响应 Y_i
1	−	−	+	118.280
2	+	−	−	141.060
3	−	+	−	136.807
4	+	+	+	152.789

则

$$e_s = \frac{-118.280 + 141.060 - 136.807 + 152.789}{4} = 9.6905$$

$$e_S = \frac{-118.280 - 141.060 + 136.807 + 152.789}{4} = 7.5640$$

$$e_{sS} = \frac{118.280 - 141.060 - 136.807 + 152.789}{4} = -1.6995$$

显然，每一因子的主效应都比相互影响显著。从相互影响来看，由于 $e_{sS}<0$，要使每月总存贮费用减少，应使因子 s 和 S 都取同符号的水平，以便使相互影响在响应 Y 中呈现负的作用。如果 s 和 S 取不同符号的水平，则相互影响在 Y 中将呈现正的作用，使总费用增加。2^m 实验设计虽然对每一因子仅做了两个水平分析，却得出各因子的主效应和相互影响，并且 s 和 S 都取低水平时可得到较好的策略。由此为进一步拟定模拟方案提供了依据。

2^m 因子设计虽然已经比完全随机化实验设计减少了大量因子组合，但是，当 m 值较大时，因子的组合数仍是相当可观的。例如，当 $m = 11$ 时，完全的 2^m 因子设计至少需要模拟运行 2 048 次，如果对每个设计组合都做重复运行 5 次，则共需模拟运行 10 240 次。设每次模拟运行花费 1 分钟 CPU 时间，完成这项实验大约需要 7 个昼夜计算时间，因此仍需探索新的实验设计方法。

部分因子实验设计是在完全 2^m 因子设计基础上产生的实验设计方法。这种设计方法仍然取两个水平设计，但从 2^m 个因子组合中选取其中一部分组合做模拟实验，并不影响对各因子的主效应和低阶相互影响的估计。这种设计对实验的初始阶段特别有用，当因子较多而希望剔除一部分非主要因子时，可以采用 2^{m-p} 部分因子实验设计。

习题与思考

1. 查阅资料，分析和比较 VV&A（即 verification、validation 和 accreditation）的特征。

2. 如果对连续模拟做实验设计，请问有没有质量因子？并举例说明。

3. 对于第 4 章的习题 2 和 3 做实验设计，完成如下工作：①找出数量因子和质量因子；②分析数量因子和质量因子的水平。

4. 以第 5 章的习题 2 为例说明：如何对定性模拟做实验设计？在定性模拟中，状态变量的量空间与因子水平有何关系？

第2部分 工 具 篇

第9章

模拟工具——Arena

Arena 是美国 System Modeling 公司于 1993 年开始研制开发的可视化通用交互集成模拟环境,解决了计算机模拟与可视化技术的有机集成,在 Arena 并入 Rockwell 公司后,Arena 从最初的 1.0 版,已到最新的 11.0 版,其应用对象包括离散、连续(系统动力学)、离散-连续混合、蒙特卡罗等各种类型模拟。

9.1 结构与功能[16]

9.1.1 结构体系

专用模拟语言,如 GPSS、SIMSCRIPT 和 SLAM 等,具有建模灵活的优点,但是需要花费不少时间学习编程,并且由于特定语法规则的限制,编程较复杂和容易出错。

近年出现的模拟器(simulator)很好地解决了专用模拟语言使用复杂的特点,采用像直观的鼠标驱动图形用户界面、菜单和对话框等典型操作,简单易用。进行模拟时,只需选择可以获得的模拟建模构造(如模拟模块等),将它们连接起来,然后运行所建模型,就可进行模拟,系统成分的可视化图形动画就会随模型的运行而动画和变换。但与此同时,模拟器又往往为了达到易用的目标而损失建模的灵活性,走向了另一个极端。

可视化集成模拟环境 Arena,则将通用过程语言、专用模拟语言和模拟器的优点有机地整合集成起来,采用面向对象技术、层次化的系统结构(图 2.9.1),兼备易用性和建模灵活性两方面的优点。

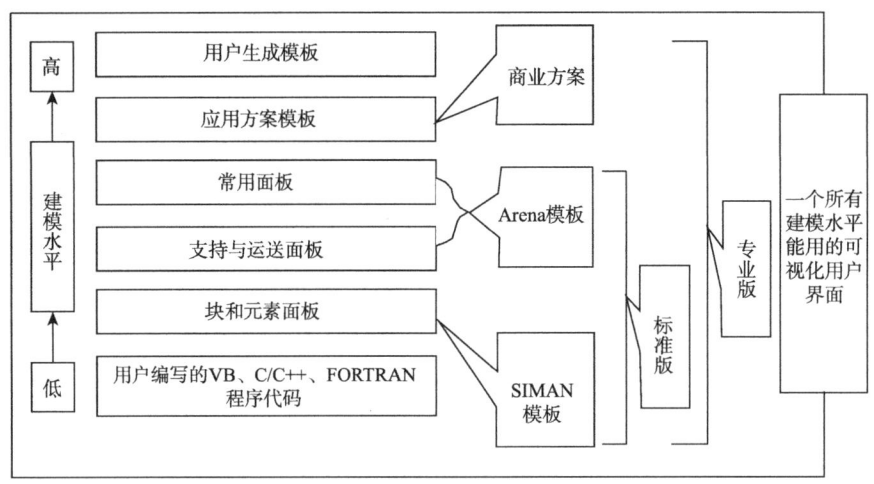

图 2.9.1 Arena 的结构层次体系

（1）在最底层，过程语言（包括 VB、C 等）用来建立特殊要求的模型，即满足复杂的决策规则或外部数据的选取等这些特别的需求。

（2）块和元素面板是由 SIMAN 模块组成的，即 SIMAN 模板，因而它具有 SIMAN 的一切优点。

（3）支持与运送面板是由 SIMAN 模块封装后组成的模板，可以进行灵活性更大的建模。常用面板是模拟建模过程中最常用的一些通用模块，和支持与运送面板一起组成了 Arena 模板。SIMAN 模板、Arena 模板则及用户采用过程语言编写的程序，一起构成了 Arena 的标准版本。应用方案模板（application solution templates，ASTs）是 System Modeling 公司建造的一些常用系统模板，如先进制造模板、流程再造模板、程控中心模板和其他工业模板等。用户生成模板是商业性质的组织用来生成各种商业用途的模板的，目前已经生成的模板有矿业模板、自动制造业模板、快餐店模板和森林资源管理模板等。ASTs 和用户生成模板一起构成了商业方案。Arena 的标准版本与 ASTs 和用户生成模板一起则组成了 Arena 的专业版本。一方面，这些模板都由动画模拟建模模块和分析模块组成，从面向对象的观点来看，模块都是独立的组件，通过对这些组件的组合，可以建立管理领域中各种类型的模拟模型。另一方面，Arena 的建模能力也不局限于模块的应用，通过完整的层次结构体系，Arena 的建模能力具有很大的柔性。

在建模中，可以从上述模板和面板中获取需要的模块或编写需要的代码，并且，所有这些部分不管在该体系中位置多高或多低，都采用 Arena 提供的统一的可视化用户界面。这样，既保证了使用的方便性，又保证了建模的灵活性。

此外，在同一工作环境里，Arena 还提供了与模型集成的模块动画、动画和图表数据设计分析等可视化技术支持。

9.1.2 功能特点

作为新一代可视化交互集成模拟环境，Arena 具有强大的功能。下面从输入分析器

(input analyzer)、可视化柔性建模、输出分析器(output analyzer)、Arena 定制与集成等方面来讨论 Arena 的功能特点。

1)输入分析器

输入数据质量的好坏决定了系统模拟的质量。如果输入的数据质量不高甚至是错误的,那么再好的建模模拟也不过是把错误"精确地"处理了一下,此即所谓的"垃圾进,垃圾出"(garbage in, garbage out)。传统的系统模拟中的输入数据用手工处理,费事费力且效果不好。在 Arena 环境下,提供有专门的输入分析器作为 Arena 的一个标准组成成分来辅助用户进行数据处理。

输入分析器是一个功能强大且通用的工具,能够分析用户所提供的数据,以拟合出各种概率分布函数,或者说生成各种概率分布函数,其中包含了该分布函数的特征参数。用户将生成的分布函数用于模拟模型的建模。

输入分析器的输入数据是由用户采样收集的,这些数据包括随机过程的间隔时间(如用户收集的实体到达时间、资源工作时间、相继失败的过程时间等)、实体类型、实体的批次批量等。

输入分析器的输出则是各种类型分布函数及其参数估计,Arena 能够提供十五种常用的分布函数,包括贝塔分布、常数分布、指数分布、经验连续分布、经验离散分布、k 阶爱尔朗分布、伽马分布、约翰逊分布、正态分布、泊松分布(Poisson distribution)、三角分布、均匀分布、维布尔分布等。

2)可视化柔性建模

Arena 通过层次化的体系结构,保证了建模的易用性和柔性两方面优点。在 Arena 环境下,采用的是面向对象的层次建模方法。

对象是构成模型的最基本的元素,对象与对象之间相互作用构成了模型。对象具有封装和继承的特点,使得对象构成的模型也具有对象的特点,即模型本身也是模块化的。这样,模型又可以与其他模块或对象构成新的更大更复杂的模型,从而形成层次建模,保证了模型层次分明且易于管理。

根据不同的类,Arena 将模块化的模型组成不同类的模板,不同模板共用一个统一的图形用户界面,不同模板间转换简便,且来自不同模板的模块可以共同完成一个模型的建模工作。

与传统建模环境 SIMAN 和可视化环境 CINENA 分为独立的两个系统不同的是,在可视化交互集成环境 Arena 下,建模与可视化技术是集成在一起的。这样,在建模的同时实现模型的可视化表达,提高了可视化建模的效率。

3)输出分析器

模拟输出数据是随机变量,要经过统计分析才能为用户的决策工作服务。输出分析器作为 Arena 集成模拟环境的有机组成部分,提供了一个易用的用户界面以帮助用户简化数据分析,使用户查看和分析输出数据更加快捷、简便。

输出数据文件记录单个统计观测值和该观测值发生的时间,是通过一次或多次模拟运行后,由位于 SIMAN 模板和常用模板的模块产生,也可由输出分析器直接产生。

输出数据分析器可对数据进行多样的显示处理,包括条形图(barchart)、柱状图

（histogram）、移动平均（moving average）、曲线图（plot）、表（table）等。还可对数据进行功能强大的数理统计分析，包括分批/截断观察（batch/truncate observations）、相关图（correlogram）分析、古典置信区间（classical confidence interval）分析、标准化时间序列置信区间（standardized time series confidence intervals）分析、标准差置信区间（confidenceinterval on standard deviation）分析、均值比较（compare means）分析、方差比较（compare variances）分析、单因素固定效应模型方差分析（one-way analysis of variance fixed-effects model）等。

4）Arena 的定制与集成

Arena 开发了两项 Windows 技术以增强桌面应用程序的集成性。一是 ActiveX 自动化（OLE 自动化），它允许应用程序之间通过一个编程界面相互控制。二是应用程序集成技术（Visual Basic for Application, VBA）。它是一个包含在桌面应用程序中支持 ActiveX 自动化的 Visual Basic 编程环境，使用 VBA，用户不用购买附加的编程产品就可以开发出集成的自动化程序。这两项 Windows 技术共同作用使得 Arena 可以和其他支持 ActiveX 自动化的程序集成到一起。

Arena 还可以通过对象链接与嵌入（OLE），来使用其他应用程序的文件和函数，如在 Arena 的模型中放入 Word 文件、建立到 Microsoft Powerpoint 的链接、添加声音文件、标记 Arena 对象作为 VBA 中的标识、增加欢迎窗体等。

9.2 基本模块[17]

9.2.1 流程图模块

1）生成模块

生成模块是一个模拟模型开始点，用于产生到达的实体（图 2.9.2）。

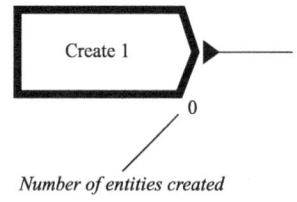

图 2.9.2　生成模块
图中英文为软件生成，保留正斜体、大小写区分，本书中类似图余同

其典型使用包括：
（1）在流水线上的半成品的开始。
（2）在企业过程中到达一个文件（如预定、核查、应用）。
（3）在服务过程中到达一名顾客（如零售店、餐厅、信息服务）。
生成模块的属性及描述如表 2.9.1 所示。

表 2.9.1 生成模块属性

属性	描述
名称	显示在模块图形上的唯一模块标志
实体类型	产生的实体类型名称
类型	将要产生的到达流类型。类型包括随机型（采用指数分布，用户指定均值），schedule（采用指数分布，按指定的时间表模块决定均值），常数型（用户指定常数值，如 100），或描述（各种分布的 Pull-down 列表）
数值	决定了到达时间间隔的指数分布均值(如果采用随机分布)或均匀分布(如果采用常量)。只有当类型为随机分布或均匀分布时才使用
时间表名称	指定使用的时间表的名称。这个时间表定义了到达系统的实体的到达类型，仅当到达类型为 Schedule 型时使用
表达式	指定两个到达之间的时间的任何分布或值，仅当类型为表达式时使用
单位	用于间隔时间和第一次建立时间的时间单元。当类型为 Schedule 时不能使用
单位到达的实体	在既定的时间里，对于每个到达可能进入系统的实体数量
最大到达实体	模块可能产生的最大实体数量。达到这个数后这个模块暂停新实体的产生
首次生成	第一个实体到达系统的开始时间。当类型为 schedule 时不适用

2）处理模块

生产模块用于处理到达的实体（图 2.9.3）。

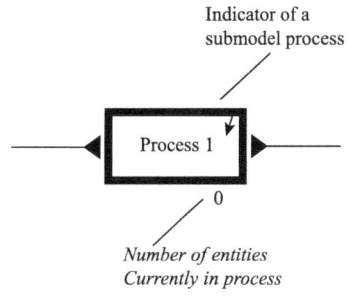

图 2.9.3　处理模块

其典型应用包括：
（1）加工一个零件。
（2）检查文件完整性。
（3）完成一份订单。
（4）服务一名顾客。

处理模块的属性及描述如表 2.9.2 所示。

表 2.9.2　处理模块的属性

属性	描述
名称	显示在模块图形上的唯一模块标识
类型	定义模块逻辑方法的标准过程表示所有的逻辑都将储存在处理模块中并通过一个特殊的活动来指定。子模型表示逻辑被分级定义，包括逻辑模块的任何数字
动作	在模块中可能发生的过程类型。延迟表示没有资源约束时过程延迟可能发生。占用延迟表示在这个模块中资源可能被分配并且延迟会发生，但以后资源会释放。占用延迟释放表示紧接过程延迟资源将被分配，然后分配的资源将被释放。延迟释放表示资源已事先分配，实体将延迟并释放资源。仅当类型为标准型时适用

续表

属性	描述
优先度	模块中实体等待资源的优先值,当其他模块中的一个或多个实体在等待同样的资源时使用。当活动是延迟或延迟释放,或类型为子模型时不适用
资源	列举了实体过程所用资源或资源组。当活动是延迟,或当类型为子模型时不适用
延迟类型	指定延迟参数的方法或分布的类型。均匀分布和表达式只需要一个数据,而正态分布、均匀分布和三角分布需要几个数据
单位	延迟参数的时间单元
分配	决定处理时间和处理成本怎样分配于实体。处理可能是增值的、非增值的、转移、等待,或其他以及增加到实体和过程相应分类的综合成本
最小值	定义均匀分布或三角分布的最小值参数域
数值	指定一个正态分布的形式的参数域,是一个常量时间延迟值,或一个三角分布的模
最大值	定义均匀分布或三角分布的最大值参数域
标准差	一个正态分布的偏差参数域
表达式	指定一个表达式的参数域,这个表达式的值是通过处理时间加以计算和使用的
统计的资料报告	指定是否自动收集统计数据

处理模块还与一个资源对话框相连,该对话框的属性如表 2.9.3 所示。

表 2.9.3 处理模块的资源对话框

属性	描述
类型	定义一种具体资源,或从一个资源组中(一个资源集合)选择
资源名称	将被占用或释放的资源的名称。仅当类型为资源时有用
集合名称	资源组名称,一个成员将从这里被占用或/和释放。仅适用于类型为 set
数量	一个给定名称或来源于将被占用或释放的集合组的资源数量。对于集合,这个值仅适用于从将被占用或释放的资源(基于资源能力)中选择的成员,不适合于被占用或释放的成员中的一员
选择规则	从一组资源中选择资源的选择方式。循环式将通过获得的成员循环(如 1 成员—2 成员—3 成员—1 成员—2 成员—3 成员)。随机分布将随机地选择一个成员。优先顺序总是选择第一个成员。指定成员需要输入特性值来指定组中的成员(事先存于保存特性域中)。最大剩余能力和最小成员繁忙使用于多种能力资源。仅适用于类型为集合
保存属性	保存索引数字到选择的成员组的特性名称。这个特性以后可以通过指定的成员选择规则引用。当选择规则为特定成员时不适用。如果指定活动为延迟释放,指定的值定义了集合中哪个成员被释放。如果没指定特性,实体将释放最后占用的集合中的成员
集合标志	成员集合询问的索引数字。仅当选择规则为特定成员时适用。如果指定的活动为延迟释放,指定的值定义了集合中哪个成员被释放

3) 判断模块

判断模块表述系统中的决策过程,可用于到达实体的分类,也可用于实体流动的分流(图 2.9.4)。

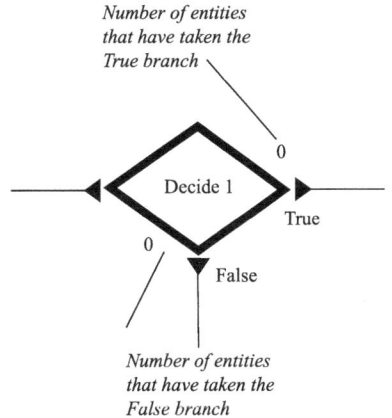

图 2.9.4　判断模块

其典型应用包括：
（1）分派一个次品去返工。
（2）检验中接受或拒绝的分支。
（3）输送优先顾客到指定过程。
判断模块的属性如表 2.9.4 所示。

表 2.9.4　判断模块的属性

属性	描述
类型	表示判断是基于状况的（如 if X>Y）还是基于概率/百分率的（如 60%，Yes；40%，no）。类型可以用 2-way 或 N-way 来指定。2-way 考虑到一个状况或可能性(加上"false"出口)。N-way 考虑了任意的状况和可能性，指定了一个 "else" 出口。
条件	定义了一个或多个不同模块的实体使用的状况。仅当类型为 N-way 时适用
百分比	定义了一个或更多不同模块的直接实体使用的百分比。仅当类型为 N-way 时适用。
真实百分比	用于核查以决定发出一个既定 True 出口的实体的百分率的值
If	用于评估的状况类型
名称	指定变量的名称、特性或当一个实体进入模块时将要评估的实体类型。不适用于表达式类型
Is	状况评估器。仅适用于特性和变量状况
数值	用于同一个特性或变量相比较的表达式，或用于决定真或假的表达式。不适用于实体类型状况。如果类型是表达式，评估必须包含评估器（如 Color<>Red）

4）赋值模块

赋值模块用于对变量、实体特性、实体类型、实体图片或其他系统变量赋值，且一个模块可以完成多个赋值（图 2.9.5）。

图 2.9.5　赋值模块

其典型应用包括：
（1）计算加入一个部件的零件数。
（2）改变实体类型来表示一个多页形式的顾客拷贝。
（3）建立顾客优先度。
赋值模块的属性如表 2.9.5 所示。

表 2.9.5　赋值模块的属性

属性	描述
名称	显示在模块图形上的唯一的模块标识
赋值	指定当一个实体执行模块时可能的一个或更多的任务
类型	指定的任务类型。其他可以包括系统变量，如资源容量或模拟结束时间
变量名称	当一个实体进入模块时可能被赋予以新值的变量的名称。仅当类型变量时适用
实体类型	赋给进入模块的实体的新的实体类型。仅当类型为实体类型时适用
实体图形	指定给进入模块的实体的新的实体图形。仅当类型为实体图形时适用
其他	特殊的系统变量，当一个实体进入模块时这个系统变量可能被赋予新值。仅当类型为其他时适用
新值	特性、变量、或其他系统变量的指定值。不适用于类型为实体类型或实体图片的情况

5）批量模块

批量模块用于模拟模型中的组合功能（图 2.9.6）。可以永久性地组合也可以临时组合，对于临时组合，以后必须使用分解模块来分开，如可以将实体组成一批。

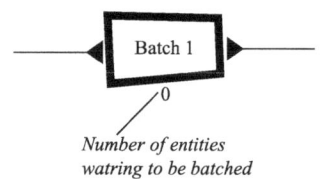

图 2.9.6　批量模块

其典型应用包括：
（1）在开始加工前收集零件数量。
（2）将以前分散的复制件装配起来。
（3）在开始一个约见之前将病人和他的记录集中起来。
批量模块的属性如表 2.9.6 所示。

表 2.9.6　批量模块的属性

属性	描述
名称	显示在模块图形上的唯一的模块标识
类型	批量实体的集中方式
批量	组成批的实体的数量
保存标准	指定代表实体的用户定义特性值的方式
规则	决定了输入实体怎样组合成批。任何实体都将采用实体的第一个"批量"数，并将其组合在一起。通过特性表示，特定的特性值同组合的实体相匹配起来。例如，如果特性值是 color，所有组合的实体一定有相同的 color 特性值；否则，它们将在模块中等待另外的输入实体
属性名称	特性名称，该特性值必须同其他输入实体的值相匹配，以便能形成组合。仅适用于规则为"按属性"的情况

6）分解模块

分解模块用于将已有的一组实体分解（图 2.9.7）。

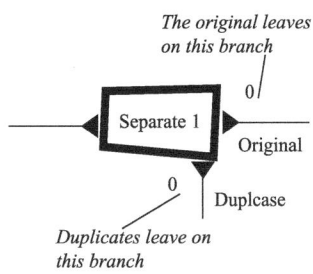

图 2.9.7　分解模块

其典型应用包括：
（1）将各独立实体发送到从容器中分离出的盒子。
（2）并行加工中一项订货同时送去完成与填单。
（3）将一个组合文件分开。

分解模块的属性如表 2.9.7 所示。

表 2.9.7　分解模块的属性

属性	描述
名称	显示在模块图形上的唯一的模块标识
类型	分离进入实体的方法。复制原始的将采用原始实体并形成同样的复制号。分解现有批量要求将要成为临时组合实体的进入实体使用成组模块。组合中的原始实体将被分开
复制成本百分率	将进入实体的成本和时间分配到离开实体。这个值是作为原始实体的成本和时间（0~100 之间）的百分率而指定。指定的百分率将在复制品之间均匀地分配，而原始实体将保留剩下的百分率。只有当类型为复制原始时才可见
复制件编号	将离开模块的输出实体的号码，除原始输入实体外，只要当类型为 Duplicate 0riginal 时才适用
成员属性	决定了输入实体怎样组合成批。任何实体都将采用实体的第一个"批量"数，并将其组合在一起。通过特性表示，特定的特性值同组合的实体相匹配起来。例如，如果特性值是 color，所有组合的实体一定有相同的 color 特性值；否则，它们将在模块中等待另外的输入实体
属性名称	决定怎样分配代表实体的特性值到原始实体的方法。这些选择同六个特殊目的特性值（Entity.类型，Entity.Picture，Entity.Station，Entity.Sequence，Entity.HoldCostRate 和 Entity.Jobstep）以及用户定义的相关属性。仅当类型为 Spite Exiting Batch 时适用

7）记录模块

记录模块用于收集数据，包括各种类型的观察统计数据，如模型中两个出口之间的时间、实体统计值（时间、成本等）、普通观察值及间隔统计值（从某个时间到现在的模拟时间）（图 2.9.8）。同时提供了统计计算类型，而且指定了记录和计数集合。

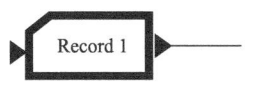

图 2.9.8　记录模块

其典型应用包括：
（1）收集每小时完成的工件数。
（2）计算多少个单在完成前被延迟。
（3）记录优先顾客在主要结账线上的时间。
记录模块的属性如表 2.9.8 所示。

表 2.9.8　记录模块的属性

属性	描述
名称	显示在模块图形上的唯一的模块标识
类型	将要产生观察(记录)统计值或的计算统计值类型。统计器将通过指定的值增加或减少以统计值命名的值。实体统计值将产生通用实体统计值，如时间和成本/时段信息。时间间隔将计算或记录一个指定的特性值和现在模拟时间之间的差别。时间区段将跟踪并记录不同实体进入模块的时间差。表达式将记录指定的表达式值
属性名称	用于间隔统计的特性值的名称。仅当类型为时间间隔时适用
数值	当类型为表达式时，将被记录到观察统计值中的值，或当类型为统计器时，增加到统计器中的值
观测变量名称	这个字段定义了将要录入观察值的记录的符号名称。仅当类型为时间间隔型、时间区段型、或表达式时适用
统计器名称	这个字段定义了将增加或减少的计算器的符号名称。仅当类型为统计器时适用
集合记录	复选按钮，决定是否使用一个记录或计算器
观测变量集合名称	用于记录观察类型统计值的集合名称。仅当类型为时间间隔、时间区段或表达式时适用
统计器集合名称	用于记录计算类型统计量的集合名称。仅当类型为 Count 时适用
集合标志	记录观测变量统计值的集合的标志号

8）清除模块

清除模块是模拟模型的结束点，用于清除被处理完的实体，并记录实体的统计值（图 2.9.9）。其典型应用包括：

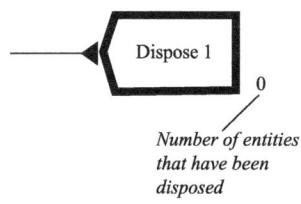

图 2.9.9　清除模块

（1）工件离开所模拟的设施。
（2）业务过程结束。
（3）顾客离开商店。
清除模块的属性如表 2.9.9 所示。

表 2.9.9　清除模块的属性

属性	描述
名称	显示在模块图形上的模块唯一标识
记录实体统计资料	决定是否记录输入实体的统计值。统计值包括增加值时间、非值增加时间、等待时间、转移时间、其他时间、总时间、值增加成本、非值增加成本，等待成本、转移成本、其他成本、总成本

9.2.2　数据模块

1）实体模块

实体模块定义了模拟中各实体的类型和它们的初始图形值，也定义了实体初始成本信息和维持成本。其典型应用包括：

（1）制造或组装的产品（零件、托盘）。

（2）文件（表格、电子邮件、传真、报告）。

（3）人员移动（顾客、访客）。

实体模块的属性如表 2.9.10 所示。

表 2.9.10　实体模块的属性

属性	描述
实体类型	被定义的实体类型名称。这个名称必须是唯一的
初始图形	模拟开始时的实体的图形描述。这个值在模拟过程中可以通过赋值模块改变
每小时维持成本	系统中维持实体的每小时成本。实体出现在系统任何地方就发生此成本
增值初始成本	具有增值属性的实体的初始成本值。当一个实体在一个增加值活动中消耗时间时，这个属性导致成本的增加
非增值初始成本	指配到实体的非值成本特性的初始成本值。当一个实体在非增加值活动中消耗时间时该属性增加了成本的发生
初始等待成本	指配到实体的等待成本属性的初始成本值。当一个实体等待活动中消耗时间时该属性值增加了成本的发生，如等待组合或在过程模型中等待资源
初始转移成本	指派到实体的转移成本特性的初始成本属性。当一个实体在转移活动中消耗时间时该属性值增加了成本的发生
其他初始成本	指派到实体的其他成本特性的初始成本值。当一个实体在转移活动中消耗时间时该属性增加了成本的发生
统计报告	规定是否自动收集统计值

2）排队模块

排队模块用于改变一个特定的排队系统的排队规则。缺省的排队规则是先进先出。其典型应用包括：

（1）在一个处理模型的等待资源工件集合。

（2）在一个批量模块中等待整理的文件的保存区域。

排队模块的属性如表 2.9.11 所示。

表 2.9.11　排队模块的属性

属性	描述
名称	定义了特征的排队名称，该名称必须是唯一的
类型	排队服务规则，该规则可基于某一属性。类型包括先进先出、后进先出、最低属性值（优先）、最高属性值（优先）。低属性值是 0~1，而高属性值是 200~300
属性名称	用于计算最低属性类型或最高属性类型的属性值。具有最低或最高属性值将首先安排在排队的首位。当出现僵持局面时采用先进先出的排队规则
统计报告	指定是否自动收集统计资料

3）资源模块

资源模块定义模拟系统中的资源，包括成本信息和资源能力。资源的能力可能是固定的，在整个模拟运行过程中保持不变，或者可以基于时间表来运作。其典型应用包括：

（1）设备（机器、现金出纳机、电话线）。

（2）人（办事员、订单处理员、销售员、操作工）。

资源模块的属性如表 2.9.12 所示。

表 2.9.12　实体模块的属性

属性	描述
名称	定义资源特征名称，名称必须唯一
类型	决定资源的能力的方式。方式为固定能力时，在模拟运行的过程中资源不改变；方式为基于时间表时，将使用时间表模块来指定资源的能力和时段信息
能力	系统运行过程中可获得的既定名称的资源单位数量。仅当类型为固定能力时适用
时间表名称	资源使用的时间表的识别名称。这个时间表指定了一个既定的时间范围内资源的能力
时间表规则	指定一个繁忙的资源单位，当能力降低时，实际能力改变的时间。仅当类型为时间表型时适用
繁忙/小时	一个资源在处理一个实体时每小时的费用。当资源被分配到一个实体时变得繁忙，当被释放时闲置。繁忙时成本按繁忙/小时成本计算。在 Run/Setup 菜单项的 Replication Parameters 页，每小时繁忙成本自动地转换成一个相应的基础时间单位
空闲/小时	资源每小时被闲置的成本。当资源被闲置时，成本将按闲置/小时成本计算。在 Run/setup 采单项的 Replication Parameters 页，每小时闲置成本自动地转换成一个相应的基础时间单位
单位使用	资源成本以其使用作为基础，而不管它被使用的时间。每次资源被分配到实体都将导致——Per-use 成本
统计报告	指定是否自动收集统计值

4）时间表模块

时间表模块同资源模块一起定义一个资源运作的时间表，或者同产生模块一起定义一个到达时间表。另外，时间表还用于基于模拟时间的因子时间延迟。其典型应用包括：

（1）作业时间表，包括休息时间。

（2）设备故障停工模式。

（3）到达商店的顾客流量。

（4）新工人的学习曲线因子。

时间表模块的属性如表 2.9.13 所示。

表 2.9.13　时间表模块的属性

属性	描述
名称	定义的时间表的名称，名称必须唯一
类型	定义的时间表的类型。可能为能力类型（对于资源模块）、到达类型（对于生成模块）、或其他（各种时间延迟或因子)
时间单位	用于时间持续信息的时间单元
尺寸因子	在到达/其他值中度量时间增加或减少的方法。尺寸因子将增加指定值的字段来决定新的值。不能用于能力类型时间表
区间	列举了时间表的值和区间。值可以是能力、到达或其他类型值，而区间在时间单元上是指定的。当所有的区间完成后 Schedule pairs 将重复，直到最后的区间为空(无限大)。时间数据可以通过图表时间编辑以图表形式输入，也可以使用值/区间字段来手动输入
数值	代表一个资源的容积（如果类型为能力），或其他一些值（如果类型为其他）。其他例子是一个因子，这个因子用在延迟表达式中来度量一个延迟时间
区间	一个指定的有效值的时间区段

5）集合模块

集合模块定义了各种类型的集合，包括资源、计数器、记录实体类型及实体图形。资源集合可用于处理模块，计数器和记录集合可用于记录模块。其典型应用包括：

（1）在制造工厂中完成相同工作的机器。

（2）商店中的监工和出纳。

（3）办公室的发货员和接待员。

（4）对应于一系列实体类型的图形集合。

集合模块的属性如表 2.9.14 所示。

表 2.9.14　集合模块的属性

属性	描述
名称	定义的集合名称，名称必须唯一
类型	定义的集合类型
成员	指定的集合资源成员的重复组。在使用选择规则，如优先次序及 Cyclical 时，重复组中的列举成员顺序是十分重要的
资源名称	包含在资源设备中的资源名称。仅当类型为资源型时适用
观测变量名称	统计器名称。仅当类型为观测变量时适用
统计器名称	计数器设备中的计数器名称。仅当类型为 Counter 时使用
实体类型	实体类型设备中的实体类型名称。仅当类型为实体类型时使用
图形名称	图形集合中的图片名称。仅当类型为实体图形时使用

6）变量模块

变量模块用于定义变量的维数和初始值。变量可在其他模块（如判断模块）中引用，可通过赋值模块重新赋值，也可以在任何表达式中使用。其典型应用包括：

（1）每小时处理的文件数。

（2）指定给零件的唯一标识的序列号。

（3）设备中的可获空间。

变量模块的属性如表 2.9.15 所示。

表 2.9.15　变量模块的属性

属性	描述
名称	定义的变量名称，名称必须唯一
行	空间变量的行数
列	空间变量的列数
统计数	决定是否收集统计值的复选框。当未指定行和列时该字段可见（一维变量）
变量初始值	变量的初始值。该值可通过指派模块更改
模拟初始值	模拟开始时的变量值
统计报告	指定是否自动收集统计值

Arena 的主菜单上及每个模块上都有强大的"Help"功能，尤其是每个模块上的"Help"，都详细解释了模块的功能、属性，还带有示例。另外，Arena 还自带了数量巨大的 Samples 和 Smarts 应用案例。用户完全可通过"Help"功能及应用案例，自学 Arena。

第10章

模拟工具——AnyLogic

AnyLogic™ 是俄罗斯的 XJ Technologies 公司推出的一套复杂系统的混合模拟建模软件，这套软件是基于过去十年内建模科学和信息技术中出现的最新进展而创建的。AnyLogic 的建模技术完全是建立在 UML-RT、Java 和微积分理论基础上的，适用于离散模拟、连续模拟、离散-连续混合模拟及多 Agent 模拟，其友好的开发环境以及"拖放式建模"方式，使得 AnyLogic 在管理领域有着广泛的应用，即从宏观层面的动力学研究到微观层面的优化研究。

AnyLogic 的功能特点如下：

（1）AnyLogic 是目前唯一一套以同一种建模语言同时支持离散模拟、连续模拟及 Agent 模拟的模拟软件（Arena 不支持多 Agent 模拟）。

（2）AnyLogic 是建立在 Java 和 eclipse 的基础上的。得益于 Java 良好的跨平台性，AnyLogic 可以运行在目前所有常用的操作系统上，如 Windows、Mac、Linux。

（3）AnyLogic 提供了远胜其他任何工具的建模结构，它的对象、接口和等级层次、块图和流图、计时器、端口和消息传递、变量和代数-微分方程，以及在模型中任何地方均可以插入 Java 语言表达式、语句或函数，构成了任何层次、任何专业的建模者都可以使用的终极工具箱。

（4）AnyLogic 模型具有开放式的体系结构，因而可以与任何办公或企业软件及用 Java 语言或其他语言（通过 JNI）编写的自定义模块协同工作。模型可以动态地对电子表格、数据库、ERP 或 CRM 系统进行数据读写，也可以嵌入实时运行环境中。用户可以在模型中任何地方调用外部程序，反之，亦可以借助 AnyLogic 模拟引擎的开放 API 从任何外部程序中调用模拟模型。

10.1 AnyLogic 的开发环境[18]

10.1.1 欢迎页面

以 AnyLogic 6.0 为例,初次启动之后,即显示 Welcome Page(欢迎界面),如图 2.10.1 所示。

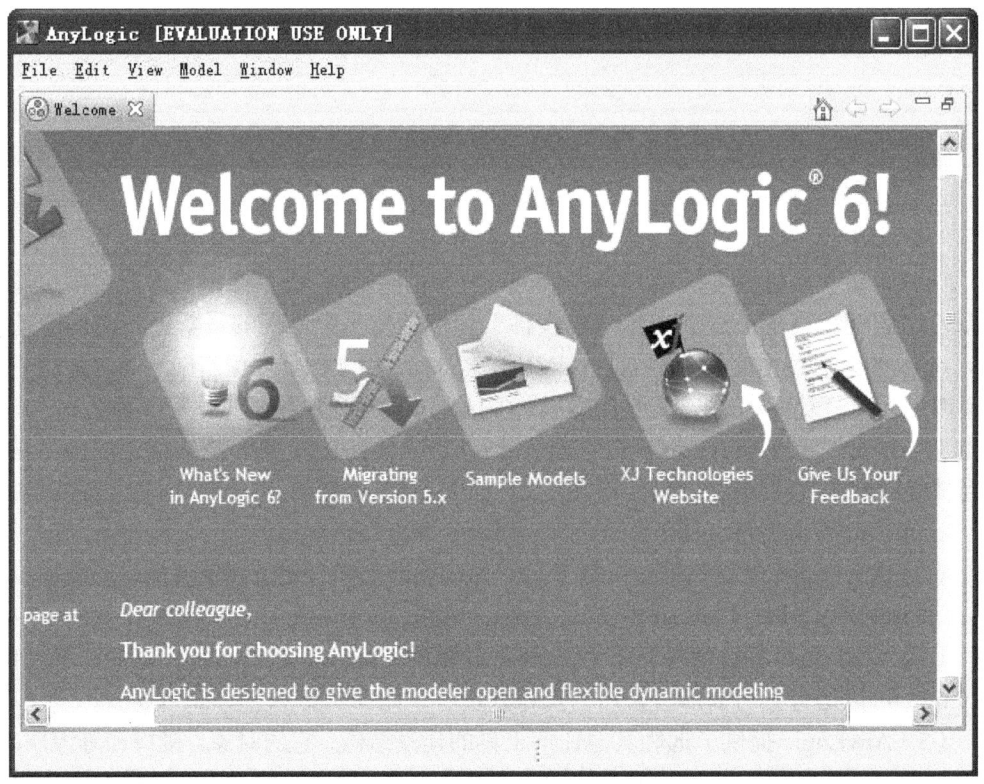

图 2.10.1 欢迎界面

欢迎界面主要是对 AnyLogic 6.0 及其特点进行总体介绍。其中有一个重要的导向——Sample Models,这个导向通过对示例的介绍,帮助用户学习 AnyLogic 建模的基本技能。窗口标签 Welcome 上的 × 可关闭欢迎页面。如果想再次打开它,可以在菜单栏中选择 help | Welcome。

10.1.2 视图

AnyLogic 的视图可以通过主菜单中的 View 菜单打开。这些视图共包括七种:工程视图(tree view)、面板视图(palette view)、属性视图(properties view)、错误视图(problems view)、查找视图(search view)、帮助视图(help view)和控制台视图,由于最后一种视图较少用到,以下只对前六种视图进行介绍:

1)工程视图

工程视图是一个导航视图,它展示了在 Workspace 中打开的每个模型的构成要素,它们依据自身的层次以树形结构进行组织,见图 2.10.2。

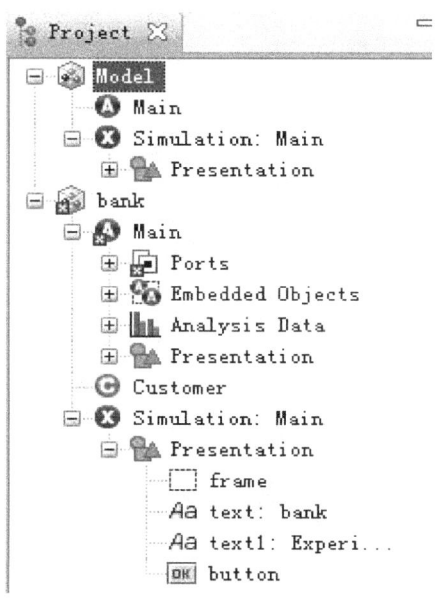

图 2.10.2　工程视图

这些构成要素通常包括:

(1)Model——指向打开的模型,此处显示模型的名称,左击可以在打开的属性视图(properties view)中进入该 Model 的属性视图;右击可以打开功能菜单,可选择新建、打开、编译、保存和关闭的关于 Model 的操作,Model 的下一级体系中包括了 Model 中用到的各种对象类,如 Main、Simulation Main 和用户自定义的类等。

(2)Main——指向模型建模相关的活动对象类(active object class),左击可以在 Workspace 中打开 Main 的设计窗口,并且在打开的属性视图(properties view)中进入 Main 的属性视图,右击可以打开功能菜单,选择新建、打开、剪切、删除、复制、粘贴、刷新和重命名等的关于 Main 的操作,Main 的下一级体系中包括了在建模时用到的各种类型的对象,如 Ports、Embedded Objects、Analysis、Presentation 等。

(3)Simulation——指向模型运行相关的活动对象类,左击可以在 Workspace 中打开 Simulation 的设计窗口并且在打开的属性视图(properties view)中进入 Simulation:Main 的属性视图,右击可以打开功能菜单,选择新建、打开、剪切、删除、复制、粘贴、刷新和重命名等的关于 Simulation:Main 的操作,Simulation:Main 的下一级体系中包括了在建模时用到的对象,如 Presentation 等。

2）面板视图

面板视图中包含了 AnyLogic 建模所使用的各种模块，见图 2.10.3。这些模块按照功能进行了归类，分别放在 Model、Analysis、Presentation、Connectivity、Enterprise Library 等面板上，接下来对各面板里的常用模块进行简单的介绍。

图 2.10.3　面板视图

（1）Model 面板：该面板包含了用于模型建立时常用的各种模块，如 Parameter 用来设置描述模型各对象特征的参数；Flow Aux variable 在系统动力学模型中给 Flow 变量表示 Stocks 的变化率或用作 Auxiliary 变量表示中间变量；Stock variable 在系统动力学模型中用来描述系统的各种状态；Event 用来表示模型中的时间等其他模块。

（2）Analysis 面板：该面板包含了用于模型数据收集和显示的各种模块，如 Data Set 用来收集二维 Double 型的数据；Statistic 用来收集并计算模型中统计数据；Bar chart 用来以直方图的形式显示收集的数据；Pie chart 用来以饼图的形式显示收集数据；Plot 用来以折线图的形式显示收集的二维数据等其他模块。

（3）Presentation 面板：该面板包含了用于建立模型动画显示的各种模块，如 Line 用来画直线；Polyline 用来画折线；Curve 用来画曲线；Rectangle 用来画矩形；Oval 用来画椭圆型；Image 用来显示图形等其他模块。

（4）Enterprise library 面板：该面板包含了面向企业服务建模使用的各种模块，如 Source 是用来创建实体的模块，可以表示用户的到达或流水线上半成品的到达等；Queue 是用户创建队列的模块，表示用户等待服务或半成品等待加工等；SelectOutput 是用户创建分支的模块，可以表示用户选择服务或半成品中接受或拒绝的分支等；Delay 是用户创建延时的模块，可以表示用户接受服务或半成品在进行加工等其他模块。

3）属性视图

AnyLogic 模型中的每一个对象类、对象（模块）都有自己的属性视图，如图 2.10.4 所示，可以通过点击 Workspace 或 ProjectView 中的对象类和对象（模块），进入它们的属性视图，对其属性进行查看和修改。在属性视图中各种属性按性质归类，不同对象的属性也不同，但一般有一下几大类：General——包含对象或类的名称（Name）、类型（Type）和主要的功能参数等；Parameter——包含描述对象特征的参数等；Advanced——多存在类或显示模块，包含一些关于类或显示模块的高级设置等；Dynamic——多存在用于显示的模块，通常包含有关动态显示的功能参数等；Description——包含了对类和对象的说明。

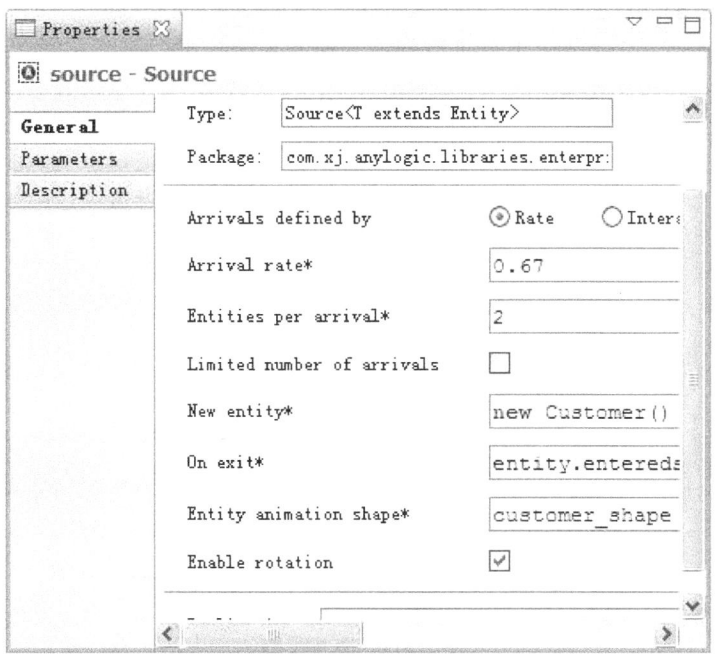

图 2.10.4　属性视图

4）错误视图

当编译或运行模型时，可能产生各种错误，发生的错误会被捕捉到错误视图中，如图 2.10.5 所示。

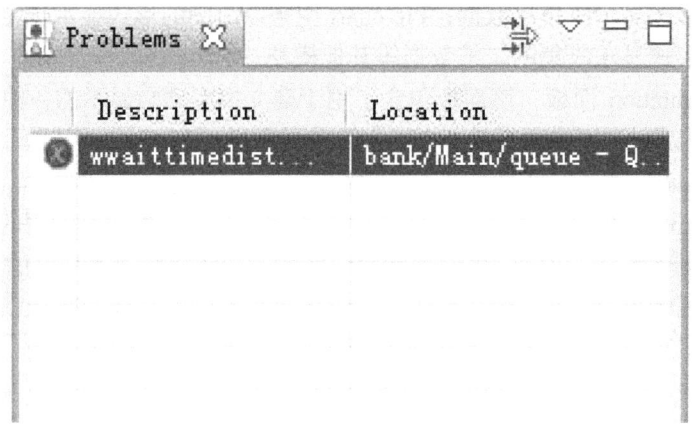

图 2.10.5　错误视图

错误视图中的记录分两列——Description 列和 Location 列展开，其中 Description 一列是对发生的错误的描述说明，而 Location 一列则给出了发生的错误的位置。如图 2.10.5 所示，发生错误的原因是 wwattimedistr can't be resoloved，即 wwattimedistr 变量或对象不能被识别；该错误产生位置在 bank/Main/queue-Queue 处，即可在模型中找到该的位置，修改此处错误。通过双击错误记录在 Properties View 定位错误；通过右击错误记录打开的菜单，也可在 Properties 中定位错误，还可以在模型的 Java 源代码中定位错误以便修改。

5）查找视图

当使用了查找（Search）工具进行查找，搜索到的结果会按照它们在模型中的位置以树形结构在查找视图（Search View）中显示出来。图 2.10.6 显示的是在名为 bank 的模型查找 connector 的结果。

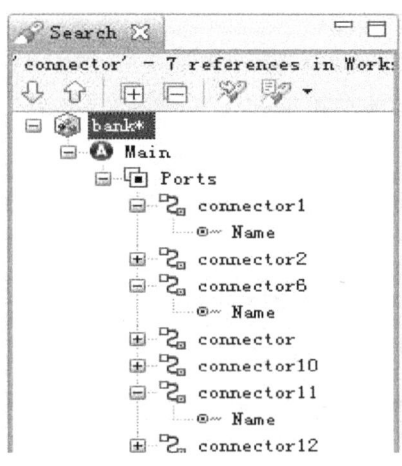

图 2.10.6　查找视图

查找视图提供一下几项工具：

（1）⇩：显示下一个搜索到的结果。

（2）⇧：显示上一个搜索到的结果。

（3）⊞：展开所有节点。

（4）⊟：合并所有节点。

（5）🔍：重新进行当前查找的搜索。

（6）🔍▾：查看历史查找。

通过双击树形结构中查找的各结果，也可在 Properties View 和 Workspace 中定位这些结果。

6）帮助视图

在使用 AnyLogic 的过程中会遇到各种问题，而帮助视图中提供有关 AnyLogic 自身结构和功能的详细介绍，还给出了各种建模的示例，对解决使用中的各种问题会有很大的帮助，如图 2.10.7 所示。

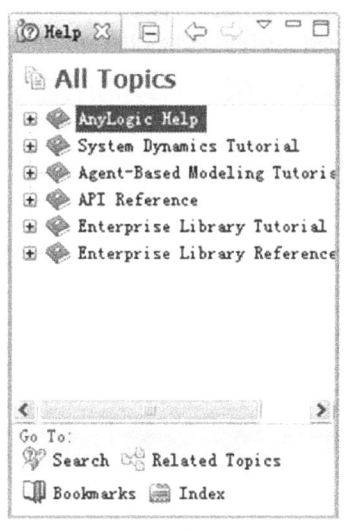

图 2.10.7　帮助视图

帮助视图提供了以下五种查看信息的面板。

（1）All Topics：在 All Topics 面板中，帮助信息按知识结构分为六大类，其中 AnyLogic Help 介绍 AnyLogic 的结构、功能和使用 AnyLogic 的基本知识；System Dynamics Tutorial 通过对示例的详细介绍系统动力学模型建模的方法；Agent-Based Modeling Tutorial 通过对示例详细介绍 agent 模型建模的方法；API Reference 对 AnyLogic 提供的应用程序接口进行了详细的说明；Enterprise Library Tutorial 通过示例详细介绍面向企业应用建模的方法。Enterprise Library Reference 给出面向企业应用建模的各种对象和模块的介绍。

（2）Search：在 Search 面板中用户可以通过输入关键字来查找所需信息。

（3）Related Topics：在 Related Topics 面板可以获得动态帮助的功能，选定其他视图（View）中的类、对象（模块）和属性，Related Topics 面板中就显示相关的介绍信息。

（4）Bookmarks：在查看帮助信息的同时，可以对信息记录进行标记（右击选中 Add Bookmarks 命令），所有做了标记的信息会展示在 Bookmarks 面板中，以便下次查看。

（5）Index：在 Index 面板中所有帮助信息按关键字的字母顺序排列以供查找，此外在 Index 面板中也提供了查找功能。

10.2 应用示例[18]

10.2.1 建立系统动力学模型

这里以 AnyLogic 的系统帮助中提供的一个经典的模型——Bass Diffusion Model 来介绍系统动力学模型建模。

Bass diffusion Model 是用来研究新产品的扩散过程，该模型认为一个新产品投入市场后，它的扩散速度主要是受到两种信息传播途径的影响：①大众传播媒介，如广告等（外部影响），它通过传播产品性能中容易得到验证的部分（如价格、尺寸、颜色和功能等）来影响产品的扩散；②口头交流，即已采用者对未采用者的宣传（内部影响），它通过传播产品某些一时难以得到验证的部分（如可靠性、使用方便性和耐久性等）来影响产品的扩散。接下来介绍如何建立该模型：

1）建立新模型

（1）点击工具栏的 ![] （New Model）按钮或 File 菜单的 New Model 命令。

（2）在弹出的 New Model 对话窗口中输入 Model 的名称、需要存放的位置（可点击 Browse 按钮浏览本地文件系统并选定要保存的地址）和所在的 Java 包（可自动生成），如图 2.10.8 所示。

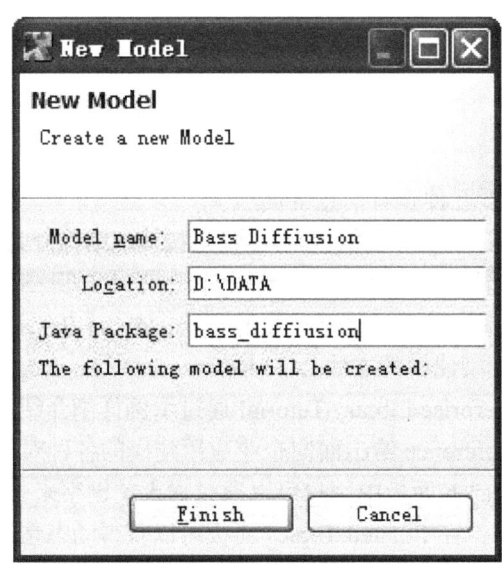

图 2.10.8　建模窗口

(3)点击 Finish 按钮,进入开发环境并完成以下各步,在建模的时候要注意保存。

2)添加 Stocks

添加两个 Stocks 模块用来描述从产品的使用者和潜在使用者的数量,如图 2.10.9 所示。

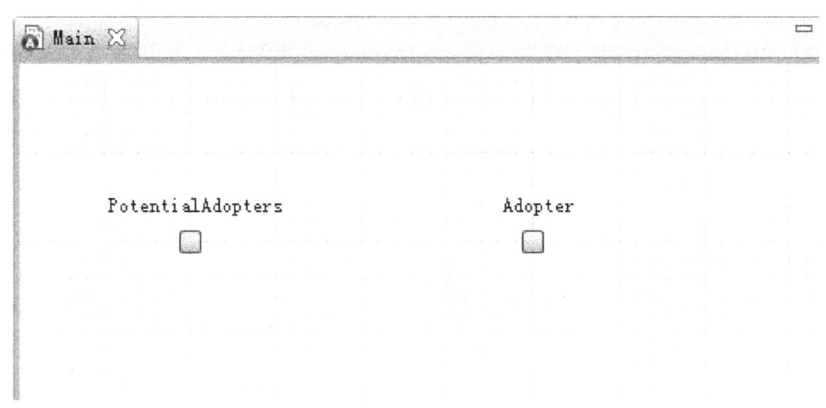

图 2.10.9　模型中的 Stocks 模块

(1)在面板视图(Palette View)中的模型面板(Model)上选中 Stock Variable 模块。

(2)将鼠标光标移动到 Workspace 中适当的位置,点击即可在此处创建一个 Stock Variable 模块,在 Workspace 中图标为一个蓝色的矩形,可通过拖动调整它的位置。

(3)单击 Workspace 中的 Stock variable 的图标,属性视图(Properties View)中会显示此 Stock Variable 的属性(属性窗口需要打开),在属性视图的 General 类属性中修改此 Stock Variable 的名称(Name)为 PotentialAdopter,表示用该模块描述产品潜在使用者的数量。

(4)同样再添加一个 Stocks Variable 模块,命名为 Adopter,表示该模块用来描述产品使用者的数量。

3)添加 Adoption Flow

在创建了两个 Stocks 分别表示产品的使用者和潜在使用者之后,需要添加一个 Flow,用来描述产品潜在使用者转变为使用者的转移过程,如图 2.10.10 所示。

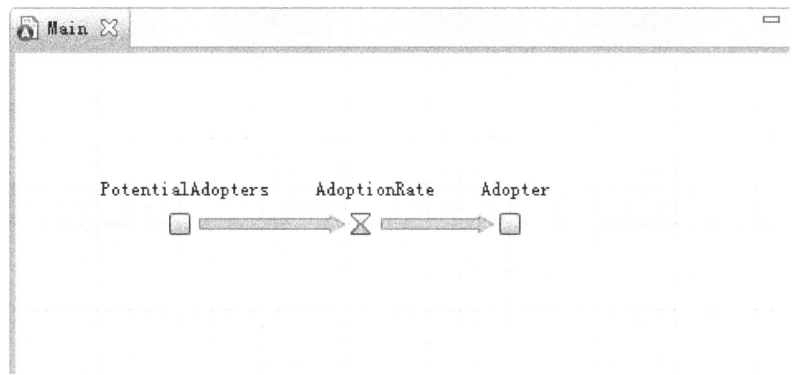

图 2.10.10　模型中的 Adoption Flow 模块

（1）在模型面板（Model）上选中 Flow/Aux variable 模块。

（2）在 Workspace 中 PotentialAdopters 和 Adopter 之间的位置，点击创建 Flow/Aux variable 模块，此时默认命名为 FlowAuxVar。

（3）在属性视图中修改 FlowAuxVar 模块的名称（Name）为 AdopterRate，表示该模块用来描述产品潜在使用者转变为使用者的转移速率。

（4）在 Workspace 中通过双击 PotentialAdopters 的图标，再点击 AdopterRate 的图标在 PotentialAdopter 和 AdopterRate 之间建立联系，表示 AdopterRate 是 PotentialAdopter 的输出流（outflow）。

（5）在 Workspace 中通过双击 AdopterRate 的图标，再点击 Adopter 的图标在 AdopterRate 和 Adopter 之间建立联系，表示 AdopterRate 是 Adopter 的输入流（inflow）。

4）添加 Constants

接下来，要添加在模型中用到的常量（Constants），此时需要创建一些 Parameter 模块来表示这些常量，如图 2.10.11 所示。

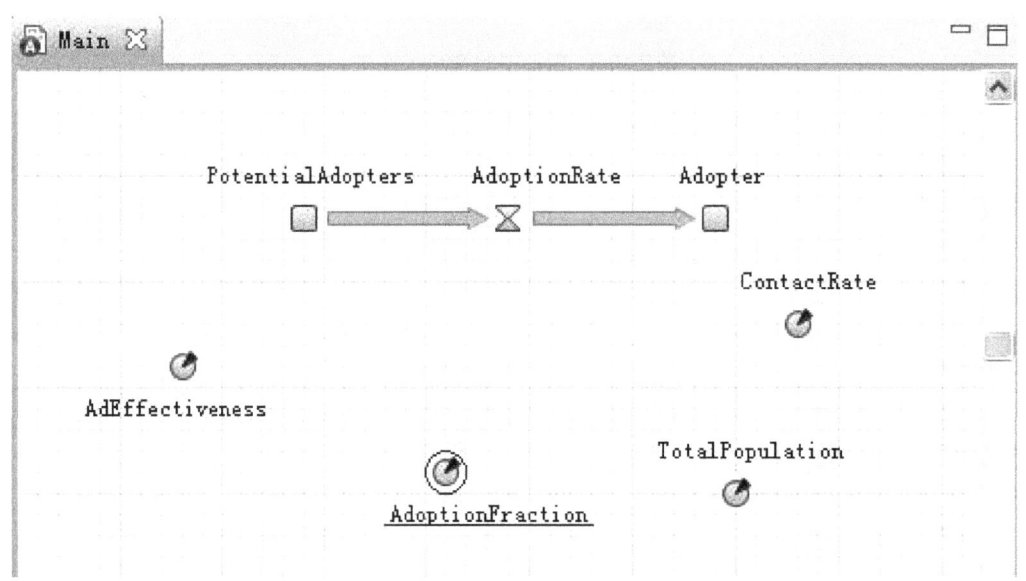

图 2.10.11　模型中的 Constants 模块

（1）在模型面板（Model）上选中 Parameter 模块。

（2）将鼠标光标移动到 Workspace 中适当的位置，点击此处创建一个 Paramater 模块，默认名为 parameter。

（3）在属性视图中将 parameter 模块的名称（Name）修改为 TotalPopulation，表示该模块用来表示总人口（TotalPopulation）这一常量，并设定它的缺省值（Default Value）为 100000，即表示的总人口数量为 100 000。

（4）采用同样的方法添加名为 ContactRate 的变量，设定它的缺省值（Default Value）为 100，表示每年有 100 人进行了接触，他们之间可以进行口头交流。

（5）同样的方法添加名为 AdEffectiveness 的变量，设定它的缺省值（Default Value）

为：0.011，表示广告在潜在使用者转化为使用者过程中的影响效果。

（6）采用同样的方法添加名为 AdoptionFraction 的变量，设定它的缺省值（Default Value）为 0.015，表示口头交流在潜在使用者转化为使用者过程中的影响效果。

5）定义 Stocks 的初始值

添加了 TotalPopulation 常量后，便可用这个常量来为 PotentialAdopter 赋初始值了，如图 2.10.12 所示。

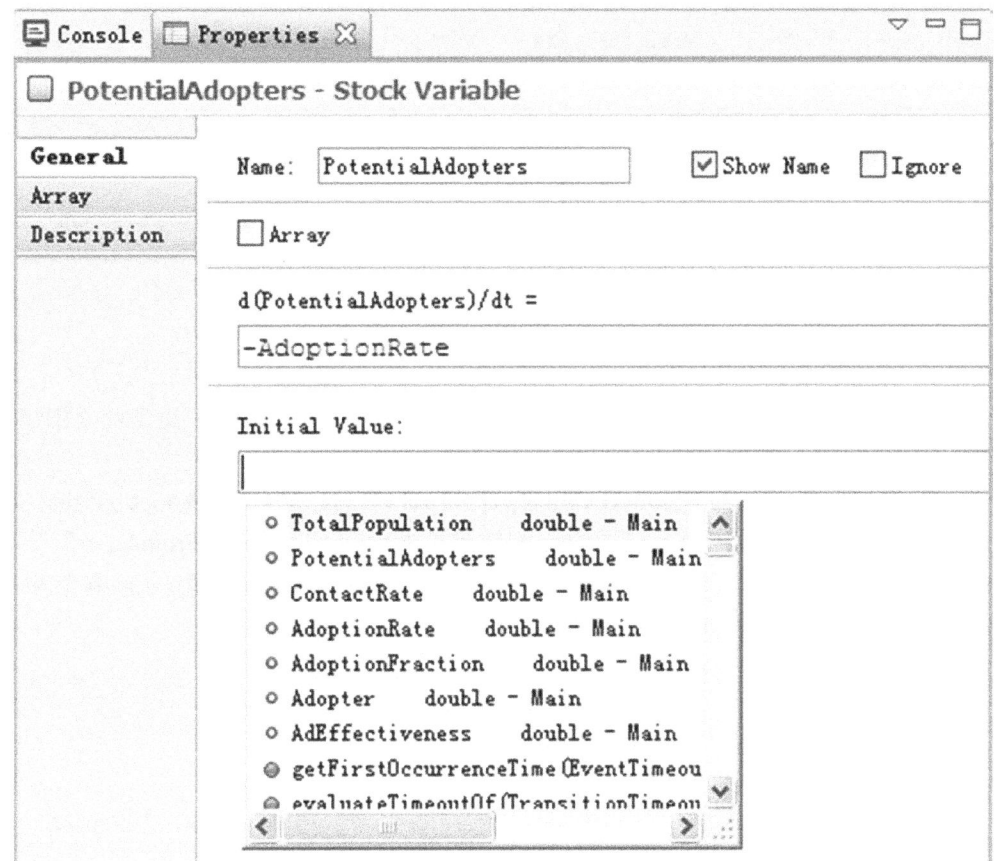

图 2.10.12　设定 Stocks 的初始值

（1）点击在 Workspace 中 PotentialAdopter 的图标，打开 PotentialAdpoter 的属性视图。

（2）设定 PotentialAdpoter 的 General 类属性中的 Initial Value 为 TotalPopulation，可以直接输入，也可通过 Ctrl+Enter 的快捷键查看 code completion 的提示，并选定 TotalPopulation double-Main 来完成。

6）添加 Auxiliaries

接下来，要添加两个 Auxiliaries，分别用来表示广告和口头交流对潜在使用者转变为使用的影响结果，如图 2.10.13。

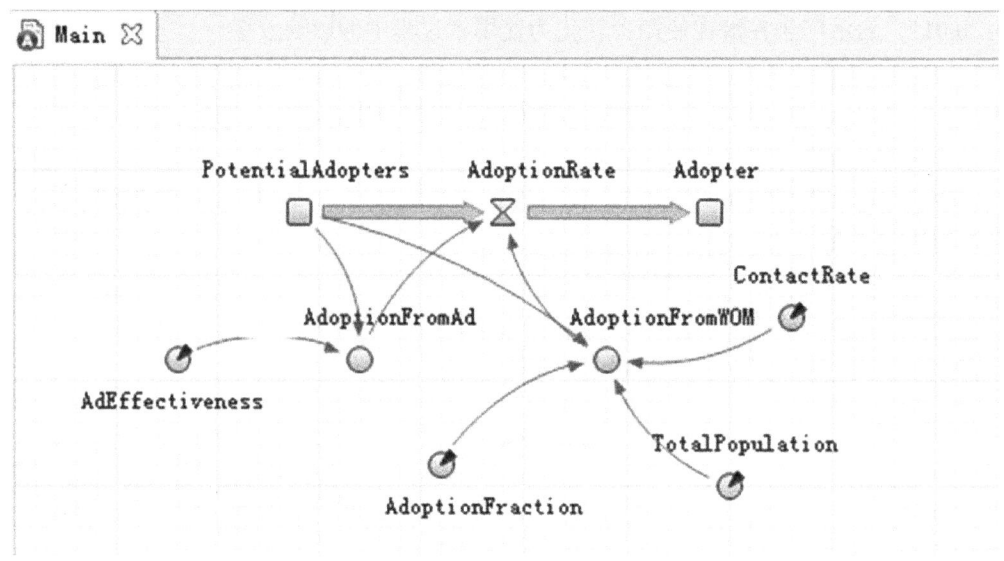

图 2.10.13　模型中的 Auxiliaries 模块

（1）在模型面板（Model）上选中 Flow/Aux variable 模块。

（2）将鼠标光标移动到 Workspace（图形编辑区）中适当的位置，点击此处创建一个 Flow/Aux variable 模块，默认名为 FlowAuxVar。

（3）在属性视图中，将 FlowAuxVar 模块的名称（Name）修改为 AdoptionFromAd，表示广告对潜在使用者转变为使用的影响结果，并设定"AdoptionFromAd ="值为 AdEffectiveness*PotentialAdopters，而广告对潜在使用者转变为使用的影响结果是 AdEffectiveness*PotentialAdopters，如图 2.10.14 所示。

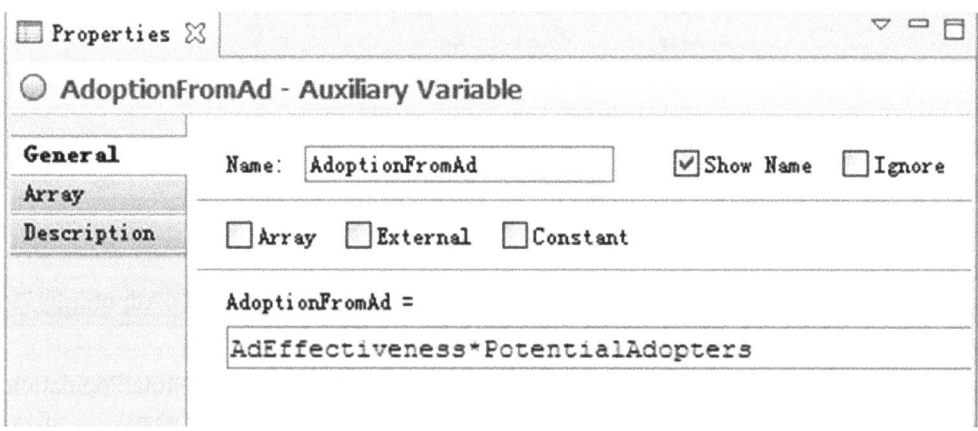

图 2.10.14　AdoptionFromAd 的属性设定

（4）采用同样的方法再添加一个 Flow/Aux variable 模块，命名为 AdoptionFromWOM，表示口头交流对潜在使用者转变为使用的影响结果，并设定"AdoptionFromWOM="值为 ContactRate*AdoptionFraction*PotentialAdopters*Adopters/TotalPopulation，该表达式的

值表示口头交流对潜在使用者转变为使用的影响结果,如图 2.10.15 所示。

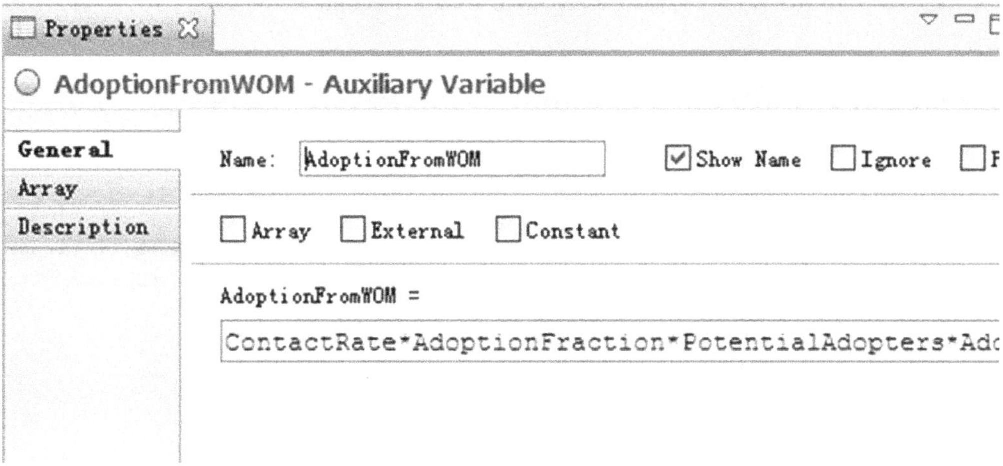

图 2.10.15 AdoptionFromWOM 的属性设定

(5)创建了 AdoptionFromAd 和 AdoptionFromWOM 之后,便可用它们为 AdopterRate 赋值了。点击在 Workspace 中 AdopterRate 的图标,打开 AdopterRate 的属性视图,并设定"AdoptionRate="的值为 AdoptionFromAd+AdoptionFromWOM,表示潜在使用者转变为使用者的数量是受广告影响而转变和受口头交流影响而转变这种数量之和,如图 2.10.16 所示。

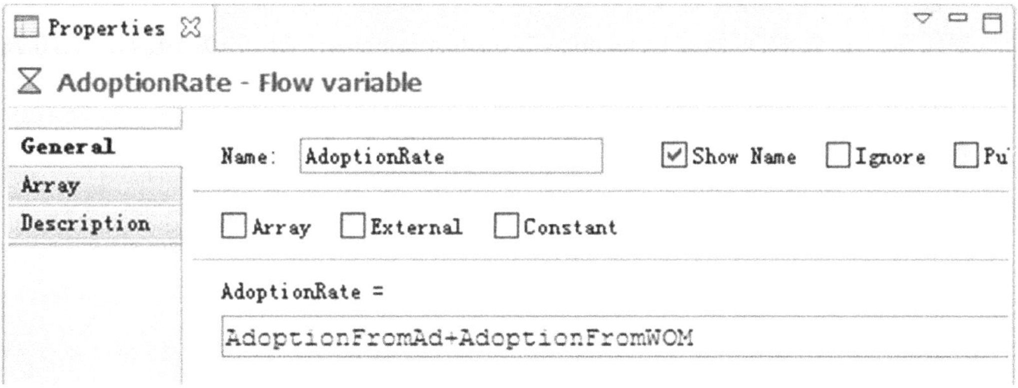

图 2.10.16 AdoptionRate 的属性设定

7)添加 Charts

(1)在分析面板(Analysis)上选中 DataSet 模块。

(2)将鼠标光标移动到 Workspace 中适当的位置,点击此处创建一个 DataSet 模块,默认名为 DataSet。

(3)在属性视图中修改 DataSet 模块的名称(Name)为 PotentialAdoptionDs,表示该数据集合是用来收集不同时刻潜在用户的数目,并设定"Vertical axis value ="值为 PotentialAdopters,表示该集合 Y 维的数据是潜在使用者的数量,并选定"Use time as horizontal axis value",表示用时间作为该集合 X 维的数据;此外,因为要运行 10 个时间单元,所以要保存 10 组数据,可修改 Keep up to 10 latest samples 中的 100 为 10,如图 2.10.17 所示。

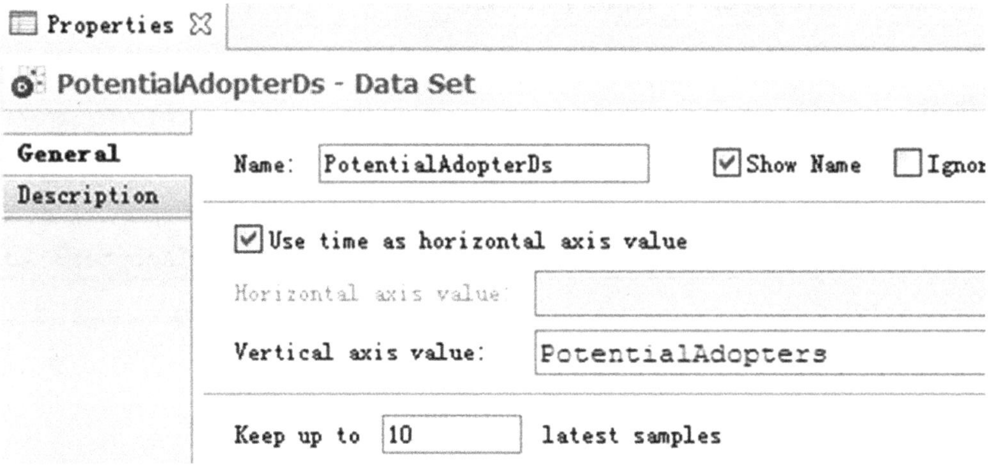

图 2.10.17　PotentialAdopterDs 的属性设定

(4)采用同样的方法再添加一个 DataSet 模块,命名为 AdopterDs,表示该数据集合是用来收集不同时刻使用者的数目,并设定 "Vertical axis value =" 的值为 Adopters,表示该集合 Y 维的数据是潜在使用者的数量,并选定 "Use time as horizontal axis value",表示用时间作为该集合 X 维的数据;此外,因为要运行 10 个时间单元,所以要保存 10 组数据,可修改 Keep up to 100 latest samples 中的 100 为 10,如图 2.10.18 所示。

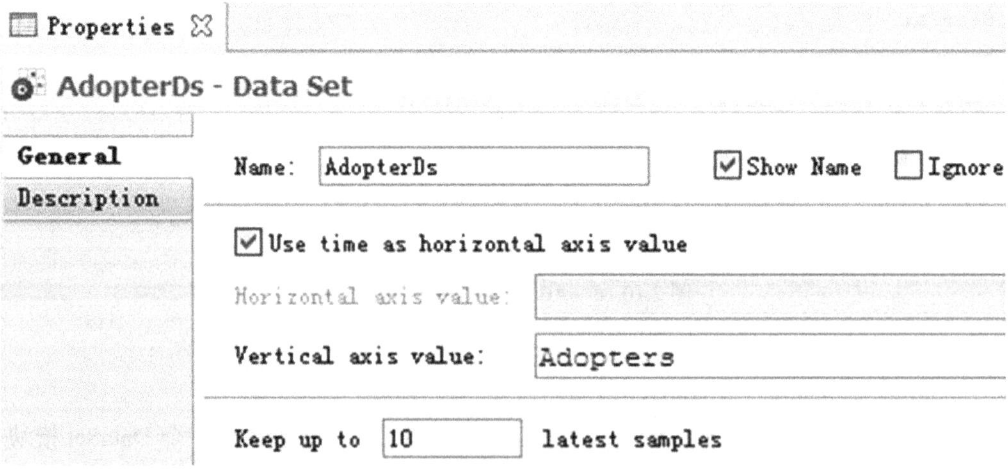

图 2.10.18　模型中的 AdopterDs 模块

(5)在分析面板(Analysis)上选中 Time plot 模块。
(6)在 Workspace(图形编辑区)中适当的位置,用鼠标左键点击此处创建一个

Time plot 模块，默认名为 Time plot，通过拖动调整其位置和大小。

（7）在属性视图中，将 Time Plot 模块的名称（Name）修改为 Bass_Diffusion，表示该折线图用来描述 Bass diffusion 模型的运行结果，并根据模型运行的时间长度（10 个时间单元）修改 Time Window 的属性值为 10，表示图形要显示 10 组数据。

（8）在属性视图中单击 Add Data Set，为该折线图添加一条用来显示一组数据的数据线，修改 Title 属性为 PotentialAdopter，DataSet 属性为 PotentialAdopterDs，表示这条名叫 PotentialAdopter 的数据线是用来描述潜在用户数量的，修改其他属性，如 Point Style 等可改变数据线的外观显示。

（9）采用同样的方法添加一条用来显示用户数量的数据线，设定它的 Title 属性值为 Adopter，DataSet 属性为 AdopterDs，并相应调整它的外观显示，如图 2.10.19 所示。

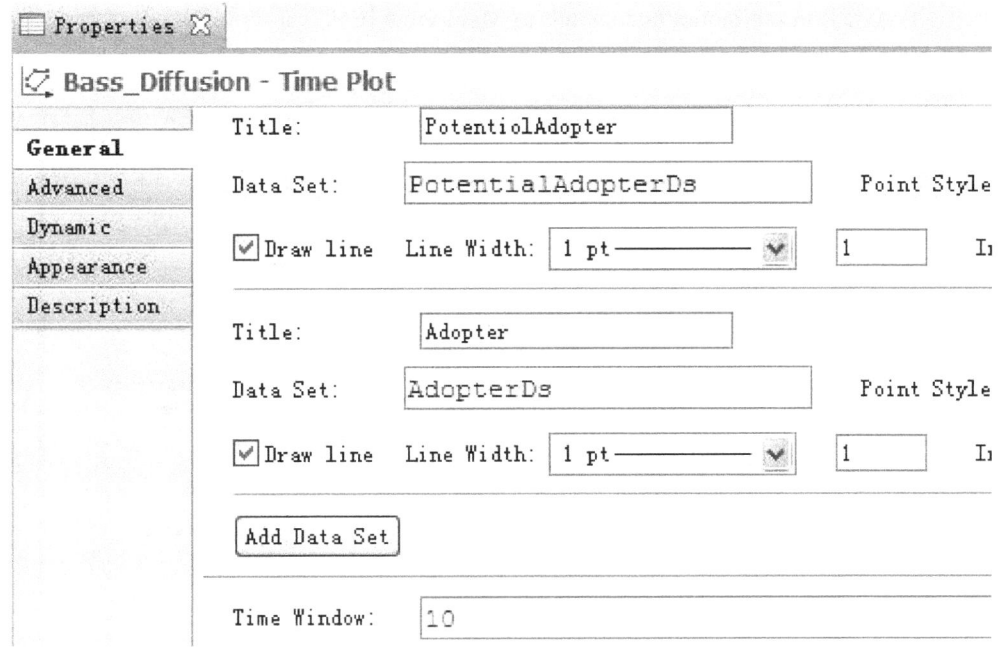

图 2.10.19　AdopterDs 外观显示的设定

8）设置运行参数

单击工程视图（Project View）的 Bass Diffusion 模型的 Simulation：Main 对象，打开它的属性视图，修改 Model Time 类属性中的 Stop time 的值为 10，让模型运行 10 个时间单元，选定 Presentation 类属性中的 Execution Mode 为 Real time with scale，并调整它的值为 1，表示运行时每秒运行模型中的 1 个时间单元。

9）运行模型

（1）点击工具栏中的 Build Model 编译模型，并修改错误。

（2）点击工具栏中的 Run 运行模型，会打开运行窗口，如图 2.10.20 所示。

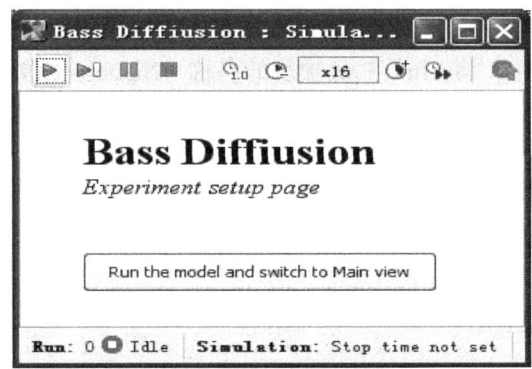

图 2.10.20 运行窗口

(3) 点击 Run the model and switch to Main view 按钮，运行模型，其运行结果如图 2.10.21 所示。

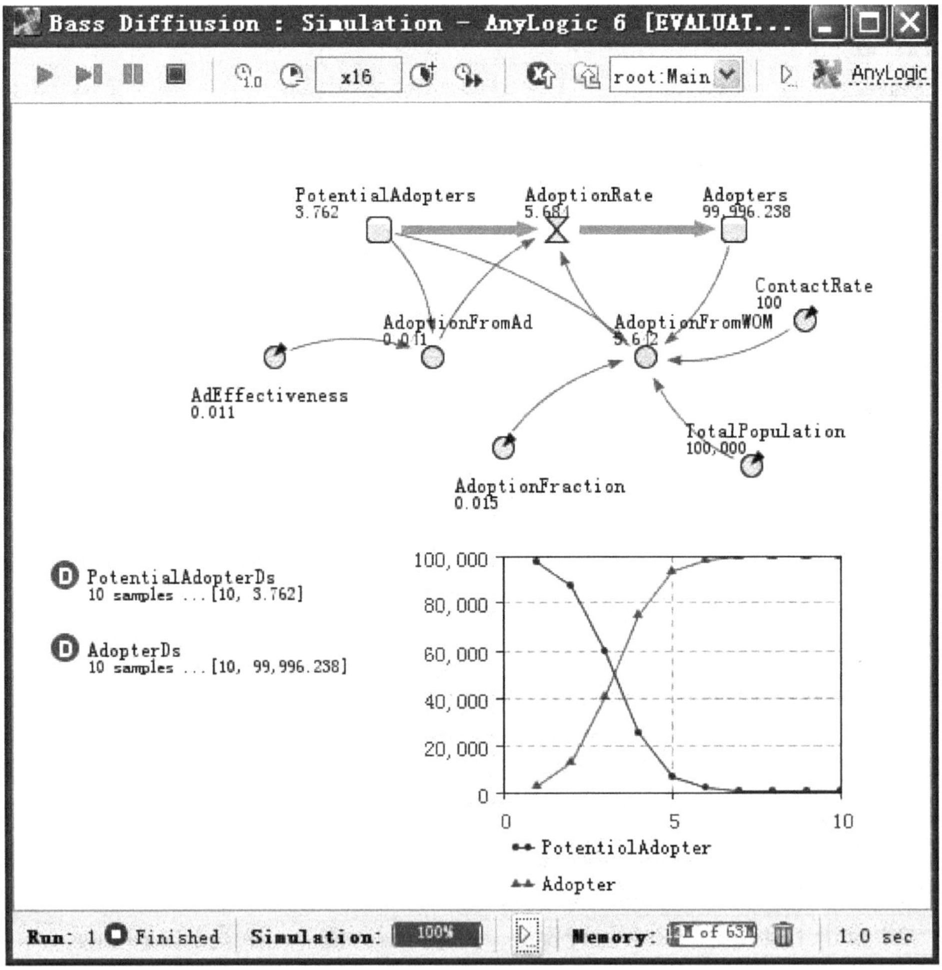

图 2.10.21 模型的运行结果

10.2.2 建立多 Agent 模拟模型

此处仍以 Bass Diffusion 模型为例介绍如何使用 AnyLogic 建立多 Agent 模拟模型。

1）建立新模型

建立一个新模型，命名为 Bass Diffusion Agent Based。

2）创建 Agents

多 Agent 模拟模型是由 Agent 和它们的运行环境构成，所以建立 Agent 模拟模型，首先要做的是建立 Agent，每一个 Agent 都依据给定的规则与其他 Agent 相互作用，这种相互作用综合起来便表现为系统的整体行为。

在这个模型中每个 Agent 代表一个人，受广告和口头交流的影响，由产品的潜在使用者转变为产品的使用者。建模步骤如下：

（1）为 Agent 创建活动对象类（active object class）：右击工程视图（Project View）中的 Bass Diffusion Agent Based 模型打开它的右键菜单，运行 new|new active object class 命令打开 new active object class 对话窗，将 new active object 命名为 Person，点击 Finish 按钮建立活动对象类。

（2）建立了 Person 活动对象类之后，该对象类会自动添加到工程视图的 Bass Diffusion Agent Based 模型下，在工程视图中选中 Person 活动对象类，打开它的属性视图，在 General 类属性中选定"Agent"，表示这个对象类是 Agent 类。

（3）在工程视图中选中 Main 对象类，在 workspace 中打开它，拖动工程视图中 Person 到 workspace 中，表示在 Main（表示环境）中创建了 Person 的模块（对象），默认名为 Person，在属性视图修改 Person 对象的属性 Name 为 people，并设定 Replication 属性的值为 1 000，表示创建 1 000 个 person 类的对象 People，如图 2.10.22 所示。

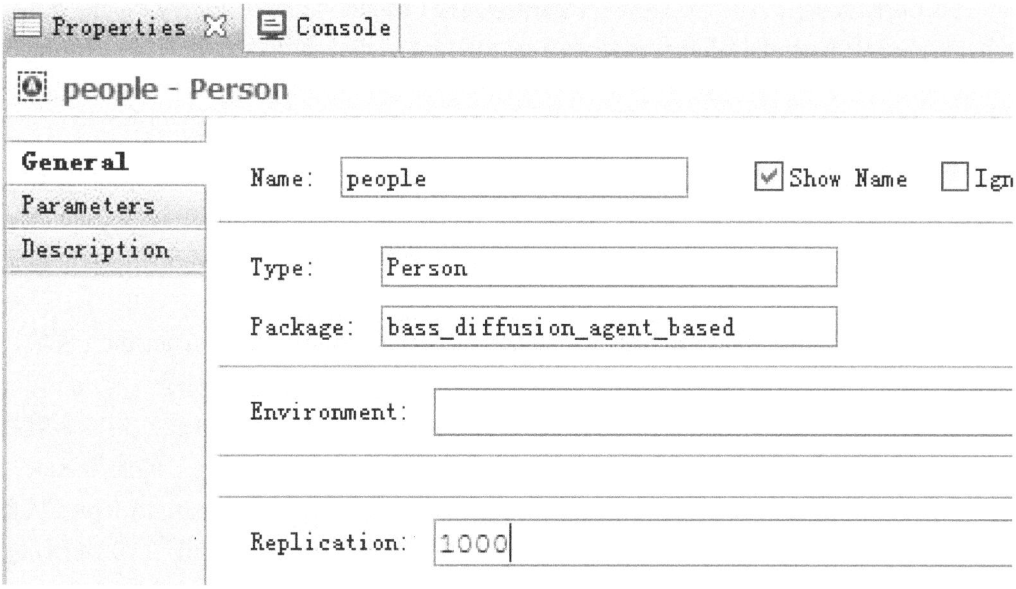

图 2.10.22 模型中的 person 类

3)设置广告影响规则

(1)在工程视图中选中 Person 对象类,在 workspace 中打开它,在面板视图(Palette View)中的模型面板(Model)上选中 State 模块,选着 workspace 中适当的位置,点击即可在此处创建一个 State 模块,默认名为 State,在属性视图(Properties View)中修改 State 的名称(Name)为 PotentialAdopter,表示用该模块描述潜在使用者的状态,即处于该状态的 Agent 都是潜在使用者,如图 2.10.23 所示。

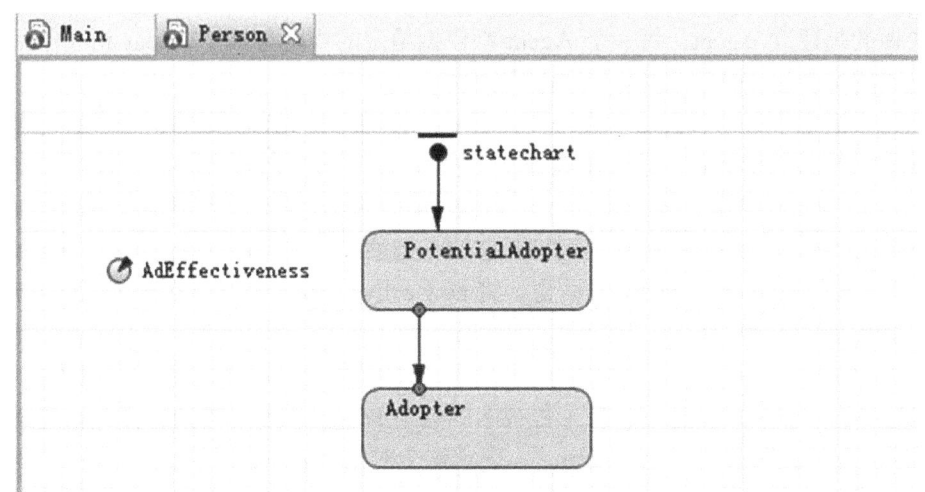

图 2.10.23　模型中的 State 模块

(2)同样在 PotentialAdopter 模块下方添加一个 State 模块,命名为 Adopter,表示该模块用来描述产品使用者的状态,即处于该状态的 Agent 都是使用者。

(3)在面板视图(Palette View)中的模型面板(Model)上选中 Entery Pointer 模块,在 workspace 中 PotentialAdopter 模块上方适当的位置,点击即可在此处创建一个 Entery Pointer 模块,描述 Agent 的初始行为,用来表示 Agent 在初始阶段会进入 PotentialAdopter 的状态。

(4)在模型面板(Model)上选中 Parameter 模块;在 Workspace 中适当的位置,点击此处创建一个 Paramater 模块,默认名为 parameter;在属性视图中修改 parameter 模块的名称(Name)为 AdEffectiveness,表示该模块用来表示广告对潜在使用者的影响效果这一常量,并设定它的缺省值(Default Value)为 0.011。

(5)在面板视图(Palette View)中的模型面板(Model)上选中 Transition 模块,在 workspace 中 PotentialAdopter 模块和 Adopter 模块之间的位置,点击创建一个 transition 模块将 PotentialAdopter 模块和 Adopter 模块连接起来,用来表示 Agent 受广告的影响从 PotentialAdopter 状态转变为 Adopter 状态,并设定属性"Triggered by:"的值为 Rate,属性"Rate:"的值为 AdEffectiveness,表示 Agent 受广告的影响从 PotentialAdopter 状态转变为 Adopter 状态的发生是服从概率的,概率值是广告影响效果,如图 2.10.24 所示。

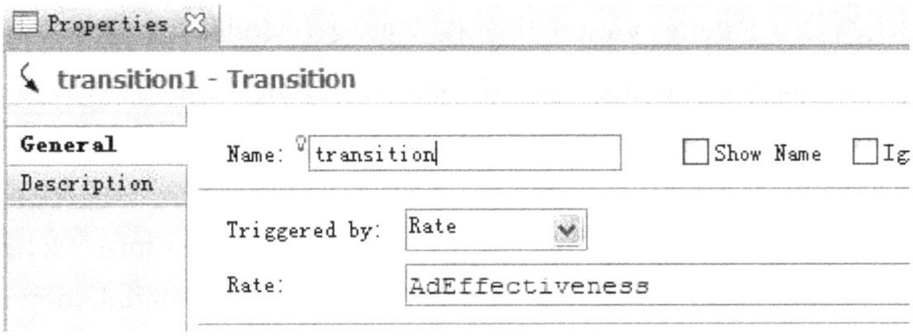

第 10 章 模拟工具——AnyLogic

图 2.10.24 模型中的 Transition 模块

4）设置口头交流影响规则

（1）在工程视图中选中 Main 对象类，在 workspace 中打开它，在模型面板（Model）上选中 Environment 模块；选着 workspace 中适当的位置，点击此处创建一个 Environment 模块，点击 workspace 中的 people 模块，打开它的属性，设定属性"Environment"的值为：environment，表示人们进行交流的环境（范围）是所有 Agent。

（2）在工程视图中选中 Person 对象类，在 workspace 中打开它，在模型面板（Model）上选中 Parameter 模块；选着 workspace（图形编辑区）中适当的位置，点击此处创建一个 Paramater 模块，默认名为 parameter；在属性视图中，将 parameter 模块的名称（Name）修改为 ContactRate，并设定它的缺省值（Default Value）为 100，该模块用来表示每年有 100 个人见面进行口头交流。

（3）同样添加另一个 Paramater 模块，命名为 AdoptionFraction，设定它的缺省值（Default Value）为 0.015，该模块用来表示口头交流对潜在使用者变为使用者这一转化过程的影响效果。

（4）在面板视图（Palette View）中的模型面板（Model）上选中 Transition 模块，在 workspace 中 Adopter 模块上，点击创建一个 Transition 模块将 Adopter 模块的两条边连接起来，用来表示处于 Adopter 状态的 Agent 会通过口头传递信息，并设定属性"Triggered by:"的值为 Rate，设属性"Rate:"的值为 ContactRate * AdoptionFraction，表示口头传递信息发生是服从概率的，概率值取决于人们见面的概率和口头交流的影响效果，设属性"Action:"的值为 send("Buy!", RANDOM)；用来描述产生效果的口头信息交流，如图 2.10.25 所示。

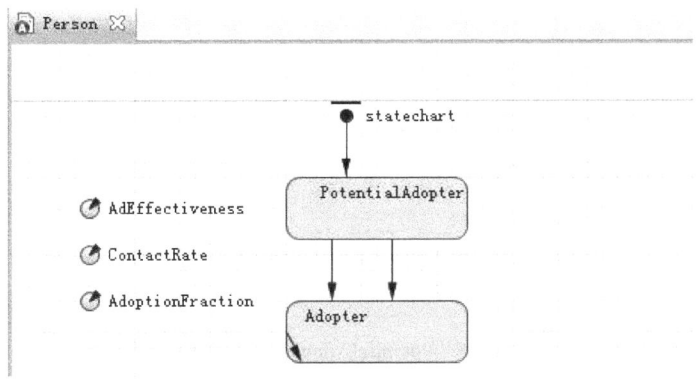

图 2.10.25 设定了口头交流影响的模型

(5)在面板视图（Palette View）中的模型面板（Model）上选中 Transition 模块，在 workspace 中 PotentialAdopter 模块和 Adopter 模块之间的位置，点击创建一个 Transition 模块将 PotentialAdopter 模块和 Adopter 模块连接起来，用来表示 Agent 受口头交流的影响从 PotentialAdopter 状态转变为 Adopter 状态，并设定属性"Triggered by："的值为 Message，属性"Message type"的值为 String，属性"Fire transition："的值为 If message equals ："Buy!"，表示接受了有效口头交流的 Agent 会从 PotentialAdopter 状态转变为 Adopter 状态。

(6)在工程视图中选中 Person 对象类，打开它的属性视图，在它的属性视图中，设定 Agent 类的"On message received："属性的值为 statechart.fireEvent(msg)，表示当收到消息后，将消息传递给相应的 Agent(对象)，以便 Agent 处理消息。

5）设置数据的统计和显示

(1)在工程视图中选中 Main 对象类，在 workspace 中打开它，在模型面板（Model）上选中 Plain Variable 模块；选着 workspace 中适当的位置，点击此处创建一个 Plain Variable 模块，默认名为 plainVar，在属性视图中，将它的名字（name）改为 PotentialAdopter，该模块是表示潜在使用者数量的一个变量。

(2)同样添加一个 Plain Variable 模块，命名为：Adopter，该模块是表示使用者数量的一个变量。

(3)在工程视图中选中 Person 对象类，在 workspace 中打开它，单击 PotentialAdopter 模块打开它的属性视图，设定"Entry action："属性的值为：get_Main().PotentialAdopter++，"Exit action："属性的值为 get_Main().PotentialAdopter--，分别表示当有 Agent 变为 PotentialAdopter 状态时，Main 对象类的中用于记录潜在使用者的变量（Potential Adopter）的值加 1，如有 Agent 的由 PotentialAdopter 状态变为其他状态（Adopter 状态）时，Main 对象类中用于记录潜在使用者的变量（Potential Adopter）的值减 1，如图 2.10.26 所示。

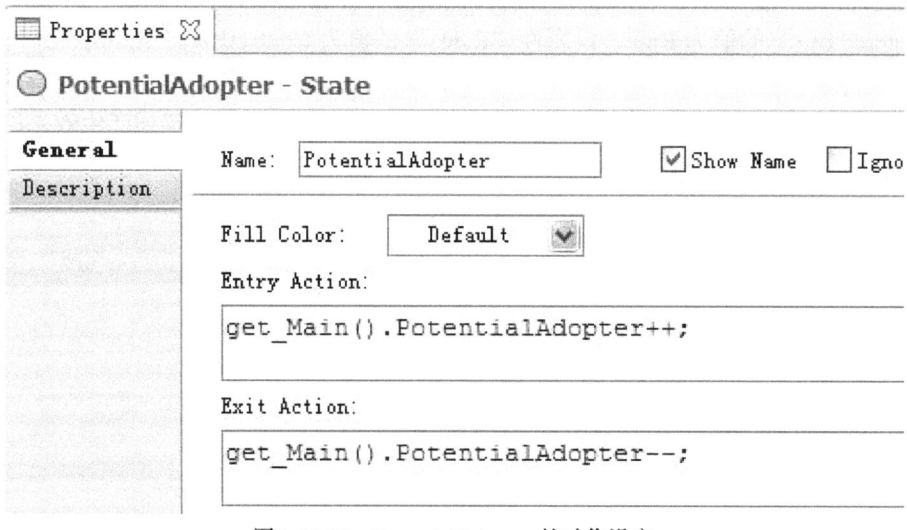

图 2.10.26　PotentialAdopter 的动作设定

（4）同样地设定 Person 对象类中 Adopter 模块的属性值，其中"Entry action："属性的值为 get_Main().Adopter++；"Exit action："属性的值为 get_Main().Adopter--；分别表示当有 Agent 变为 Adopter 状态时，Main 对象类中用于记录潜在使用者的变量（Adopter）的值加 1，如有 Agent 由 Adopter 状态变为其他状态时，Main 对象类中用于记录潜在使用者的变量（Adopter）的值减 1。

（5）在工程视图中选中 Main 对象类，在 workspace 中打开它，添加两个数据集合（Data Set）模块和一个折线图（Time plot）用来显示模型的数据，如图 2.10.27 所示，这三个模型与建立系统动力学模型时一样，相关操作可参照前文介绍。

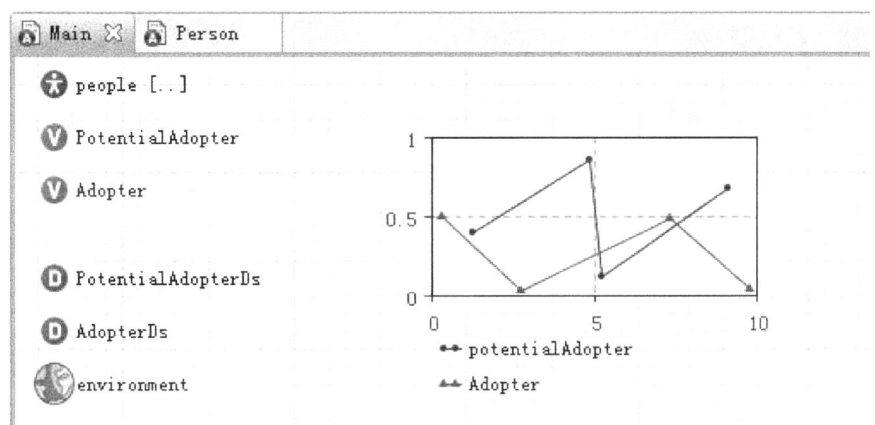

图 2.10.27　模型中的显示模块

（6）最后设置模型的运行参数并运行模型，此处与建立系统动力学模型时一样，相关操作可参照前文介绍，模型的运行结果如图 2.10.28 所示。

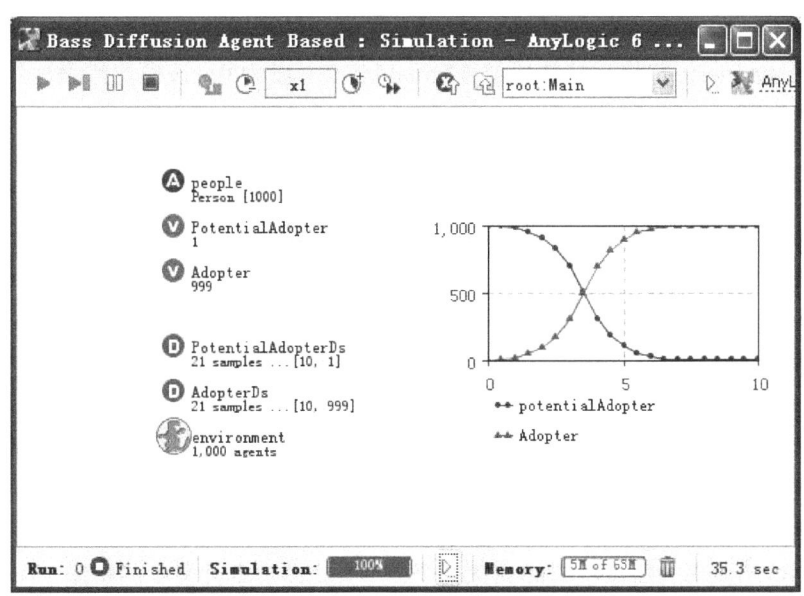

图 2.10.28　模型的运行结果

10.2.3 建立离散事件模拟模型

这里通过建立一个简单而经典的离散事件模型——排队系统,来介绍如何使用 AnyLogic 建立离散事件模型。

这个简单的排队系统研究的是顾客使用 ATM 取款这一现象,模型描述如下:顾客按一定的概率到达自助银行(假定其中只有一台 ATM 机)取款,如果 ATM 机空闲,他直接取款,取款时间服从一定的概率分布,取款结束后离开,如果 ATM 机正在被使用,他就观察等待队列,如果队列长度大于 3 人,他选择离开,否者他加入队列等待,等待队列的人按 FIFO 规则使用 ATM 取款,同样取款结束后离开。

1)建立新模型

(1)点击工具栏的 按钮或 File 菜单的 New Model 命令。

(2)在弹出的 New Model 对话窗口中输入 Model 的名称 DES、需要存放的位置(可点击 Browse 按钮浏览本地文件系统并选定要保存的地址)和所在的 Java 包(可自动生成)。

(3)点击 Finish 按钮,进入开发环境并完成以下各步,在建模的时候要注意保存。

2)添加变量

在模型中要使用或统计一些数据,如到达的顾客总数(NOofCustomter)、队列中的人数(queue)、流失的顾客数——那些因队列过长而离开的顾客数(Leak)、已经取款的顾客数(ser)、正在取款的顾客数(At_Service),以及用来描述 ATM 机的状态量(ATM_1),其中最后两个变量在本系统中作用不大,但是考虑到模型的可扩展性(如扩展模型以适应有多台 ATM 机的系统),因此仍然在建模时添加了这两个变量。

(1)在工程视图中选中 EDS 模型的 Main 对象类,在 Workspace 中打开它,在模型面板(Model)上选中 Plain Variable 模块;在 workspace 中适当的位置,点击此处创建一个 Plain Variable 模块,默认名为:plainVar,在属性视图中,将它的名字(name)改为:NOofCustomter,并将它的初始值(Initial Value)设为 0,该模块是表示到达的顾客总数的一个变量。

(2)采用同样的方法添加变量 queue、变量 Leak、变量 At_Service、变量 ser 和变量 ATM_1,如图 2.10.29 所示,其中 ATM_1 的初始值(Initial Value)设为:1,其他变量的初始值(Initial Value)设为 0,各个变量的意义与上文说明相同。

3)添加事件

在这个系统中主要有以下几类事件:顾客的到达(CustomerArrive)、顾客到达后进入队列等待(Wait)、顾客到达后直接使用 ATM 取款(Service_dir)、队列中的顾客使用 ATM 取款(Service_indir)和顾客取款后离开(Leave)。

(1)在工程视图中选中 EDS 模型的 Main 对象类,在 Workspace 中打开它,在模型面板(Model)上选中 Event 模块;在 Workspace 中适当的位置,点击此处创建一个 Event 模块,默认名为 event,在属性视图中,将它的名字(name)改为 CustomerArrive,这里假定顾客到达的概率为每单位时间到达一个,并据此设定事件发生的机制(Trigger type)为 Rate,概率 Rate 为 1。

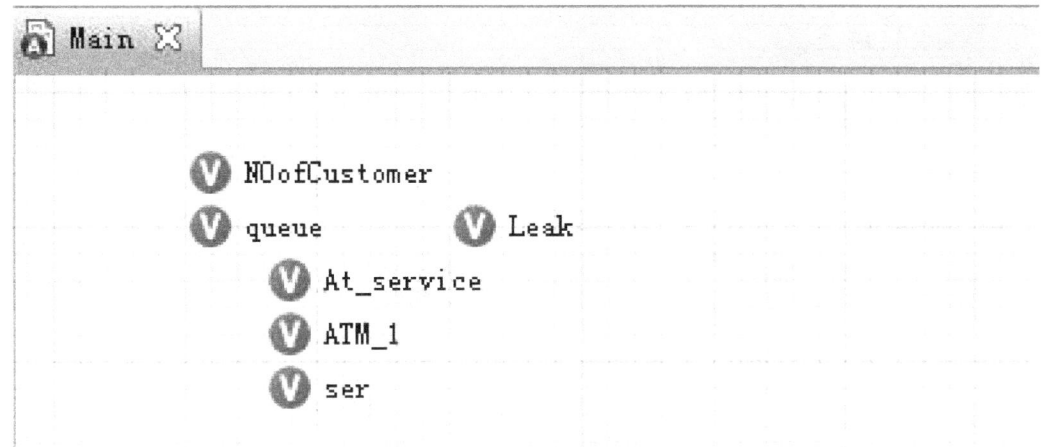

图 2.10.29　模型中的变量

（2）同样的方法建立事件 Service_dir，用来描述用户到达后直接使用 ATM 取款的事件，由于该事件的发生是由 CustomerArrive 事件引起的，所以设定该事件的发生机制（Trigger type）为 Timeout，模式（Mode）为 User Control。

（3）采用同样的方法建立事件 Wait，描述用户到达后进入队列等待的事件，由于该事件的发生是由 CustomerArrive 事件引起的，所以设定该事件的发生机制（Trigger type）为 Timeout，模式（Mode）为 User Control。

（4）采用同样的方法建立事件 Service_indir，描述在队列等待的用户使用 ATM 取款的事件，由于该事件的发生是由 Leave 事件引起的，所以设定该事件的发生机制（Trigger type）为 Timeout，模式（Mode）为 User Control。

（5）采用同样的方法建立事件 Leave，描述用户使用 ATM 取款后离开的事件，由于该事件的发生是由 Service_indir 和 Service_dir 事件引起的，所以设定该事件的发生机制（Trigger type）为 Timeout，模式（Mode）为 User Control。

（6）在 Workspace 点击 CustomerArrive 事件模块打开它的属性视图，在它的"Action:"属性值中为该事件添加动作，即该事件发生时系统要进行的操作，CustomerArrive 事件的动作为：每当有顾客到达，统计到达顾客的变量就加 1，同时检查等待队列的长度，如果等待队列的长度大于（等于）3 人就离开，否则就加入队列，如果此时队列中没人，且 ATM 无人使用，就直接使用 ATM 取款，如图 2.10.30 所示。

（7）采用同样的方法添加 Service_dir 事件的动作：当顾客到达后直接使用 ATM 取款时，ATM_1 的状态变为忙，At_service 的值加 1；在一定时间后触发顾客离开的事件（Leave）；这一时间为顾客取款的用时，这里假定其为服从 1~1.4 个时间单位的均匀分布（uniform(1, 1.4)），如图 2.10.31 所示。

（8）同样的方法添加 Wait 事件的动作：当顾客到达后进入等待队列等待，等待队列的长度（queue）加 1，如图 2.10.32 所示。

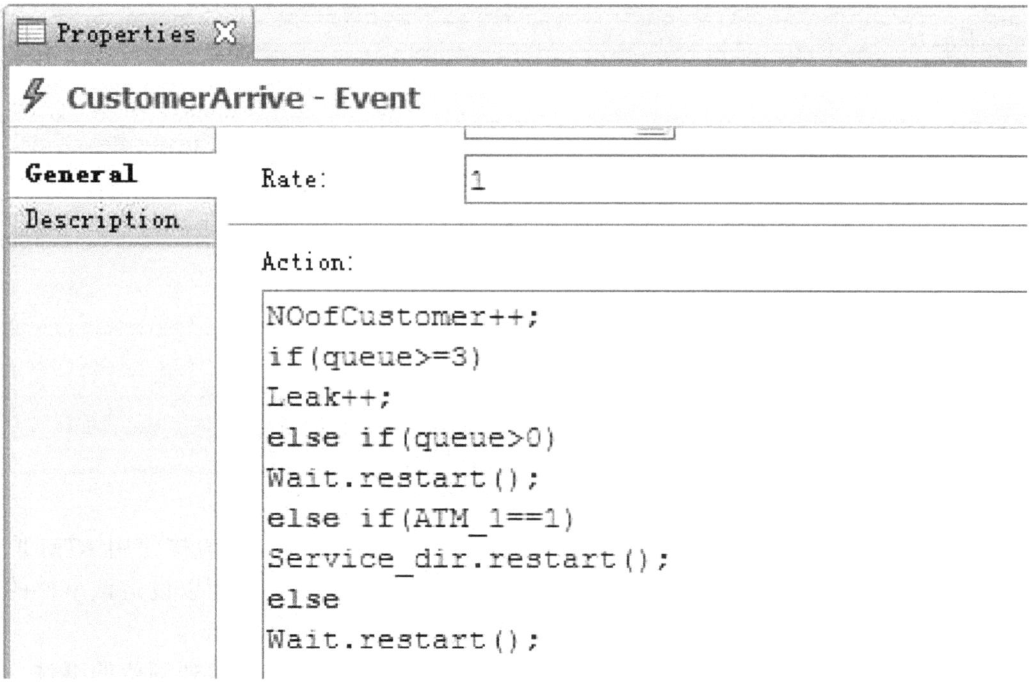

Properties

CustomerArrive - Event

General
Description

Rate: 1

Action:
```
NOofCustomer++;
if(queue>=3)
Leak++;
else if(queue>0)
Wait.restart();
else if(ATM_1==1)
Service_dir.restart();
else
Wait.restart();
```

图 2.10.30　CustomerArrive 事件的动作

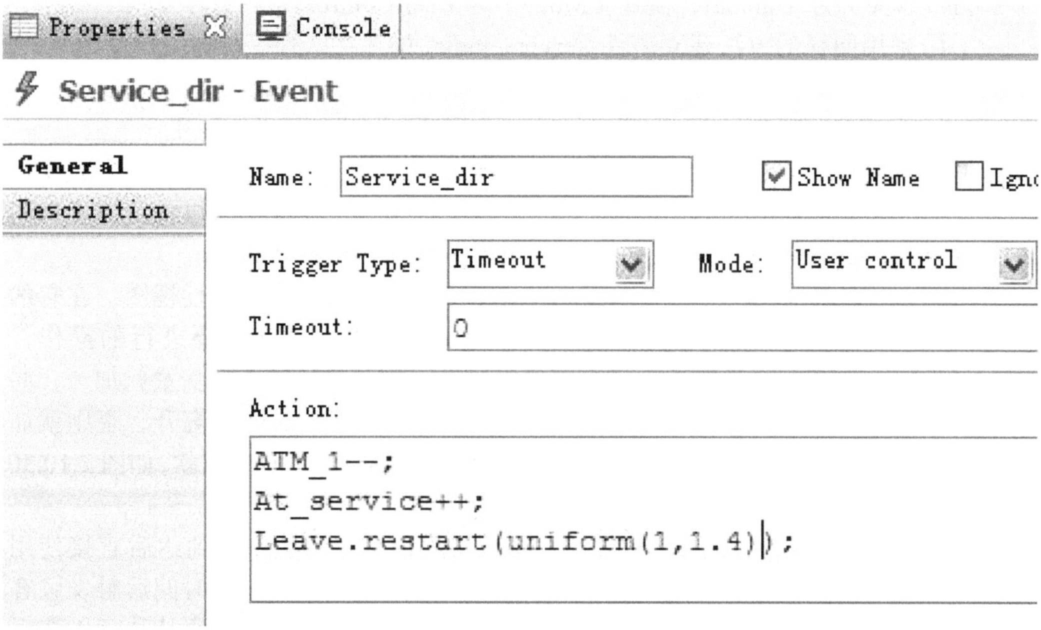

Properties　**Console**

Service_dir - Event

General
Description

Name: Service_dir　　☑ Show Name　　☐ Igno

Trigger Type: Timeout　　Mode: User control

Timeout: 0

Action:
```
ATM_1--;
At_service++;
Leave.restart(uniform(1,1.4));
```

图 2.10.31　Service_dir 事件的动作

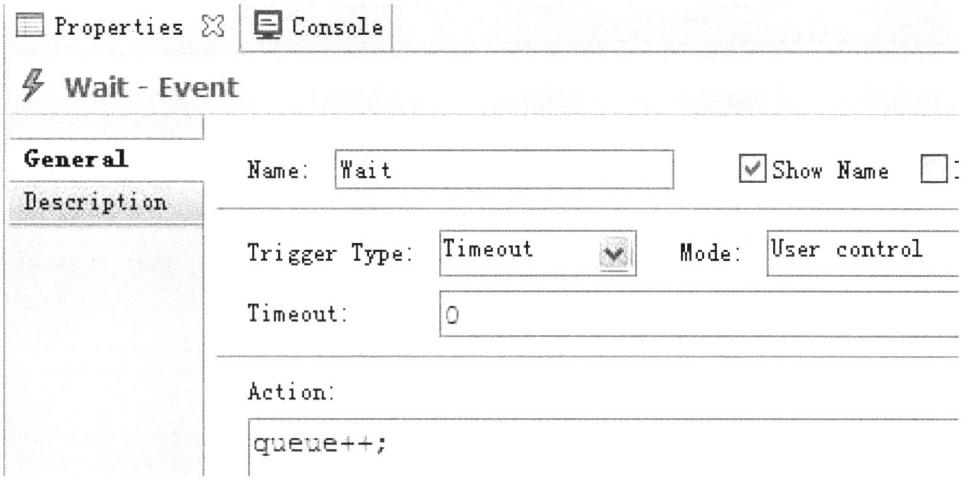

第 10 章 模拟工具——AnyLogic

图 2.10.32 Wait 事件的动作

（9）同样的方法添加 Service_indir 事件的动作：当等待队列中的顾客使用 ATM 取款时，等待队列的长度（queue）减 1，ATM_1 的状态变为忙，At_service 的值加 1；在一定时间后触发顾客离开的事件（Leave），如图 2.10.33 所示。

图 2.10.33 Service_indir 事件的动作

（10）同样的方法添加 Leave 事件的动作：当顾客使用 ATM 取款后离开时，ATM_1 的状态变为空闲，接受服务的顾客数（ser）的值加 1；如果等待队列中有人，触发 Service_indir 事件，如图 2.10.34 所示。

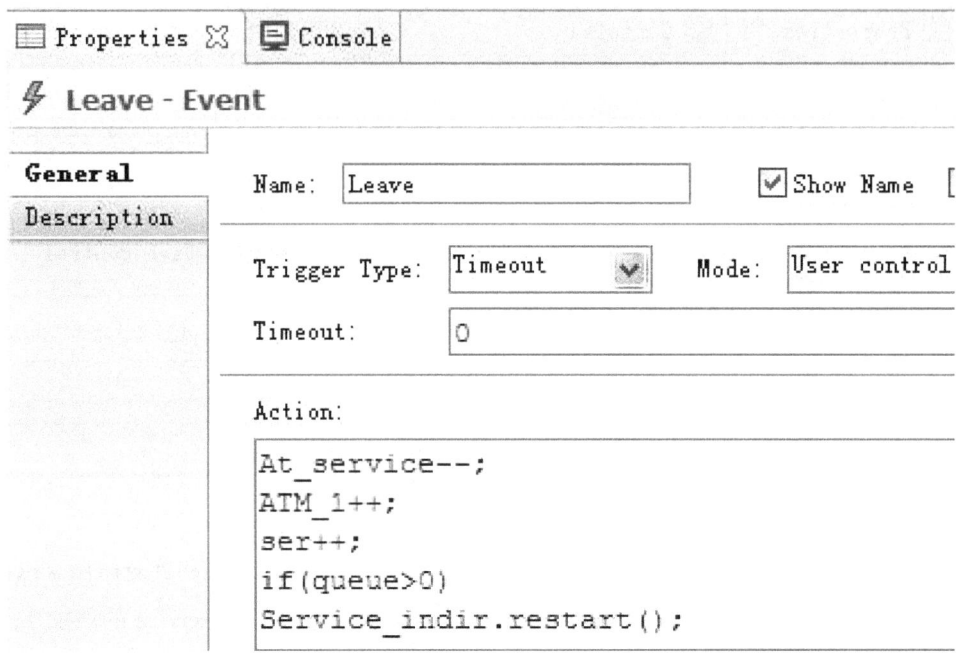

图 2.10.34　Leave 事件的动作

最后设置模型的运行参数，模型的运行结果见图 2.10.35。

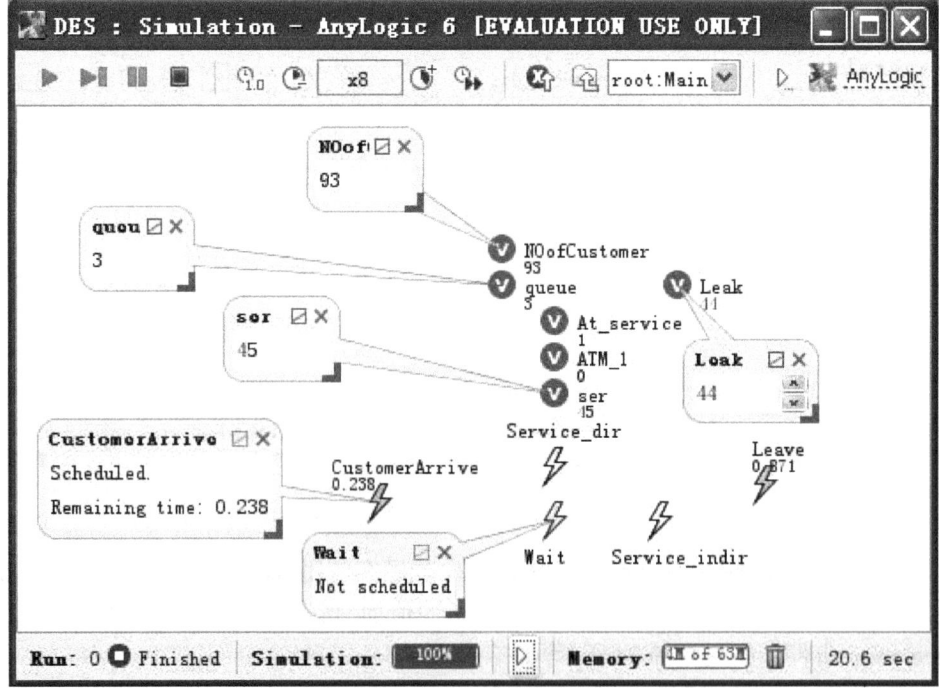

图 2.10.35　模型的运行结果

第11章

模拟工具——Excel 和 Matlab

11.1 Excel

11.1.1 Excel 模拟的特点

Excel 是一个电子表格软件，可以用来制作电子表格、完成许多复杂的数据运算，进行数据的分析和预测，并且具有强大的制作图表的功能。

Excel 在财务报表设计、工作任务安排、数理统计及数据分析等方面有着广泛的应用。另外，利用 Excel 软件也可以实现一些简单的管理系统模拟工作。基于 Excel 的模拟有以下特点：

（1）可以制作清晰的电子表格，使模拟各要素及参数之间的关系一目了然。
（2）模拟的对象及问题，能被数学模型描述。
（3）内置各类概率分布的随机变量发生器，特别适用于蒙特卡罗模拟。
（4）内置大量财务和统计函数，为管理系统模拟提供方便。

除此之外，Excel 方便的拖放功能，也为系统模拟特别是同一系统的多次模拟提供了方便。

11.1.2 Excel 模拟的步骤

利用 Excel 进行模拟，一般遵循以下步骤。

1）建立模型、制作 Excel 表格

这是使用各种模拟软件的一般步骤，对于 Excel 模拟来说，所建立的模型即为数学模型。

将模型的各变量的值，制成 Excel 表格，不但可以使变量之间的关系一目了然而且还可以方便模拟过程中数据的提取。

2）产生随机数

随机数的产生是利用 Excel 进行模拟的关键。在 Excel 函数库中，可以使用 Rand() 函数产生(0, 1)之间均匀分布的随机数。

基于 Rand()函数，可以产生其他多种随机变量。例如，利用函数 Rand ()*(b−a)+a，可以产生(a, b)之间均匀分布的随机变量，并可以利用 INT(RAND()*(b−a+1)+a))生成整随机数。

对于按照某些特定概率分布产生的随机变量，Excel 大致可以使用以下三种方式来产生：

首先，对于常见的泊松分布、泊努利分布、正态分布、二项分布（binomial distribution）等，可以通过加载 Excel 自带的分析工具库中的随机变量发生器来产生。在 Excel 2000 中，随机变量发生器如图 2.11.1 所示。

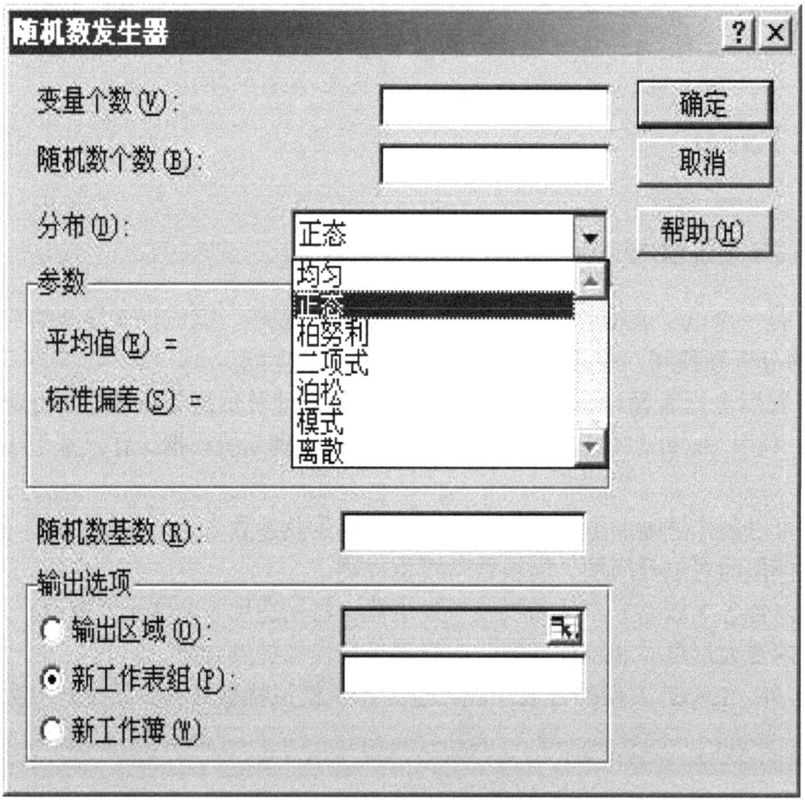

图 2.11.1 Excel 随机数发生器

要使用随机变量发生器，必须首先在 Excel 中加载分析工具库宏。具体步骤如下：单击菜单栏上的"工具"按钮，选择下面的"加载宏"选项，在弹出的对话框中，选择分析工具库，单击"确定"开始加载，如图 2.11.2 所示。

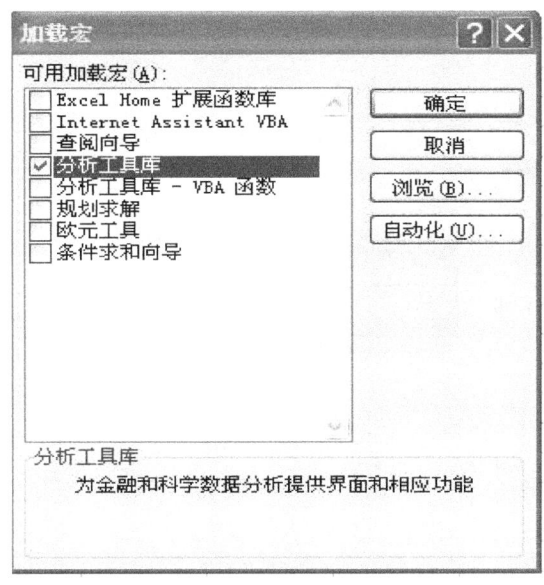

图 2.11.2　分析工具库的加载

若 Excel 中尚未安装此宏，必须先从 Office 的安装盘中找到指定的文件进行安装。

其次，由于 Excel 中自带了其随机变量生成函数，因此，正态分布、伽马分布等可以直接使用其生成函数来产生随机变量，下式是正态分布的例子：

$$NORMINV(RAND(), u, \sigma)$$

其中，μ、σ 分别为正态分布的期望和标准差；NORMINV 为 Excel 内置的正态分布的生成函数。对于其他分布的生成函数可以到 Excel 函数库中进行查询。

另外也可以不直接使用 Excel 自带的函数，而是运用本书第 1 部分 6.2 节的逆变法或函数变换法等方法。例如，同样是正态分布的例子，在 Excel 中，可采用下式求得服从(0, 1)正态分布的随机变量：

$$SQRT(-2*LN(RAND()))*COS(2*\pi*RAND())$$

Excel 工作单中最大行数为 65 536 行，即最多可产生 65 536 个随机变量。

3）模拟运行

Excel 对于表格中数据的产生具有记忆和复制功能，把鼠标指针放到单元格右下角，当指针变成十字型的时候向下或者向周围的其他方向拖动，就可以在目标单元格中递归产生按原单元格函数计算得到的结果。

因此也可以在 Excel 中可以通过表格的拖放操作方便模拟的运行。特别是对于多次模拟的情况，可以选中第一次模拟中的计算区域，当鼠标在右下角变成十字型的时候拖动鼠标，就会在目标单元格中产生多次模拟运行的结果，具体的操作见下面的实例。

4）绘制图表

Excel 带有强大的图表绘制功能，在 Excel 中插入图表的简要步骤如下：

第一步，选定所需的数据，单击菜单栏上的"插入"及"图表"。

第二步，在"图表向导—4 步骤之 1—图表类型"对话框（图 2.11.3）的"标准类型"

框中，选定所需类型（如折线图）后，再选定"子图表类型"（如堆积数据点折线图），然后单击"下一步"。

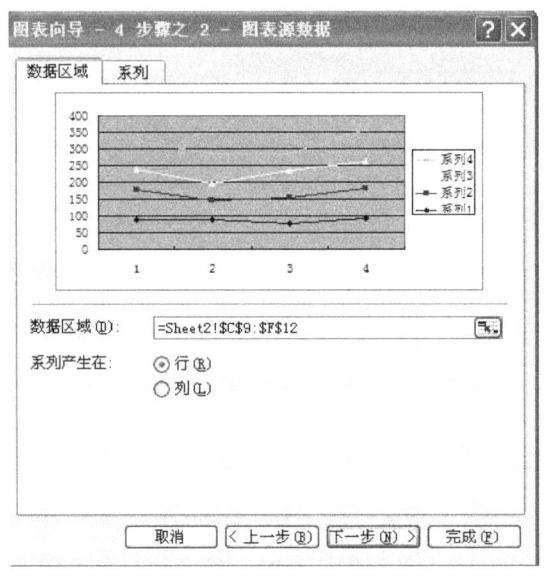

图 2.11.3 插入图片选择图表类型

第三步，在"图表向导—4 步骤之 1—图表源数据"对话框（图 2.11.4）上，如果需要更改源数据，则单击"数据区域"框右端的方格按钮，临时移除对话框，以便于在工作表中通过选择单元格来输入区域。完成后，可再次单击该按钮显示完整对话框。最后单击"下一步"。

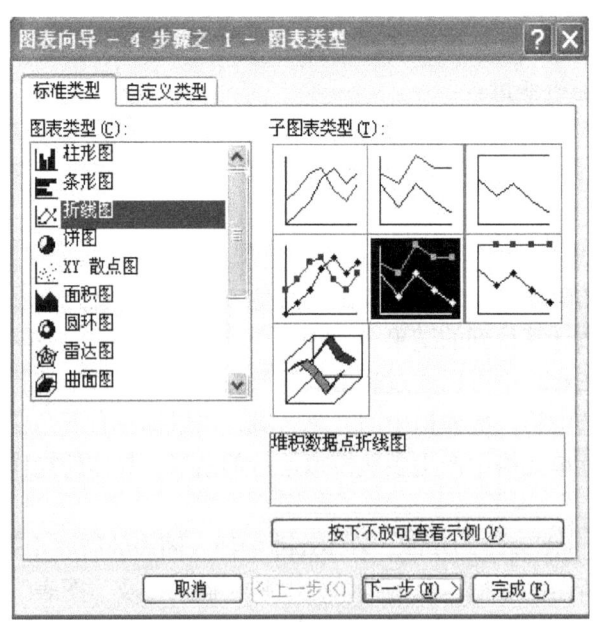

图 2.11.4 选择数据区域

第四步，在"图表向导—4 步骤之 1—附表选项"对话框上，在"图表标题"框中键入图表标题等。然后，单击"下一步"。

最后，选择图表位置，选择是作为新工作表插入还是作为其中对象插入，如图 2.11.5 所示。

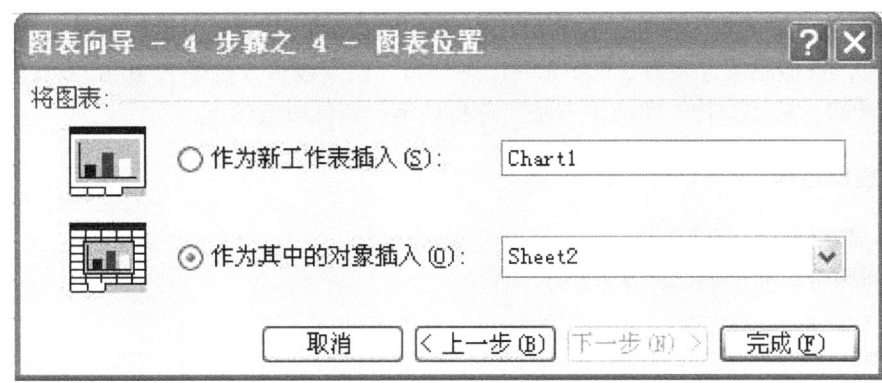

图 2.11.5　选择图表插入位置

下面将通过两个简单的例子，说明运用 Excel 进行蒙特卡罗模拟的过程。

11.1.3　应用示例——项目收益与风险分析

1. 分析模型

一般来说，从财务金融方面评价一个项目的风险或者预期收益有净现值（net present value，NPV）等指标。其中，NPV 是指预期未来每年税后的净现金流的现值减去项目的净投资支出。这是一种从现值角度衡量项目是否值得投资的一种方法。

当净现值大于或等于零时，项目可行；当净现值为负的时候，则项目不可行。如果净现值为零，意味着该项目正好达到了预期的收益标准，应当说也是可行的。因此，净现值的计算从数值上给决策者提供了一种判断项目是否可行的方法。

净现值的计算模型如下：

$$\mathrm{NPV} = \sum_{t=1}^{n} \frac{\mathrm{ACF}_t}{(1+k)^t} - (I_0 - I_n)$$

其中，ACF_t 表示第 t 年的税后现金流；I_0 表示项目的初始投入；I_n 表示项目最后的残值的现值。项目是否可行的判断条件为

NPV>0 或 NPV=0：项目可行

NPV<0：项目不可行

一般求 NPV 时，计算模型中变量的取值是确定的，计算的结果与实际误差比较大。比较科学的做法是，变量的取值应该服从一定的概率分布。这种情况下，可运用蒙特卡罗模拟方法，对变量的取值按照特定的概率分布进行抽样。通过大量次数的模拟得到大量 NPV 的样本值，通过对 NPV 样本的统计，得到近似真实的 NPV 值。

2. 例子

某公司打算购买一批机床，购买该批机床需要 150 000 元，购买后当年就可投入生产，经过公司有关部门分析，预计这批机床每年带来的收益，近似服从期望为 55 000 元，方差为 4 000 元的正态分布。同时，每年运行这批机床需要的人工、电力等成本估计满足 40 000~60 000 的均匀分布。这套机床设计的使用寿命为 20 年。最后的残余值大约为 20 000 元，近似服从方差为 2 000 元的正态分布。假定投资收益率为 10%，通过净现值 NPV 的计算，运用蒙特卡罗模拟方法，分析该笔投资的收益情况。

3. 模拟过程

1）建立模型、制作表格

该问题可以通过图 2.11.6 来表示。

	A	B	C	D	E	F	G
1							
2			分布类型	平均值	标准差	最大值	最小值
3		初始投资	常数	150000	0	150000	150000
4		年收益额	正态分布	55000	4000		
5		年支出额	均匀分布	40000		60000	20000
6		残值	正态分布	20000	2000		
7		使用寿命	常数	20		20	20
8		收益率	常数	10%			

图 2.11.6 某公司购买机床的财务数据

2）产生随机数

在模型的变量中，有三个变量具有不确定性，即年收益额、年支出额及残值，它们服从特定的概率分布。

使用 Excel 自带的随机变量产生函数，可以得到所需要的随机变量值。其中年支出额服从均匀分布，使用表达式 RAND()*(b−a+1)+a)产生随机变量值；年收益额与机器残值服从各自特定的正态分布，使用表达式 NORMINV(RAND(),u,σ)产生随机变量值。

以年收益额为例，其随机变量值产生的函数表达式为

$$NORMINV(RAND(),55000,4000)$$

对于年支出额，其值满足最大值 60 000、最小值 20 000、均值 40 000 的均匀分布，为方便计算，假定年支出额只能取整数，其函数表达式为

$$INT(RAND()*(60\ 000-20\ 000+1)+20\ 000))$$

3）模拟运行

根据分析，计算年收益额时在单元格中输入以下公式"=NORMINV(RAND(),55 000,4 000)"，按 Enter 键计算得到一个相应的随机变量值，将鼠标放到单元格右侧等到鼠标编程十字行时下拉 19 格得到 20 个满足该正态分布的随机数，作为第一次模拟时的年收益额。

同理可以得到 20 个年成本支出额，用年收益额减去年支出额便可得到差值额度

(E11=C11-D11)，如图 2.11.7 所示。

	A	B	C	D	E
10					
11			年收益额	年支出额	差值
12			56003.62	38951.93	17051.68256
13			61137.45	52775.5	8361.947465
14			53740.71	20070.4	33670.31343
15			52099.74	23847.41	28252.32319
16			50299.47	40212.28	10087.19399
17			60756.38	37178.11	23578.26744
18			54407.82	41620.54	12787.27926
19			53477.29	45069.81	8407.483102
20			56861.99	26307.89	30554.10236
21			51215.64	32774.09	18441.54669
22			58122.42	57279.14	843.2859467
23			61420.92	49558.17	11862.7507
24			52346.59	39832.8	12513.78962
25			60440.91	41526.6	18914.31117
26			44229.99	39368.71	4861.276269
27			56458.78	57495.04	-1036.25681
28			57019.3	28056.05	28963.25263
29			55946.85	59315.06	-3368.21144
30			49244.09	49188.36	55.73250403
31			59618.64	30353.67	29264.96878

图 2.11.7　年收入与支出计算

G12 中残值的值由如下公式计算：

=NORMINV(RAND(),20 000,2 000)

K12 中残值现值的值为

=G12/POWER(1.1,20)

采用 NPV 计算模型则得到 NPV 的值，如图 2.11.8 所示。

	G	H	I	J	K	L
10						
11	残值	使用寿命	初始投资	收益率	残值现值	NPV
12	19838.52	20	150000	10%	2948.87	￥-6,817.77

图 2.11.8　残值及净现值计算

重复以上模拟过程 50 次，取得 NPV 的期望和方差，就可以得出该公司购买此批机器的净现值。方法如下：选中 C11：L31 中的矩形区域，迅速拖动使其充满 C11：L1060 中的区域，可以得到 50 次模拟的结果，最后计算 L 一栏中数值的平均值，即可得到采用蒙特卡罗模拟 50 次的结果，即期望为-15 294.6 元。因此，该公司不应该进行此项投资。

4）图表绘制

可以对 50 次模拟的 NPV 值绘制图表，也可以对每次模拟的年净支出额等绘制图表观察其变化。

值得注意的是，Excel 所产生的随机变量，随着每次函数运算或者鼠标的拖放操而不同。

11.2 Matlab

Matlab 是 Matrix Laboratory 的缩写，意为矩阵实验室。它是一种基于矩阵运算的集科学计算，建模与模拟等功能为一体的计算机软件包。

Matlab 起源于 1967 年美国新墨西哥大学 Cleve Moler 教授用 FORTRAN 语言编写的软件包。上世纪 80 年代 MathWorks 公司将其重新开发并推向市场。1992 年 MathWorks 公司推出了交互式模型输入与模拟系统 Simulink。它是一种交互式的模拟系统，可以对各种动态的离散或连续系统进行模拟。它的模拟对象可以是摩擦、空气阻力、热力传播等自然现象，也可以是各种抽象的理论数学模型。

本节主要介绍 Matlab 中 Simulink 数学建模的方法，以及 Matlab 工具在管理和社会系统模拟中的运用。

11.2.1 Simulink 特点

Simulink 是一个提供了图形化的用户界面的交互式模拟系统。Simulink 所建的模型由各种不同类型的模块及模块之间的相互联系组成。在 Simulink 中可以通过鼠标来操作模块，在对话框中设置模块参数来设置模拟运行的环境。具体来说，Simulink 模拟具有如下的特点：

（1）Simulink 的实时工作环境能够自动生成 C 语言代码，不需要用户直接编写程序来运行模拟，为用户提供了方便。

（2）Simulink 在生成代码的过程中还对代码进行了自动的优化，能够提高模拟的执行速度。

（3）代码和模块具有可移植性，可以方便地从一个模拟程序移植到另一个模拟程序。

（4）模拟的过程可以实时控制，也可以对模拟的参数进行设置，观察在不同情况下的模拟结果。

（5）Matlab 具有强大的图形表示功能，可以对模拟的结果进行可视化处理。

Simulink 的这些特点使模拟的过程更加简单直观，操作起来也更加的方便，下面具体介绍 Simulink 各种不同的模块，以及使用 Simulink 模块进行模拟的步骤。

11.2.2 Simulink 模块介绍

Simulink 中常用的模块库有 Continuous、Discontinuous、Discrete、Lookup Tables、Math Operations、Ports & Subsystems、Signal Routing 及一个常用模块集 Commonly Used Block 等 16 种（各个版本的模块库可能有所不同）。各种模块库中又有很多各自不同的模块。在管理系统建模的过程中，主要采用数学模型的方法，因此，本节主要介绍与数学建模有关的 Simulink 模拟模块。

（1） Clock 时钟模块，Sources 库中的时钟模块用于显示系统的模拟时钟。在 Clock 模块中，可以选择是否显示系统的模拟时钟，也可对系统模拟的时间步长进行设定。

（2） Constant 常数模块，Sources 库中的 constant 模块用于生成一个与时间无关的常量，该常量可以是实数也可以是复数，可以是标量也可以是向量，通过改变 Constant Value 的值来改变输出。

（3） Subtract 减法模块，Math Operations 库中的减法模块用于执行两个或两个以上数的减法运算。默认状态 Subtract 模块执行的是两个数相减的运算（从加号端口输入的数减去从减号端口输入的数）。该模块还可以根据需要调整执行加减运算数的个数以及加减号的顺序：双击打开模块参数对话框，在 list of signs 框中依次输入加号和减号，相应的图标上也会出现按次序排列的加减号输入端。如图 2.11.9 所示，list of signs 对话框中顺序排列的是"++-+"，用 $Ai(i=1,2,3,\cdots)$ 表示输入的数，则该模块执行的是 A1+A2-A3+A4 的运算，此时的模块外观如图 2.11.10 所示。

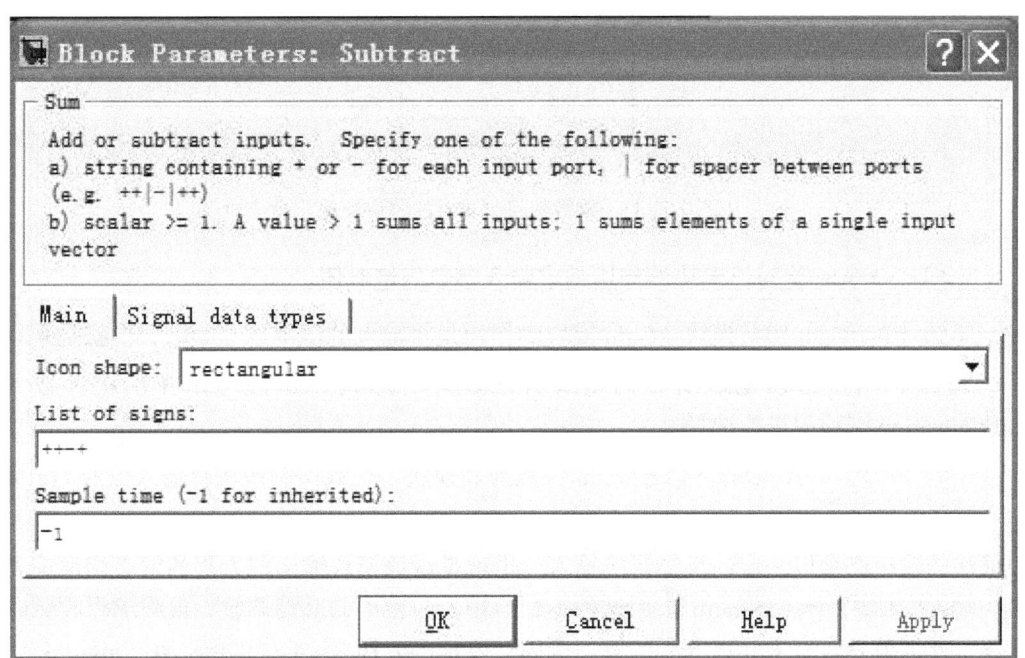

图 2.11.9 Subtract 模块用算功能示意图

另外，加法模块 ，除法模块 的用法也与减法模块相似。乘法模块 只能对输入数据的执行乘法运算。在乘法模块中可以设置乘数的个数，此时模块的外观显示上就会有相应数量的输入端口。图 2.11.11 是设置的乘数数目为 4 个时的情况。

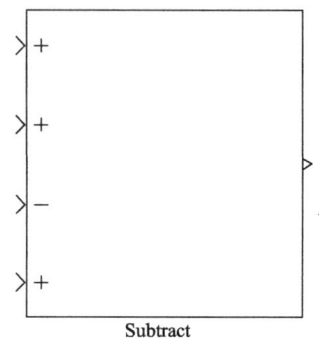

图 2.11.10 "++−+"运算的模块外观

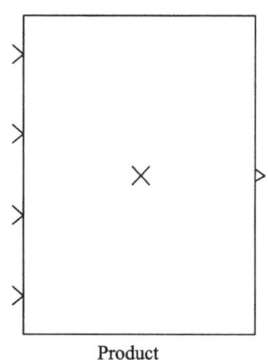

图 2.11.11 乘数数目为 4 时的模块外观

（4）Abs 绝对值模块的作用是求输入参数的绝对值。

（5）Gain 增益模块，Gain 模块的作用是将输入的值乘以一个数，也就是乘以一个增益。增益可以是数值，向量或者是矩阵的形式，这些可以在模块参数的 Multiplication 选项中进行选择。

（6）Algebraic Constraint 代数抑制模块，代数抑制模块将输入信号 $f(z)$ 抑制为 0，同时输出相应的 z 的值。该模块一般用于求解方程的未知数。需要注意的是，该模块的输出必须以一定的反馈影响输入，也就是说该模块输出的方程的解必须反馈到模块输入中形成循环。Simulink 用这种不断地输入与输出的反馈调整，最终求得收敛时的值，此值就是含有未知数方程的解。例如，要求得方程 $3x+4=7$ 的解，在 Simulink 中建立的方程求解模型如图 2.11.12 所示。运行模拟后双击 Scope 将看到模拟的结果，该方程的解为 1。

（7）Derivative 微分模块，该模块用于将输入值对时间 t 求导。该模块的初始输出是 0。

（8）Integrator 积分模块，该模块用于对输入进行积分。输出结果为输入积分后的状态。该模块可以对积分的上下界进行设置。

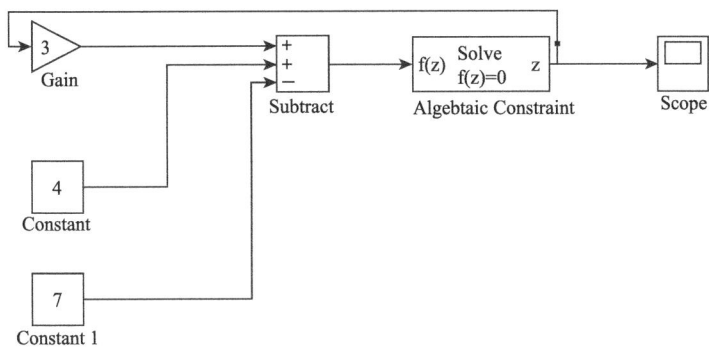

图 2.11.12　方程 $3x+4=7$ 的求解模型

（9）![MinMax] MinMax 最小最大值模块，Math 模块库中的最小最大值模块用于对输入进行取最小或者最大值的运算。在模块的参数设置对话框中，可以在 Function 选项中选择是求最小值还是求最大值。该模块的输入可以是一个向量或者一组向量。当输入为一个向量时，模块的输出为该向量所有元素中的最小或者最大的元素。当输入为多个向量时，MinMax 模块对各输入向量分别求最小或最大元素，然后将这些元素以一个向量的形式输出。

（10）![Dot Product] Dot Product 点乘模块，点乘模块用于求两个输入向量的点乘积。该模块的两个输入向量的长度必须相同。

（11）![Math Function] Math Function 数学函数模块，数学函数模块将输入转换为相应的输出。从模块参数设置的 Function 选项中，可以选择对模块执行各种不同的数学函数运算。这些数学函数包括以 e 为底的指数运算、自然对数运算、乘法、开方运算及矩阵转置运算等。随着 Function 中所选择不同的数学函数，模块图标中也将显示相应的数学函数名，模块也将自动调整其输入端口数。

（12）![Random Number] Random Number 随机数产生模块，Sources 库中的随机数产生模块用于产生正态随机信号，在模块的参数设置中可以设定该正态随机数的均值方差等。与此类似，均匀分布随机变量发生模块 ![Uniform Random Number] 用于产生指定了上、下限的均匀分布随机变量。

（13）![Sine Wave] Sine Wave 正弦波模块，正弦波模块用于产生一个正弦波信号。在模块的参数设置对话框中可以对正弦波的幅角（Amplitude）、频率（Frequency）、相位（Phrase）及偏离（Bias）进行设定。

（14）![Scope] Scope 模拟图像显示模块，该模块用于显示模拟过程中变量值的变化。在 Matlab 的 Commend Window 中输入语句 set (0,'ShowHiddenHandles', 'on'); set (gcf,'menubar','figure');可以打开 Scope 显示结果对话框的菜单。从菜单中可以对显示图的轴线，标度，背景色，字体等进行设计，也可以将 Scope 结果保存。

（15）![Display] Display 显示模块，Sinks 中的 Display 显示模块用于显示输入的值。显示的值由系统的步长及采样率等决定，步长和采样率可以在模块参数中的 Decimation

及 Sample 中设定。Display 模块可以在其 Format 参数中设定显示的输出格式。

（16） XY 坐标图显示模块。该模块将启动 Matlab 的 Figure 窗口对输入数据进行绘图。第一个输入端输入的数据显示于 X 轴中，第二个输入端的数据显示于 Y 轴中。该模块所绘制的图是 X 轴方向数据对 Y 轴方向数据的曲线图。图 2.11.13 是 Matlab 自带的利用 Simulink 工具箱的 XY Graph 模块演示洛仑兹曲线程序的运行结果。

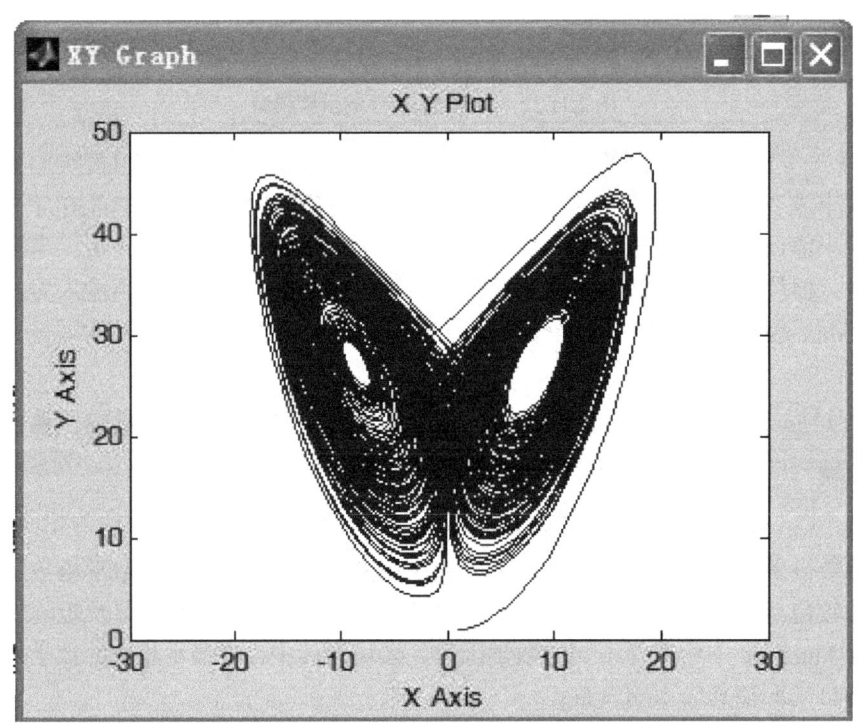

图 2.11.13　XY Graph 下的洛仑兹曲线演示图

在 Matlab Commend Window 中输入命令 Lorenzs 打开该演示程序。

11.2.3　Simulink 建模方法

1. Simulink 的启动

从 Matlab 中启动 Simulink 一般有以下两种方法：
（1）在 Matlab 的工具条中单击 Simulink 的按钮。
（2）在 Matlab 的 Command Window 中输入语句 Simulink。

在 Matlab 中启动 Simulink 后，会出现 Simulink 模块库（Simulink Library Browser）对话框，如图 2.11.14 所示。

第 11 章 模拟工具——Excel 和 Matlab

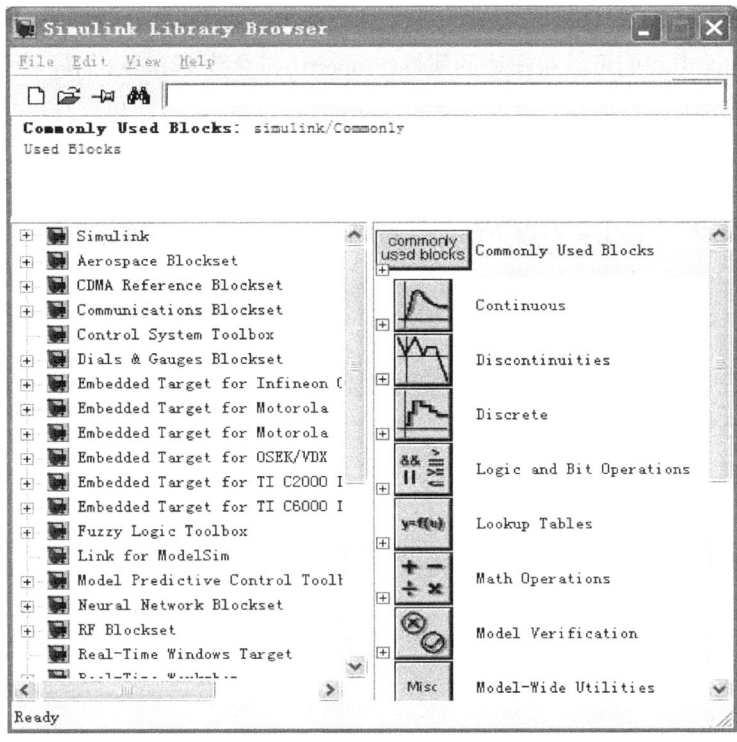

图 2.11.14　Simulink Library Browser 示意图

在 Simulink 模块库窗口中展示了按树型结构组织的各种模块，单击左边的"+"号，可以将模块库按层次展开。

创建模型时，可以将所需的模块从 Simulink 模块库中拷贝到模型中。Simulink 中自带近三十种模块库，可以方便地满足数学模型、控制系统、信号系统等各种不同的需求。另外，Matlab 还允许使用者建立自己的模块库，这些将在后面的小节中介绍。

2. 模型的建立

1）创建模型

要创建一个新的模型，可以从 Matlab 主菜单或者 Simulink 菜单栏中依次选择:File—New—Model 即可，也可以从 File—Open 菜单中选择已经存在的模型，打开该模型，并进行编辑。

2）添加模块

要向模型中添加模块，可以从已经存在的模型或者模块库中复制模块到新建的模型中。更方便的操作，是使用鼠标将需要使用的模块拖动到模型窗口即可。Simulink 将对拷贝过来的模块自动命名，当所拷贝的模块是模型中同种类模块中的第一个时，Simulink 将自动赋给该模块与源窗口中模块相同的名字。当在模型中已经存在所拷贝的同种类模块时，Simulink 将在源窗口中相同模块的名字后依次添加阿拉伯数字以命名。

3）设置模块属性和参数

在 Simulink 中我们可以对模块的属性(Property)和参数(Parameter)进行设置。属性是指模型中所有模块共同具有的特征。要对模块的属性进行设置，可以在模块上单击鼠标选中该模块，再依次在 Simulink 中选择 Edit—Block Properties 菜单，在弹出的 Block Properties 菜单中对模块属性进行设置。如图 2.11.15 所示为加法模块的属性设置对话框。在属性设置对话框中，主要有以下的属性可以设置：

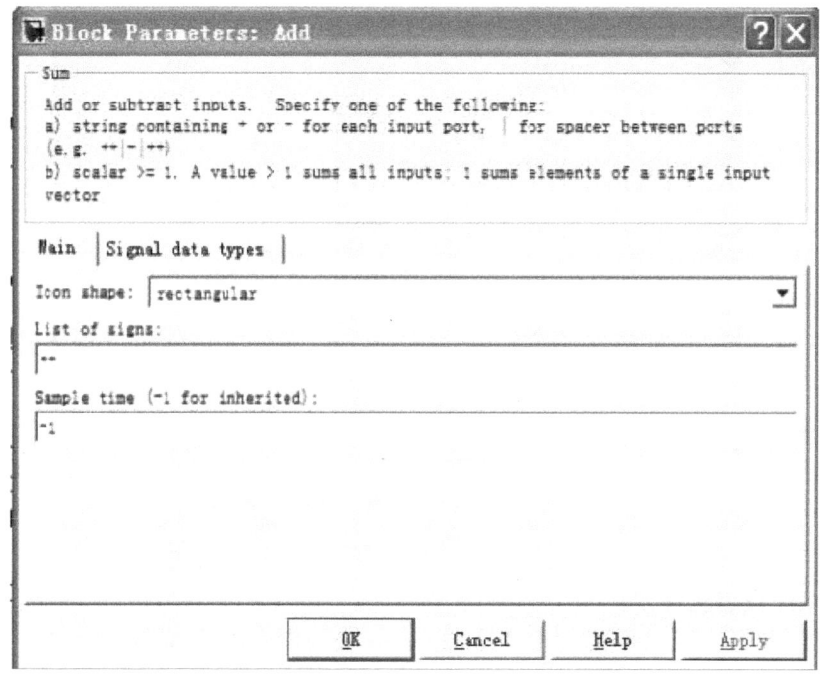

图 2.11.15　加法模块的属性设置对话框

（1）Description：对模块的简要描述。

（2）Priority：设置模型中该模块相对于其他模块的执行优先级。

（3）Tag：设置模块的标志，该标志可以随着模块一起保存。

除了模块属性之外，不同模块还有其各自不同的参数。在所要进行参数设置的模块上双击，打开 Block Parameters 对话框，可以通过调整对话框对各参数进行设置。图 2.11.16 是加法模块的参数设置对话框。

4）连接线与支线

在模块之间可以通过连接线建立模块之间的联系。连接线既可以连接一个模块的输出端口与另一个模块的输入端口，也可以将一个模块的输出端口与几个模块的输入端口相连。要将一个模块的输出端口连接到另一个模块的输入端口，首先将光标置于第一个模块的输出端口处，等到光标变为十字形时按下并拖动鼠标移动到第二个模块的输入端，此时放下鼠标，Simulink 将自动用一条带箭头的连线将两个模块的输入端口和输出端口连接起来。图 2.11.17 中将 Integrator（积分）模块与 Add（加分）模块相连。

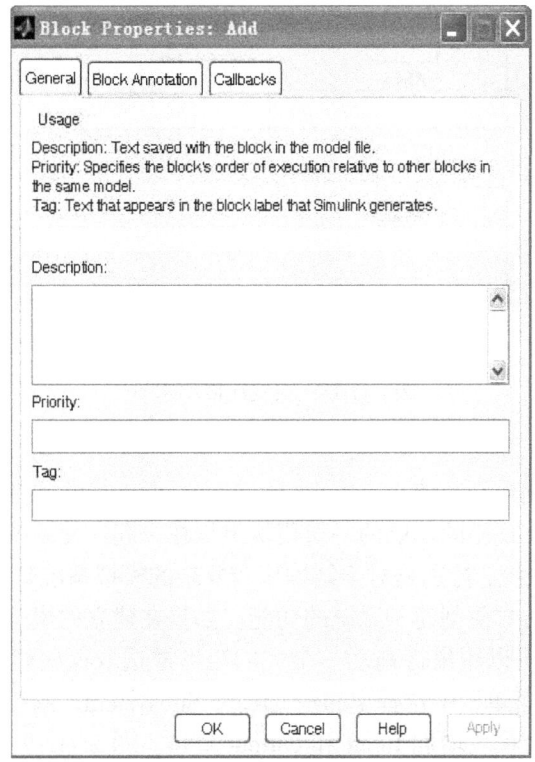

图 2.11.16　加法模块的参数设置对话框

图 2.11.17　Simulink 连接线示意图

有时，一个模块的输出值同时是几个模块的输入值，这时必须将输出端同时与几个输入端相连，并且把这样的连线称做支线。如图 2.11.18 所示，该模型表示将经过 Integrator 积分后的值除以 3 再与积分结果的绝对值相加，最后在 Scope 模块中显示出结果。Integrator 模块的输出同时是 Abs 和 Divide 模块的输入，所以 Integrator 与 Divide 的输入之间必须用支线相连。而 Divide 和 Abs 的输出同时是 Add 的输入，这里不需要用支线（因为 Add 有两个输入端口，输入端口的数量可以在模块参数里设置）。

5）添加注释

为了使其他人清楚模型的建模过程，可以对模型中的一些模块的功能或者参数的作用进行说明，此时我们可以在 Simulink 中对模型添加注释。

在 Simulink 中添加注释的方法非常简便，在模型空白处双击鼠标，会出现一个文本框，就可以在文本框中输入注释。在 Simulink 中可以对添加的注释进行插入字符、修改、拖动、删除及改变字体格式等操作。

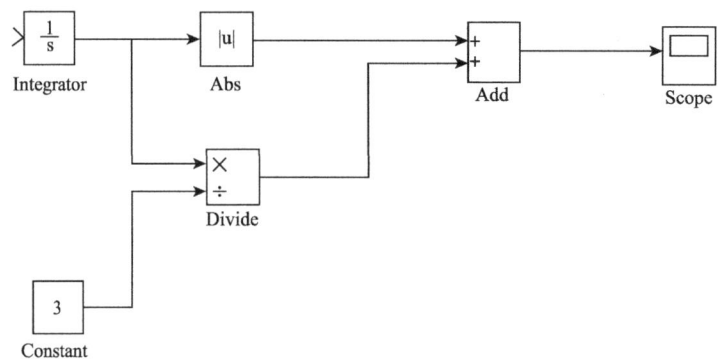

图 2.11.18　支线连接示意图

6）创建子系统

为一个大的系统创建子系统，一方面可以减少页面上模块的数量，使系统看上去简明；另一方面可以把实现相同功能的一组模块组织在一起，使系统更具层次感。所以创建子系统，对于模拟系统，特别是对于结构比较复杂的模拟系统来说，具有很好的用处。

Simulink 带有非常方便创建子系统的功能。如果在建立的模型中已经包含了需要整合为子系统的模块，可以用鼠标拖动一个大的矩形框选取这些模块以及模块之间的连线，再在 Simulink 的菜单栏中选择 Edit— Create Subsystem，系统将把所选择的模块合并成一个模块并给这个模块增加 Input 和 Output 端口。图 2.11.19 把图 2.11.18 中的 Abs 取绝对值模块、Divide 相除模块，以及 Add 相加模块整合成了一个运算子系统。积分的结果以及常数 3 直接通过 Calculate 子系统模块得出运算结果，并显示在 Scope 中。

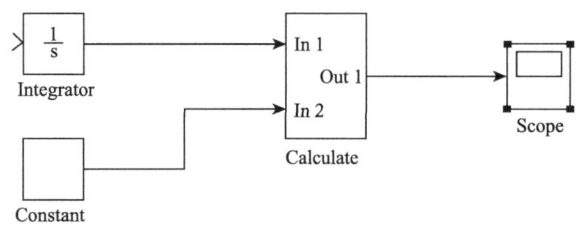

图 2.11.19　子系统示意图

除了这种方式，也可以先创建子系统，再往子系统中加入模块。此时，遵循的步骤如下：

（1）从 Simulink 的 Ports & Subsystem 库中选择 Subsystem 模块。

（2）将 Subsystem 模块复制到模型中，双击打开它。

（3）在空的子系统窗口中添加子系统中的模块，并把子系统中的模块跟 Input 及 Output 相连。

图 2.11.20 是打开子系统模块后的子系统示意图。

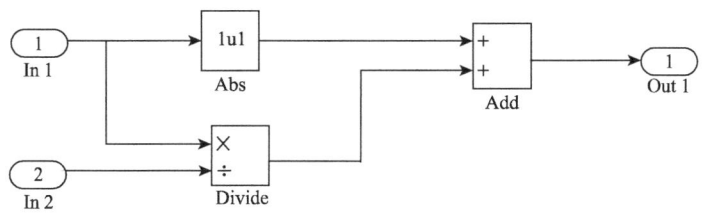

图 2.11.20　Subsystem 子系统内部示意图

7）运行参数设置

模型构建完成之后，我们在系统运行之前还必须设置系统运行的参数。在菜单中选择 Simulation—Configuration Parameters，进入模拟运行参数设置对话框。在这里可以对运行的参数进行五个方面的设置。

（1）Solver 页面下可以设定模拟运行的开始时间、结束时间以及求解器类型等。

（2）Data Import/Export 可以对 Workspace 的存储和载入进行设置。

（3）Optimization 页面用与设定模拟过程中代码产生的参数。

（4）Diagnostics 中可以设置对模拟过程中各种异常情况是警告、提示出错，还是不采取措施。

（5）Real-Time Workshop 可以对 Simulink 的实时工作环境进行设置，可以选择是否产生 HTML 输出及是否只产生代码等。

8）模拟运行

设定好模拟参数以后，就可以运行模拟了。选择 Simulation—Start 菜单运行模拟（也可以使用热键 Ctrl+T）。要终止模拟运行，选择 Simulation—Stop 菜单。若要在运行过程中对程序执行挂起操作，可以选择 Simulation—Pause 菜单。需要注意的是，如果模型中包含了输出数据到其他文件的操作，Simulink 挂起的时候仍然会继续执行写操作。

9）模拟结果的查看与保存

在 Simulink 中可以使用 Scope、Display 等模块查看模拟的结果。如果要查看模拟中某变量的变化情况，只需要用 Scope 或者 Display 模块与输出该变量的模块相连，在图2.11.21 中 Scope 模块显示的就是 Add 模块相加后结果的情况。

在 Scope 图中右击鼠标，在对话框中可以设置 Scope 显示轴的尺度及图形的名称等。如果要更改 Scope 中的字体、背景色、显示轴等属性可以遵循以下操作：

（1）在 Matlab 中输入语句 set (0,'ShowHiddenHandles', 'on'); set (gcf,'menu bar', 'figure')；打开 Scope 模块菜单栏 (注意，此操作必须在 Scope 打开后输入)。

（2）在菜单栏中选择 insert—axes，然后将鼠标放到图像区域，等鼠标变为十字时双击鼠标，在弹出的对话框中可以设置 Scope 中显示的字体、背景色等。

此外，要对 Scope 中的模拟结果进行保存，也可以使用这种方法，在 Scope 隐藏菜单中选择 File—Save 命令就可以把当前 Scope 窗口整个保存。

如图 2.11.21 是常数 1 的带有隐藏菜单的 Scope 显示图。

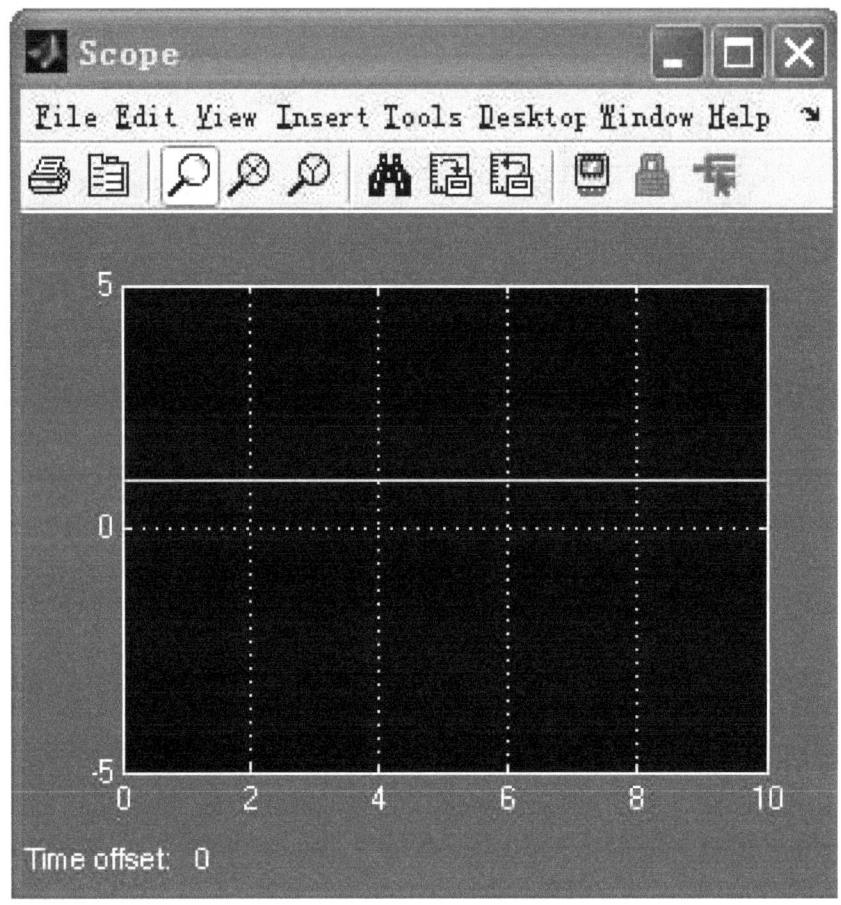

图 2.11.21　常数 1 的 Scope 结果显示图

要保存刚刚建立的模型，只需选择菜单中 File—Save，然后为模型选择保存路径。需要注意的是，模型保存的路径及系统用户名，都不能带有中文字符。另外，Matlab 中有些版本不支持中文操作系统，所以必须在 Matlab 打开之后，Simulink 运行之前输入语句"slCharacterEncoding('iso-8859-1')"，将系统默认字符改为 iso-8859-1 的形式。

11.2.4　Simulink 应用示例

20 世纪 20 年代，意大利生物学家 Ancona 发现第一次世界大战期间地中海的食肉鱼群数量大增，为此数学家 Voltarra 考察了食肉鱼与食用鱼之间的关系，建立了著名的 Voltarra 模型。该模型存在着以下两个假设。

（1）食肉鱼捕食食用鱼，没有食肉鱼，食用鱼的净相对增长率为正常数。

（2）没有食用鱼，食肉鱼的净相对增长率为负常数；没有食用鱼，意味着食肉鱼将会被饿死，其数量以负增长率在减少。

用 $x(t)$ 和 $y(t)$ 分别表示 t 时刻食用鱼和食肉鱼的数量，如果两种鱼各自独立生存时，食用鱼的增长率正比于食用鱼当时的数量，$\dfrac{dx}{dt}=k_1 x$。食肉鱼由于没有食物，其数量将减少，种群增长率为负，$\dfrac{dy}{dt}=-k_2 y$。如果两种鱼相遇，食用鱼将因为受到食肉鱼的攻击而增长率减少，减少的增长率正比于遇到的食肉鱼的数量，其增长率变为$\dfrac{dx}{dt}=(k_1-by)x$。而食肉鱼则因为有了食物$-k_2$的值增加，增加的值正比于食用鱼的数量。此时的食肉鱼的增长率为$\dfrac{dy}{dt}=(cx-k_2)y$。将方程联立可得

$$\begin{cases} \dfrac{dx}{dt}=x(k_1-by)=k_1 x-bxy \\ \dfrac{dy}{dt}=y(-k_2+cx)=-k_2 y+cxy \end{cases} \quad (2.11.1)$$

该数学模型是一个微分方程组。对微分方程建模的时候可以采取循环代入的方式，举例来说，对于方程$\dfrac{dx}{dt}=x(k_1-by)=k_1 x-bxy$，使用 Simulink-Commonly Used Blocks 下的 Integrator 模块可以先对方程左边积分得到 x 的值，再将 x 的值代入方程右边求得 $x(k_1-by)$，将 $x(k_1-by)$ 结果再次代入模块的输入端形成循环，对 $\dfrac{dy}{dt}=y(-k_2+cx)=-k_2 y+cxy$ 也有相似的处理。

需要注意的是式（2.11.1）是该生态系统独立于外部的情况，实际上，生态系统本身的演化还受到外部环境的影响，如还应当考虑有外部系统中的鱼群注入此生态系统的情况。假设外部生态系统中每时刻有数量为 m 的食用鱼加入该生态系统中来，同时有数量为 n 的食肉鱼游出该生态系统，此时的微分方程组模型为

$$\begin{cases} \dfrac{dx}{dt}=x(k_1-by)+m \\ \dfrac{dy}{dt}=y(-k_2+cx)-n \end{cases} \quad (2.11.2)$$

利用上述思想对式（2.11.2）在 Simulink 中建模，如图 2.11.22 所示，这里我们假设 $k_1=0.8$，$k_2=0.4$，$b=0.4$，$c=0.5$。

通过 Mux 模块将 scope 和 scope1 中的图像进行组合显示在 scope2 中，右击 scope2 中的图像选择 Autoscalar 将 x 和 y 的值调整到适当的坐标尺度下，为 x 和 y 的值选择适当的初始值，可以观察到所得的结果如图 2.11.23（该图中 x 和 y 的初始值分别设置为 6 和 1）所示，即两种鱼的数量将经过一开始的波动后趋于稳定。

在 Simulink 的帮助下，我们可以去实现各种线性或非线性问题的模型，如现实世界中的空气阻力、滑动摩擦等自然现象。它可以模拟大到宏观的星体，也可以模拟小至微观的分子、原子或更小的粒子；它的建模与模拟的对象类型广泛，可以是各种工业过程物理过程，也可是抽象的管理组织等系统。Simulink 的存在为实现各种模拟提供了极大的便利，值得我们好好探索和利用。

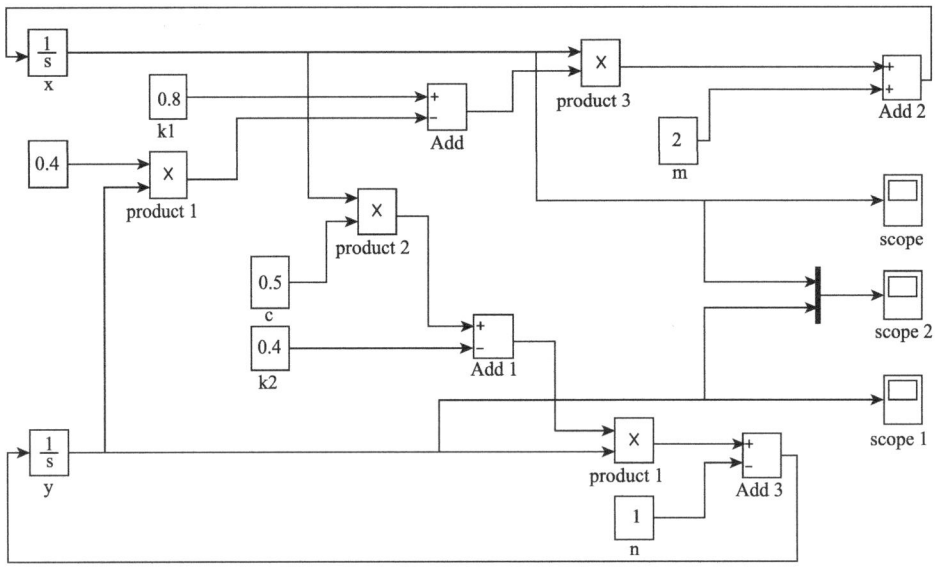

图 2.11.22　式（2.13.2）的 Simulink 建模

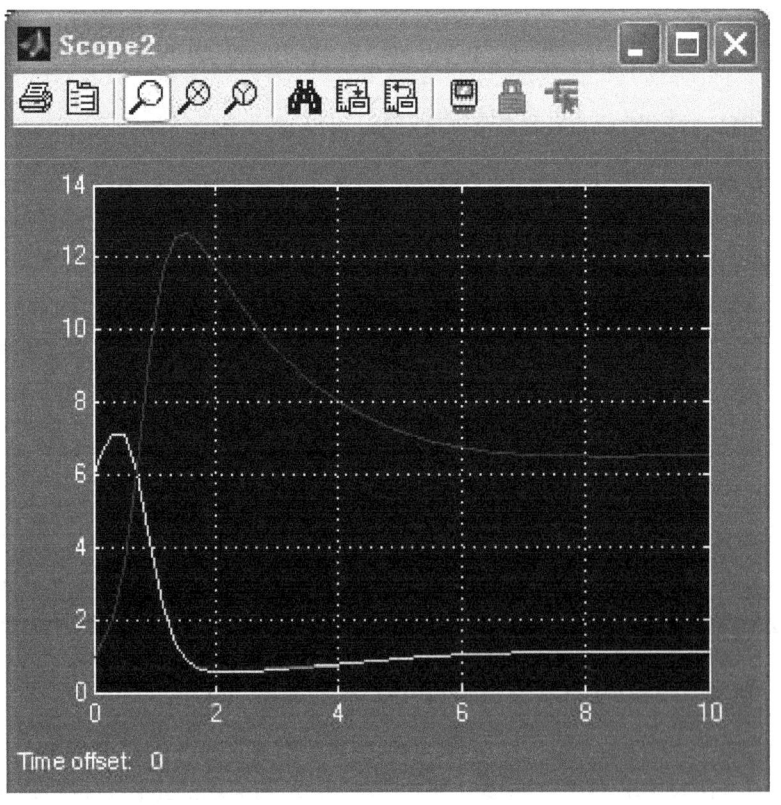

图 2.11.23　Simulink 模拟结果显示图

第 3 部分　Arena 应用篇

第12章

生产系统工件加工过程的模拟

本章首先介绍简单的生产检验过程的模拟，其次讨论如何模拟路线不同的实体在生产加工系统中流动的问题，最后讨论实体在流动时回避排队的现象及其模拟模型的建立与分析。

12.1 简单生产检验过程的模拟

在许多实际问题中，实体在系统中的流动取决于某种决策行为的结果。例如，到达某道质量检验工序的零件，其继续流动的路线通常取决于检验的结果，即如果检验合格，就流向下一道工序；如果不合格就被送往返修工序。下面是一个具体的例子。

假设某条生产线有三道主要工序：第一道是毛坯切割，第二道是车削加工，第三道是检验。如果检验合格，则产品直接送交成品库，否则被送往一道返修工序，返修后合格的产品送交成品库，返修后仍不合格的成为报废品。零件进入生产线的过程服从均值为 6（分钟）的指数分布，毛坯切割工序的操作时间为参数是（3,0.5）的正态分布，车削工序的操作时间服从为参数是（4,1）的正态分布，检验工序的时间是参数为（4,6,9）的三角分布，而返修工序的时间则是均值为 20 的指数分布。产品通过检验工序的合格率是 85%。在返修工序，经过返修后合格的产品为 80%，返修后仍不合格的是 20%，返修产品的检验直接在该工序进行（时间可忽略不计）。建立此系统的模拟模型，运行 8 小时，并用模拟模型估算下列统计指标：

（1）一次性检验合格的产品的生产周期。
（2）经返修后合格的产品的生产周期。
（3）一次性检验合格的产品数量。
（4）经返修后合格的产品数量。

（5）报废产品的数量。

根据对模拟的要求，先建立起该系统的逻辑模型，如图 3.12.1 所示。

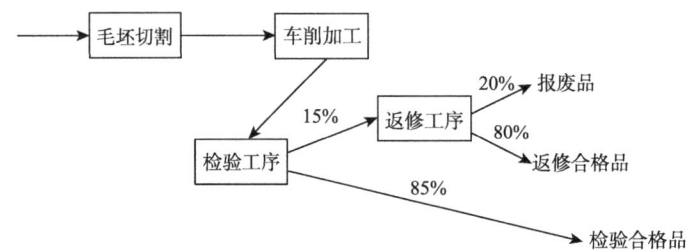

图 3.12.1　小型生产线的例子的逻辑模型

该模型需要用一个 Create 模块来产生代表产品的实体（图 3.12.2），用四个过程模块（即 Process 模块）来分别代表毛坯切割、车削、检验和返修工序，这些模块必须按照一定顺序连接起来。

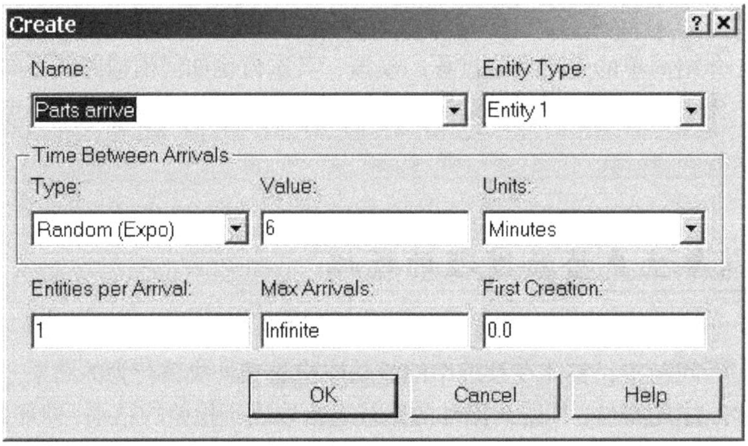

图 3.12.2　定义产生实体的 Create 模块

为了把检验后的决策过程反映在模拟模型之中，使用一个叫做 Decision 的逻辑模块（属于 BasicProcess 板块）来帮助描述决策过程（图 3.12.1）。该模块可以反映两种类型的决策结果——条件型决策结果和概率型决策结果。

条件型决策结果就是检查某种预设的条件是否得到满足后产生的决策结果，如"如果条件 X 满足就采取行动 Y"等，其中，"条件"通常是预先设定好的，反映系统中有关变量的状态或者变量之间关系的表达式。

而概率型决策结果则是从某个概率分布中随机抽样的结果，如"20%的产品不合格"等。每一个决策模块有两个出口，最右边的一个是满足条件或符合通过概率的出口，而下边的一个则是未满足条件或者不符合通过概率的出口。例如，在概率型决策过程中，当一个实体进入此模块时，系统将从指定的概率分布（通常是一个离散分布）做一次随机抽样，如果抽样的结果是在设定的通过概率以内，则实体从右边的出口离开，否则将从下边的出口离开。

对于本例来说，我们需要用两个 Decision 模块，一个置于检验工序之后，而另一个则置于返修工序之后。注意这两个模块都代表着概率型的决策过程，一个的通过概率是 85%（产品的检验合格率为 85%），而另一个的通过概率是 80%（返修合格率是 80%）。在本例中，我们用到的是非常简单的两岔决策——也即决策的结果只有两个。在模拟实践中，经常会遇到多于两岔的决策行为，所以要求模拟软件必须能够满足多岔决策的建模要求。

如何把旅客的排队反映在模拟模型之中？每一个 Process 模块里都已经隐含了一个排队（内在的排队）来容纳到达该工序的实体，所以我们没有必要再对每道工序（Process）定义额外的排队。那么如何获得实体的平均周转时间呢？当一个实体进入系统时，我们记录它的到达时刻 T_1，而当它完成服务离开系统时，我们又记录它的离开时刻 T_2，这样该实体在系统内的周转时间将是一个时间差 T_2-T_1。

为了完成这个任务，我们首先使用一个 Assign 模块（赋予模块），当实体进入系统时，该模块便赋予它一个属性叫做"到达时间"，这个属性将储存该实体进入系统的时刻。从图 3.12.3 可以看出，实体进入系统的时间是通过定义一个叫做"ArriveTime"的属性，其数值是用一个叫做"TNOW"的变量来表达的。TNOW 是一个重要的系统变量（即是由 Arena 系统自身定义、而非由用户自己定义的变量），它的功能是追踪并记录模拟时间（即模拟运行过程中的"现在时间"）。当实体进入系统时，其到达时间就是由 TNOW 记录下来，然后储存在属性"到达时间"里面。最后我们再用一个 Record 模块，当实体经过这个模块离开系统时，该模块将记录离开时刻，并由此计算该实体在系统内逗留的时间差。

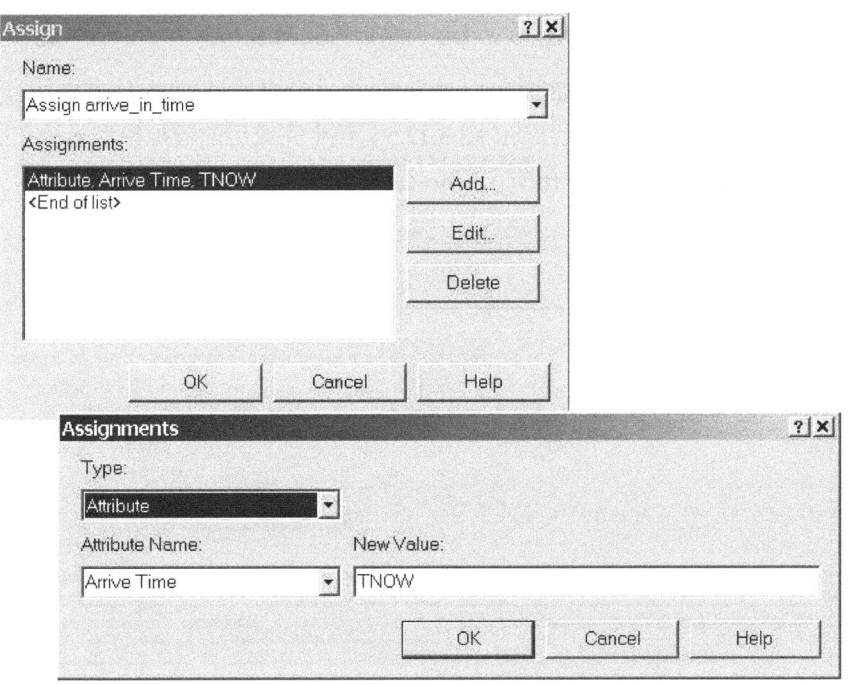

图 3.12.3　赋予实体属性（到达时间）的 Assign 模块

在这里，只显示了定义毛坯切割工序的过程模块（图 3.12.4），定义其他各道工序所对应的过程模块十分类似，在此不一一赘述。

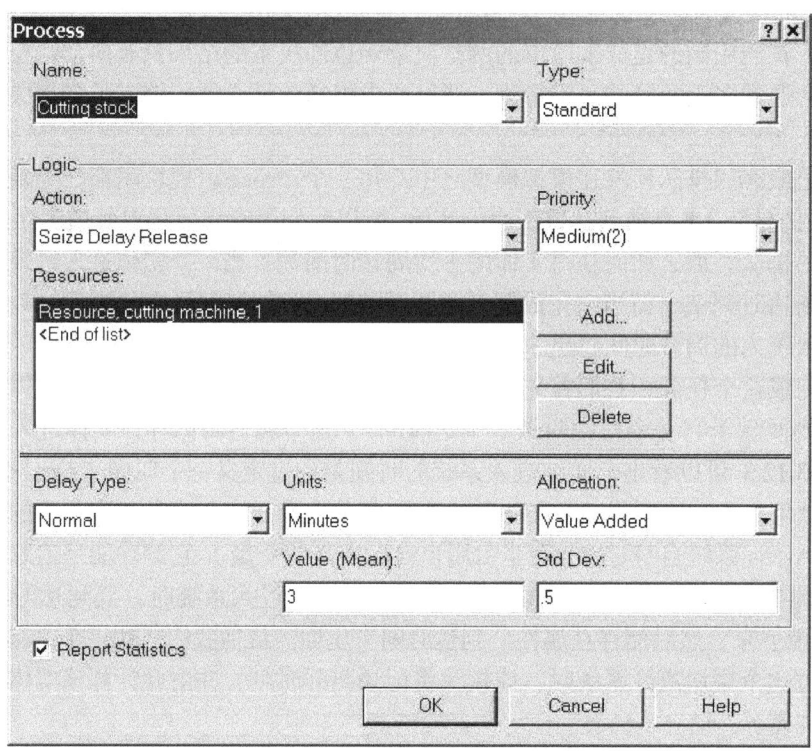

图 3.12.4　定义毛坯切割工序的过程模块

在定义检验结果之后的决策模块时，我们选择的是一个"两岔概率"决策逻辑（2way-by-chance），其通过概率是 85%（图 3.12.5）。整个完成后的模拟模型显示在图 3.12.6 中。而部分的模拟输出结果显示在图 3.12.6 之后。

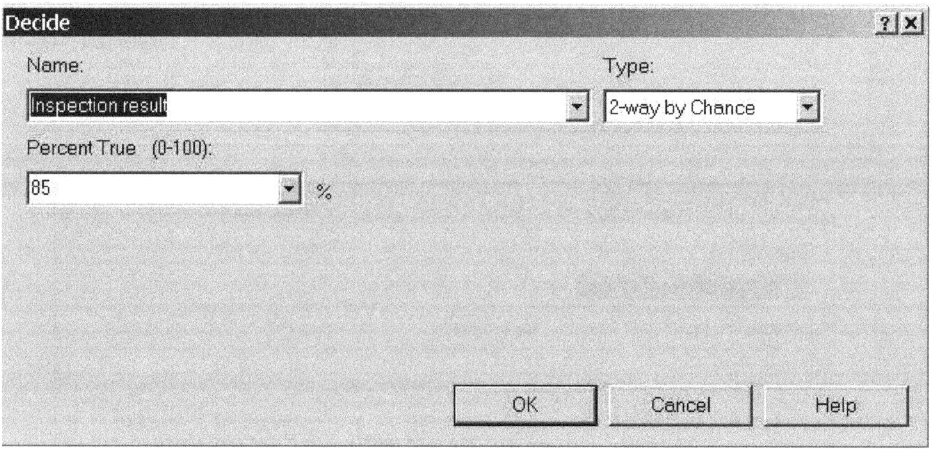

图 3.12.5　定义检验工序之后的决策模块

第 12 章 生产系统工件加工过程的模拟

图 3.12.6 简单制造系统的模拟模型

为了估计零件的生产周期，我们已经在前面定义的赋予模块中为每个进入系统的实体定义了一个称做"到达时间"的属性，用以储存实体的到达时刻 T_1，当实体离开系统时，我们需要记下它的离开时刻 T_2 以便计算其在系统里的停留时间（生产周期）。

为此，我们定义一个 Record 模块（图 3.12.7），其中需要记录的数据类型是"TimeInterval"（时间差或者时间区间），T_1 是实体属性"ArriveTime"的数值，基于此时间差计算的算数平均值是"一次性通过检验的零件的平均生产周期"（CycleTime Of GoodParts）。

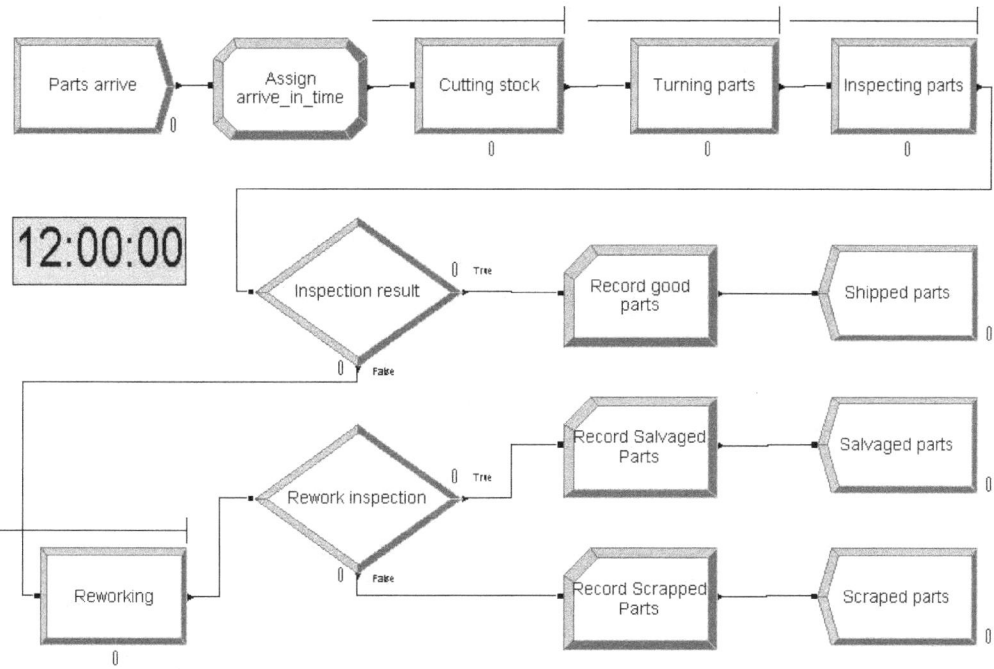

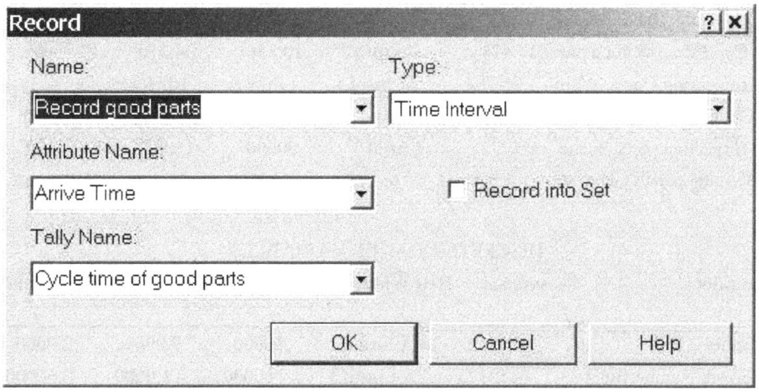

图 3.12.7 记录一次性通过检验的实体周转时间的模块

如果我们也想知道各种零件（一次性通过的零件，返工后合格的零件，返工后仍不合格的报废零件）的数量，那么只需再加上一个 Record 模块，每当实体经过时，该模块便自动更新通过数量的记录，详见图 3.12.8 的定义。从图 3.12.8 中可以看出，我们定义了一个计数变量"FinishedParts"，其类型是"Count"（正整数），更变数值等于 1，也就是说，每当一个实体通过此模块时，该模块便自动把计数变量增加一个单位（=1）。

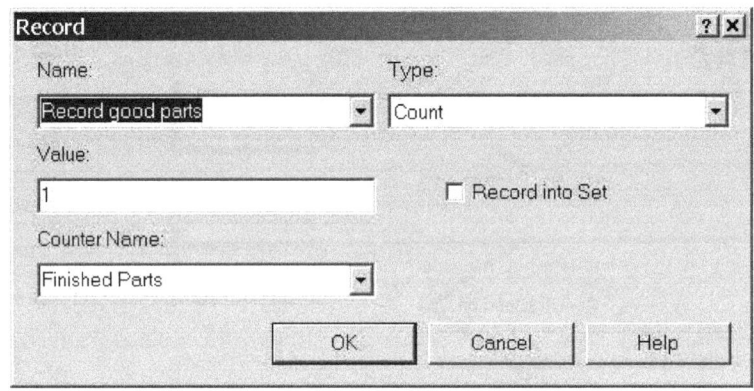

图 3.12.8 记录实体通过数量的模块

完成了的模拟模型显示在图 3.12.6 中。

最后我们确定此模拟模型运行的次数为一次，运行时间长度为 480 分钟。模拟的输出结果如图 3.12.9 所示。

ARENA Simulation Results
Summary for Replication 1 of 1
Replication ended at time：480.0

TALLY VARIABLES

Identifier	Average	Half Width	Minimum	Maximum	Observations
Cycle time of Scrapped	18.346	(Insuf)	16.229	20.464	2
Cycle time of Salvaged	77.490	(Insuf)	31.299	131.37	9
Cycle time of good par	17.474	(Insuf)	10.356	34.370	65
Reworking.Queue.Waitin	25.788	(Insuf)	.00000	107.99	11
Cutting stock.Queue.Wa	1.0524	(Insuf)	.00000	5.9997	78
Inspecting parts.Queue	1.5771	(Insuf)	.00000	11.867	77
Turning parts.Queue.Wa	1.4280	(Insuf)	.00000	21.100	77

DISCRETE-CHANGE VARIABLES

Identifier	Average	Half Width	Minimum	Maximum	Final Value
Entity 1.WIP	3.9232	(Insuf)	.00000	9.0000	2.0000
Rework.NumberBusy	.53173	(Insuf)	.00000	1.0000	.00000
Rework.NumberScheduled	1.0000	(Insuf)	1.0000	1.0000	1.0000
Rework.Utilization	.53173	(Insuf)	.00000	1.0000	.00000
Turning machine.Number	.63777	(Insuf)	.00000	1.0000	.00000

Turning machine.Number	1.0000	(Insuf)	1.0000	1.0000	1.0000
Turning machine.Utiliz	.63777	(Insuf)	.00000	1.0000	.00000
Inspector.NumberBusy	1.0175	(Insuf)	.00000	2.0000	1.0000
Inspector.NumberSchedu	1.5000	(Insuf)	1.0000	2.0000	1.0000
Inspector.Utilization	.71916	(Insuf)	.00000	1.0000	1.0000
cutting machine.Number	.49076	(Insuf)	.00000	1.0000	.00000
cutting machine.Number	1.0000	(Insuf)	1.0000	1.0000	1.0000
cutting machine.Utiliz	.49076	(Insuf)	.00000	1.0000	.00000
Reworking.Queue.Number	.59098	(Insuf)	.00000	3.0000	.00000
Cutting stock.Queue.Nu	.17102	(Insuf)	.00000	2.0000	.00000
Inspecting parts.Queue	.25301	(Insuf)	.00000	2.0000	.00000
Turning parts.Queue.Nu	.23045	(Insuf)	.00000	2.0000	1.0000

OUTPUTS

Identifier	Value
Entity 1.NumberIn	78.000
Entity 1.NumberOut	76.000
Rework.TimesUsed	11.000
Rework.ScheduledUtiliza	.53173
Turning machine.TimesUs	77.000
Turning machine.Schedul	.63777
Inspector.TimesUsed	77.000
Inspector.ScheduledUtil	.67834
cutting machine.TimesUs	78.000
cutting machine.Schedul	.49076
System.NumberOut	76.000

COUNTERS

Identifier	Count	Limit
Scrapped Parts	3	Infinite
Finished Parts	54	Infinite
Reworked Parts	7	Infinite

图 3.12.9　简单制造系统模拟模型的运行结果

12.2　单件车间生产过程的模拟

在很多实际问题中，流经系统的实体往往不止一种。例如，在一条生产线上流动的产品就可能有几种（在同一装配线上流动的不同型号的产品）。而每一种产品都可能有它独特的"工艺路线"，也即不同实体流经各道工序的顺序可能不同。为了说明这个问题以及相关的概念，我们来看下面一个例子。

假设一个小型的制造车间里有三个工作站 1、2、3；所有的工作站都只有一台加工设备（图 3.12.10）。注意零件的入口与出口也标示在图 3.12.9 中。该系统加工三种不同的零件：零件 1、零件 2 和零件 3。所有的零件都是随机地进入系统，而且到达时间都服从参数为 5（分钟）的指数分布。其中 30%的时间进入系统的实体是零件 1，40%的时间则是零件 2，剩余 30%的时间是零件 3。零件 1 的工艺路线是：工序 1→工序 3；零件 2 的路线是：工序 2→工序 1→工序 3，而零件 3 的路线则是：工序 1→工序 2→工序 3。这 3 种零件在每道工序的加工时间也是随机变量，具体的概率分布及其参数列于表 3.12.1 中。此外，零件从一道工序转运到另一道工序的时间是一个非零的常数，即 2 分钟。我们需要为此制造系统建立起模拟模型，并通过模拟来分析该系统以下的表现指标。

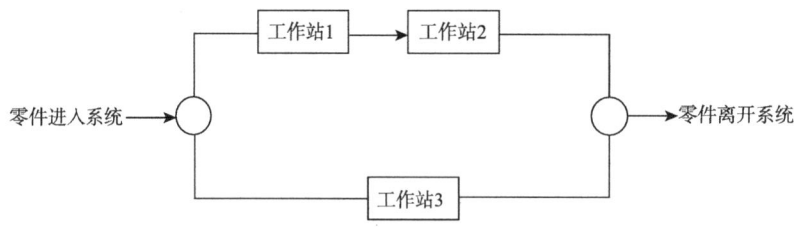

图 3.12.10 小型制造系统的示意图

表 3.12.1 不同零件在不同工序的加工时间分布及参数

零件	工作站 1	工作站 2	工作站 3
零件 1	Norm（5，1）	—	Tria（3，4，5）
零件 2	Norm（4，0.4）	Tria（2，4，6）	Tria（1，3，5）
零件 3	Norm（3，0.5）	Tria（3，5，7）	Tria（2，4，6）

（1）两种零件的平均周转时间（从进入系统到完成所有工序后离开系统的周期）。
（2）系统中各工作站资源（加工设备）的平均负荷率。
（3）系统中半成品的平均累积（WIP）。

从模拟的角度而言，可以看到这个简单例子中有以下几个新的特点：
（1）三种不同的实体按照不同的概率随机地进入系统。
（2）实体在系统中流动的路线不同，并取决于实体的种类。
（3）实体在不同的工序之间转运的时间大于零（非即时转运）。

为了按照前述例子中的特点解决类似问题的模拟建模，需要引入一些新的概念和方法。

首先，当一个模拟实体随机产生的时候，可以根据需要赋予它一些独特的属性，如实体的类别、到达时间等。对于前述例子，可以对每一个产生的实体，启动一个赋予程序，来赋予该实体一个"零件类别"的属性，该属性可取二值，即 1 代表该实体是零件 1；2 代表该实体是零件 2。在 ARENA 中，这个任务是由一个叫做 ASSIGN 的逻辑模块完成的。

其次，如何随机地对实体赋予属性？或者说如何按照不同的概率来"产生"几种不同的实体（通过赋予不同的属性）？为了解决这个问题，我们可以运用一个简单的离散概率分布：

$$F(X):\{x_1/p(x_1), X_2/p(x_2), \cdots, x_k/p(x_k)\}$$

其中，$(x_1, x_2, \cdots, x_k)$ 为随机数 X 的取值域（如非连续的整数）；$p(x_1), p(x_2), \cdots, p(x_k)$ 则是与这些数值相对应的概率分布。例如，对上面的例子，就可以用{1/0.3, 2/0.4, 3/0.3}来表达进入系统的三种不同零件的概率分布，当然，也可以用累计概率的形式来表达同一分布：{1/0.3, 2/0.7, 3/1.0}。事实上，很多模拟软件，例如，ARENA 都为用户直接提供了这样一个非连续分布函数，它的命令形式就是累计概率分布形式，即 $\text{DISC}(x_1, F(x_1), x_2, F(x_2), \cdots, x_k, F(x_k))$。用这个分布来表述上面的例子就是 DISC(1,0.3,2,0.7,3,1.0)。需要注意的是对每一个数值 x_j，我们键入的是它的累计概率值 $F(x_j)$，而不是它的取值概率 $p(x_j)$。

那么如何解决不同工艺路线的实体在模拟模型中的流动问题呢？

首先，来看实体的"工艺路线"是怎样定义的。工艺路线一词源自于制造系统的工艺设计。简单来说，实体的工艺路线就是一个有序的排列 $M = (m_1/a_1, m_2/a_2, \cdots, m_j/a_j)$。这里的下标 $(1,2,\cdots,j)$ 是有顺序要求的。例如，m_1 代表该实体进入系统后需要经过的第一道工序，而 m_j 则是该实体经过的最后一道工序。对于每一道工序，实体的某种属性都可以被赋予特定的取值（如加工或服务时间），或者实体被赋予某种独特的属性。例如，a_1 可以代表实体在经过第一道工序时所需要的加工时间等。

所以，为某种实体定义一条工艺路线时需要确定三件事：一是该类实体流经系统时所需要经过的各道工序（一道"工序"可以是一台机床、一个加工站、一个服务点、一个工作部门等）；二是这些工序的先后顺序排列；三是在每一道工序中，实体是否需要被赋予独特的属性或者特定的属性取值，如实体在某道工序的加工时间。可以用一个专门的子程序来完成这个任务。

ARENA 是用一个称为"序列"（SEQUENCE）的数据模块来定义不同实体的工艺路线的。该模块有如下特点：

（1）SEQUENCE 模块是用来代表（定义）实体在模拟模型中流动的路线，是一个由一组事先确定下来的工序及它们之间的顺序构成的序列。

（2）SEQUENCE 模块对每一种实体工艺路线的定义包括一组有序排列的工序名称及在其中每一道工序的赋值要求（如在每一道工序的加工时间）。

（3）为了跟踪每个实体在系统中流动的位置（如在某一时刻，该实体在哪一道工序？下一道工序又是哪里？等等），ARENA 为每个实体定义了三个属性：

第一，Station（M）：现在所在位置的代号。

第二，Sequence（NS）：该实体所遵从的工艺路线（序列）代号。

第三，Jobstep（IS）：现所在的工序在其工艺路线中的排列位置。

最后，需要解决的问题是如何实现各道工序之间实体的转运。当实体在工序之间的转运时间可以被忽略不计的情况下（所谓即时转运），可以使用连接指令 Connect。而当实体的转运时间不能被忽略时，就必须使用更高级的程序命令。由于系统中同时流动着不同类型的实体，而它们的流动路线又不同，所以转运程序指令必须解决下面几个问题：

（1）对实体转运路线中所涉及的每个位置进行定义，即使该位置（可能是一道具体的工序，也可能是一个虚拟的逻辑位置，如某个决策点或系统的出口等等）能够明确地被有关控制实体流动的程序模块所识别。

（2）按照不同实体的工艺路线要求将其从"现在"的位置转运到其路线中规定的下一位置，同时为该转运活动产生一段转运时间（可以是常数或者是服从某种分布的随机变量）。

在这本章，我们将引入以下新的概念和 ARENA 指令：

第一，Station Module：位置模块。为了在模拟模型中定义一个工作站（工序）的实际边界，也即该工序的进口和出口，以便该工序能够被代表不同实体流动路线的序列程序（Sequence）所识别，ARENA 采用 Station 逻辑模块。该模块属于 ARENA 的高级转运程序模板（Advanced Transfer Panel）。

第二，Route Module：导运模块。该模块负责把不同的实体按照其工艺路线的要求从其现在的位置转运到下一道工序，并按照要求产生和记录转运所需要的时间。此模块也属于高级转运程序模板。

运用 Station 模块和 Route 模块，模拟模型中的一道工序（也即一个工作站，或一个加工单元）可以看做如图 3.12.11 所示的组合。

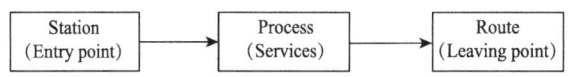

图 3.12.11　构成一道工序的 ARENA 逻辑模块组合

现在，可以用以上介绍的新的概念和技术指令来解决本章开始时提出来的例子。总的方法是，首先每一种实体用 Sequence 模块来定义其工艺路线。其次用 Assign 模块将不同的工艺路线赋予给每个进入系统的实体（即为每一实体定义一个"序列"属性，然后按其类型赋予与之相关的序列，如赋予零件类型 1 工艺路线 1 等）。最后，对系统中所有的工序用 Station 模块来定义其位置，而用 Route 模块来定义工序之间的转运过程及其所需的时间。

首先，用一个 Create 模块来产生实体并定义其到达过程，接下来我们定义一个 Assign 模块，为每个到达的实体定义下列属性（Attribute）：

（1）零件类型（Part Type）：用非连续分布 DISC(1,0.3,2,0.7,3,1.0)。

（2）零件路线（Part Sequences(Part Type)）：属性名称是"Entity.Sequence"，其赋值为"Part Sequences(Part Type)"。注意零件路线"Part Sequences"定义为零件类型"Part Type"的函数。

其次，用一个 Station 模块定义转运起点"OrderRelease"，再用一个 Route 模"StartSequence"来启动实体按照其路线所规定的转运，如图 3.12.12 所示。

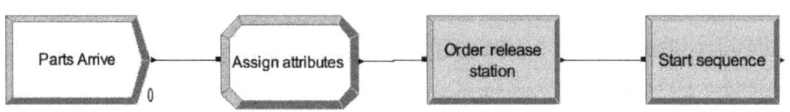

图 3.12.12　定义实体的产生、属性及其转运起点的模块组合

再次，定义 Sequence 模块。首先为每一种零件定义其工艺路线的名称，本例中三条工艺路线的名称分别是 Part 1 process plan, Part 2 process plan, Part 3 process plan。对每一条工艺路线，我们再定义其具体的工序排列（Steps），如零件 1 的路线，路线中的第一站是"WStation 1"（工作站 1），第二站是"Wstation 3"（工作站 3），而第三站则是"Exit system"（离开系统）。

最后，定义实体在其路线中每一站的属性赋值。例如，在第一站，我们为其定义一个属性"Process time"（加工时间），并赋予该属性一个服从正态分布"Norm(5,1)"的随机数值。详见图 3.12.13。

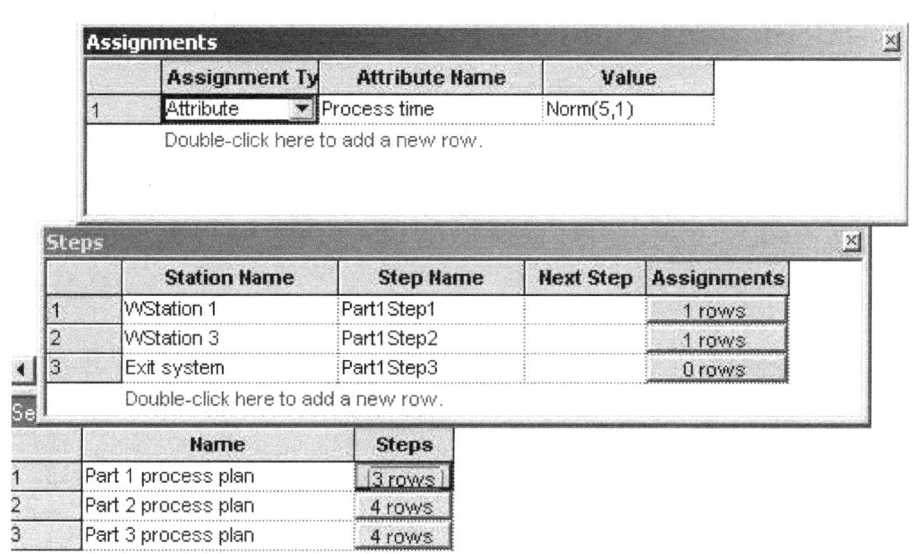

图 3.12.13 定义 Sequence 数据模块

注意，每一道加工工序都必须含有一个"Process"模块，我们需要在每一道加工工序之后，定义一个导运模块来把实体由"现在的工序"转运到"下一道工序"，如图 3.12.14 所示。由于本例中实体是按照事先规定的路线流动，所以我们只需要在其转运目的地"Destination Type"一栏中选择"Sequential"（按路线运行）。另外，我们用一个叫做"Transfer time"的变量来代表转运时间，其单位是分钟（Minutes），这个变量还需要在"Variable"模块里进行定义。

在定义 Process 模块时，由于实体在每道加工工序的加工时间已经在 Sequence 模块里进行了赋值定义，我们只需定义"Delay Type"为"Expression"，并注明该表达式是"Process time"。这样在模拟运行时系统便会根据这个属性所提供的数值来确定在该工序所需要延长的加工时间，如图 3.12.15 所示。

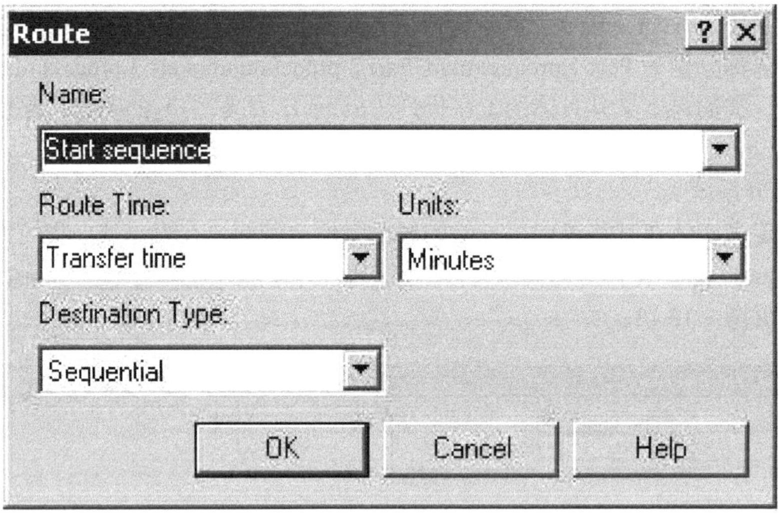

图 3.12.14　定义导运模块"Route Module"

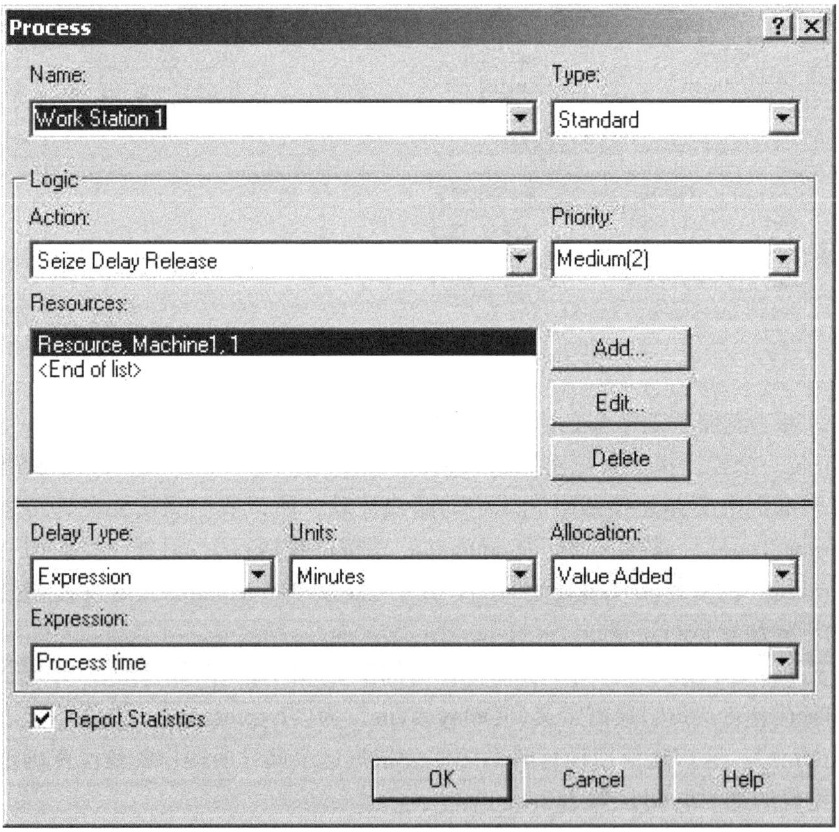

图 3.12.15　定义 Process 模块

为了能够更方便、更准确灵活地表达与分析模拟过程中的各种数量与数据，还需要引入一些更高级的数据结构及表达方式。例如，在本例中，通过一个集合模块（Set

Module）来定义两个数据集合：一个是三种零件的生产周期（Cycle times），而另一个是三种零件的类别（Entity types）。在定义每一个集合时，我们需要定义其名称和数据的类型（图 3.12.16 和图 3.12.17）。

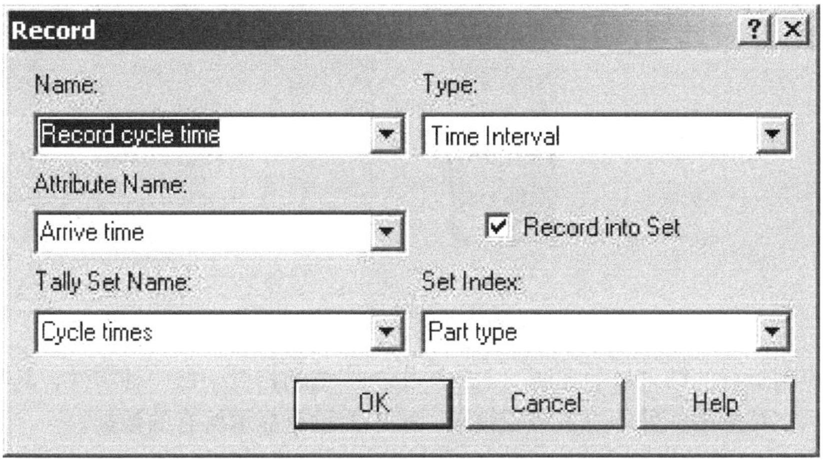

图 3.12.16　通过集合（Set）来定义零件的生产周期（Cycle times）

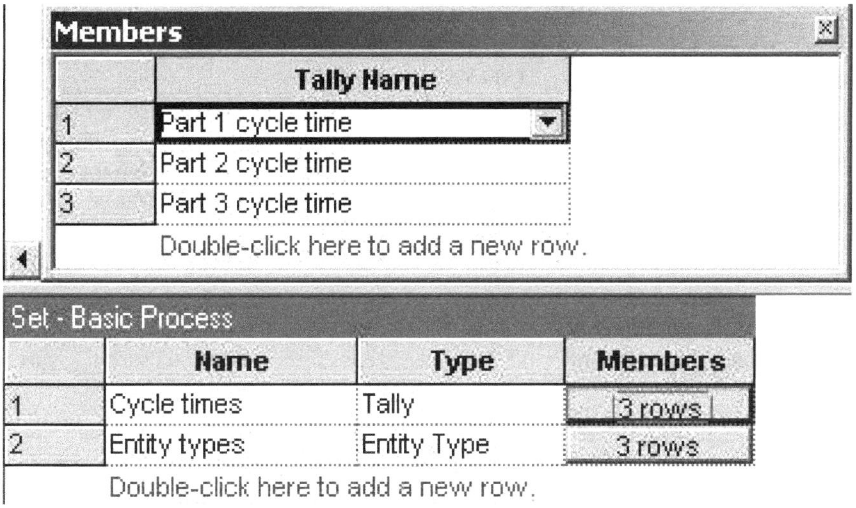

图 3.12.17　用 Set 模块来定义有关输出数据的集合

整个完成了的小型制造系统模拟摸型显示在图 3.12.18 中。注意在最后的记录模块（Record Module）中，我们需要将离开系统的实体的"周期"记录在与之类型相对应的数据集合中。因此我们必须说明记录的方式（在记录入集合的小方框内打钩）并指定集合的名称（Cycle times）。

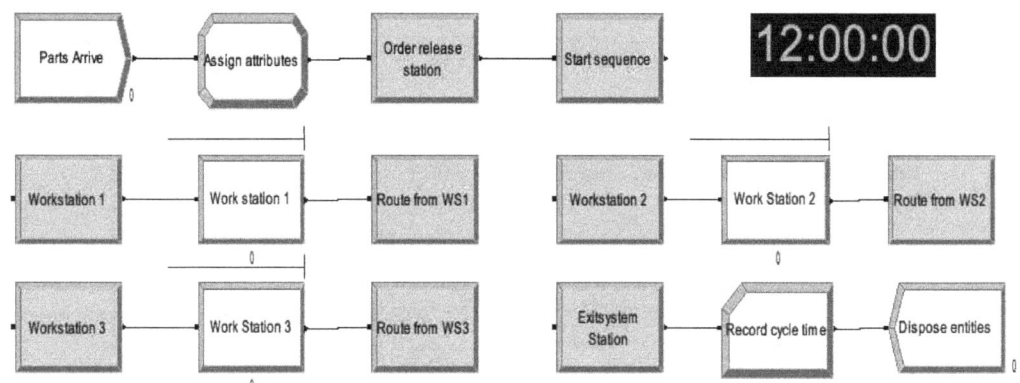

图 3.12.18 完成的小型制造系统模拟模型

模拟模型运行的结果显示在图 3.12.19 中。注意到相对于每一种零件,其平均加工周期也显示在结果中。另外为了节省篇幅,表中并没有显示所有的数据。

```
                    ARENA Simulation Results
                    Summary for Replication 1 of 1
                    Replication ended at time    : 480.0
```

TALLY VARIABLES

Identifier	Average	Half Width	Minimum	Maximum	Observations
Part 2 cycle time	26.766	(Insuf)	18.470	36.773	29
Part 1 cycle time	19.798	(Insuf)	13.324	29.144	22
Part 3 cycle time	27.118	(Insuf)	16.854	41.860	32
Part 1.VATime	9.0388	(Insuf)	5.9844	11.229	22
Work Station 1.Queue.W	3.6260	(Insuf)	.00000	14.274	88
Work Station 2.Queue.W	2.7446	(Insuf)	.00000	12.455	65
Work Station 3.Queue.W	1.5658	(Insuf)	.00000	9.0774	84

DISCRETE-CHANGE VARIABLES

Identifier	Average	Half Width	Minimum	Maximum	Final Value
Part 1.WIP	.95708	(Insuf)	.00000	3.0000	2.0000
Part 2.WIP	1.7173	(Insuf)	.00000	6.0000	3.0000
Part 3.WIP	1.9703	(Insuf)	.00000	5.0000	5.0000
Entity 1.WIP	.00000	(Insuf)	.00000	1.0000	.00000
Machine1.Utilization	.70607	(Insuf)	.00000	1.0000	1.0000
Machine2.Utilization	.59612	(Insuf)	.00000	1.0000	1.0000
Machine3.Utilization	.62870	(Insuf)	.00000	1.0000	1.0000
Work Station 1.Queue.N	.69537	(Insuf)	.00000	5.0000	4.0000
Work Station 2.Queue.N	.38384	(Insuf)	.00000	3.0000	1.0000
Work Station 3.Queue.N	.27631	(Insuf)	.00000	3.0000	1.0000

OUTPUTS

Identifier	Value
Part 1.NumberIn	24.000
Part 1.NumberOut	22.000
Part 2.NumberIn	32.000
Part 2.NumberOut	29.000
Part 3.NumberIn	37.000
Part 3.NumberOut	32.000
System.NumberOut	83.000

图 3.12.19　小型制造系统模拟模型的运行结果

12.3　实体回避的模拟

首先定义什么是实体回避（entity balking）过程。假设在模拟过程中，当某一实体到达某道工序时，如果该工序的资源已经被占用，或者在该工序等候服务的排队已经满员（再没有多余的地方容纳任何新近抵达的实体），则该实体将舍弃服务而离开该道工序，实体的这种行为称为回避。

一个简单的例子就是快餐店（如麦当劳）的汽车道服务窗口，当顾客开车来购买时，如果看到等候的车排队很长或者已经满员，就会打消（在此地）购买的念头而驾车离开。另一个例子就是在某时刻到达一个有限交换网络的客户电话。

实体回避往往是模拟研究的一个重要行为，因为它反映了系统无法满足实体服务需要的差距。从某种意义上来说，回避离开的实体代表着一种损失，一种由于系统能力有限而无法满足实体需要的损失。在系统管理中这通常是一个重要的管理者非常关心的问题。在实际的模拟模型里，对在某个位置采取了回避的实体通常有两种处理办法：一是简单地将其由系统中除去；二是令其重新进入该位置（如一道工序）。

为了建立实体回避的模型，先来看隐含其内的逻辑过程（图 3.12.20）。当实体来到某道工序排队时，它首先要查看该工序的资源是否被占用以及排队是否已经满员。如果资源已经被占用，则该实体就会试图加入该工序的排队等候服务。但是如果连排队也已经满员（排队中已经没有多余的地方供新来的实体占用），那么该实体就会选择回避而放弃进入该道工序的努力。当这种回避行为发生时，系统需要做两件事：一是更新有关的统计计数器（Counter），二是处置选择回避的实体，即要么将其送出系统（Dispose），要么引导其重新进入该道工序或其他工序。

下面来看如何应用 ARENA 的相关模块来建立实体回避行为的模拟模型。构成模型组合的模块包括几个属于 ARENA 的 BLOCK 模板的模块，具体如下：

（1）排队模块（Queue Block）：其用于容纳排队等候服务的实体，排队的容量通常是一个有限的整数。当实体来到排队时，如果排队中仍然有"地方"容纳，则该实体就进入排队等候，否则实体便会采取回避行为而离开排队。

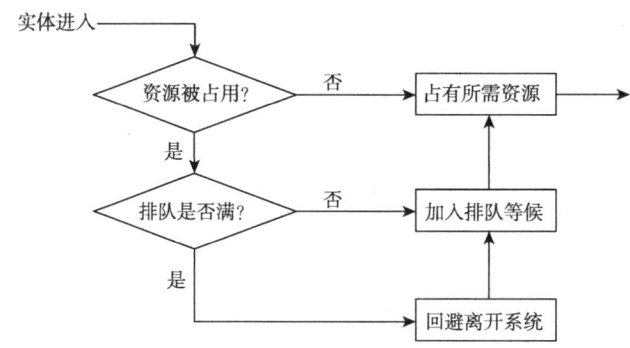

图 3.12.20　实体回避的逻辑模型

（2）占用模块（Seize Block）：这个程序使实体获得对其所需的资源的占有使用权，规定并标明被占用资源的类型与数量及优先权。

（3）延时模块（Delay Block）：此程序使获得资源占用权的实体按照要求延长一段时间，来代表其接受服务所需要的时间（如零件的加工时间）。这个时间可以是确定的常数，也可以是随机分布的数量。

（4）释放模块（Release Block）：本程序在实体完成其要求的服务之后，释放被其占用的所有资源，使这些资源能够继续为下一个实体提供所需的服务。

在实际应用中，这几个模块通常是组合在一起使用的。下面就是一个用 ARENA 模块来建立实体回避模拟模型的简单例子。这些模块属于 ARENA 的 BLOCK 模板，是抽象层次比较"低"的模块，即是比较"具体"的模块。在抽象层次更高的板块中，这些模块的功能可以被进一步整合到一个模块之中，如属于 BasicProcess 板块的过程模块，就具有排队—占用—延时—释放的功能。

然而，采用低层次模块建模往往具有灵活和表达能力强的优点，特别适用满足比较复杂的建模要求。例如，在本例中，系统虽然是一个简单的单一窗口银行柜台服务系统（图 3.12.21），顾客进入系统后，如果柜台服务窗口（资源）已经被占用，但排队未满（少于五个人），则会加入排队等候。如果排队中已经有五人，则顾客便会选择回避而离开系统。采用前面用过的过程模块无法满足对实体回避行为的模拟，所以采用这些模块的组合，就是希望通过模拟来分析系统的服务能力以及在一定时间内由于回避而损失的顾客数量。

通过这个例子可以看到，在 ARENA 模拟模型中，属于不同抽象层次（不同板块）的程序模块可以按需要任意地组合在一起使用。这为模拟建模提供了很大的便利与灵活性。这也是对计算机模拟建模软件不断发展提出的要求与挑战：为了迎合实际问题的需要，模拟软件必须同时具备高效性和灵活性，这不但要求软件具有高层次高效性的程序模块，也要有低层次但灵活性好的程序模块，而且还要求这些不同层次的程序模块能够方便地按实际问题的要求进行组合。

本例中还有一个特点，即"同时"到达实体的数量多于一个，90%的时间是一位顾客到达，10%的时间是两位顾客同时进入系统。产生多个实体同时进入系统的办法是将

第 12 章 生产系统工件加工过程的模拟 283

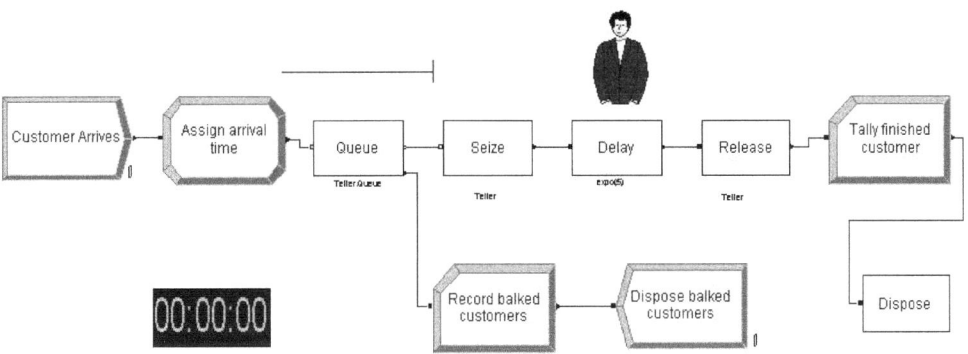

图 3.12.21 实体回避的例子

到达实体数量（Entities PerArrival）定义成为一个随机变量，然后再设定这个随机变量的概率分布。本例中，采用一个离散分布来确定同时到达实体的随机数量（图 3.12.22）。

$$Disc(0.9,1,1.0,2)$$

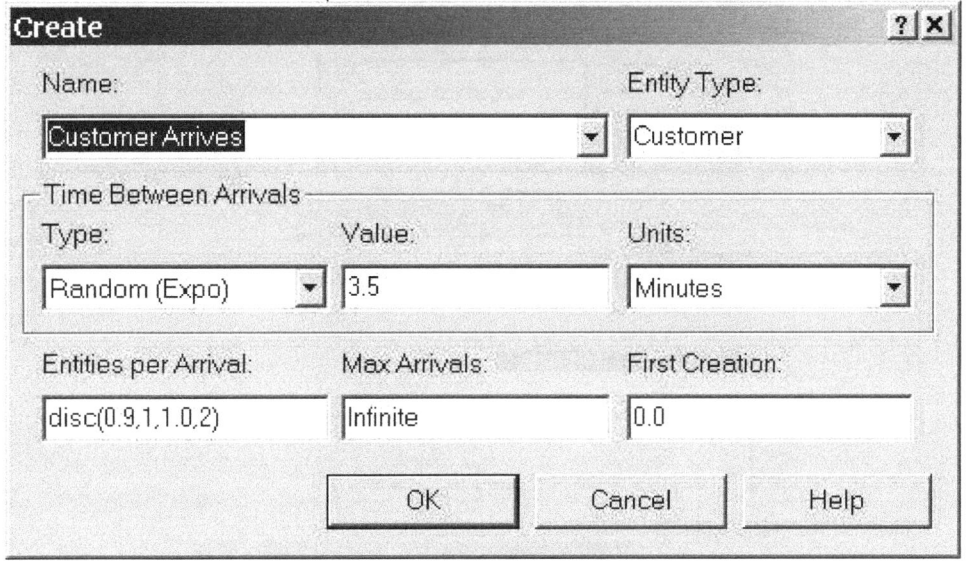

图 3.12.22 定义同时到达实体的随机数量

定义排队的模块显示在图 3.12.23 中。注意该排队的容量限定为 5（最多容纳 5 个实体），由于在本例中，回避的实体通过直接的模块连接，被送往一个记录回避顾客数量的模块，所以在排队模块中我们并不一定要说明回避顾客前往的模块（Balk Label）。其他各有关模块的定义见图 3.12.24~图 3.12.26。

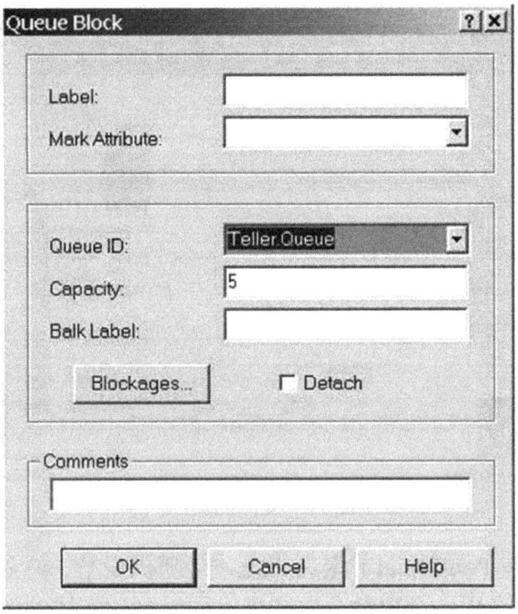

图 3.12.23　定义排队模块（排队的容量限定为 5）

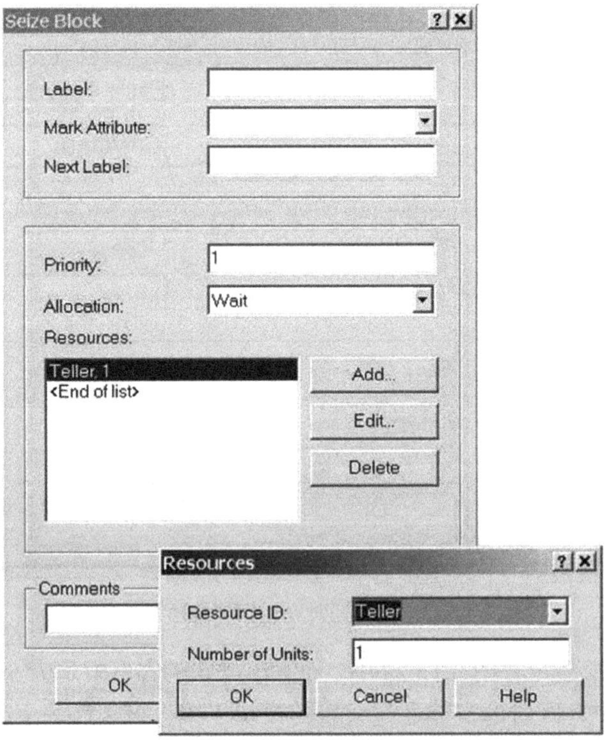

图 3.12.24　定义占有（资源）模块

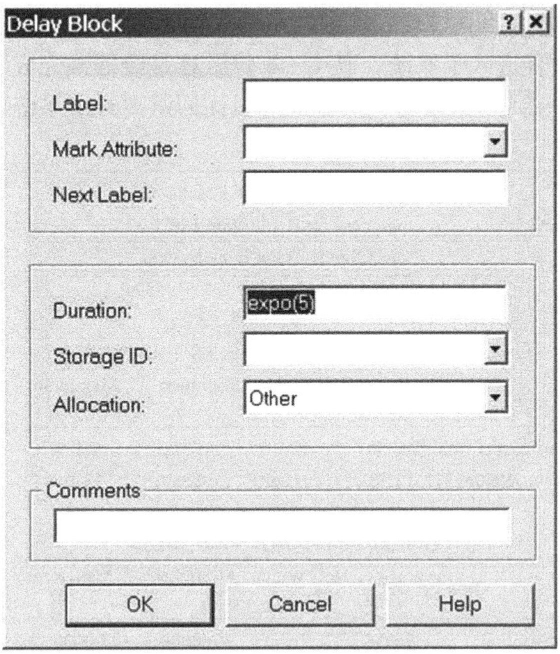

图 3.12.25　定义延时模块

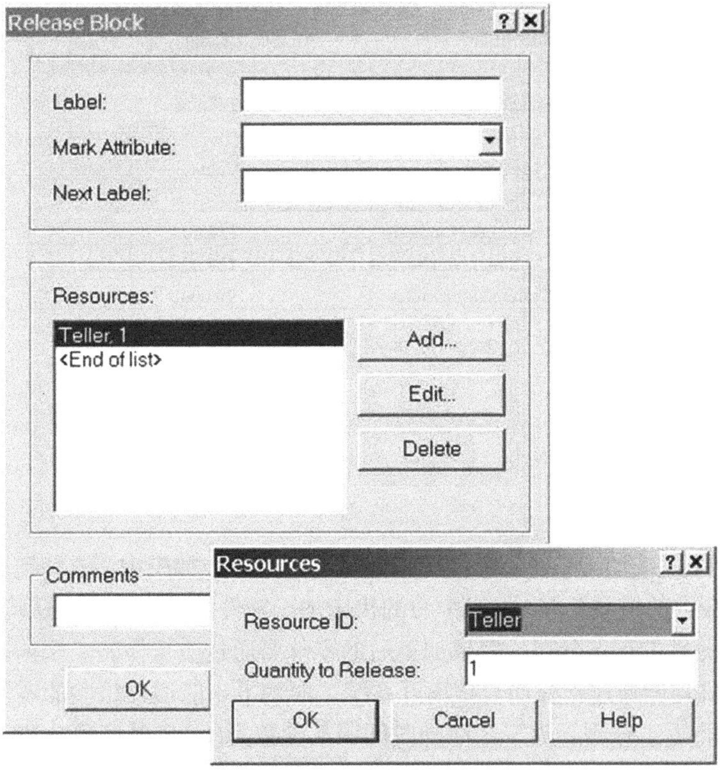

图 3.12.26　定义释放模块

模拟运行的结果显示在图 3.12.27 中。从中我们看到，在整个 480 分钟的模拟过程中，一共有 134 位顾客进入了系统，其中 94 位顾客是经等候完成了服务之后离开系统的，而有 34 位顾客在到达系统时，因排队满员而回避离开了系统，占进入系统顾客总数的 25.3%。

```
                    ARENA Simulation Results
                   Summary for Replication 1 of 1
                   Project:Single Teller Bank System
                   Replication ended at time    : 480.0

                         TALLY VARIABLES
Identifier              Average   Half Width  Minimum   Maximum   Observations

    Time in system of fini  18.350   (Insuf)   .05072    48.459      94
    Teller.Queue.WaitingTi  13.502   (Insuf)   .00000    38.149      95

                      DISCRETE-CHANGE VARIABLES
Identifier              Average   Half Width  Minimum   Maximum   Final Value

    Teller.Utilization      .96130   (Insuf)   .00000    1.0000    1.0000
    Teller.Queue.NumberInQ  2.7467   (Insuf)   .00000    5.0000    5.0000

                              COUNTERS
                    Identifier            Count    Limit

                    Balked customers        34    Infinite
                              OUTPUTS
                    Identifier            Value

                    Customer.NumberIn     134.00
                    Customer.NumberOut    128.00
                    System.NumberOut      94.000
```

图 3.12.27　实体回避模型的运行结果

习题与思考

1. 考虑一个机械加工系统。零件首先随机地进入一个加工中心，其到达时间间隔服从均值为 1.5 分钟的指数分布。加工中心的机床加工零件的工序时间服从均值为 3 分钟、均方差为 0.5 分钟的正态分布。完成加工后的零件要通过质量检验。根据以往的数据统计，88%的零件均能通过检验而直接离开系统。而剩下未能通过检验的零件则被送往一道返工工序进行返工修理。返工工序的时间服从参数为(1,2,3)的三角分布。返工后仍然有大约有 15%的零件不能通过检验，因而成为报废品离开系统。其余通过检验的返工零件则被作为返修合格件离开系统。为此系统建立一个模拟模型，并模拟其操作 480 分钟。

采集以下的统计量：

（1）每类零件（一次合格件，返修合格件，报废件）的数量。

（2）每类零件的加工周期。

（3）加工中心和返修工序的资源负荷率。

2. 零件以每小时 6 个的均匀到达率进入一个加工系统。一共有三种不同的零件，它们进入系统的概率分别是 0.3、0.3 和 0.4。加工系统中共有三台不同的加工中心（工序），即 A、B 和 C。所有的零件完成加工后从同一个出口离开系统。每一种零件的工艺路线以及在各工序的加工时间都列在下面的表格中（单位为分钟）。假设零件在不同工序之间，以及各道工序与出口之间的转运时间都是 2.5 分钟。模拟这个系统的操作 10 000 分钟，并采集每一种零件的平均加工周期、每一个加工中心的资源负荷率以及平均排队长度。

零件类别	工序 加工时间	工序 加工时间	工序 加工时间
1	A NORM（10, 1.3）	C TRIA（8, 11, 14）	
2	A NORM（7, 1）	B UNIF（6, 10）	C TRIA（4, 7, 10）
3	B NORM（12, 1.5）	C TRIA（9, 11, 14）	

3. 病人进入某医院急诊部的规律服从均值为 10 分钟的指数分布。假定病人被区分为三类——A、B、C。急诊部通常为病人提供三个阶段的服务。每一种病人通过这些服务的具体顺序和服务时间列出在下面的表格中。所有的服务时间都是以分钟计算的。假定病人从一个服务阶段转送到另一个阶段的时间是常数 3 分钟。建立这个急诊部的模拟模型并模拟其操作 4 800 分钟。用 "Sets" 命令来采集每一种病人的平均服务周期以及每一阶段的资源负荷率。

病人类型	服务阶段 服务时间	服务阶段 服务时间	服务阶段 服务时间
1	阶段 1 TRIA（9, 11, 13）	阶段 2 TRIA（7, 9.5, 11.2）	
2	阶段 1 TRIA（10, 13, 15）	阶段 2 TRIA（12, 15, 17）	阶段 3 TRIA（6.5, 8.5, 10）
3	阶段 2 TRIA（10.5, 12, 14.5）	阶段 3 TRIA（9.8, 11.5, 12.6）	

4. 某个小型超市在营业期间总是保持一条主要的结算出口通道。为顾客清点结算的时间服从均值为 3 分钟、均方差为 0.5 分钟的正态分布。顾客进入商店的规律服从均值为 2 分钟的指数分布。开始时所有的顾客都在主要的结算出口通道排队等候。当该排队的人数超过六人时，顾客便会到第二条结算通道排队等候，第二条通道的结算时间服从 N(6,1) 的正态分布。而且第二条通道的排队空间只能容纳 4 人。新来的顾客如果看到两条排队都已经满员时就会放弃购物而离开商店。模拟这个系统的操作 180 分钟，并采

集下列统计量：

（1）通过主要通道和第二通道完成购物结算的顾客总数。

（2）放弃购物而离开商店的顾客人数。

（3）通过主要通道的顾客的服务周期。

（4）通过第二通道的顾客的服务周期。

（5）两条通道服务店员的负荷率。

（6）对此系统你有何改进的意见？

第13章

生产系统资源能力变化的模拟

本章将延伸有关基本建模技术的讨论,重点介绍一些新的概念和与之相应的逻辑模块(建模程序),如简单的决策行为与资源的能力变化等。

13.1 资源能力的确定性变化

人们在模拟实体在系统中的流动时,往往依赖着一个重要的假设,那就是假设系统中的资源(如加工机床)为实体提供服务的工作能力是不变而且可靠的。所谓不变,即资源的工作能力是固定不变的常量;所谓可靠,即资源的工作能力是不会失效的,而且假设这种可靠性是百分之一百,也即资源是永远不会失效的。然而,在许多的现实系统中,资源的工作能力却往往具备了与上述假设正好相反的特征,具体如下:

(1)现实系统中资源的工作能力往往需要随时间的不同而变化。

(2)现实系统中资源的工作能力往往不是百分之一百的可靠,经常会由于发生故障而突然失去工作效能,而且这种故障的发生往往是随机性的。

在本章我们将着重讨论现实系统中资源工作能力的变化特征,以及如何在模拟建模过程中抓住这些变化特征,并用合适的模块来代表和反映这些特征。

如前所述,所谓确定性变化是指资源的工作能力是一个不随时间变化的常量。如果用 $R(t)$ 来代表资源的工作能力,C 代表一个常数,那么 $R(t)=C$ 就是这类资源的动态特征。然而在很多的生产与商业系统中,资源往往是随着时间的延续而发生变化的。

例如,一家餐馆上午十点钟开张时,顾客很少,经理只需要用两个服务人员。而当午餐的高峰时间(中午 12 点至下午两点)来临时,顾客大批涌进,经理必须安排五名服务人员才够用。当午餐高峰过后,经理只需留用两名服务员就可以了。

在这个例子中,资源(服务员)的工作能力(服务员人数)是变化的,是随着时间按计划而更改的。例如，一条生产线上的工人，白班时用了6名工人，而夜班期间只需要四个工人。这种可以预先决定的变化就是资源的确定性变化。

对具有确定性变化的资源来说，其工作能力可以用一个时间的阶梯函数来表达。如前面所述的餐馆一例，就可以用如下的阶梯函数来表示：

$$R(t) = \begin{cases} 2 & 10am \leq t \leq 12pm \\ 5 & 12pm \leq t \leq 2pm \\ 2 & 2pm \leq t \leq 4pm \end{cases}$$

在 ARENA 里面，我们可以用一个叫做"Schedule"（程序表）的数据模块来表达资源的确定性变化。Schedule 模块是在"AdvancedProcess"板块里面。使用这个模块需要做几件事情。首先，我们需要定义资源工作能力的变化规律，也即该资源随时间变化的函数 $R(t)$。

另外，在模拟模型的运行过程中改变（减少）某个资源的能力的时候，有一个如何处理正在工作状态中的资源（以及正在接受该资源提供之服务的实体）的问题，因此要对几种可能采取的办法有所了解：第一种办法是"忽略"，即立刻按计划减少该资源的工作能力，无论其是否正处在工作状态之中（忽略其"现在"行为）。第二种办法是"等候"，即等待该资源完成其正在进行的服务工作之后再改变（减少）其工作能力。第三种办法是"预留"，即停止资源正在进行的工作，减少其工作能力，而把未能完成其服务的实体"预留"至该资源恢复工作能力的时刻，使该实体能够在该工序完成其要求的服务时间。具体选择哪一种方法应该根据具体的情况来决定。

13.2 资源能力的随机性变化

在许多系统中，资源的能力往往会由于某些原因而突然发生失效，这种失效的发生通常具有随机性。例如，生产线上的机床，有时会突然发生故障而失去工作能力。值得注意的是这类事件的发生往往是随机性的，也即无法预测的。

为了分析这种随机性的变化，定义两个时间区间——UT 和 DT。其中，UT 是资源的工作区间（UpTime），而 DT 则是资源的停工区间（DownTime）。在工作区间里，资源处于正常的工作状态，其工作能力没有任何损失。而在停工区间，资源处在被修复或维修的非工作状态，其工作能力为零。我们可以把定义工作区间 UT 和停工区间 DT 为两个随机变量 X 和 Y，则 X 与 Y 是时间 t 的随机变量。为了设定其概率分布函数 $F_X(t)$ 和 $F_Y(t)$，必须确定变量 X 和 Y 的性质（连续分布的还是离散分布的）。

一般说来，随机事件"资源的失效"可以是由时间决定的（如磨损造成的切削刀具的失效，机床的突然失效等），或者是由资源的工作循环次数决定的（如电器开关通常在开关了一定的次数后突然失效）。可以用非连续的概率分布来表达基于工作循环次数的资源失效，而用连续分布的概率函数来表达基于时间的资源失效。在模拟建模中，就是通过把资源的工作区间（和停工区间）作为随机变量来定义资源随机性失效事件的发生，具体地说，就是把失效事件发生的时间间隔，定义为服从某种概率分布的随机变量。例如，在实际应用中，我们通常用一个指数分布来表示机器的工作区间（也即变量 X 的分布）。

在 ARENA 中，资源的随机性失效是通过一个叫做"Failure"（也即"失效"）的数据模块来定义的。在这个模块中，确定失效的类型（基于时间还是基于工作循环次数），选择随机分布函数，并定义其分布参数。

下面，通过一个具体的例子来说明如何用以上介绍的模块来表达资源的随机性失效。本例是从 15.1 节的例子稍加改动而成的。

检验工序的资源能力由原来的一个人固定不变改为两班制：第一班（4 小时）一个人，而第二班（4 小时）增加为两个人。而且车削加工工序的主要资源"TurningMachine"（车床）也允许有随机失效的发生：该设备的工作区间服从均值为 120 分钟的指数分布，而由失效造成的停工区间则服从均值为 4 的指数分布。通过模拟对改动后系统的下列指标进行分析：

（1）平均生产（加工）周期（或者平均流程时间）。
（2）平均等候时间（在每道工序等候的时间）。
（3）资源的负荷率（包括人力、加工设备、和转运工具）。
（4）平均排队长度及"平均队长"（waiting queue size）。

为了收集有关的统计数据，我们也需要介绍一些新的数据模块。我们在前面曾经提到，模拟分析中经常涉及的数据有三种——平均值、时间加权均值及简单的累计数或者频率。在 ARENA 中，用一个统计数据模块（Statistics Module）来采集这些数据，并把它们以数据文件的格式储存下来，供模拟过程的后期分析所用。统计数据模块可以从"高级过程板块"（Advanced Process Panel）中找到。

注意在定义了"失效模块"之后（图 3.13.1），还必须回到"资源模块"，在相关的资源栏目里，确立该资源与已经定义好的失效之间的联系，并选择当资源能力发生变化（减少）时的处理方法（忽略—等候—预留）。

	Name	Type	Up Time	Up Time Units	Down Time	Down Time Units	Uptime in this State only
1	Turning Machine Failur	Time	EXPO(120)	Minutes	EXPO(4)	Minutes	

图 3.13.1　定义车削机床失效的"Failure"（失效）模块

在本例中，发生失效的资源是车削工序的机床（TurningMachine），所以在对应与该资源的一栏里，定义其与失效"TurningMachineFailure"的关系，并且选择资源失效时的处理方式（选择的是等候 Wait），如图 3.13.2 所示。

图 3.13.3 显示的是 Schedule 模块的定义。这个模块是用来在模拟过程中按预定计划改变检验工序资源能力的：第一班（4 小时）一个人，而第二班（4 小时）则是两个人。

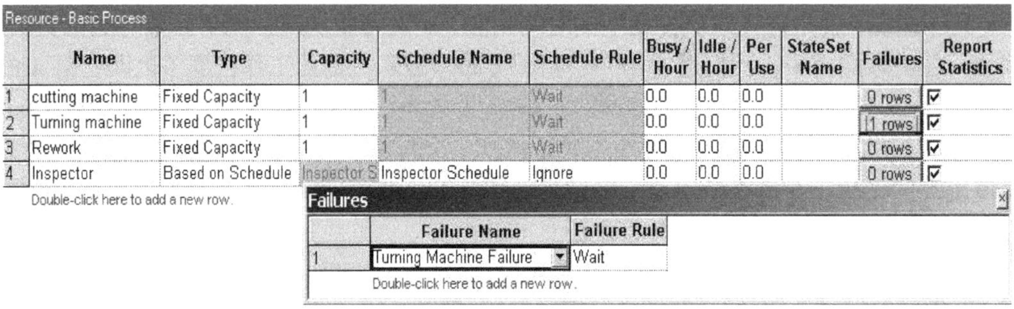

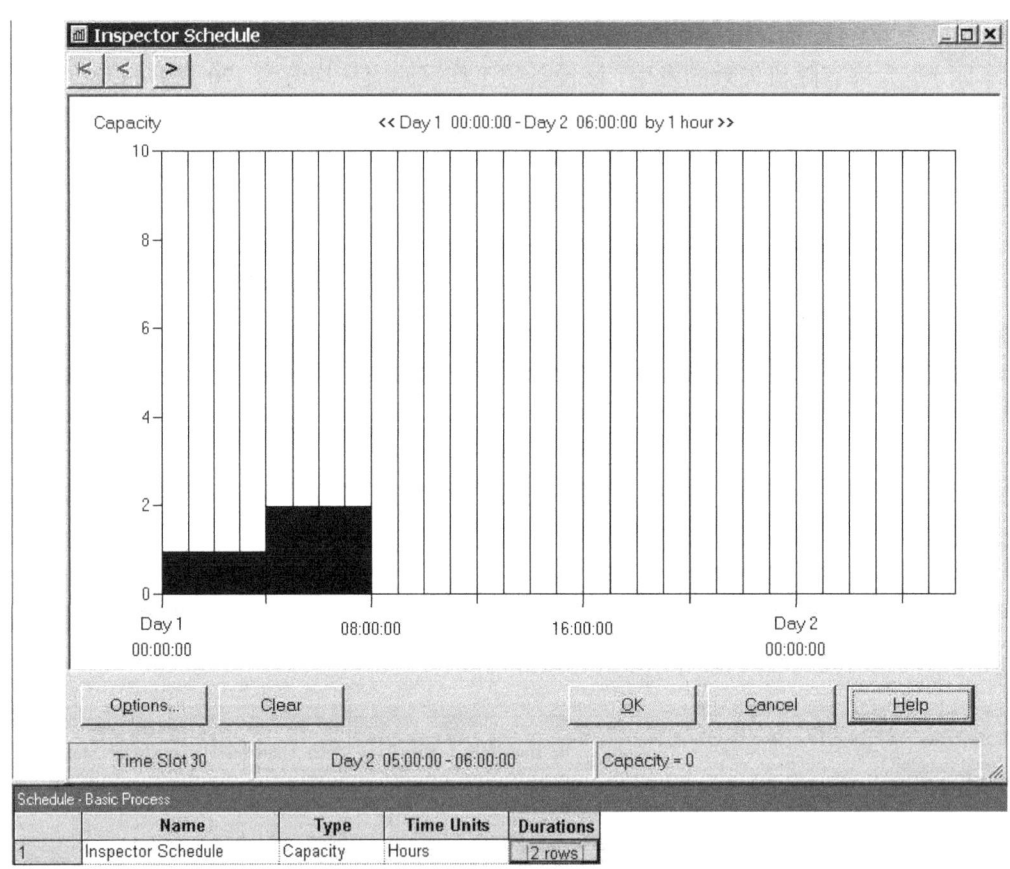

图 3.13.2　在资源模块中定义失效相关的资源

图 3.13.3　检验工序资源能力的计划性改变

13.3　非稳定泊松到达过程

在前面举出的例子中，我们都做了一个假设，那就是实体相继到达（进入）系统的时间是一个稳定的泊松到达过程，也即这些到达时间的间隔服从均值为常数的指数分布。在实际问题中，这个假设通常是不能满足的。例如，顾客进入一家餐馆就餐的到达时间通常就不是一个稳定的泊松过程，即中午（11：30 至 12:30）和傍晚（17：30 至 19：30）顾客的到达率比其他时间里的到达率要明显高得多。换句话说，顾客的平均到达率不是一个常数，而是随着时间变化的。另一个例子是电信传输中心接受的传话要求，白天上班时间的接受率可能远高于夜晚或下班以后的接受率。

解决非稳定泊松到达过程的一个简单而有效办法是采用"分段线性法"，即把一次模拟的运行周期分成数个较短的时间段，每一个时间段内的平均到达率假设为是一个不变的常数，但各个时段的平均到达率却不相同。假定我们把模拟的运行时间分为 n 个区间，每个区间用Δt来表示，则非稳定泊松过程的到达率λ便是这些时间区间的阶段函数：

$$\lambda(t) = \begin{cases} \lambda_1, & t \in \Delta t_1 \\ \vdots \\ \lambda_n, & t \in \Delta t_n \end{cases}$$

例如，某家餐厅的营业时间是从上午 10：00 到下午 3：00（5 个小时）。在不同的时段内，顾客的到达率明显不一样（表 3.13.1）。餐厅的经理需要根据在各个时段内来店就餐的顾客多少（取决于到达率的高低）来适当安排每个时段内的所需的服务人员数量。

表 3.13.1　某家餐厅的营业规律

时段	顾客到达率	服务人员数量
10：00—11：00	20	2
11：00—13：00	40	3
13：00—14：00	20	1
14：00—15：00	0	1

从表 3.13.1 中可以看到，顾客的平均到达率在时段上午 11 点至下午 13 点比其他时段要高出至少 1 倍，所以经理在该时段安排的服务人员也最多。

为了解决这个问题，我们可以在 CREATE 模块里定义一个程序表（Schedule）来控制实体进入系统的到达率的变化，具体做法是将 "Type of interarrival time"（到达时间间隔类型）定义为用一个程序表控制的离散变量。然后定义一个 "Schedule" 模块，其中定义两个计划：一个是到达率的变化，另一个是资源能力的变化（图 3.13.4）。其中到达率的变化定义了四个时段，每一时段的到达率和区间长度（以半小时为单位）都必须设定（图 3.13.5）。

	Name	Type	Time Units	Scale Factor	Durations
1	Arrival schedule	Arrival	Halfhours	1.0	4 rows
2	Server schedule	Capacity	Halfhours	1.0	3 rows

图 3.13.4　Schedule 模块

定义到达率的改变计划和资源能力改变计划

由于本例中资源的工作能力也需要按计划改变，所以还必须在 "Schedule" 模块里对资源工作能力变化的相关时段、各时段资源的单位数量，各时段的长度以及相关的资源联系进行定义（图 3.13.6 和图 3.13.7）。

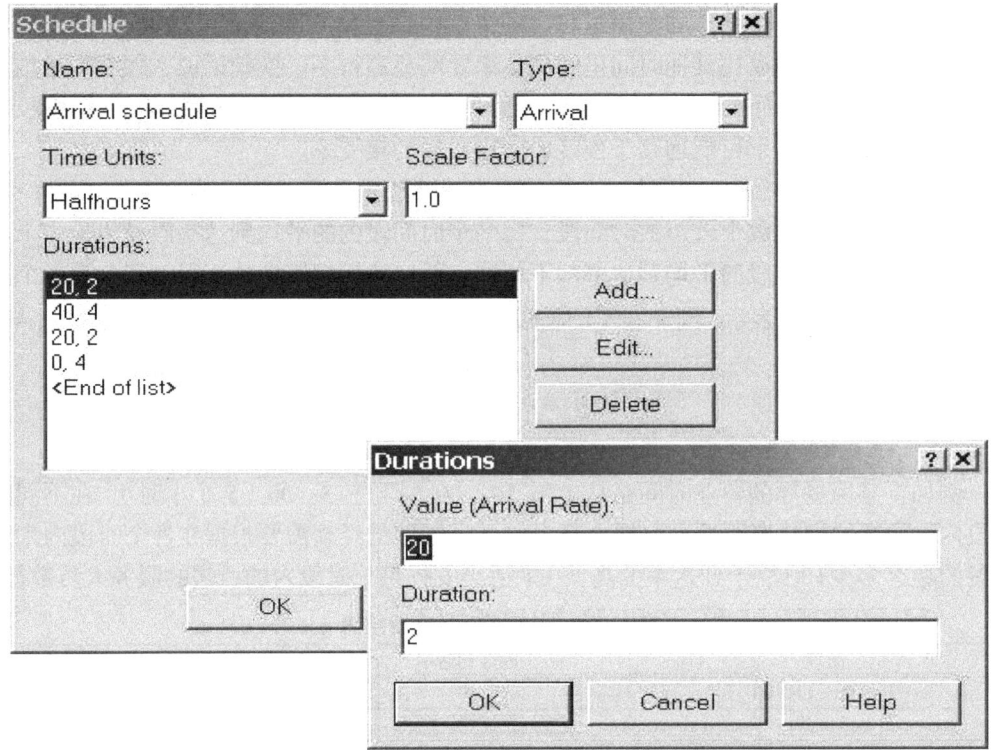

图 3.13.5　通过 Schedule 来定义各时段的平均到达率

Durations

	Value	Duration
1	2	2
2	3	4
3	1	6

Double-click here to add a new row.

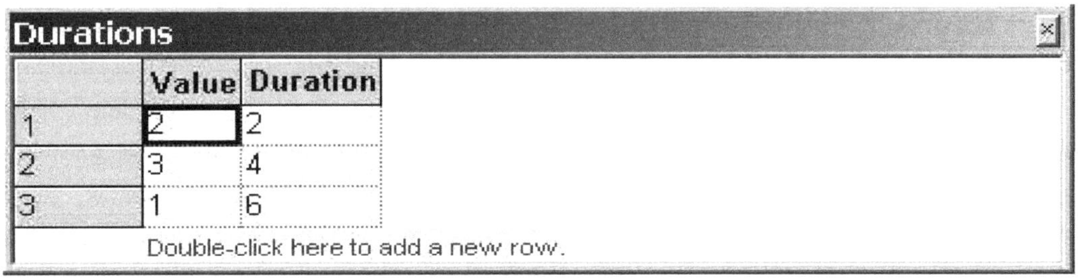

图 3.13.6　Schedule 模块：定义资源能力的计划变化

Resource - Basic Process

	Name	Type	Schedule Name	Schedule Rule	Busy / Hour	Idle / Hour	Per Use	StateSet Name	Failures	Report Statistics
1	Food Servers	Based on Schedule	Server schedule	Ignore	0.0	0.0	0.0		0 rows	☑

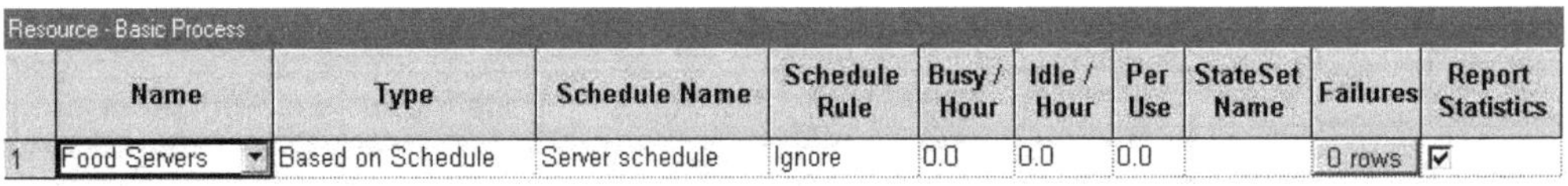

图 3.13.7　Resource 模块
定义资源能力的计划变化

完成的非稳定泊松到达模型显示在图 3.13.8 中，而模拟运行的结果（重复一次，360 分钟）如图 3.13.9 所示。

第 13 章 生产系统资源能力变化的模拟

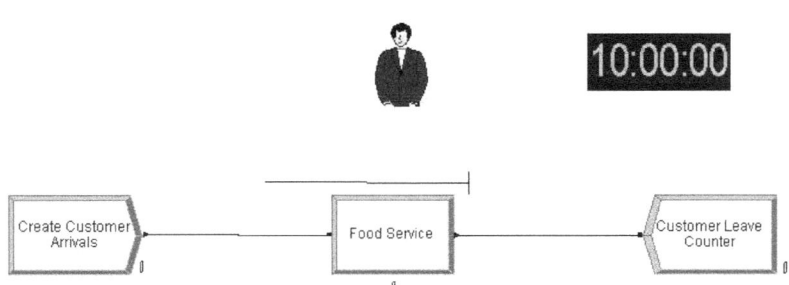

图 3.13.8 非稳定泊松到达过程的例子

```
                    ARENA Simulation Results
                    Summary for Replication 1 of 1
                    Replication ended at time      : 360.0
```

TALLY VARIABLES

Identifier	Average	Half Width	Minimum	Maximum	Observations
Customer.VATime	3.0174	(Insuf)	2.1420	3.9482	107
Customer.NVATime	.00000	(Insuf)	.00000	.00000	107
Customer.WaitTime	1.0395	(Insuf)	.00000	11.200	107
Customer.TranTime	.00000	(Insuf)	.00000	.00000	107
Customer.OtherTime	.00000	(Insuf)	.00000	.00000	107
Customer.TotalTime	4.0570	(Insuf)	2.1420	14.080	107
Food Service.Queue.Wai	1.0395	(Insuf)	.00000	11.200	107

DISCRETE-CHANGE VARIABLES

Identifier	Average	Half Width	Minimum	Maximum	Final Value
Customer.WIP	1.2058	(Insuf)	.00000	7.0000	.00000
Food Servers.NumberBus	.89687	(Insuf)	.00000	3.0000	.00000
Food Servers.NumberSch	1.8333	(Insuf)	1.0000	3.0000	2.0000
Food Servers.Utilizati	.44487	(Insuf)	.00000	1.0000	.00000
Food Service.Queue.Num	.30897	(Insuf)	.00000	4.0000	.00000

OUTPUTS

Identifier	Value
Customer.NumberIn	107.00
Customer.NumberOut	107.00
Food Servers.TimesUsed	107.00
Food Servers.ScheduledU	.48920
System.NumberOut	107.00

图 3.13.9 某家餐厅模拟模型的运行结果

习题与思考

1. 零件随机地进入一个加工中心，服从均值为 3 分钟的指数分布。加工时间服从均值为 3、均方差为 0.5 分钟的正态分布。加工完毕后，5%的零件需要返工（在同一加工中心）。该中心生产计划为两班倒换，每班工作时间为 8 小时（即一个工作日为 16 小时），中心的经理计划为第一班 8 小时安排两个工人，而为第二班 8 小时安排 1 个工人。模拟此系统 32 小时并采集下列统计量：

（1）一次合格品的生产周期。
（2）返修品的生产周期。
（3）加工中心的平均排队长度。
（4）工人的平均负荷率。

2. 零件到达一道加工工序的时间间隔服从均值为 3 分钟的指数分布。如果加工机床已经被占用，它们就加入一个排队。零件的加工时间服从均值为 3、均方差为 0.2 分钟的正态分布。加工机床偶尔会发生故障而失效，故障发生的时间间隔服从均值为 30 分钟的指数分布。修复发生故障的机床所需要的时间服从均值为 4 分钟的指数分布。模拟此系统 400 分钟，报告有关的结果——零件的平均等候时间、机床的负荷率、故障发生的次数及机床处于失效状态下的时间百分比。假定经过一个质量改进过程，机床的可靠性得到改善，因而使故障发生的时间间隔延长到 300 分钟（均值），重新模拟系统并比较采集的统计量。

3. 某快餐店的经理做计划安排一个工作日内服务人员的配置。经理打算安排三人从早上 10：30 到 11：30，四人从 11：30 至下午 14：00，两人从下午 14：00 至 16：00。顾客进入系统的到达率服从指数分布，即每分钟 0.2 人（早上 10：30 到 11：30）、每分钟 2 人（11：30 至下午 14：00 点）、每分钟 0.1 人（下午 14：00 到 16：00）。目前排队等待的空间可以容纳 20 位顾客。平均服务顾客的时间为正态分布，其均值为 2.5 分钟、均方差为 1 分钟。模拟此系统，看经理的计划安排是否妥当，特别是顾客的平均等候时间。另外，根据模拟的结果来判断现有的排队空间是否合适？有什么需要改进的建议？

第14章

生产系统物流过程的模拟

本章介绍生产系统中两种运输方式下的物流过程的模拟,两种运输方式包括移动运输工具和固定运输工具。

14.1 物流过程

物料转运在很多生产制造系统中是非常重要的一个操作环节。由于大量的时间和宝贵的资源都可能花费在建立、操作及维护物料转运系统上面,因此物料转运会直接影响到整个生产系统的运行表现。例如,过多的转运时间(运输工具的能力不足或者运输路线上的阻塞造成过长的等候)会直接给生产效率带来负面影响。在某些生产系统中,物料转运甚至成为限制系统生产能力的主要因素。通过对大量实例的观察分析,我们可以发现物料在生产系统中的转运时间主要受到下列因素的影响:

(1)运输工具的运行速度:可以是不变的常数,或者随机变量。
(2)转运的距离:从某一点(起点)到另一点(终点)的路线距离。
(3)运输工具的出发地点:当一个运输工具接到转运指令时在系统中所处的位置,离要求转运的地点越近,则消耗的空载时间越少,否则就越多。
(4)装卸操作的时间:在起点将物料装上运输工具,以及在终点将其从运输工具上卸下所花费的时间(即上载时间和下载时间)。
(5)转运路线上的阻塞情况:无论是在单向运行还是双向运行的路线上都会有阻塞的情况,如等候前面的运输工具装卸物料等。

在第 2 部分第 2 章 2.2 节中曾经介绍过,当实体在工序之间的转运时间可以被忽略不计的情况下,我们可以使用简单的连接指令 Connect 来实现所谓的即时转运。而当实体的转运时间不能被忽略的时候,还可以使用更高级的程序命令,如在第 2 部分第 2 章

2.2 节中用导运模块 Route，把不同的实体按照其工艺路线的要求从某个起点位置转运到下一道工序，并按照要求产生和记录转运所需要的时间。

然而这些指令都没有考虑运输资源能力约束的问题，换句话说，它们都假定转运过程中涉及的运输资源（转运工具）的能力是没有限制的。这样的假设显然不符合大多数实际问题的特征。在这一章里，我们主要讨论系统中转运工具能力受到约束时的物料转运问题。

在某些应用领域中，资源本身就直接限制着可以同时进行的实体转运数量。例如，模拟一个通信网络时，有限的频带宽度（带宽）就会限制能够被同时传送的通信信号（实体）的数量。在这种情况下，运输资源本身的容量就决定了系统转运实体的能力。这种转运方式通常被称为资源直接约束的实体转运。虽然这种方式可以被用来模拟通讯网络系统中信号的传输，但却无法表达现实中大多数制造系统内部物料转运活动的特征。在制造系统中，主要的物料转运方式有两种：

（1）使用移动式运输工具的实体转运。
（2）使用固定式运输工具（如传送带）的实体转运。

下面就这两种转运方式的模拟进行具体的讨论。

14.2 基于移动运输工具的物流过程模拟

在这种方式的物料转运中，实体的转运是通过一定数量的可移动的运输工具来实现的，如像手推或机动的运料车、叉车、自动导向运料车（AGV）等。在这种情况下，系统内能够同时进行的实体转运主要受运输工具数量的制约，同时也受到其他因素，如运行路线等的制约。就模拟的要求来说，可以把移动式实体转运工具抽象地分为两大类：

（1）自由移动的运输工具。这类运输工具可以在系统中"自由移动"（一种理论上的假设），因而不会受到系统中转运路线的设定或流动阻塞的影响，如不会因为遇到阻塞而造成转运时间的延迟。

（2）自动导向的运输工具。这类运输工具在系统中的移动受到严格限制，它们只能沿着预先设定好的路线移动，而且转运的时间受到多方面因素的影响，如像运输车的速度，其行走的路线及该路线上的阻塞情况等。

本章重点讲解使用自由移动运输工具的实体转运。从模拟建模的角度来讲，可以把在系统中发生的一次转运过程抽象分解为三个逻辑步骤。

第一步，当在某道工序的一个（或一批）实体需要转运服务时，这个要求应该由该工序提出并得到确认，而系统则应该分配给提出转运服务要求的工序（转运起点）所需要的运输工具（类型和数量），而且需要把实体装上运输工具的上载时间也考虑进去。

第二步，把装上运输工具的实体从起点工序运送到终点工序（目的地），即延迟一段转运时间，这个运输时间可以是一个事先估算好的常数，也可以定义为一个随机变量。

第三步，当实体被运送到目的地工序时，需要从运输工具上卸下（下载时间），同时该运输工具也得到释放，可以等候下一次转运需求的调度使用（在模拟模型中，运输工具也是一种资源）。

这三个步骤的活动和要求，以及它们与其他功能模块之间的逻辑联系，都必须在模拟模型中通过清楚的定义反映出来。另外，每一个"起点"和"终点"（无论是否为一道加工工序）都必须在模型中明确定义，在 ARENA 中，一个可以被转运工具所识别的"地点"是通过 Station 模块来定义的（见 12.2 节）。

当系统中同时有几个闲置的运输工具可供选择的时候，选择哪一个最为合适？这是物料转运中一个重要的决策。可以按照经验的或者优化的原则，如按照"最短距离原则"来进行选择，即应该选择离提出转运服务要求的工序最近的闲置运输工具。

另外，当系统中同时有几道工序（即几个地点）都需要转运服务、而仅有一辆闲置的运输工具可供使用时，首先满足哪一道工序的转运要求也是一项重要的决策。同样可以制定一些经验的或者优化的原则来帮助决策，如可以按照事先确定的优先次序来满足，或者简单地按照提出转运要求的时间先后来分配。

另一个需要考虑的因素是工序之间的运行距离及其方向性。假设一个系统里有 N 道彼此之间需要通过转运来连接的工序，则总共有 $N(N-1)$ 段空间距离需要考虑和表示。如果这些距离都没有"方向性"（即由 A 到 B 的距离＝由 B 到 A 的距离），则真正需要表示的距离减少至 $N(N-1)/2$。在很多实际应用中，运输工具的工作行程往往不等于其空载行程或返回行程（也即具有方向性）。在模拟模型中，通常用一个 $N×N$ 的矩阵来定义和表示一个系统中所有的转运距离。

现在，来介绍如何用 ARENA 的逻辑模块与有关指令，模拟和分析基于自由移动运输工具的实体转运。这主要包括运用以下几个模块：

（1）用"运输工具模块"（Transporter Module）来定义转运工具。该模块可以在 Advanced Transfer Panel 板块中找到。

（2）用"请求模块"（RequestModule）来模拟提出转运要求以及分配转运工具的活动。用"延迟模块"（DelayModule）来代表装载实体的活动及其所需要的时间。

（3）用"转运模块"（TransportModule）来模拟把实体运送到其下一站的任务。

（4）用"释放模块"（FreeModule）来模拟实体到达其终点时释放所占用运输工具的行为。

（5）用"距离数据模块"（Distance data module）来定义和表达系统中每两道工序之间的相对转运距离，其结果是这些距离的集合（a set of distances）。

下面我们将结合一个具体例子来说明有关实体转运模块的应用。在 12.2 节中，曾介绍过一个小型制造系统的例子。而本例将把那个小型制造系统的模拟模型加以延伸，即考虑如何模拟实体在系统中不同工序之间的转运及其流动。

假设要用的转运设备是由人力推动的运料小车（Cart），数量是两辆，小车的运行速度为每分钟 55 个距离单位（可以是英尺或米等，随实际需要而定）。首先通过"运输工具"（Transporter）数据模块来定义运料车（图 3.14.1）。

Transporter - Advanced Transfer

	Name	Capacity	Distance Set	Velocity	Units	Initial Positions	Report Statistics
1	Cart	2	Cart.Distance	55	Per Minute	0 rows	☑

图 3.14.1 定义运料车的运输工具模块（Transporter Module）

注意到在定义中，运料车的名字是“Cart”，数量是 2，速率是每分钟 55 个距离单位。同时我们也接受 ARENA 自动为此系统的转运距离集合命名的名称（Cart.Distance）,稍后将具体定义这个集合。

定义了转运工具之后，需要考虑的是定义提出转运要求、具体实施转运、以及释放转运工具等逻辑过程。如前所述，可以用一个“请求模块”＋“转运模块”＋“释放模块”的组合来完成这项任务，但一个更简捷的办法是采用“进入模块”（EnterModule）和“离开模块”（LeaveModule）。在 ARENA 中，进入模块和离开模块像 Station 模块一样，都可以定义实体流动路线上的某个地点（如入口、出口或某道工序），但除此以外，它们还具备了定义有关实体转运的逻辑功能。

当实体完成了在系统中某一地点的服务后，我们可以通过一个离开模块来定义实体在该地点请求转运的要求及确定具体的转运方式等（图 3.14.2）。我们要做的也很简单：把 12.2 节小型制造系统例子中所有的 Route 模块都换成离开模块。

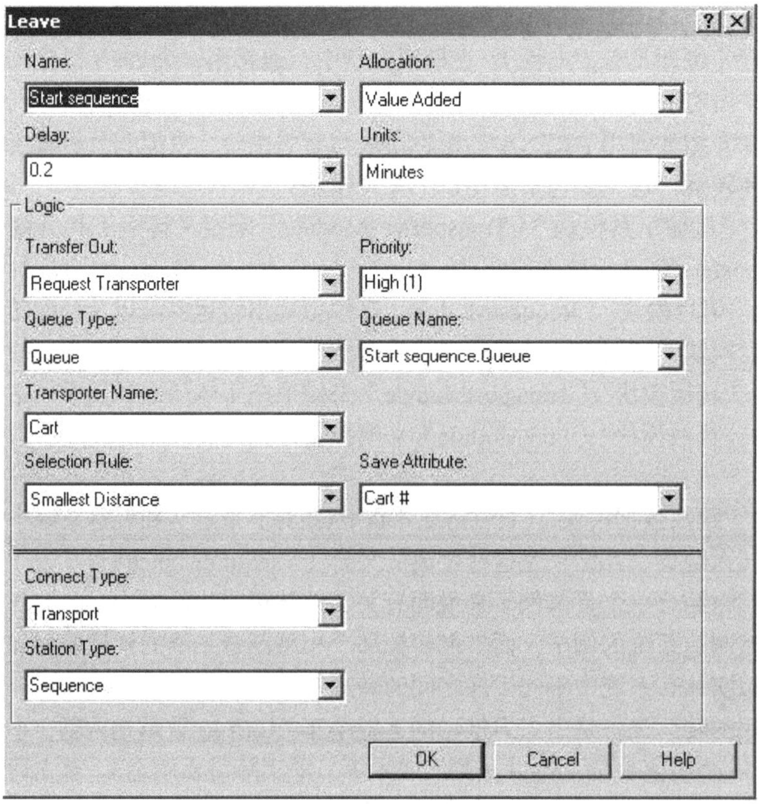

图 3.14.2 定义“请求转运”以及转运方式的离开模块（LeaveModule）

图 3.14.2 定义的是到达系统的实体完成属性赋予之后,请求转运的逻辑步骤。请求转运的地点命名为"Start-sequence",有 0.2 分钟的上载时间,请求的转运方式是移动式转运工具(Request-transporter),需要的转运工具是前面已经定义过的运料车 Cart,运料车的选择遵循"最小距离"规则,连接方式定义为"Transport"(移动式转运),具体的流动路线则是由实体的工艺路线"Sequence"来决定。注意此模块还包含有一个供实体等候的排队。

当实体完成了要求的转运而到达其预定的地点时,我们必须将其下载并且释放所占用的转运工具,这些逻辑步骤是通过进入模块(EnterModule)来定义完成的。

图 3.14.3 显示的就是进入模块的定义。图中显示的模块是为实体进入第一道工序(名称是 WStation1)而定义的。对其他各道工序的进入模块的定义也都类似,所以我们只需把该例中所有的 Station 模块去掉,都换成进入模块,然后再对每一个进入模块进行类似的定义即可。

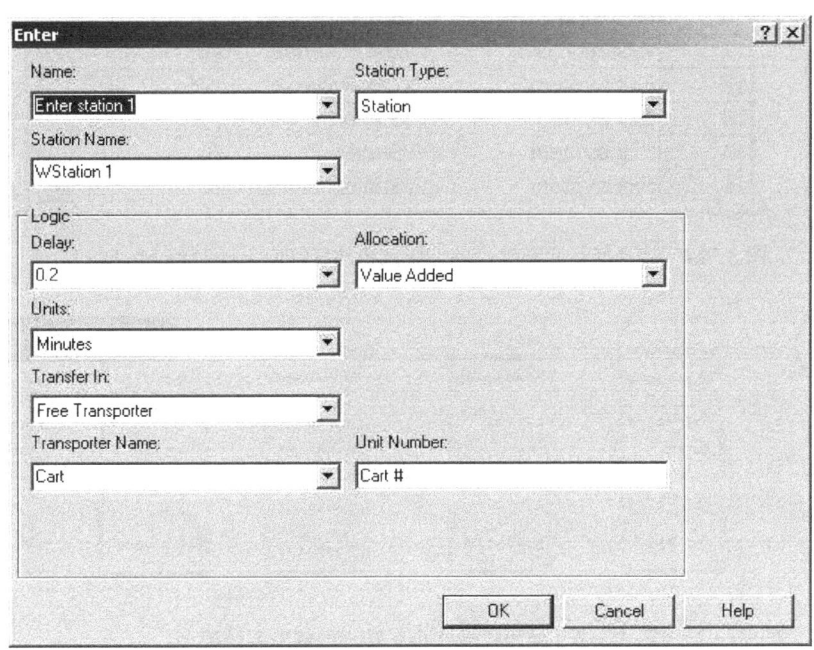

图 3.14.3 定义进入模块(Enter Module)

从图 3.14.3 看到,除了给本模块命名外,还必须定义该进入模块所代表进入地点,即过程模块 Wstation1,并设定 0.2 分钟的下载时间,并释放被占用的运输工具 Cart。

接下来我们使用一个距离数据模块"DistanceDataModule"来定义本例中所有转运距离的集合(图 3.14.4)。这个模块属于"AdvancedTransfer"板块。这个距离集合的名称为"Cart.Distance",共有 15 行定义,每一行定义一段距离,每一段距离的定义包括起点、终点和距离数值三个元素。例如,第三行定义的距离是:起点 = Wstation1,终点 = Wstation2,距离数值 = 44 长度单位。整个完成以后的模型显示在图 3.14.5 中。

Distance - Advanced Transfer

	Name	Stations
1	Cart.Distance	15 rows

Stations

	Beginning Station	Ending Station	Distance
1	Order Release	WStation 1	30
2	Order Release	WStation 2	70
3	WStation 1	WStation 2	44
4	WStation 1	WStation 3	90
5	WStation 1	Order Release	60
6	WStation 2	WStation 1	85
7	WStation 2	WStation 3	55
8	WStation 2	Order Release	100
9	WStation 3	WStation 1	70
10	WStation 3	WStation 2	90
11	WStation 3	Order Release	95
12	Exit system	Order Release	125
13	Exit system	WStation 1	105
14	Exit system	WStation 2	70
15	Exit system	WStation 3	90

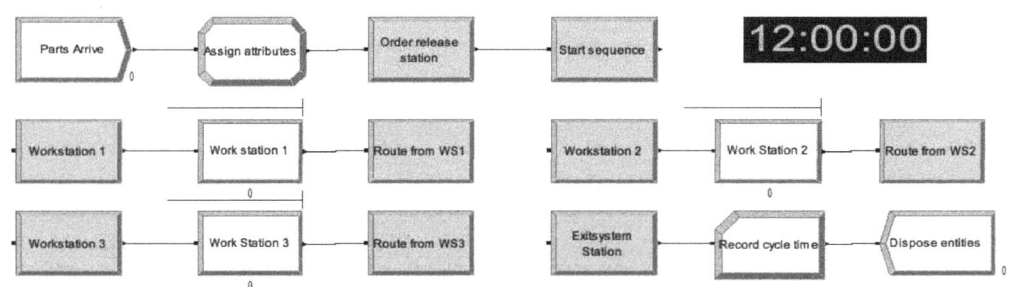

图 3.14.4　定义转运距离集合的“距离模块”（Distance Data Module）

图 3.14.5　使用移动式小车转运的制造系统模型

本例的目的之一是检验系统使用移动式运料车转运实体的表现情况，其中令人关切的表现指标包括转运工具的负荷率和转运时间（包括等候）等。所以在运行摸型以前，我们先进入“RunSetup”菜单里，在“ProjectParameters”的子窗口里，选择（打勾）“Transporter”。这样系统在模拟模型运行完毕时，便会自动报告有关转运的统计数据。

模拟运行的结果见图 3.14.6。注意到其中几个有关转运工具的统计量，如运料车的负荷率=0.922，说明运料车有 92.2%的时间是在转运工作。

ARENA Simulation Results
Summary for Replication 1 of 1
Replication ended at time   : 480.0

TALLY VARIABLES

Identifier	Average	Half Width	Minimum	Maximum	Observations
Part 2 cycle time	41.940	(Insuf)	23.497	66.347	35
Part 1 cycle time	32.372	(Insuf)	14.611	51.271	27
Part 3 cycle time	39.143	(Insuf)	22.387	55.889	22
Leave station 2.Queue.	1.1763	(Insuf)	.00000	3.9143	60
Leave station 3.Queue.	1.4403	(Insuf)	.00000	5.8660	85
Start sequence.Queue.W	10.876	(Insuf)	.00000	46.213	91
Work Station 1.Queue.W	3.3004	(Insuf)	.00000	14.632	89
Work Station 2.Queue.W	1.1051	(Insuf)	.00000	7.2549	61
Leave station 1.Queue.	1.1252	(Insuf)	.00000	3.1224	87
Work Station 3.Queue.W	1.1329	(Insuf)	.00000	7.4116	87

DISCRETE-CHANGE VARIABLES

Identifier	Average	Half Width	Minimum	Maximum	Final Value
Part 1.WIP	2.0701	(Insuf)	.00000	4.0000	4.0000
Part 2.WIP	3.5591	(Insuf)	.00000	10.000	7.0000
Part 3.WIP	2.1161	(Insuf)	.00000	6.0000	4.0000
Machine1.Utilization	.74820	(Insuf)	.00000	1.0000	1.0000
Machine2.Utilization	.57474	(Insuf)	.00000	1.0000	1.0000
Machine3.Utilization	.66774	(Insuf)	.00000	1.0000	1.0000
Leave station 2.Queue.	.14704	(Insuf)	.00000	1.0000	.00000
Leave station 3.Queue.	.25765	(Insuf)	.00000	2.0000	1.0000
Start sequence.Queue.N	2.3412	(Insuf)	.00000	10.000	8.0000
Work Station 1.Queue.N	.61196	(Insuf)	.00000	4.0000	.00000
Work Station 2.Queue.N	.14045	(Insuf)	.00000	2.0000	.00000
Leave station 1.Queue.	.20712	(Insuf)	.00000	2.0000	1.0000
Work Station 3.Queue.N	.20534	(Insuf)	.00000	3.0000	.00000
Cart.NumberBusy	1.8440	(Corr)	.00000	2.0000	2.0000
Cart.NumberScheduled	2.0000	(Insuf)	2.0000	2.0000	2.0000
Cart.Utilization	.92200	(Insuf)	.00000	1.0000	1.0000

OUTPUTS

Identifier	Value
Part 1.NumberIn	31.000
Part 1.NumberOut	27.000
Part 2.NumberIn	42.000
Part 2.NumberOut	35.000
Part 3.NumberIn	26.000
Part 3.NumberOut	22.000

图 3.14.6 移动运输物流过程模拟模型的运行结果

14.3 基于固定运输工具的物流过程模拟

利用传送带来转运实体，在工业中应用得非常普遍。与移动式运输工具相比，传送带装置是固定的。实体转运时所受到的主要制约因素是传送带上的可用空间。传送带的种类有很多，有地基式的、台式的，也有顶式的。传送带的一个主要运动特性就是其运动具有单向性，即整个传送带始终是沿着一个确定的方向运动。按照其布置形式的不同，传送带又通常被分为封闭式（如环型）、开放式、U形布置、脊椎型布置等。在模拟建模中，传送带上的工作空间通常被假设是由许多大小相同的运载单元构成。所以传送带的传送能力就是由这些运载单元的大小及其数量决定的。

与考虑移动式转运工具一样，我们也可以把实体通过传送带的转运过程抽象地分解为三个逻辑步骤：

第一步，停留在某道工序需要被转运的实体必须提出进入传送带的要求，满足这一要求的条件是传送带上有足够的空间来容纳该实体，而且这一步骤还应该包括实体进入传送带时的上载时间。

第二步，一旦实体进入了传送带，就由传送带将其从起点工序转运到下一道工序的地点。这一段运输时间取决于几个因素，包括传送带自身的速度、传送带的类型（见后文的讨论）及传送带上的阻塞情况。

第三步，当实体到达其目的地工序时，需要从传送带上卸下（考虑下载时间），该实体在传送带上所占用的空间也被腾出释放，可以供下一个（或下一批）等待转运的实体使用。

这三个步骤的活动和要求，以及它们与其他功能模块之间的逻辑联系都必须在模拟模型中得到清楚的定义。

根据传送带的运动及实体在传送带上流动的特征，可以把传送带分为两种类型：一种是非累积型传送带（nonaccumulating conveyors），另一种则是累积型传送带（accumulating conveyors）。

非累积型传送带的特征是：当某个（或某批）实体需要在某一地点进入或者离开传送带时，整个传送带都会停下来，等待该实体的上载或者下载操作完成后，再继续运动。所以在非累积型传送带中只有流动停顿而不会有流动阻塞现象。非累积型传送带的例子包括篮式传送带和很多平带式传送带。

累积型传送带的特征是：其运动不会停止。当一个实体在传送带上停下来的时候，这个实体就会变成一个阻挡物，因为其后面跟进的实体们仍然在向前运动，但由于受到这个实体的阻挡而不能继续移动，所以就会在传送带上造成流动阻塞的情况。累积型传送带的概念可以应用到许多系统里面去模拟物流中交通阻塞等现象。由于"传送带"在模拟模型里只是一个抽象的概念，也可以把这个概念延伸到非生产系统的应用问题上面,如模拟高速公路上车流由于受到某种阻碍而形成阻塞的现象等。

为了便于模拟模型的建立与分析,可以把一条传送带分成若干段节,每一节定义两个相邻工序之间的距离。这个距离是有"方向性"的,即是沿着传送带运行的方向。每一节的起点和终点都必须清楚地定义。传送带本身其他的与模拟相关而且需要定义的参数还包括运行速度和传送带上工作空间的单元划分。还有一个相关的参数就是每个实体在传送带上所需占用的运输单元的数量(通常为正整数)。

现在,来看如何运用 ARENA 的逻辑模块和相关的指令来模拟基于传送带的实体转运,所用的例子依然是前面用到的小型制造系统的实体转运模型,我们把它改变成为采用传送带进行转运的模型。

传送带各分段的位置与距离显示在图 3.14.7 中(假定该传送带是顺时针运行的)。首先我们要从"Advanced TransferPanel"板块中选择一个"传送带模块"(ConveyorDataModule)来定义传送带的有关参数,包括传送带的类型(NAC-非累积型,还是 AC-累积型)、运行速度、工作单元的尺寸大小、实体需占用的单元数量、传送带的各段分节及其定义等。例如,在图 3.14.8 中,定义一个名为"LoopConveyor"的传送带,这是一个非累积(NonAccumulating)封闭型的传送带,其运行速度是每分钟 28 英尺,工作单元的长度为 3 英尺,每个实体最多占用 2 个单元。

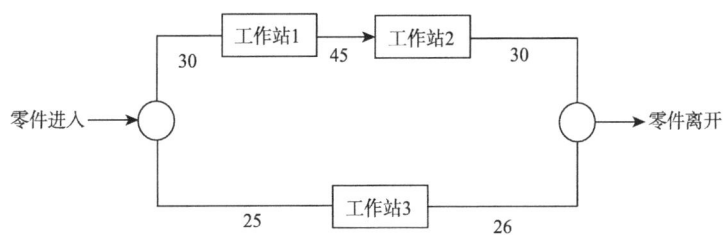

图 3.14.7 传送带分段位置与距离的示意图

Name	Segment Name	Type	Velocity	Units	Cell Size	Max Cells Occupied	Initial Status	Report Statistics
Loop conveyor	Loop conveyor.Segment	Non-Accumulating	28	Per Minute	3	2	Active	✓

图 3.14.8 定义传送带模块(Conveyor Data Module)

为了贯彻传送带转运的三个步骤,可以在离开模块"LeaveModule"的"TransferOut"部分中定义传送要求和上载时间,而在进入模块"EnterModule"的"TransferIn"部分中定义下载时间及释放占用的传送带空间。

最后,还需要用一个分段数据模块"SegmentDataModule"来定义传送带的各段分节,每一节的方向性和距离数值都必须清楚定义(起点和终点)。

在图 3.14.9 中我们改变离开模块(Leave)中对实体转运部分的定义。实体进入传送带的上载时间是 0.2 分钟,请求的转运方式是传送带(AccessConveyor),传送带的名称是"LoopConveyor",实体在传送带上需占用的单元为 2,与其他模块的连接方式为"带传送",即"Convey",具体的转运路线则由该实体的工艺路线决定。对所有的离开模块都需要做类似的定义。

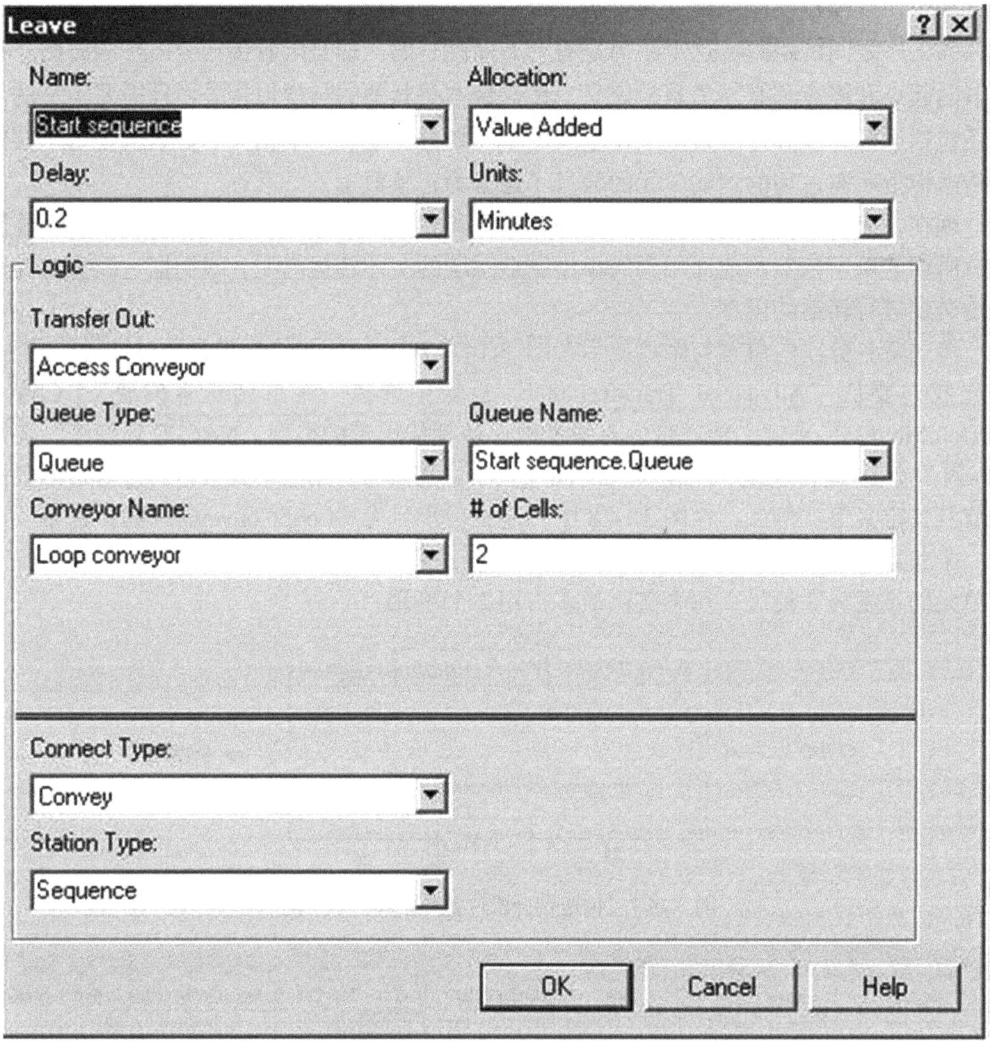

图 3.14.9 定义传送带转运功能的离开模块（Leave Module）

在图 3.14.10 中，我们在进入模块（Enter）中改变对转运部分的定义：实体从传送带上下载的时间仍为 0.2 分钟，实体到达目的地后的请求是离开传送带 "ExitConveyor"，传送带的名称是 "LoopConveyor"。实体一旦离开传送带，其所占用的运输单元也同时被释放，可以用来满足其他等候实体提出的转运要求。

图 3.14.11 显示的是关于传送带各分段的定义。从图 3.14.11 中看到，本例中的传送带共有 5 个分段（最后一段没有显示出来）：零件入口（起点）→工作站 1，距离=30；工作站 1→工作站 2，距离=45；工作站 2→零件出口，距离=30；零件出口→工作站 3，距离=26；工作站 3→零件入口，距离=25。

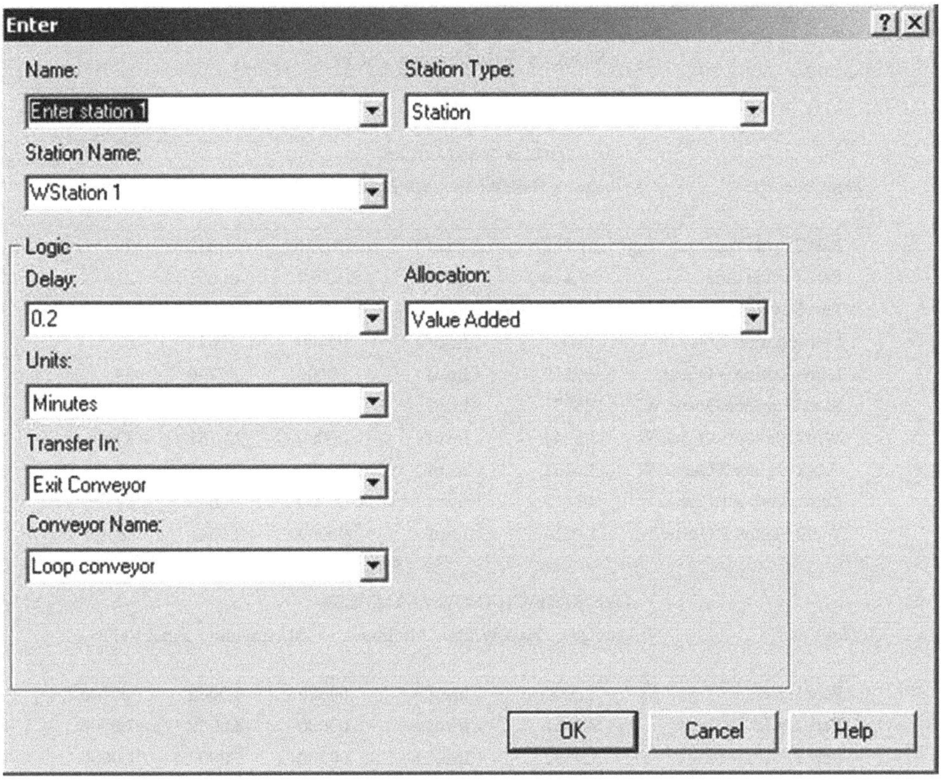

图 3.14.10 定义传送带转运功能的进入模块（Enter Module）

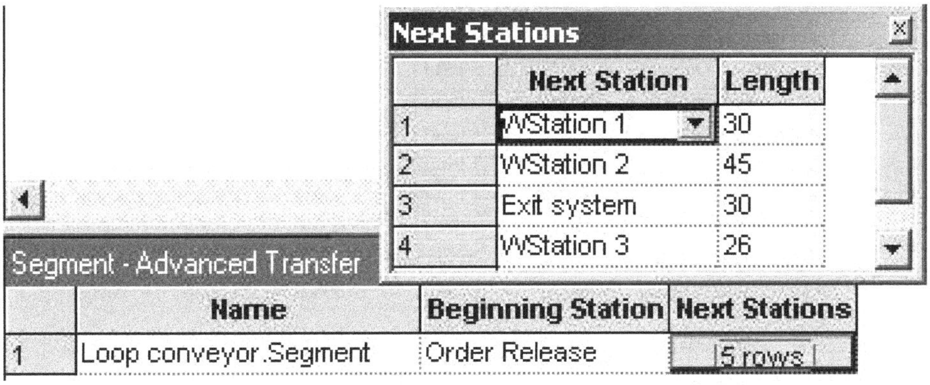

图 3.14.11 定义传送带分段距离的分段模块（Segment Data Module）

模拟运行的结果见图 3.14.12。注意到下列两个与传送带转运有关的统计估计量：一个是"LoopConveyor.Utilization"其数值等于 0.107 36，意义是说此传送带的平均负荷率是 10.736%，即在模拟运行中，此传送带上只有 10.736%的工作空间被转运的实体所占用。另一个是"LoopConveyor.Blocked"等于 0.230 3，指的此传送带有百分之 23.203 的时间消耗在停留等候实体上下载的活动（注意这是一个非累积型的传送带）。

ARENA Simulation Results
Summary for Replication 1 of 1
Replication ended at time   : 480.0

TALLY VARIABLES

Identifier	Average	Half Width	Minimum	Maximum	Observations
Part 2 cycle time	39.263	(Insuf)	29.371	61.312	30
Part 1 cycle time	27.429	(Insuf)	19.082	48.651	21
Part 3 cycle time	35.103	(Insuf)	24.974	59.874	26
Leave station 2.Queue.	.06091	(Insuf)	.00000	.42626	62
Leave station 3.Queue.	.09119	(Insuf)	.00000	.55796	79
Start sequence.Queue.W	.08751	(Insuf)	.00000	.91670	85
Work Station 1.Queue.W	3.8244	(Insuf)	.00000	22.731	82
Work Station 2.Queue.W	2.6131	(Insuf)	.00000	12.464	63
Leave station 1.Queue.	.09817	(Insuf)	.00000	.70649	81
Work Station 3.Queue.W	1.4514	(Insuf)	.00000	8.6541	80

DISCRETE-CHANGE VARIABLES

Identifier	Average	Half Width	Minimum	Maximum	Final Value
Part 1.WIP	1.2000	(Insuf)	.00000	4.0000	.00000
Part 2.WIP	2.7651	(Insuf)	.00000	8.0000	7.0000
Part 3.WIP	1.9592	(Insuf)	.00000	5.0000	1.0000
Machine1.Utilization	.66375	(Insuf)	.00000	1.0000	1.0000
Machine2.Utilization	.57909	(Insuf)	.00000	1.0000	1.0000
Machine3.Utilization	.58648	(Insuf)	.00000	1.0000	1.0000
Leave station 2.Queue.	.00787	(Insuf)	.00000	1.0000	.00000
Leave station 3.Queue.	.01501	(Insuf)	.00000	1.0000	.00000
Start sequence.Queue.N	.01550	(Insuf)	.00000	2.0000	.00000
Work Station 1.Queue.N	.65334	(Insuf)	.00000	6.0000	.00000
Work Station 2.Queue.N	.35246	(Insuf)	.00000	3.0000	1.0000
Leave station 1.Queue.	.01657	(Insuf)	.00000	1.0000	.00000
Work Station 3.Queue.N	.24310	(Insuf)	.00000	3.0000	1.0000
Loop conveyor.Utilizat	.10736	(Corr)	.00000	.26923	.11538
Loop conveyor.Blocked	.24203	(Corr)	.00000	1.0000	.00000

OUTPUTS

Identifier	Value
Part 1.NumberIn	21.000
Part 1.NumberOut	21.000
Part 2.NumberIn	37.000
Part 2.NumberOut	30.000
Part 3.NumberIn	27.000
Part 3.NumberOut	26.000
System.NumberOut	77.000

Simulation run time: 0.03 minutes.Simulation run complete.

图 3.14.12 固定运输物流过程模拟模型的运行结果

习题与思考

1.（1）考虑一个组装测试系统。两种零件 A 和 B，分别按照 EXPO(5) 和 EXPO(30) 的规律进入系统。零件 B 每次进入系统的数量为 4 个。两种零件首先进入各自的准备工序（A 装配站与 B 装配站）完成测试前的装配准备工作，其装配时间分别是 TRIA(1,4,8) 和 (3,5,10)。完成装配后，两种零件进入一道共同的工序进行密封测试。测试的时间分别为 TRIA(1,3,4) 和 NORM(2.4,0.5)。在完成测试后的零件中，91% 经检验合格被送往系统出口，而 9% 的零件检验后不合格，被送往一道返修工序，经返修后的零件中，80% 经检验合格而被作为返修合格品送出系统，20% 仍不合格者成为报废品被送出系统。该系统使用一辆运料车来实现零件从各自的准备工序到密封工序之间的转运，假设距离均为 100 英尺，而且小车运行的速度是每分钟 75 英尺。为此系统建立模拟模型并模拟其操作 32 小时，采集一次合格品、返修合格品和报废品的数量并计算生产周期。

（2）修改上面习题：用两条非累积型传送带来分别实现两种零件从各自的准备工序到密封测试工序之间的转运。两条传送带的长度均为 100 英尺，每条传送带被分成 20 个运载单元，每单元 5 英尺，每个零件需要的运载单元数量为一个。传送带的运行速度为每分钟 30 英尺。除采集上题中要求的统计量外，根据模拟结果汇报传送带的负荷率和上下载等候时间的百分比。

2. 考虑某产品经过一个检验—返修系统：产品的到达时间间隔服从均值为 0.25 分钟的指数分布。进入系统后，产品被上载到一条长度为 76 英尺的主传送带并被送往一个中心检查站，其检验时间服从参数为 (0.1,0.26,0.36) 的三角分布。经过中心检验后，80% 的产品为合格品，被上载于一条长度为 44 英尺的输出传送带 1，被送往系统出口。其余 20% 的不合格品则被上载于一条长度为 20 英尺的传送带 2，被送往一个返修加工站。返修时间服从参数为 (0.6,1.3,1.45) 的三角分布。返修后的产品需要通过第二次检验，其时间服从均值为 0.35 分钟的指数分布。90% 的返修产品通过第二次检验合格，通过一条长度为 20 英尺的输出传送带 3，被送往系统出口。而剩余 10% 不合格的返修品则成为报废品而被送往一个集中地等候进一步的处理。所有的传送带都属于非累积型传送带，速度都是每分钟 40 英尺。传送带上的运载单元长度为 2 英尺，每个产品需占用一个单元。建立一个模拟模型，模拟此系统 2 000 分钟，采集下列统计量：

（1）合格品与返修合格品的运转周期。

（2）中心检查站与返修加工站的排队等候时间。

（3）如果目前在中心检查站和返修站的排队容量定为 20，该设计是否合适？

（4）有百分之几的时间这两个排队的长度会超过设计容量？（提示：可考虑用两个时间加权统计量来收集有关的数据，并应用相应的逻辑表达式 F。例如，如果等候的产品数量小于排队的设计容量，则 F=0，反之 F=1）。

第15章

生产系统布局与调度的模拟

本章介绍 Arena 在生产系统设计上的应用,包括生产系统布局的设计、工件流动的控制两个方面。

15.1 生产系统布局的设计

一个生产制造系统的效率在很大程度上取决于该系统的结构布局,也就是生产设备及相关资源的配备与布置。这个问题包含两个方面:

(1)数量的配备,即为了满足设定的生产率,应该为每一道工序配备多少资源(包括人员、加工和转运设备)。

(2)设备的布置,即为了满足给定的工艺线路,保障安全性,并最大限度地节省转运时间、降低资源消耗,应该如何确定每道工序及其设备在整个生产设施场地范围内的位置,以及与其他工序设备相互之间的位置关系。

在管理和工业工程中,这个问题叫做"设备布局问题"(Facility-Layout-Problem)。设备布局是工业工程和运筹学中的一个复杂问题。其解决办法主要有以下三种。

第一种是所谓的解析方法,也就是使用传统的确定性的数学模型进行优化的方法。由于大多数数学模型都是建立在许多与现实条件很难吻合的假设基础之上,而且不能处理随机性的变化,所以这类模型的适用面十分有限。

第二种是所谓的经验推断法。这类方法虽然不像解析法那样理论严谨,很难得到优化解,但往往简单易行,系统性布局算法就是其中的一个典型。

第三种方法就是计算机模拟。与前面两种方法相比,计算机模拟模型既能够比较准确地反映现实系统,又能够通过统计实验的方法得出非常近似(优化)的有效解,而且还可以既经济又方便地比较不同的布局方案从而确定"最佳方案",因此计算机模拟已经成为设计与评估设备布局的一个主要手段。

生产制造的一种主要方式就是装配生产。在装配生产的工艺过程中，不同的零件需要被组合在一起形成一个"部件"（一个部件中含有至少两个零件）。装配组合的方式可以是永久性的（如焊接与黏合）或者机械性的（如采用螺帽螺栓等连接）。那么如何来模拟"装配工序"呢？

在模拟模型中，每一种零件（或部件）都是由某一类实体来代表的，当装配过程开始时，系统首先按照装配组合的要求选择不同类型的实体，而且使每一种实体的数量累积达到装配所需要的数量（如装配一辆自行车需要一个手把、一个坐垫、两个轮子等），然后再把这些不同的按装配要求而形成数量比例的实体们组合在一起，形成一个新的实体（装配部件），这个新的组合实体将继续在系统中流动直到完成所有的工序后离开系统。所以从模拟的角度来讲，需要有专门的程序来完成下列任务：

（1）配量。累积每一种实体的数量使之达到装配的要求，一旦达到要求的数量，这些相同的实体将被"结合"成为一个新的"代表性实体"或复合实体（当某种实体的要求数量为1的时候，这种实体便不需要配量，每个实体本身就是一个代表实体）。

（2）匹配。确认每一种需要装配的实体，一旦这些不同的实体都按要求的数量比例形成了代表实体时，便形成一个由不同的代表实体组合而成的新的复合实体（部件），这个由不同的代表实体组成的新的复合实体便是一个匹配。

当对实体进行配量时，有两种情况需要考虑确定：一是"永久性的配量组合"，二是"暂时性的配量组合"。

永久性组合意味着一旦经过配量组合，那些参与配量组合的实体将永远丧失其作为独立实体的存在，取而代之的是一个新的永久性的代表实体。我们可以赋予该代表实体与那些参与配量的实体相同的属性。

暂时性配量组合意味着参与配量组合的实体只是暂时地丧失其作为独立实体的存在，而当组合拆散时便可以恢复其独立实体的特征形态。

现在，来看看如何用 ARENA 的模块指令来模拟涉及装配组合工艺的制造系统。首先，ARENA 用一个配量模块（BacthModule，属于 SupportPanel 板块）来积累配量组合所要求的实体数量，并且产生一个新的代表性实体。当实体们进入配量模块时，它们被置于一个排队中等候，当排队中积累的实体达到要求的数量时，该模块便产生一个新的代表性实体并释放这个代表性实体，使之离开配量模块继续在系统中流动。这个代表性实体同时被赋予与那些参与配量组合的实体相同的属性。如果该组合是永久性的配量，则参与组合的那些实体在代表性实体形成之后将被从排队中清除；如果是暂时性的配量组合，这些实体将被临时储存起来，等到晚些时候该组合被拆散的时候再重新恢复这些实体的独立性。

为了完成匹配的功能，ARENA 采用一个匹配模块（MatchModule，也属于 SupportPannel 板块）。匹配模块把不同的实体（可以是复合实体）按要求配置在一起，即把到达的实体按照其类别安置于相应的排队之中（为每一种实体设置一个排队），当每一个排队中都至少积累了一个实体时，一个匹配便产生了：该模块使每一个排队都释放一个实体,并使被释放的实体们同步地离开匹配模块,进入一个相应的组合(配量)模块,以形成要求的装配实体。

下面我们通过一个例子来说明配量模块与匹配模块的应用。假设我们有一个简单的焊接组合装配工序,最终产品是由一个底座和三片肋板焊接而成。底座和肋板的到达间隔时间都服从指数分布。装配焊接工序的加工时间是参数为(均值为 4 分钟,均方差为 1 分钟)的正态分布。为此系统建立一个模拟模型,模拟该系统的操作并估计以下的统计量:

(1)产品的平均生产周期。
(2)生产过程的平均 WIP 囤积量。

首先把完成后的模拟模型显示在图 3.15.1 中。从图 3.15.1 中可以看到,运用两个不同的 Create 模块来分别产生底座和肋板。这两种不同的实体进入系统后立刻被赋予"到达时间"属性(记录其进入系统的时刻),然后分别经过各自不同的装配前加工工序。

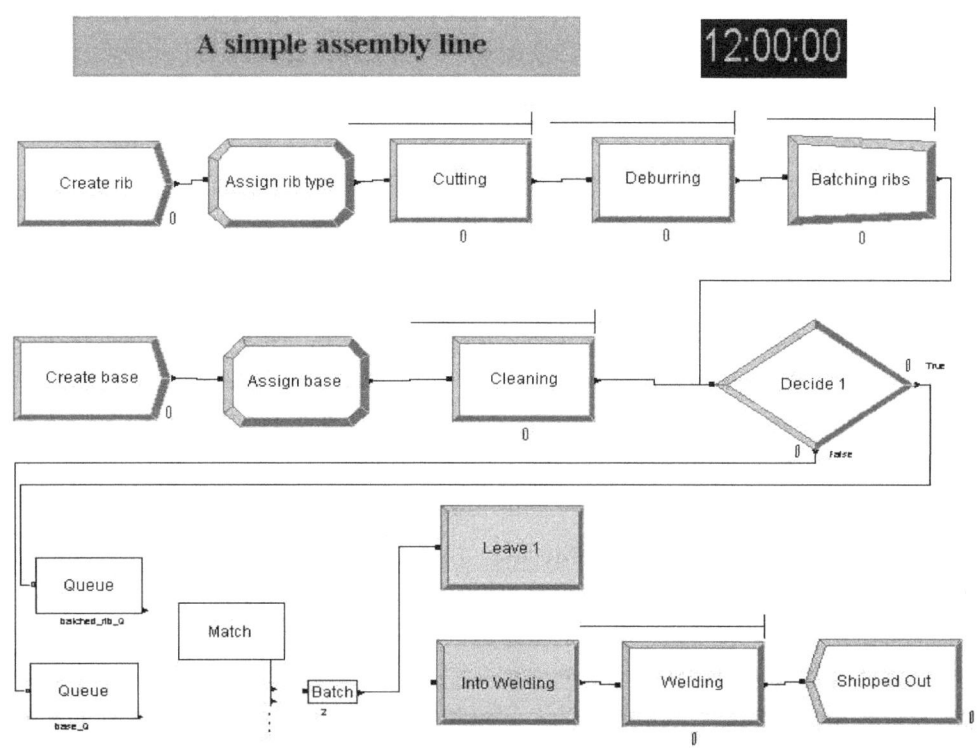

图 3.15.1　一个简单的装配制造系统

现在我们来看看如何具体定义几个对贯彻装配工艺逻辑至关重要的模块。首先是用于积累同样零件(肋板)的配量模块(图 3.15.2)。注意到由于每个装配组合需要三块肋板,而且它们将与底座一起被永久性的焊接在一起,所以在定义中,选择的配量类型是"永久性"(Permanent),而配量数是"3"。模拟运行时,当在此模块中排队等候的肋板实体数量一旦达到三个,该模块就会产生一个新的代表性实体(三块肋板的永久性组合)并且释放这个代表性实体,使之离开此模块继续在系统中流动。这个代表性实体同时被赋予与那些参与配量的肋板实体相同的属性。

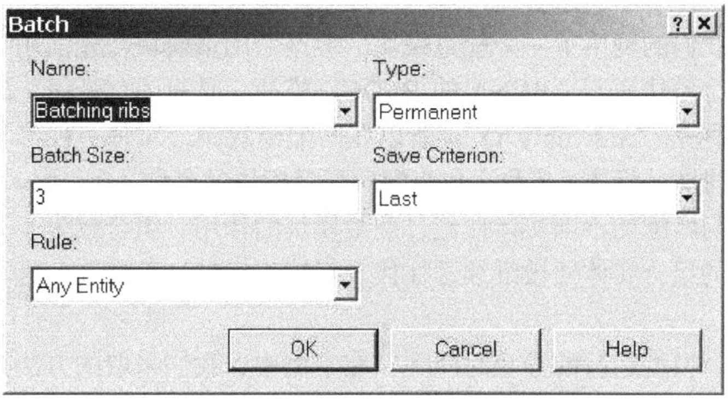

图 3.15.2 定义组合同样零件的配量模块

从图 3.15.1 中可以看到，当两种零件完成各自的装配前准备工序（包括肋板的配量组合）后，通过一个决策模块被分别置于两个不同的排队中等候匹配。一个排队是经过永久性组合的肋板的代表实体，而另一个则是底座实体的排队。我们用了一个简单的决策模块（Decision-Module）来决定实体进入排队的安置。当实体被分别安置在不同的排队之后，便采用一个匹配模块（Match-Module）来进行两种不同零件（底座和肋板）的搭配组合。这个匹配模块的定义显示在图 3.15.3 中。

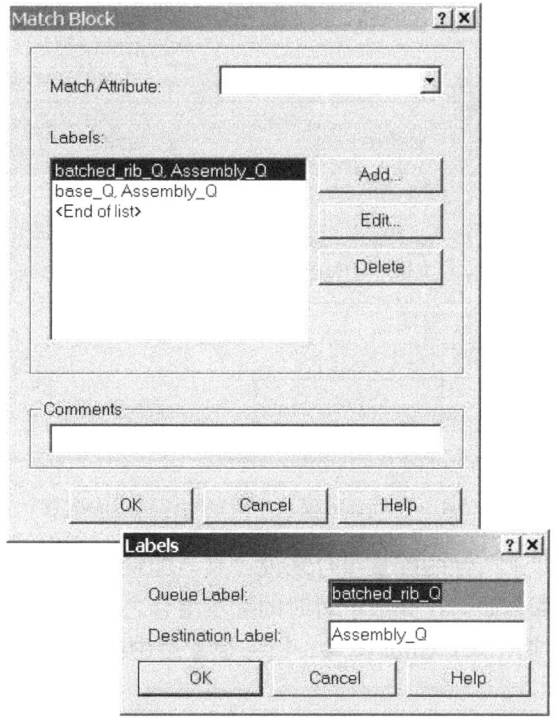

图 3.15.3 定义搭配不同零件的组合的匹配模块（Match 模块）

匹配模块的功能就是从每一种（实体的）排队中取出一个实体，然后把它们配置于一个新的组合中，这个新的组合通常用一个配量模块来代表，在图3.15.3中可以看到在匹配模块之后，我们的确用了一个配量模块，但这个配量模块与先前用于配置肋板的配量模块不同，这个模块属于ARENA的BLOCK模板，是更为"低级"的指令模块。这个配量模块的名称是"Assembly_Q"，所以在匹配模块中，对每一种参与匹配的实体我们都必须注明其排队的标志（名称）和匹配后配量模块的名称Assembly_Q。当一次匹配完成后，所有参与匹配的不同实体便经过配量模块的作用，组合成为了一个永久性的代表实体，这个新的组合实体便被继续送往代表焊接工序的过程模块，直至其完成服务后离开系统。

如何确定模拟模型运行的停止时间呢？在本例中，我们采取的方法是用控制进入系统的实体数量来控制模拟运行的时间，即把进入系统的实体到达次数限定为一个有限的整数 N，当第 N 次（实体）到达产生后，模拟模型就会停止产生新的实体，并在最后的实体完成其流动过程后停止运行。本例中，我们假设模拟运行将在完成了第十次装配组合（每次装配组合完成一个最终产品）之后停止。由于本产品是由一个底座和三片肋板装配而成，所以我们可以在产生底座实体的 Create 模块中限制其到达次数为 10 次（图3.15.4），而限制肋板的到达次数为30。

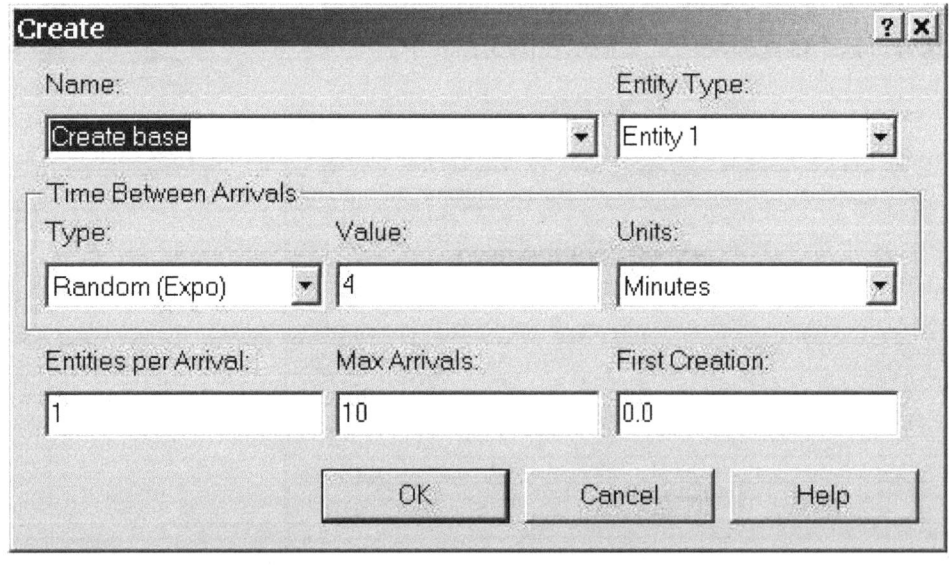

图3.15.4 在Create模块中限制实体到达的次数

前面提到，对于非永久性的配量组合来说，参与配量的实体只是暂时的失去其作为单一实体的独立性。那么如何在完成了暂时的配量组合之后，恢复这些实体的独立存在呢？方法之一就是再应用一个Split模块，把一个配量中的所有实体重新释放成为独立实体。

15.2 生产系统中工件流动的控制

模拟在制造系统中对实体流动进行控制是十分重要的。我们必须了解制造系统中实体流动的特征及控制实体流动的基本原理，然后了解 ARENA 的应用。

首先我们应该认识到，实体在系统中的流动（何时流动以及流向何处等）取决于许多由系统的结构及其动态变化所决定的条件。从模拟的逻辑上讲，有两种控制实体流动的方法：一种是基于概率抽样的方法（如 90%的零件通过检验合格，而 10%的不合格品送往返修工序），而另一种是基于条件控制的方法。此处，我们着重讨论基于条件的控制方法。

总的来说，影响实体在系统中流动的条件有两种：一种是由实体本身的或系统的特征及属性决定的条件，如像实体的类别、序列编号、某排队中等候的实体数量等；而另一类则是由某些特殊的事件来决定的条件，或者说实体的流动取决于这些特殊事件的发生与否。

在生产系统中，此类事件的例子包括订单的到达（生产指令的下达）、最后装配工序的完成、加工设备的失效、库存产品的售尽及原料短缺耗尽等。

在某些系统中，往往有多种不同的实体在系统中流动，而其中某一种实体的流动会影响其他种类实体的流动。例如，在一个生产库存系统中，往往有两类实体的流动——产品的流动（物流）和订单的流动（信息流）。

通常，产品的流动是受订单流动的影响和控制的，所以我们可以把代表产品流动的实体称之为"主流实体"，而把代表订单流动的实体称为"控制实体"。

很多系统都具有这样的动态特征，即某一类实体的流动（主流实体）是由另一类实体（控制实体）的流动控制的，具体地说，主流实体的流动是由某些与控制实体相关的事件来控制的，如订单的到达可以直接影响到产品在生产线上的流动。

合理地协调与控制不同类型的实体在系统中的流动，在设计现代生产制造系统中是一个极其重要的任务。在模拟建模过程中，我们首先要根据实际系统的特征和要求，选择合适的方法与贯彻机制。这里我们介绍以下两种策略：

（1）基于实体或系统属性特征的条件控制：简单有效的方法包括使用判断程序，如 IF—（条件）—THEN—ELSE，或决策模块 Decide 等。

（2）基于特殊事件的条件控制：定义和产生控制实体，并通过一系列的控制指令（程序模块）来实施控制实体的流动，并通过控制实体的流动来控制主流实体的流动。

为了帮助读者了解条件控制的原理，我们来看一个生产制造系统中控制实体流动的逻辑流程图（图 3.15.5）。

为了实现图 3.15.5 中显示的逻辑控制，需要两方面的程序（模块），一方面是实现实体的临时停留聚集、等候控制指令并按照指令要求行动的功能；而另一方面则是实现"控制"本身的功能，如建立控制条件，并判断其是否满足、决定是否发出控制指令，以及发出控制指令等。下面我们讲解如何用 ARENA 模块来实现这些功能。

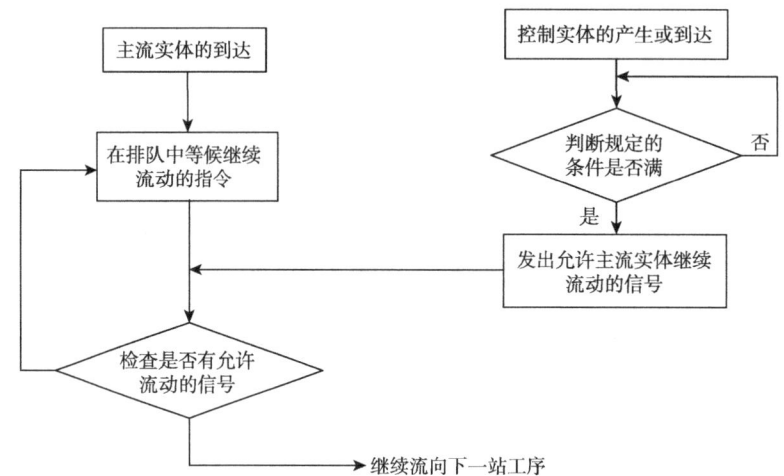

图 3.15.5　生产系统中常见的一种实体流动控制逻辑

首先，我们介绍"Hold"模块（属于 AdvancedProcess 板块）。这个模块使到达该模块的实体驻留在一个排队里等候，直到接收到允许继续流动的控制信号或某种预定的条件得到满足时，再按照流动控制的要求继续流动。Hold 模块所能实现的两种控制方式如下：

（1）"等候信号"（wait for signal）方式，即到达的实体等候在排队里，直到收到某种允许其继续流动的控制信号，收到信号后，该模块将按照信号指令的要求从排队中释放一定数量的实体使之继续流动。

（2）"等候条件"（wait for condition）方式，即实体们在排队中等候直到系统中某一预设的条件得到满足，一旦该条件满足，Hold 模块将按照预定的条件要求释放一定数量的实体。

为了实现用不同的信号来控制等候在同一排队中的不同类型的实体，我们可以对每一个进入 Hold 模块的实体按照类别的不同赋予其不同的信号码属性，如不同的信号编码（可以是数字的或者文字的代码）。使用 Hold 模块需要定义下列内容：

（1）控制方式：等候信号（wait for signal）或者等候条件（wait for condition）。

（2）等候信号的数值或属性：等候实体接收识别控制信号的代码，可以是简单的数值、表达式或实体的属性等。

（3）控制条件：决定等候实体是否可以继续其流动的条件（若控制方式是等候条件）。

（4）释放限制：限定收到信号时可以被释放的最多实体数量。

（5）排队类型：定义用来容纳等候信号或条件的排队类型。

现在我们用刚刚学到的几个模块来贯彻下面例子中的控制逻辑，这是一个小型的制造系统。

零件到达后，先进入一个排队，等候允许继续其流动的指令（信号）。接到信号后，实体便被送往一道"Boring-Process"（镗孔）工序，完成加工服务后再离开系统。决定零件是否能够继续流动的条件如下：如果镗孔工序的储料箱里只剩下一个待加工零件或者没有待加工零件时，系统控制程序便发出释放指令或信号，使等候在排队中的零件得以进入镗孔工序的储料箱，而每次进入储料箱的零件数量=5-储料箱现有的零件数，即该储料箱最多只能容纳 5 个零件。完成的模型显示在图 3.15.6 之中。

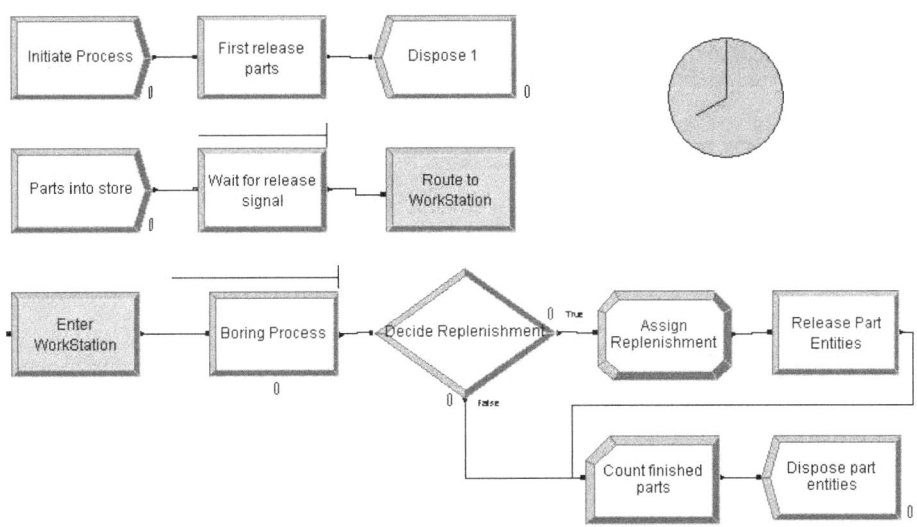

图 3.15.6　一个简单的控制逻辑模拟模型

由于所有产生的实体都必须在排队中等候信号，所以我们首先要解决如何使模拟模型运行起来，也就是如何产生第一次的释放信号。

如图 3.15.7 所示，我们采取的方法是，用一个 Create 模块来产生一个启动实体，这个模块的实体到达次数限定为一次，所以它只产生一个实体。这个启动实体随后进入一个 "FirstReleaseParts"（首次释放零件）的信号模块，该模块随之发出一个定义为 "Release_parts" 的释放信号，使排队中等候的零件按照规定的数量（Replenishment）得以释放，从而成为首批进入镗孔工序的零件。

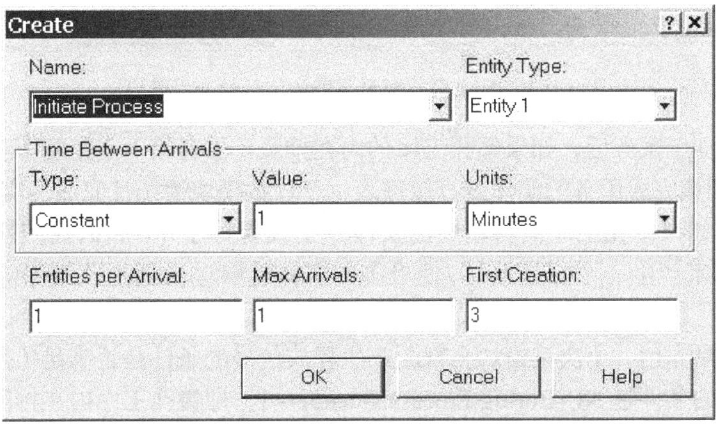

图 3.15.7　启动系统运行的 Create 模块

在图 3.15.8 中，我们定义了容纳实体等候加工的排队，即用一个留置模块（Hold Module）。这个排队的名称叫做“Wait for signal release”，留置的逻辑是“Wait for signal”（等候信号），信号是一个短句“Release_parts”，释放数量是一个叫做“Replenishment”的变量，而这个变量则是在变量数据模块（图 3.15.9）中定义的。注意到留置模块本身就定义了一个排队。

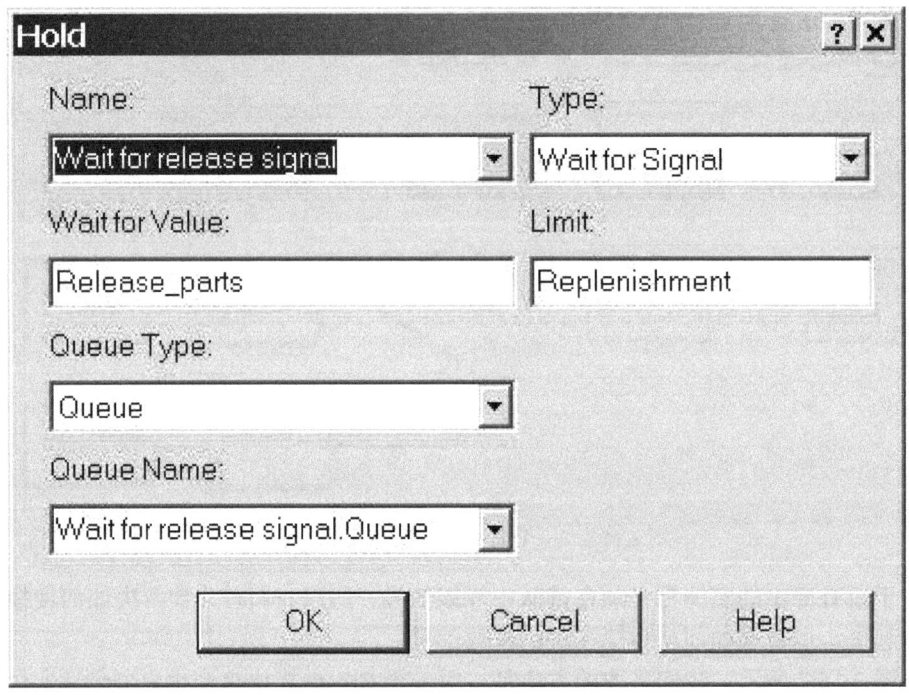

图 3.15.8　定义等候释放信号的留置模块（Hold Module）

Variable - Basic Process

	Name	Rows	Columns	Clear Option	Initial Values	Report Statistics
1	Replenishment			System	1 rows	☐
2	Release_Parts			System	1 rows	☐

图 3.15.9　定义释放数量与释放信号的变量模块

实体完成加工服务后，如果镗孔工序的内在排队（储料箱）中还剩下有足够的实体（大于 1），则该完成服务的实体就直接进入一个计数模块（统计完成的实体数量），然后离开系统。如果镗孔工序储料箱中的实体少于或者等于 1，那么我们就需要用该完成服务的实体来产生一个释放信号，使更多的实体能够进入到镗孔工序的内在排队中等候。

具体做法是先用一个决策模块来判断产生释放信号的条件是否满足（图 3.15.10），这里具体定义的条件是 NQ(Boring Process.Queue)<=1，即镗孔工序内在排队里的实体数量小于或者等于 1。

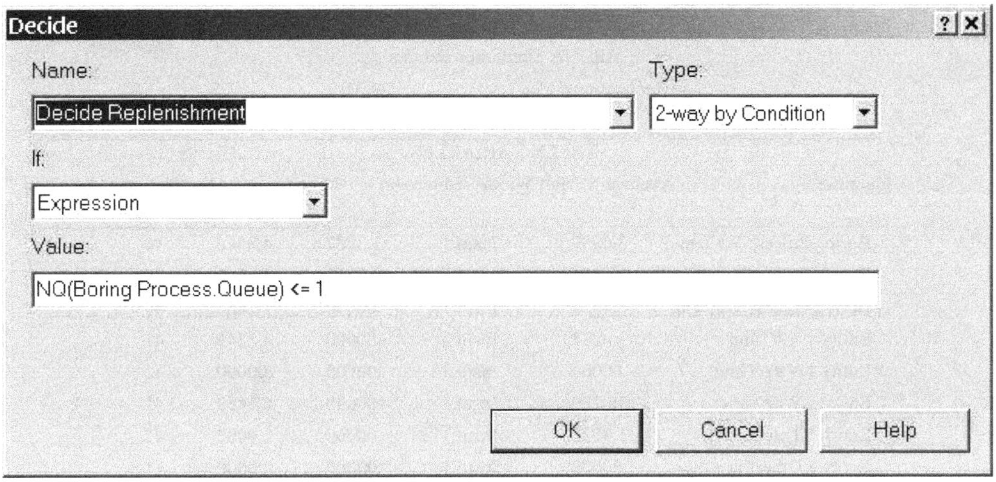

图 3.15.10 定义完成服务的实体流向的决策模块

如果该条件满足，完成服务的实体将通过决策模块而进入一个赋值模块（Assign Module），这个模块的作用是确定释放数量。

前面讲到过，释放数量是通过一个叫做 Replenishment 的变量（图 3.15.9）来定义的，在此模块中，该变量被赋予新的数值，等于 5-NQ(Boring Process.Queue)，即等于 5-镗孔工序内在排队中现有的实体数量（图 3.15.11）。

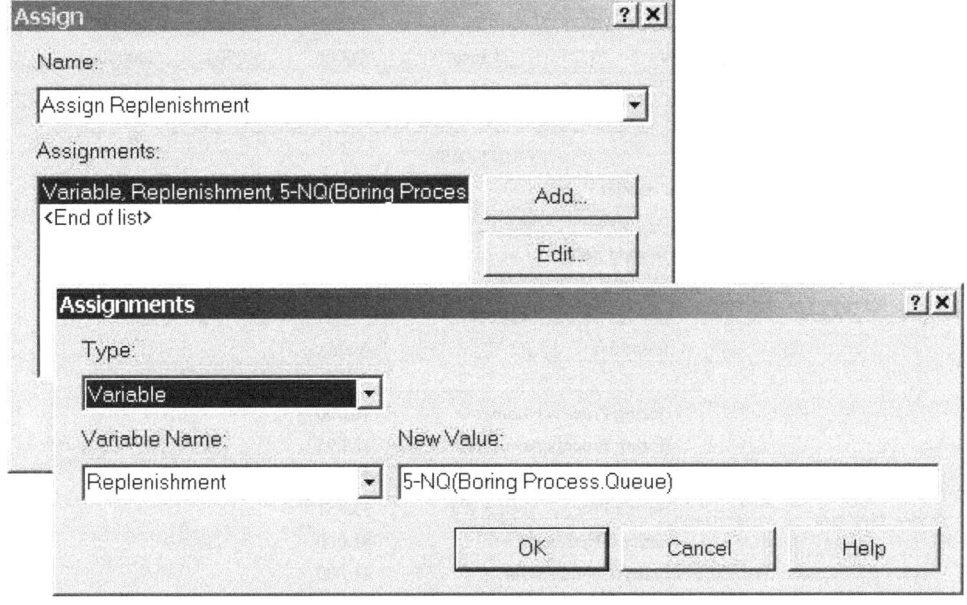

图 3.15.11 决定补充（可释放）数量的赋予模块

完成这些定义后，我们便可以定义模拟模型的模拟时间 480 分钟，运行计算的结果如图 3.15.12 所示。

ARENA Simulation Results
Replication ended at time   : 480.0

TALLY VARIABLES

Identifier	Average	Half Width	Minimum	Maximum	Observations
Boring Process.VATimeP	3.0989	(Insuf)	1.3787	4.8546	40
Boring Process.TotalTi	11.561	(Insuf)	2.3763	20.340	40
Boring Process.WaitTim	8.4629	(Insuf)	.00000	17.856	40
Entity 1.VATime	3.0233	(Insuf)	.00000	4.8546	41
Entity 1.NVATime	.00000	(Insuf)	.00000	.00000	41
Entity 1.WaitTime	36.239	(Insuf)	.00000	67.859	41
Entity 1.TranTime	1.9512	(Insuf)	.00000	2.0000	41
Entity 1.OtherTime	.00000	(Insuf)	.00000	.00000	41
Entity 1.TotalTime	41.213	(Insuf)	.00000	72.460	41
Boring Process.Queue.W	8.4629	(Insuf)	.00000	17.856	40
Wait for release signa	28.682	(Insuf)	1.9338	62.490	40

DISCRETE-CHANGE VARIABLES

Identifier	Average	Half Width	Minimum	Maximum	Final Value
Entity 1.WIP	17.948	(Insuf)	.00000	40.000	40.000
Boring Machine.NumberB	.25825	(Insuf)	.00000	1.0000	.00000
Boring Machine.NumberS	1.0000	(Insuf)	1.0000	1.0000	1.0000
Boring Machine.Utiliza	.25825	(Insuf)	.00000	1.0000	.00000
Boring Process.Queue.N	.70525	(Insuf)	.00000	5.0000	.00000
Wait for release signa	16.818	(Insuf)	.00000	40.000	40.000

COUNTERS

Identifier	Count	Limit
Finished parts	40	Infinite

OUTPUTS

Identifier	Value
Boring Process Number O	40.000
Boring Process Accum VA	123.95
Boring Process Number I	40.000
Boring Process Accum Wa	338.51
Entity 1.NumberIn	81.000
Entity 1.NumberOut	41.000
Boring Machine.TimesUse	40.000
Boring Machine.Schedule	.25825
System.NumberOut	41.000

图 3.15.12 实体流动控制逻辑模拟模型的运行结果

习题与思考

1. 考虑一个装配制造系统如下图所示。其中主要传送带分为三段，另外还有两条支线传送带。三种不同的零件 A、B 和 C，分别从主传送带和两条支线传送带的入口端进入系统，到达率均服从均值为 2 分钟的指数分布。进入后的零件要等到传送带上有足够的空间容纳时才能上载。系统有两道装配工序。在工序 A1，零件 A 和零件 B（各一件）被永久性地组合装配在一起形成一个部件。该部件经传送带转运到工序 A2，在那里与到达的零件 C（一件）组合形成最后的产品，完成装配的产品被主传送带的最后一段送至系统的出口。工序 A1 和 A2 的装配时间皆服从参数为（0.5,1.5,3）分钟的三角分布。所有传送带的长度都是 20 英尺，速度均为每分钟 16 英尺。所有的传送带都是非积累型的，而且运载单元的长度都等于 2 英尺。每个零件或部件或产品转运时需占用的单元数量为一个。当最终产品到达出口时需要 0.2 分钟的下载时间。模拟此系统 240 分钟，采集有关传送带负荷率和装配生产率的统计量。

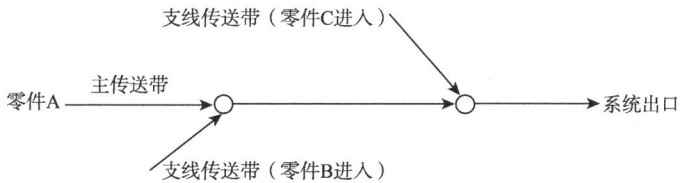

2. 一条装配线组装的产品由三类零件组成：零件 A（一个），零件 B（两个）和零件 C（两个）。三种零件进入系统的时间间隔分别服从均值为 3、2 和 2 分钟的指数分布。零件进入系统后，将根据各自的类型进行配量组合，然后被送往一个临时驻留地等候装配加工。装配工序是由一台机器人完成的，装配时间服从参数为（3，4，5）分钟的三角分布。在装配工序里没有储料箱（内在排队），当机器人完成了一次装配操作后，便发出信号，使下一批零件得以从临时驻留区进入装配工序。模拟此系统，每次模拟运行的时间到完成 20 个产品的装配为止。重复运行 5 次，估计该系统的平均生产效率。

第16章

生产系统库存控制的模拟

本章介绍 Arena 对库存过程的模拟，包括简单的库存控制过程和订单积压的库存管控制过程，以此为库存管理提供决策信息。

16.1 库存系统的设计

生产制造环境中的库存系统（inventory-system）主要起着缓冲和改善系统生产能力以及服务的作用，即通过储存一定数量的原材料、半成品和制成品来缓冲由于市场需求量（或者原材料供应）的不确定而给生产和服务带来的波动与冲击。例如，在需求淡季时多生产一些储备起来以应付旺季来临时突然增加的市场需求，而且市场需求一般都是呈随机变化，很难甚至无法预测。

现在，来看一下库存系统有哪些结构和行为特征。在一个库存系统中主要有两个动态过程：一个是产品（或原料）入库的过程，而另一个则是客户订单到达的过程。这两个过程可以是相互独立的（如"按计划进行的生产过程"），但很多情况下二者是相关的。例如，在很多情况下，产品的生产入库取决于市场订单的到达。在前一种情况下，我们可以简单地用两个相互独立的随机过程来分别模拟产品入库和订单到达。而对后面一种情况，我们就必须考虑如何由一个过程来控制另一个过程，即如何用一个随机过程中的实体的流动来控制在另一个随机过程中流动的实体。这里涉及两类实体——代表产品入库的实体和代表订单到达的实体。下面再来看看，在库存系统的循环运行过程中，通常会有哪些事件发生。

前面已经提到了两类事件——订单的到达和产品的入库。当一个订单到达时，如果系统中现存有足够数量的订单所要求的产品，而且在此订单到达之前该产品没有积压订单，则到达的订单可以马上被满足。但如果系统在该时刻没有足够的产品、或者在该订单之前有积压订单，则该订单将变成为一个积压订单（留待将来被满足的订单）。订单一旦成为积压订单后，可能会继续留在系统里等待，也可能离开系统（客户取消订单）。

总的来讲，在库存系统中有二类排队：第一是产品到达后等候入库（下载、入库检验等）的排队；第二是订单到达后等候交付（提货、上载等）的排队；而第三种则是积压订单等候延期交付的排队。

库存系统中通常涉及的操作活动包括产品入库时的下载、检验和分遣入位，订单的处理，订单发货时的清理、配量、包装、上载和发运等，另外每当产品入库或者订货发出时，系统内的现有库存量都必须进行更新。库存系统中通常所用到的资源包括人力、装卸运输和包装工具设备等。库存系统中所涉及的成本主要有两种：一种是订货进货有关的成本，如订单处理的工本费；而另一种则是与货物的存放和积压有关的成本，如货物的附加税、投入进货物中尚未实现市场价值的资本约束等。

库存系统的一个重要特征就是它对库存物资的控制策略，也就是如何根据供求的变化来决定系统内有关要素动态行为的逻辑或者指导原则。例如，什么时候进货？每次进多少数量？等等。

对于制造系统来说，有各种不同的控制策略，而不同的策略会影响造成库存系统的不同表现。例如，我们可以遵循最简单的经济批量原则，忽略需求的变化等随机因素，按确定的计划定期定量订货进货，每次订货数量力求使存货成本和订货成本达到平衡，从而使总成本达到最低。这种策略的主要问题是无法对付现实中到处存在的不确定性。例如，订单的到达取决于市场需求或者说客户的行为变化，就是连物资的到达入库往往也无法准确地确定。

在现实中，我们必须考虑这些不确定因素，根据实际问题的需要比较不同的控制策略，从中确定"最佳"的策略（相对于某些指标而言）。而计算机模拟往往是模拟随机性变化并进行此类策略比较的有效工具。

一般来说，衡量库存系统操作表现的指标包括：
（1）正常订单的平均运转周期（从订单到达至发货结束）。
（2）每一种产品的平均库存量或库存成本。
（3）单位时间内积压订单的数量或比例（比如平均每月的积压订单数量）。
（4）积压订单的平均等待时间。
（5）单位时间内由于积压订单而丧失掉的订货量。
（6）库存系统内资源的负荷率。

为了实现库存系统的模拟，我们必须了解制造系统中实体流动的特征以及控制实体流动的基本原理，然后了解如何应用 ARENA 来进行模拟分析。

如第 17 章所述，实体在系统中的流动（何时流动以及流向何处等）取决于许多由系统的结构及其动态所决定的条件。而从模拟的逻辑上讲，控制实体流动的方法可以是基于概率抽样或者是基于条件控制。

而影响实体在系统中流动的条件包括两种：一种是由实体本身的或系统的特征及属性决定的条件，如像实体（库存产品）的类别、编号、现存产品的数量等；而另一类则是由某些特殊的事件来决定的条件，即实体的流动取决于这些特殊事件的发生与否。对于库存系统来说，此类事件的例子包括订单的到达、产品的到达（入库）、库存产品的耗尽等。

在某些系统中，往往有多种不同类型实体在系统中流动，如像在生产库存系统中，往往有两类实体的流动——产品的流动（物流）和订单的流动（信息流）。而产品的流动通常是受订单流动的影响和控制的，所以我们可以把代表产品流动的实体称之为"主流实体"，而把代表订单流动的实体称为"控制实体"。

这种流动的特征是，主流实体的流动是由控制实体的流动来控制的，具体地说就是，主流实体的流动是由某些与控制实体相关的事件来控制的，如订单的到达可以直接影响到产品的入库活动。

16.2 库存系统运行的模拟

前面我们介绍了库存系统的一些基本构成与概念。现在我们来看看蕴含于库存系统运行操作之后的基本逻辑。在这里我们首先假定库存系统的两种实体（产品与订单）流动均是随机性的：订单到达的随机性反映市场需求的随机变化；而产品到达的随机性反映着（产品）加工周期的不确定性。

按照这样的假设，库存系统内便含有两个相对独立的随机输入过程，或者说订单的流动并不控制产品的到达。系统运行的基本逻辑如下：

（1）产品随机地到达系统；排队等候入库检验及有关处理；入库检验及处理过程；完成入库检验及处理后经运输分遣入位。

（2）订单随机地到达系统。

第一，如果系统内产品的现有库存数量足够，则该订单进入取货发运过程；更新产品的现有库存量。

第二，如果订单到达时系统的现有库存量不够订单的需求量，则该订单成为积压订单，进入积压订单排队等候；在积压订单排队等候的过程中，订单可以自行撤销而成为损失的订货。

上述的逻辑过程也可以表述在图 3.16.1 中。图 3.16.1 中"公用仓库资源"是指系统中用于入库和取货发运等活动的人力设备资源，如叉车、吊车等。

为了实现有关的逻辑控制，往往需要定义一些变量，如可以定义一个变量 P，代表现有库存量；而且 $P=P(x)$，如果 x 代表产品的类型，则现有库存量 P 取决于产品的类型。我们可以再定义另一个变量 $O(x)$，代表订单要求（产品 x）的数量。那么下面的表达式就可以用来控制订单实体的流动：

如果 $P(x)>=O(x)$，则订单进入取货发运过程；否则，进入积压订单排队。

第 16 章　生产系统库存控制的模拟

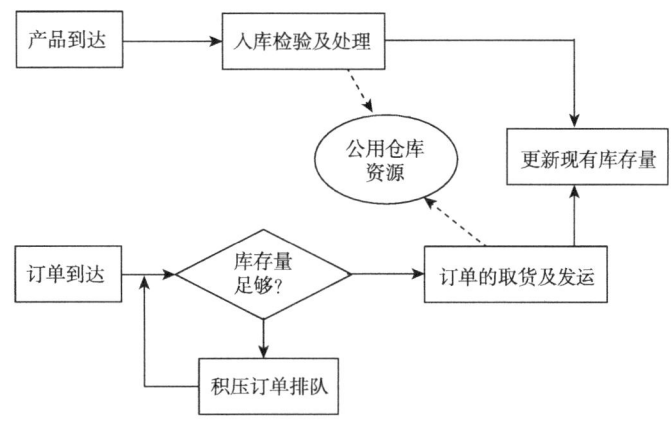

图 3.16.1　库存系统运作的基本逻辑示意图

将图 3.16.1 的逻辑示意图稍加修改，便可以得到显示在图 3.16.2 中的库存系统模拟模型逻辑示意图。

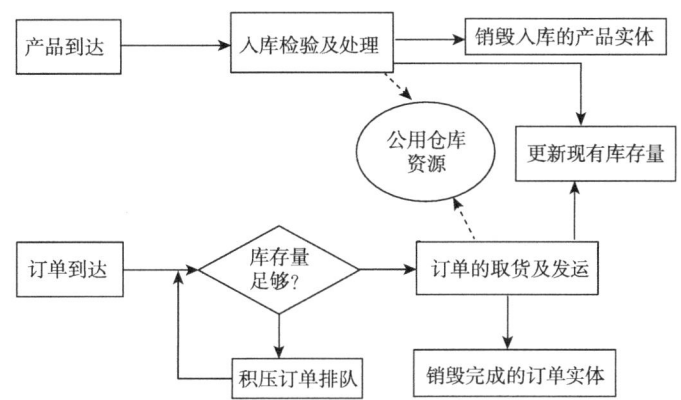

图 3.16.2　库存系统模拟模型的逻辑示意图

在第 15 章中，已经介绍了应用 ARENA 的模块来控制不同类型的实体在系统中的流动的基本策略和方法，如基于实体或系统属性特征的条件控制，以及基于特殊事件的发生的条件控制。我们还具体介绍了"Hold"模块，该模块使到达的实体停留在一个排队里等候，直到接收到控制信号或者当某种预定条件得到满足时，再按照控制要求释放一定数量的实体使之继续流动。Hold 模块具体实现的两种控制方式是"等候信号"方式，或者"等候条件"方式。

现在，可以用已经学到的几个模块来模拟下面例子中库存系统的运行。在本例中，某种产品随机地进入系统，每次进入的产品数量也不同，即 30%为一个，30%为两个，40%为三个。

产品进入系统后，首先要经过入库检验和编号等处理过程，然后被送往仓库内指定的地点存放。订单也随机地到达系统，每次订单的数量也不相同。当订单到达时，如果其前面没有等候的订单，而且系统内产品的现存量大于该订单要求的数量，则该订单便进入一个取货发运过程，然后离开系统。反之，如果到达订单之前已经有先到的订单等候，或者库存的产品现有量不能满足订单要求的数量，该订单就只能在排队中等候。在稍后的一个例子中，我们将进一步介绍模拟积压订单的行为。

最后，假定入库处理过程和取货发运过程分享两台吊车。模拟此系统的运作800时间单位，采集完成订单的数量和完成订单的平均周转时间。我们先把完成后的系统模型显示在图3.16.3中。

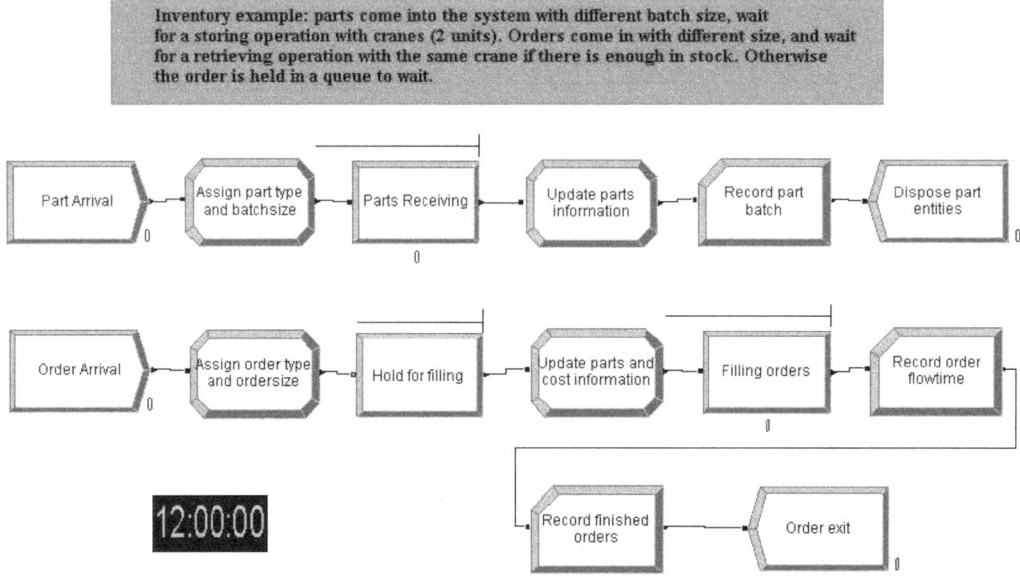

图3.16.3　简单库存系统的模拟模型

首先，用一个Create模块来产生随机到达的产品实体（到达时间间隔服从均值为10分钟的指数分布）。其次用一个Assign模块来赋予产品实体一个属性"到达数量"（BunchSize）来代表随机确定的同时到达的产品数量，如图3.16.4所示。

我们还定义了一个变量"到达产品总数"（TotalPartsIn）来代表进入该库存系统的产品总量。每当有产品到达仓库时，该变量就需要更新：到达产品总数＝现有数值＋到达数量。我们可以类似地定义产生随机到达的订单实体（订单到达服从均值为15分钟的指数分布），同样也可以用一个Assign模块来赋予其一个属性"订单数量"（OrderSize）来代表随机确定的该订单要求的产品数量。当产品完成入库过程后，我们需要用一个模块来更新现有库存量（PartsAvailable），它等于其现在的数值再加上随机产生的"到达数量"。这里假设我们已经通过变量模块定义了变量"现有库存量"，如图3.16.5所示。

在实际中，往往有一些到达的产品因检验不合格而被拒绝入库，所以更新现有库存量应该在产品完成入库检验之后进行。我们用一个"Hold"模块（留置模块）来代表到达的订单等候处理的过程，本例中这个Hold模块的控制方式是"等候条件"，即当订单实体进入这个模块的排队时，如果系统的现有库存量大于或等于该订单要求的数量，则该订单便可以继续流动，反之则必须停留在排队中等候，如图 3.16.6 所示。

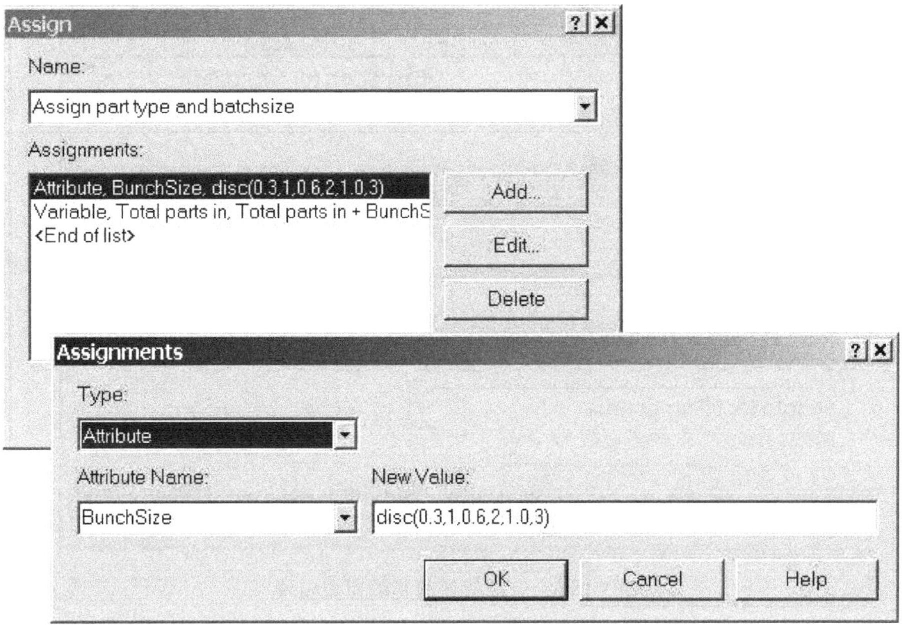

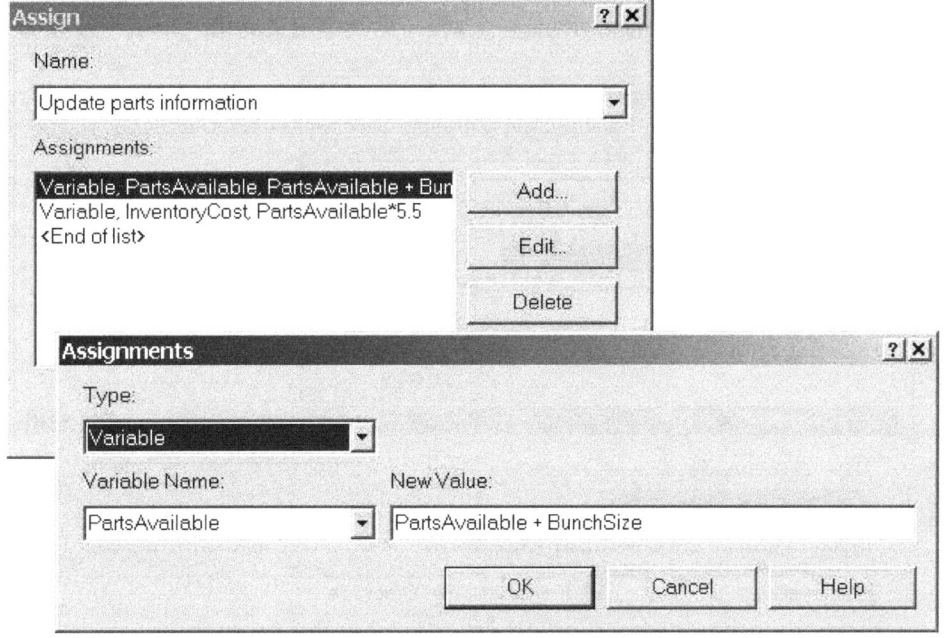

图 3.16.4　定义入库零件的属性的赋予模块

图 3.16.5　更新变量数值的赋予模块

由于该排队遵循先来先走的原则，所以如果该订单前面已经有等候的订单，那么就只能等到条件满足和前面的订单都已经被满足的时候才能继续流动。

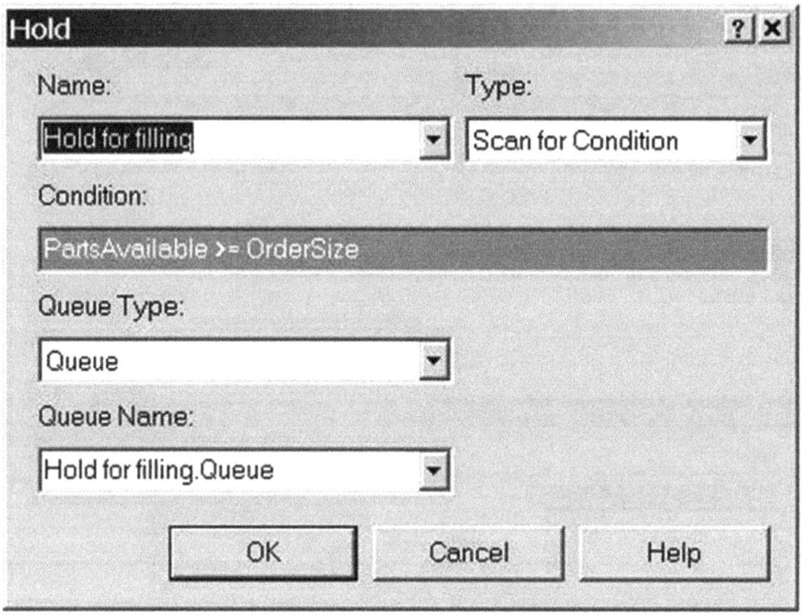

图 3.16.6　订单等候配货的留置模块

为了计算平均库存成本，我们定义了一个变量"InventoryCost"，其数值等于"现有库存量"乘以"单位库存成本（=5.5）"。每当现有库存量发生变化时，这个变量也需要更新，图 3.16.7 中的赋予模块便显示出这一过程（见其中定义的第二个赋予过程）。

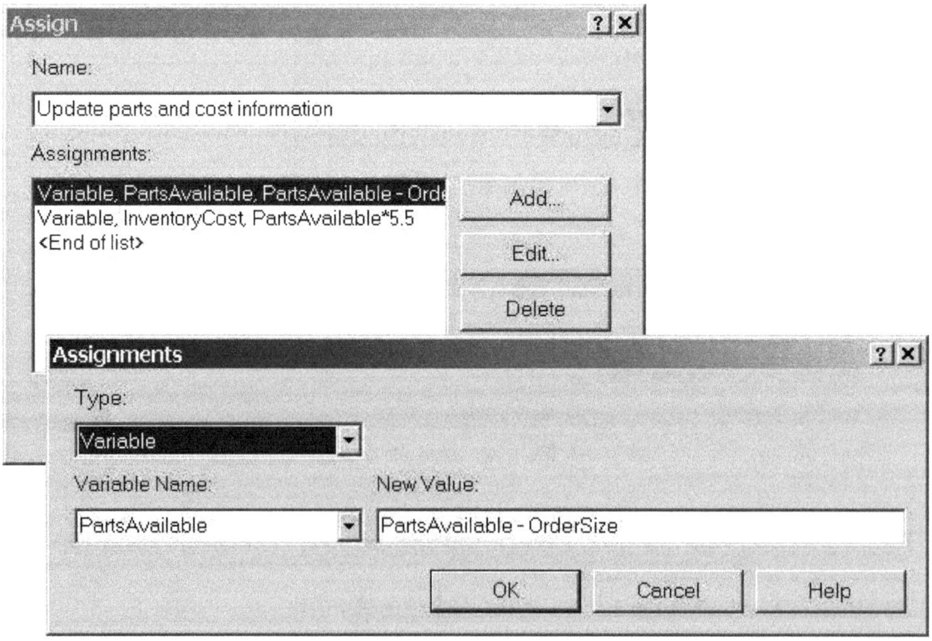

图 3.16.7　更新现有库存量（PartsAvailable）的赋予模块

完成上述定义后，设定模拟模型的模拟长度为800分钟，并且将运行结果见图3.16.8。从图3.16.8中可以看到订单的平均周转时间为9.67分钟，而平均库存成本为43.709。

```
                    ARENA Simulation Results
                Replication ended at time     : 800.0

                            TALLY VARIABLES
Identifier              Average   Half Width   Minimum    Maximum    Observations

Order flow time          9.6743    (Insuf)     2.1235     53.092     43
Hold for filling.Queue   25.902    (Insuf)     9.3070     51.082     10
Hold for filling.Queue   .00000    (Insuf)     .00000     .00000     10
Parts Receiving.Queue.   .86831    (Insuf)     .00000     7.2104     64
Parts Receiving.Queue.   .00000    (Insuf)     .00000     .00000     64
Filling orders.Queue.W   1.1365    (Insuf)     .00000     8.2038     44
Filling orders.Queue.W   .00000    (Insuf)     .00000     .00000     44

                       DISCRETE-CHANGE VARIABLES
Identifier              Average   Half Width   Minimum    Maximum    Final Value

InventoryCost Value      43.709    (Insuf)     .00000     93.500     88.000
Crane.NumberBusy         .82002    (Insuf)     .00000     2.0000     2.0000
Crane.NumberScheduled    2.0000    (Insuf)     2.0000     2.0000     2.0000
Crane.Utilization        .41001    (Insuf)     .00000     1.0000     1.0000
Hold for filling.Queue   .32378    (Insuf)     .00000     3.0000     .00000
Parts Receiving.Queue.   .06946    (Insuf)     .00000     2.0000     .00000
Filling orders.Queue.N   .06251    (Insuf)     .00000     2.0000     .00000
Queue 3.NumberInQueue    .00000    (Insuf)     .00000     .00000     .00000

                                COUNTERS
                    Identifier            Count     Limit

                    Finished orders         43      Infinite
                    Stored part batches     64      Infinite

                                 OUTPUTS
                    Identifier                    Value

                    Total parts into system       122.00
                    Total request to system       110.00
                    Parts left                    16.000
                    Inventory Cost                88.000
                    Crane.TimesUsed               216.00
                    Crane.ScheduledUtilizat       .41001
```

图 3.16.8　库存系统模拟模型的运行结果

16.3 允许订单积压的库存系统运行的模拟

现在来看一个模拟库存系统订单积压的模拟例子（图 3.16.9），这个例子是将前文中 16.2 节中的例子稍加修改而成的。

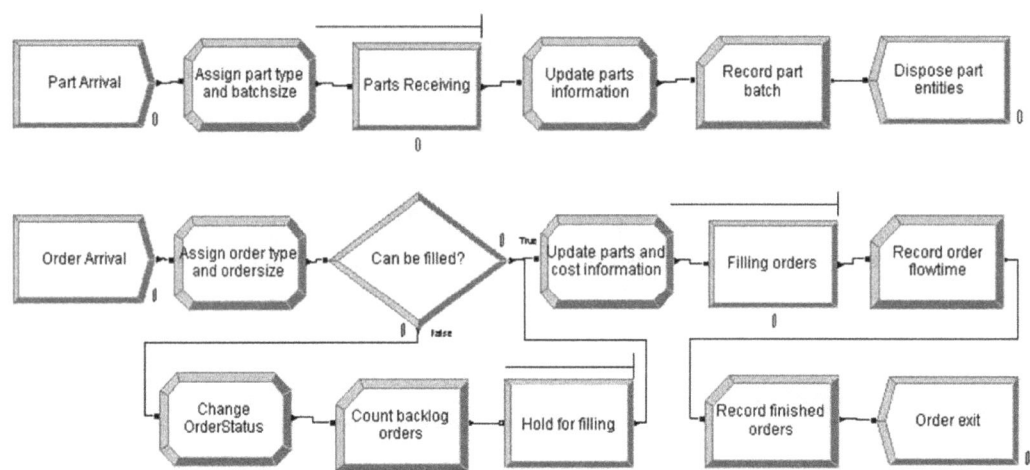

图 3.16.9　反映 Backlogging（订单积压）的库存系统的模拟模型

在本例中，要分别统计经过积压后完成的订单和未经积压而直接完成的订单。为此，在赋予订单实体属性时，定义了一个称为"OrderStatus"的属性，并赋予其初始值＝1。赋予属性后的订单实体首先通过一个决策模块来决定其走向。这个条件就是：如果该订单之前没有积压的订单，而且系统的现有库存量大于该订单的要求量，则该订单便可以继续流动，直接进入取货发送过程。上述条件的定义显示在图 3.16.10 和图 3.16.11 中。

反之，如果上述条件不满足，则该实体便被送往另外一条路径，即首先，经过一个赋予模块"ChangeOrderStatus"将该订单的 OrderStatus 由 1 改变为 2（2 代表经过积压的订单）；其次，再经过一个记录模块来统计所积压订单的数量（累加器）；最后，进入一个留置模块——Hold 中，这个留置模块的控制方式仍然是"等候条件"，其条件如下：现有库存量大于排队中第一个积压订单的需求量。当这个条件满足时，排队中的第一个积压订单实体便得以继续流动，从而进入下一个 Assign 模块。

注意到直接通过（未经积压）的订单实体也要经过这个 Assign 模块。该模块的作用就是更新系统的现有库存量和库存成本。同样，在入库产品实体的流动中，经过入库处理过程的实体也需要经过一个 Assign 模块，作用也是一样，即更新现有的库存量和库存成本。

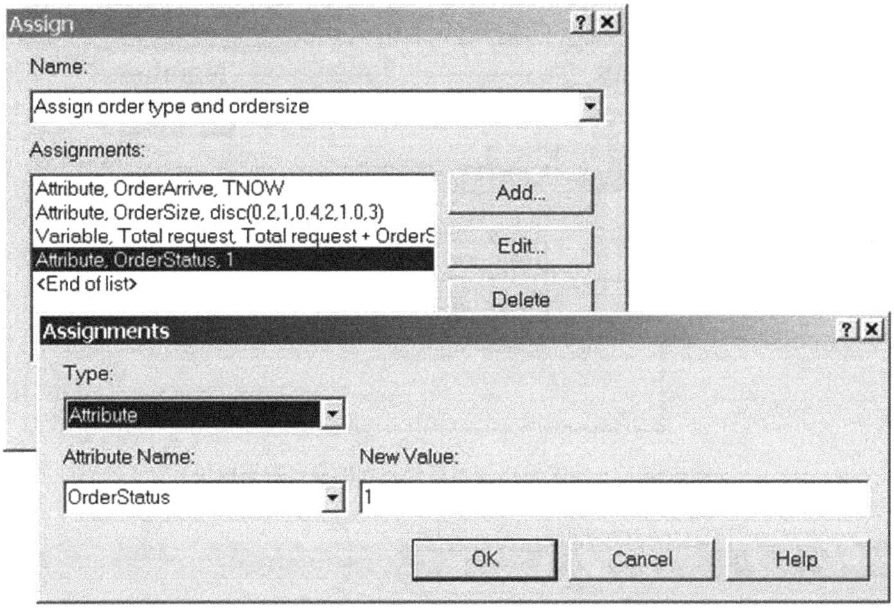

图 3.16.10　定义订单实体属性的赋予模块

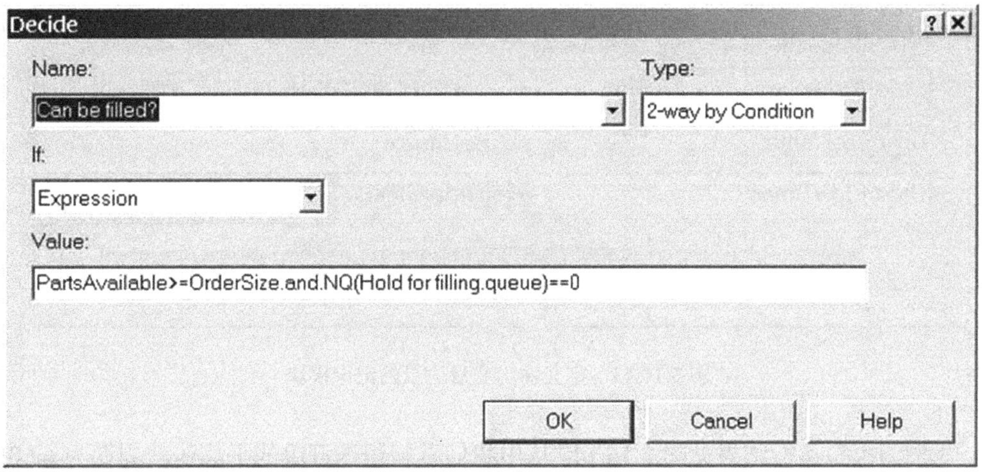

图 3.16.11　定义实体流动条件的决策模块

在本例中，由于需要统计积压订单和未积压订单的运转周期，所以定义了一个统计数据集合（通过一个集合"Set"数据模块），其中包含了两个 Tally 统计量：一个是未经积压订单的运转周期（RegularFlowTime）；而另一个是积压订单的运转周期（BackLogFlowTime）（见图 3.16.12）。定义记录这些统计数值的记录模块显示在图 3.16.13 中。

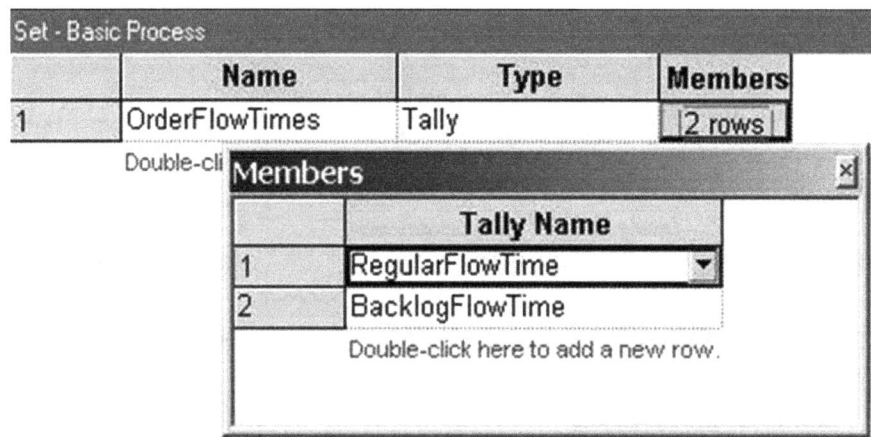

图 3.16.12 定义输出变量集合元素的集合数据模块

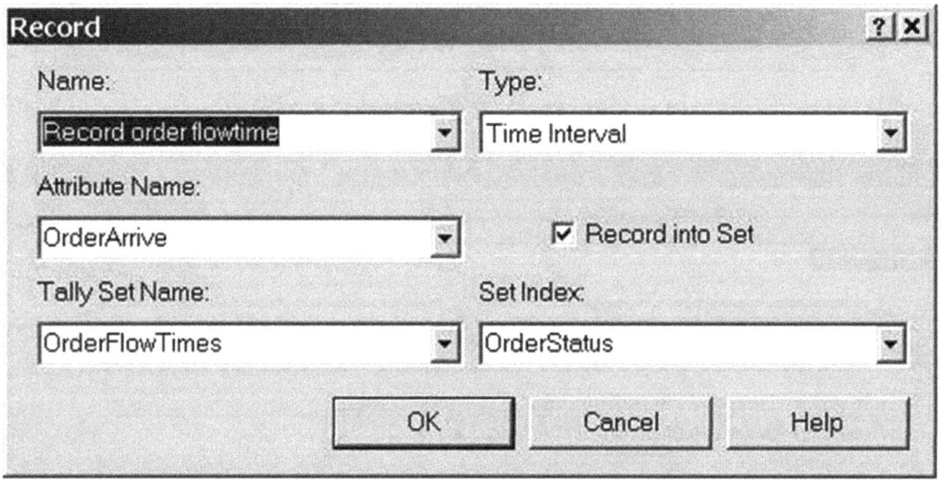

图 3.16.13 定义输出变量记录的记录模块

本例的模拟运行结果见图 3.16.14。从中我们看到积压订单的平均运转周期为 62.069 分钟，远远长于未经积压的订单运转周期 3.594 9 分钟。在系统模拟的 800 分钟里，总共进货（产品到达）51 次，总共完成了 47 份订单的供应，其中 11 份订单未经积压，而 36 份订单经过了积压。系统内积压的订单总数（包括未完成的）是 53 份。这些数据表示此库存系统存在比较严重的订单积压问题，需要通过改进来加快订单的运转周期，如缩短产品的到达周期等。

ARENA Simulation Results
Replication ended at time   : 800.0

TALLY VARIABLES

Identifier	Average	Half Width	Minimum	Maximum	Observations
BacklogFlowTime	62.069	(Insuf)	7.6198	167.98	36
RegularFlowTime	3.5949	(Insuf)	2.0034	8.3114	11
Hold for filling.Queue	57.710	(Insuf)	4.7205	164.86	36
Hold for filling.Queue	.00000	(Insuf)	.00000	.00000	36
Parts Receiving.Queue.	1.2139	(Insuf)	.00000	8.0245	51
Parts Receiving.Queue.	.00000	(Insuf)	.00000	.00000	51
Filling orders.Queue.W	1.5980	(Insuf)	.00000	9.4510	47
Filling orders.Queue.W	.00000	(Insuf)	.00000	.00000	47

DISCRETE-CHANGE VARIABLES

Identifier	Average	Half Width	Minimum	Maximum	Final Value
InventoryCost Value	8.0470	(Insuf)	.00000	49.500	5.5000
Crane.NumberBusy	.75322	(Insuf)	.00000	2.0000	.00000
Crane.NumberScheduled	2.0000	(Insuf)	2.0000	2.0000	2.0000
Crane.Utilization	.37661	(Insuf)	.00000	1.0000	.00000
Hold for filling.Queue	3.8254	(Insuf)	.00000	17.000	17.000
Parts Receiving.Queue.	.07739	(Insuf)	.00000	2.0000	.00000
Filling orders.Queue.N	.09388	(Insuf)	.00000	2.0000	.00000

COUNTERS

Identifier	Count	Limit
Finished orders	47	Infinite
Backlogged Orders	53	Infinite
Stored part batches	51	Infinite

OUTPUTS

Identifier	Value
Total parts into system	106.00
Total request to system	147.00
Parts left	1.0000
Inventory Cost	5.5000
Crane.TimesUsed	196.00
Crane.ScheduledUtilizat	.37661

图 3.16.14　允许订单积压库存系统的模拟模型的运行结果

习题与思考

1. 考虑一个简单的制造库存系统，零件进入系统的时间间隔服从均值为 2 分钟的指数分布。到达零件的数量为，一件的概率是 30%，两件的概率是 40%，三件的概率是 30%。到达的零件首先经过一道入库检验和编号过程，其次再通过库内转运设施安排就位。入库检验及编号过程的时间是 TRIA（1，2，3）分钟。订单到达的时间间隔服从均值为 5 分钟的指数分布，订单数量为，一件的概率是 30%，两件的概率是 40%，三件的概率是 30%。当一份订单到达时，如果系统内的现有库存量不足，则该订单成为排队等候的积压订单。反之，该订单则可以直接进入一道取货发运过程，其时间是 TRIA（1，3，4）分钟。模拟此系统 1 000 分钟并观察下列统计量——积压订单的数量和平均等候时间（假设入库检验过程和取货发运过程共享资源：两名操作人员。忽略因转运而耽误的时间）。

2. 考虑一个制造库存系统，其现有库存量的初始值为 4 件。其订单的到达服从均值 6 分钟的指数分布，订单数量为：一件的概率是 30%，两件的概率是 40%，三件的概率是 30%。当现有库存量下降至 1 件或少于 1 件时，系统便发出指令要求零件供应，假定零件到达的周期服从参数为（1，2，3）分钟的三角分布，而且每次到达的数量为 5 件。忽略到达零件的入库检验和编号以及就位安放过程。当一份订单到达时，如果系统内的现有库存量不足，则该订单成为排队等候的积压订单。反之，该订单则可以直接进入一道取货发运过程，其时间是 TRIA（1，3，4）分钟。模拟此系统 1 000 分钟并观察下列统计量：积压订单的数量和平均等候时间（假设取货发运过程所需的资源为一名操作人员）。

第4部分 集成模拟篇

第17章

模拟方法的集成模式

如前所述，离散事件模拟针对的是排队现象。连续模拟主要是指系统动力学方法，用于分析拥有反馈回路现象的管理系统行为。多 Agent 模拟针对的是"涌现"现象，即系统底层要素之间的关系简单，但造成系统宏观的复杂行为。当管理系统中存在大量模糊性、不完备性甚至是歧义信息时，则由定性模拟来处理。

现实中的管理系统对象，多半会同时存在上述两种或两种以上现象的，因此，采用的模拟方法也将会是多种模拟方法的集成。为了研究模拟方法之间的集成原理，首先要分析各类模拟方法的本质特征[21]。

17.1 四类模拟方法的本质特征分析

17.1.1 离散事件模拟

离散事件模拟是计算机模拟方法中最为成熟的方法之一，有自己的理论基础——概率论与数理统计，且早已形成了一套完整的方法体系，它是专门针对管理系统中的排队现象的。

管理系统中的排队现象，虽然可以采用数学规划模型描述，但由于模型的难解性，往往无法直接求得解析解，如单件车间生产作业计划的编制，离散模拟方法就可以解决此类问题。

离散事件模拟方法是采用局部建模思路来解决这类问题的，其特征体现了"局部"两个字，如编制生产作业计划，既然从整体上建模这么复杂，那么就只从"局部"来解决问题。

1)"局部"特征

(1)资源的局部规则。例如,每台机床一旦加工完某类工件的某道工序后,只按照优先调度规则(如 FIFO、EDD 等)从队列中选择下一个要加工的工件,见图 4.17.1。

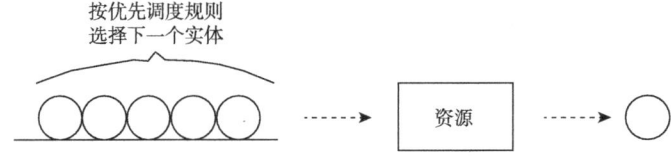

图 4.17.1　排队系统的离散事件模拟

(2)事件的局部规则。事件列表总是存放最近要发生的几个事件,即在每个模拟时间点,系统总是只安排下次要发生的几个事件(如到达事件、离去事件),而不是事先就把所有将要发生的事件安排出来,见图 4.17.2(a)。

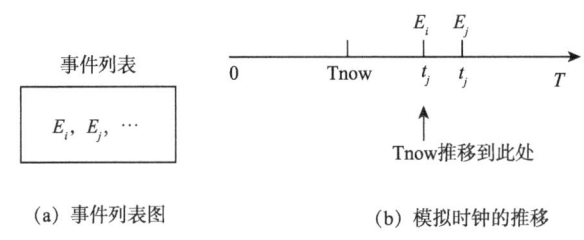

(a)事件列表图　　　　(b)模拟时钟的推移

图 4.17.2　事件列表和模拟时钟的推移

(3)时钟的局部规则。模拟时钟的推进机制有两种——事件推动和固定步长。事件推动,即只将模拟时钟推移到离当前时钟最近的一个事件时间,见图 4.17.2(b)。

从上面的特征可看出,离散事件模拟建模只关注局部,与数学规划模型的整体建模不同。

2)抽样特征

虽然对排队系统的模拟,就是执行上述局部规则,但是在执行以前,必须先要知道实体的确切到达时间、实体的每道工序要占用资源的确切时间。

在实际排队系统中,实体的到达间隔时间、实体占用资源的处理时间是不确定性的,都在一定的范围内波动。如果要推演局部规则,那么就必须先从波动范围中确定出一个值来。一般都将波动范围视为某种概率分布,从波动范围中确定一个值,这就是抽样,即将到达间隔时间、处理时间按照各自服从的分布函数,进行抽样取值。

由此可见,离散事件模拟方法的一项重要工作,就是要将变量的不确定性的波动范围缩小到一个确定的点,可将该工作形象地称为"聚焦"。因此,离散事件模拟方法的原理可总结为"聚焦"+"局部规则",如图 4.17.3 所示。

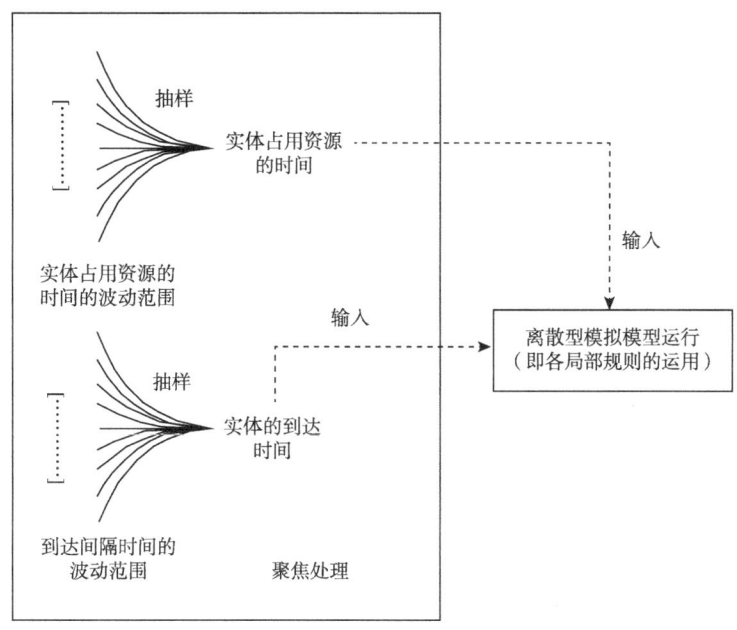

图 4.17.3 离散事件模拟方法的原理示意图

3)运行特征

离散事件模拟的核心方法是事件表的运用。事件表中按时间顺序存放着事件元素，事件元素的属性为事件类型和事件时间，如图 4.17.4 所示。模拟的运行，就是不断地从事件表中取出离当前模拟时钟最近的事件元素，进行处理，同时不断产生新的元素，并补充到事件表中。

E_i（事件类型,事件时间），E_j（事件类型,事件时间），…

图 4.17.4 事件表

事件表带动了离散事件模拟所有其他方法的运行，这些方法包括各类事件处理程序、随机变量生成函数、实体或资源的选择规则、模拟时钟推移机制等。除此以外，离散事件模拟方法体系中还包括模拟模型的验证和确认、模拟实验方案的设计和优化、模拟结果的统计分析等，当然，这些是任何计算机模拟方法都必须具有的。因此，离散事件模拟方法的主要部件及结构如图 4.17.5 所示。

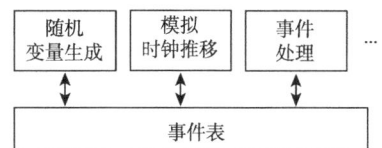

图 4.17.5 离散事件模拟方法

4)局限分析

排队现象虽然是管理系统中的常见现象，但是这种现象往往出现在管理系统的底层，如生产作业计划、库存控制、物流优化等，都属于企业管理领域的执行层。由此可见离散事件模拟方法局限于比较规范化的工业工程优化问题。

在管理系统的中层、决策层，还有大量的复杂现象及决策问题，这需要其他的模拟方法来研究和解决。

17.1.2 系统动力学方法

系统动力学也是计算机模拟方法中最为成熟的方法之一，有自己的理论基础——控制论，也早已形成了一套完整的方法体系，其特点如下：

1）特征分析

系统动力学方法的特点是从上到下建模，即先要把握系统整体的边界和结构，再来建立定量模型。具体做法如下：首先用因果关系图描述系统要素之间的关系及与外部环境的关系，要素之间的关系形成了多个正负反馈回路，这些正负反馈回路就确定了系统的边界，对回路有刺激的外部干扰就形成了外部环境。

在系统的边界和总体架构确定后，再用以 ODE（或差分方程）为主的数学模型，描述要素之间的正负反馈关系。建模者通过反复增减方程数量、调整方程的参数，最终完成建模。

从上述过程可以看出，系统动力学方法的特征包含两个方面——从上到下建模特征、定量定性相结合特征。

模拟运行则以固定步长法的模拟时钟推移机制，带动整个数学模型的运算。因此，系统动力学方法的主要部件及结构如图 4.17.6 所示。

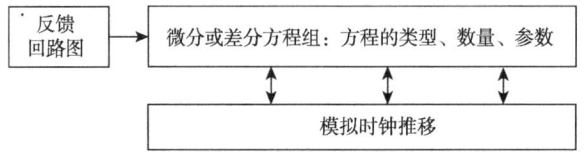

图 4.17.6　系统动力学方法

2）问题分析

由于管理系统组成要素及其间的关系较复杂，建模开始就要求总体把握系统，难度较大，对建模者的水平和经验要求很高。

管理系统还有一个缺陷。系统动力学方法是从系统整体来入手的，建模者反复求得的数学模型反映的是系统整体的静态结构，一旦系统的结构和边界发生变化，则需要重新建立数学模型。而管理系统常有这种质变，在当今网络时代，组织的边界日益模糊，边界变化，将直接导致系统结构的变化，这就要求系统动力学模型应该能适应这些质变。

鉴于系统动力学方法的问题，从下到上的方法即只对系统局部建模来研究系统整体规律的方法，逐渐被人关注，这就是多 Agent 模拟方法。

17.1.3 多 Agent 模拟

多 Agent 模拟方法是基于涌现原理和自组织原理的，这两个原理本身也衍生于其他基础理论，因此，还不宜作为多 Agent 模拟方法的理论基础。从这一点就可以看出 Agent 方法是开放的，没有固定的模式，可以面向不同的对象做不同的设计。

1）特征分析

Agent 方法的核心思路，就是用不同的 Agent 来代替（模仿）系统中的各要素，用两两 Agent 之间的互动来模仿现实系统中要素之间的相互影响。这个核心思路反映了 Agent 方法的面向对象的特征：①每个 Agent 就是一个对象；②Agent 的特性由对象的属性来描述；③Agent 之间的局部互动规则通过对象的方法来实现。

只是对于元胞自动机，代表元胞的对象都来源于同一个类，而对于其他 Agent 方法，代表不同 Agent 的对象来源于不同的类。元胞自动机中每个 Agent（即元胞）的空间位置是固定不动的，而其他 Agent 模型中 Agent 是活动的，如 Repast 模型、Sugarscape 模型、Aspen 模型等，但不管是静止的还是活动的，Agent 模型都具备上述特征。

因此，多 Agent 方法的最大优势，就是可根据应用对象的特点和要求，设计不同特色的多 Agent 模拟模型，只要保持其核心思路。

Agent 之间的两两互动需要一个互动平台，或者说需要一个环境。因为是系统模拟，因此也有模拟时钟，只是 Agent 方法的模拟时钟（即时间阶段）可根据实际需要来定义。

Agent 的类型、数量、属性、方法（即局部规则），以及模拟平台或环境、模拟时钟等，构成了多 Agent 方法的核心部件，如图 4.17.7 所示。

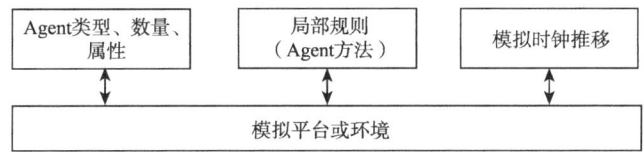

图 4.17.7　多 Agent 模拟方法

2）问题分析

一直以来，多 Agent 模拟方法在应对社会经济系统复杂性方面得到了很高的赞誉，特别是解决了宏观经济和微观经济之间脱节的问题，但该类方法还存在如下问题：

（1）编程实现问题。在现实系统中，各要素之间的互动是同时发生的，而计算机在理论上无法实现同时运行的线程。

例如，企业和竞争对手之间的互动，企业不会等到竞争对手采取行动后，再采取措施，而是两者同时采取措施。其他的企业或实体不会等到这两个企业都行动完了后才行动起来，而是在两个企业相互竞争的同时也在行动着。人和人之间的交互更是如此，比如观念的传播，不能说先是两个人之间的思想交互完了，再和第 3 个人交互思想，在现实中，是大家同时进行交互的。

但是计算机编程是无法做到同时性的。如图 4.17.8 所示为 17×17 的元胞网格，每个元胞上标明的数字是元胞处理（即计算每个元胞在每个时间阶段的行为）的次序。图4.17.9 中对每个移动的 Agent 的处理，也是采用 For…Endfor 循环处理的方式，即一个个地计算每个 Agent 的行为，而不是同时处理。

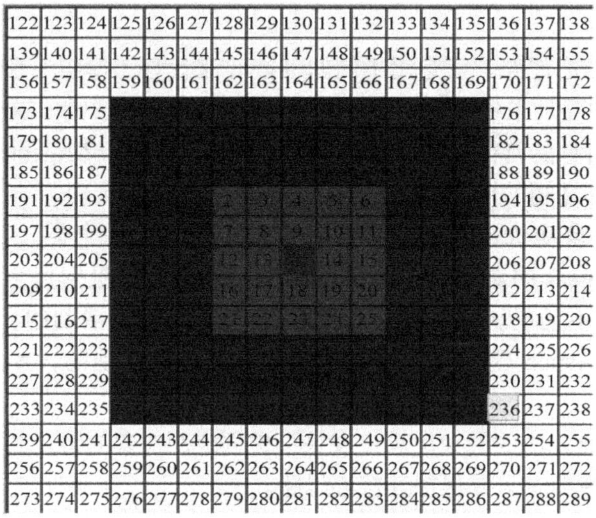

图 4.17.8　一个 17×17 的元胞网格

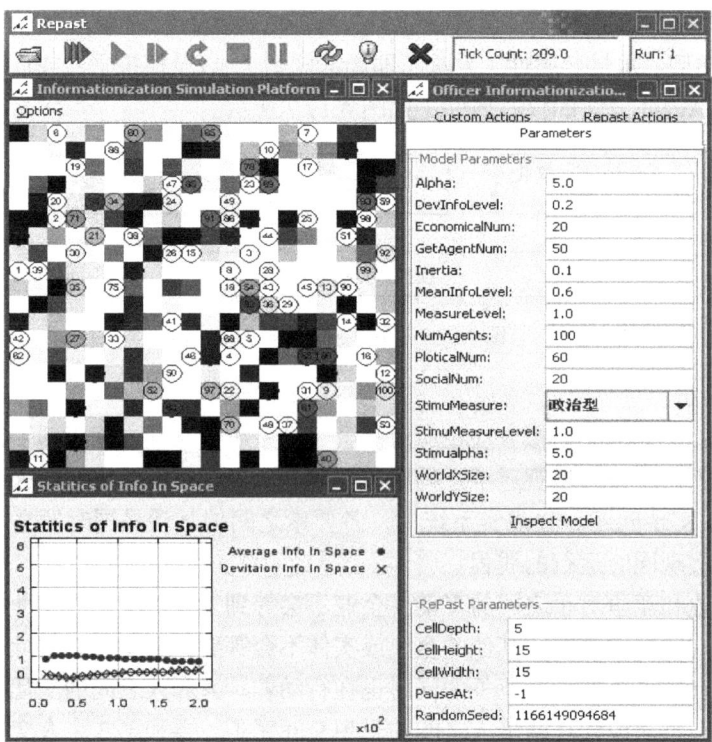

图 4.17.9　Repast 系统的运行界面之一

当然，可以采取面向对象语言中多线程并行运算的方式解决上述问题，但这种方式在本质上仍是串行运算的。

（2）属性计算问题。多 Agent 模拟方法中 Agent 之间的互动，含有大量的定量运算，互动的结果也以数值的方式表现出来。例如，股票市场中的投资者采取购买、持有或抛售中的哪种行动，有离散型的概率分布函数参与计算；在地区的经济系统中，考察政府的货币政策对 GDP 会产生什么影响，有家庭购买企业产品的概率、企业生产函数、银行利率、GDP 模型等定量运算。

但是现实的企业管理系统与经济系统不同，员工采取行动、管理者做出决策，往往没有定量的数学模型可依，员工处在一个特定的企业文化中，其行为往往遵循心理学模型，非数学模型。管理者从内得不到精确的定量信息，这是由于组织结构的问题，导致内部信息往往失真或延迟；管理者更得不到外部的精确定量信息，这是由于外部市场动态变化，如本企业的市场占有率、竞争对手的销售情况等都只有一个相对数，因此，管理者做决策往往都是基于一个大概的量和大致的趋势。

显然在这种情况下，采用定性的计算方法应该更符合实际。

17.1.4 定性模拟

物理系统的定性模拟方法分三个学派——朴素物理学派、模糊数学学派和归纳推理学派。其中，朴素物理学派中的 QSIM 方法已被国内外学者普遍接受，它是从基于流的定性物理理论和 QPT 提炼而来。其核心技术可归纳如下：

（1）变量描述方法。用（水平，方向）二元组的方式描述系统的状态变量，其中，第 1 元为变量的水平，第 2 元为变量的方向。

（2）定性建模方法。用 6 个约束描述系统的结构（即变量之间的关系）。

（3）状态转换规则。变量的状态变化依据为数不多的几个转化规则（I、P 规则）。

（4）过滤器。变量状态每变化一次，用过滤方法排除不符合逻辑的变化。

1. 特征分析

1）变量表达的特点：二元组

QSIM 方法显著的特点是，用大致处在什么"水平"和大致变化的"方向"二元组，来表示状态变量的值，而传统模拟技术是用精确的数量表示变量的值的。这样做的好处是可以描述管理系统中大量不完备的信息、甚至歧义的信息。

2）建模的特点：6 个约束

第二个显著特点就是 6 个约束。管理系统中个人采取什么行动、管理者采取什么措施，多是相互之间比照着进行的，讲究大致的相对性，因而变量之间的关系，无须用精确的定量数学模型描述。

可见，这种建模方法的核心思想，是只考虑变量的活动范围和大致的活动方向，而不同于传统管理系统模拟方法有明确的局部规则或精确的数学模型。显然这样做可以化解人在管理系统中所造成的麻烦，并且，在现实管理系统中，管理者依据大致的信息就能做出正确的决策，管理者大致的判断就能应付日常的管理工作了。因此，定性模拟的做法是适合于管理系统的实际现象的。

3）变量的状态转移的特点：I、P 规则

I、P 规则对于连续的、可微的变量而言，符合一般的数学逻辑关系，单从这一点看，I、P 规则还不能算做 QSIM 方法的核心技术，但是，I、P 规则的使用，体现了 QSIM 方法的第三个显著特点，即局部规则。QSIM 方法也是从下到上的方法，不讲究整体建模，而是令每个变量在每个时间阶段依照 I、P 规则，进行局部变化。

4）状态转移的收敛的特点：过滤方法

第四个显著特点是过滤方法。因为变量的描述方法、变量之间关系的描述方法都带有显著的大致性、相对性，那么每个变量在每个时间阶段依照一般数学逻辑关系 I、P 规则变化时，会有多种可能的行为，或者说变量的变化是一个范围，不是一个点。随着时间阶段的推移，系统所有变量的行为会造成组合爆炸。

为了避免这种情况发生，QSIM 设计了过滤方法——约束过滤和全局过滤。形象地说，过滤方法是对变量及其组合的变化范围进行聚焦处理，处理为一个或几个点。QSIM 方法运行的这些步骤可归结如下：

（1）产生每个变量的所有可能的后续状态。

（2）通过约束过滤掉不合理的后续状态。

（3）组合剩余的后续状态。

（4）通过全局过滤排除不合理的组合。

5）运行特点

与离散模拟方法相比，QSIM 方法的步骤是倒过来的，即先用局部规则，再用聚焦处理，因此，QSIM 方法的原理可总结为"局部规则"+"聚焦"，如图 4.17.10 所示。

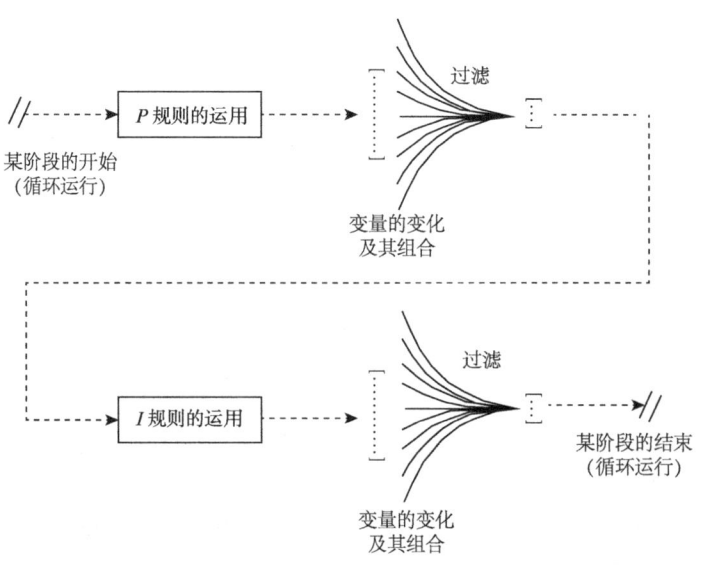

图 4.17.10　QSIM 方法的原理示意图

但是，QSIM 方法的运行规则要求变量连续变化，过滤方法是从数学逻辑的角度过滤变量不应该发生的行为，这些做法不太适合考虑人的因素的管理系统。众所周知，现实生活中人的行为有可能发生突变，上午答应的事情，到了下午就可能变卦；另外，人的行为也是讲究自己的章法的，如服从社会学、心理学、组织行为学的原理，不能按照一般性的数学逻辑来度量。因此，面向管理系统时，传统定性模拟方法要做相应的改进。

因此，QSIM 方法的主要部件及结构如图 4.17.11 所示。

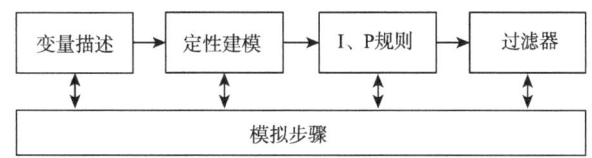

图 4.17.11　QSIM 定性模拟方法

2. 局限分析

当管理系统中出现不完备信息、甚至假信息时，其他的三类模拟方法都无能为力了，定性模拟却可以派上用场，这是定性模拟的优势，但这优势也反映了定性模拟的使用局限。

因为定性模拟的变量表达、变量的状态转移都带有显著的大致性，如在水的加温过程中，无论水温是 20℃还是 80℃，定性模拟方法对水温的表达都是一样的。显然，通过这样粗糙的处理，得到的模拟输出也会是粗糙的。因此，定性模拟方法需要与定量方法进行集成，以尽量得到精细的输出。

总之，通过以上分析可知，四类模拟方法都有各自的局限和问题，在面对复杂管理系统时，四类模拟方法需要相互集成或与其他方法集成，以避免自己的缺陷，提升自己的模拟分析能力。

17.2　集成模式

1. 离散事件模拟与其他方法的集成

虽然离散事件模拟是成熟的、方法体系完整的模拟方法，但其应用面较窄，是专门针对排队系统的。

排队系统处于企业管理领域的执行层，如前所述的车间布局方案设计、生产和物流的调度管理等，是企业执行层常见的管理优化与控制问题。

离散事件模拟可以评价管理方案的性能，其做法是先进行多个管理方案的实验设计，再逐个方案进行模拟，通过模拟输出（即各方案的性能）来挑选最好的管理方案，其不足如下：①要事先设计多个方案，每个方案要反复模拟，效率较低；②主要是评价管理方案的性能，不关注管理方案的其他指标，如成本预算指标。

管理优化的传统解决办法是数学规划法或非数值优化算法（如禁忌搜索、遗传算法、模拟退火等），多以成本最小为目标，其不足如下：①大规模问题或考虑不确定性因素时，求解难度大；②多为单目标优化，得不到所优化的管理方案的性能评价。

由此看来，将离散事件模拟与传统优化法集成起来，可以到达取长补短之效，如图4.17.12所示。原本两种方法各自输出或评价的指标不全，那么，将两种方法集成起来（以左边阴影表示），就变为多目标优化方法了。

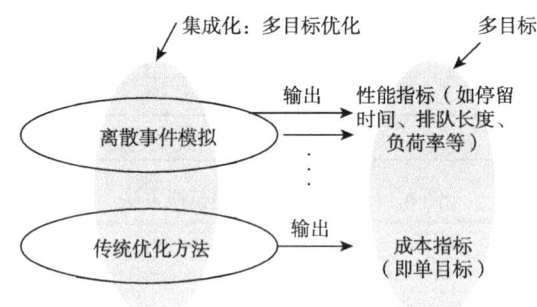

图 4.17.12　离散事件模拟与优化方法的集成
灰底表示上、下两部是一体的

两种方法的集成，有如下两种情形：

一是数学规划方法与离散事件模拟集成，如对于单元制造系统的单元设计问题，其做法是先用整数规划以成本最小为目标对单元优化问题建模，采用拉格朗日方法对所建大模型分解，对分解的模型采用 Lingo 软件求解，得到一个成本最小的单元成组方案，这只是可选方案之一，以此为基础，采用启发式方法得到单元成组的其他多个可选方案，用离散事件模拟方法对所有可选方案逐个进行模拟，得到每个可选方案的性能评价指标，用 BP 神经网络方法对所有可选方案进行评价，从中挑选出最满意的方案（即多目标优化方案）。

二是非数值优化算法与离散事件模拟的集成。其做法通常是串行地使用两个方法，一个方法的输出是另一个方法的输入，如图 4.17.13 所示。

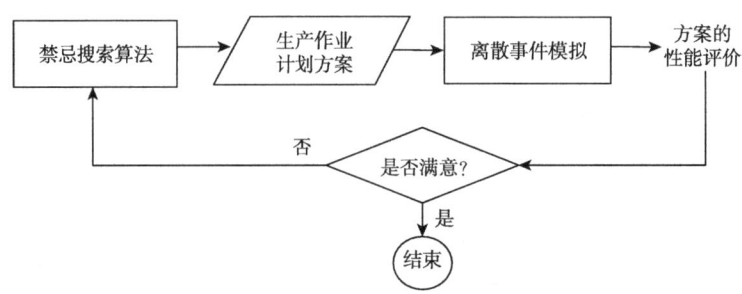

图 4.17.13　禁忌搜索与离散事件模拟集成的串行模式

例如，对于生产作业计划的优化问题，先用禁忌搜索算法求解出一个计划方案，再用离散事件模拟方法模拟该方案，通过模拟结果来判断该方案是否满意；如果不满意，再回到禁忌搜索算法……如此反复,直到找到一个令人满意的解。

又如,多级生产过程的检查策略问题,由于要考虑生产过程中固有的随机因素,所以首先用离散事件模拟方法计算多个检查策略的成本,其次用遗传算法寻求最佳的检查策略。在建筑工程中的动态资源分配问题,是把非数值优化算法作为离散模拟方法中的一个环节。

还有把禁忌搜索和遗传算法串接起来,再与离散事件模拟串接的应用。

2. 系统动力学方法与其他方法的集成

虽然系统动力学也是成熟的、方法体系完整的模拟方法,但是,由于管理系统组成要素及其间的复杂关系,从静态的角度分清管理系统组成要素类型、数量,通过建模者的努力是可以做到的,而要想从动态的角度把握管理系统运行的总体框架,理清所有的反馈回路关系,几乎是不可能的。

系统动力学模型的系统的边界和结构静态化的缺陷,在面向管理系统问题时也比较突出。建模者好不容易建立起了管理系统的数学模型,一旦管理系统的结构或边界发生变化,数学模型需要重新建立。而管理系统常有这种质变,这就要求系统动力学模型应该能适应这些质变。

为此,系统动力学方法与其他方法的集成体现在两个方面。

1)与非数值优化算法的集成

系统动力学建模的第一步,是确定系统的边界,以便下一步对边界内进行反馈回路分析。然而,随着社会经济的发展,管理系统(如企业)的边界已越来越模糊,这体现在某项业务的开展,很难局限在企业内部进行,而是有其他企业甚至政府实时地参与。这意味着管理系统随着模拟时钟的推移,在不同的模拟时段具有不同的边界,其外部环境是时变的。但是,反馈回路分析完成后所建立的系统动力学模型(即微分或差分方程)是静态的,自己不会变化,无法适应边界、环境的动态变化的要求。为此,系统动力学方法应该集成其他方法,以避免该缺陷。

在此方面,已有学者集成了遗传算法的进化思想,即运用染色体串描述系统动力学模型的:①外部输入变量,即系统的边界;②参数,即微分或差分方程的参数。还有学者运用遗传算法来进化系统动力学模型的结构,即进化数学方程的类型及数量,染色体串的变异、进化,就是对模型结构的调整。

2)与领域模型的集成

系统动力学模型主要是指微分或差分方程形式的数学模型。然而,由于管理或控制系统的部件的复杂化、多样化,系统中有些部件的专业化领域相对独立,有自己的模型以及运行模式。例如,人、水混合系统的系统动力学模拟,研究的是社会与自然的和谐演化规律,但是,其中的河流水量模型,是可以独立运行的专业领域模型。

为此,有学者研究了嵌入式系统动力学模型,即将专业领域模型嵌入到系统动力学的微分方程组中,使它们的输入/输出能够对接上。

图 4.17.14 显示了上述两种集成化的概念,分别用阴影表示。

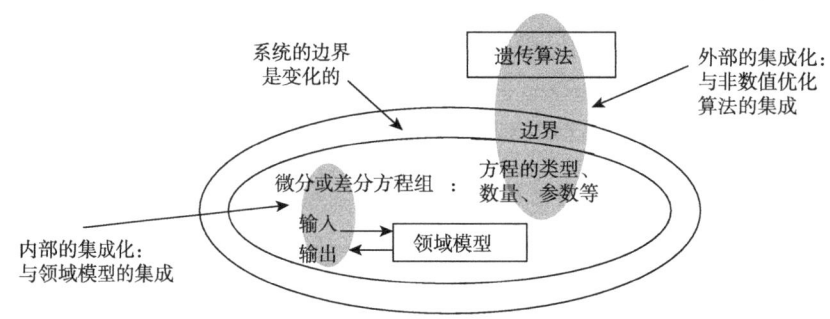

图 4.17.14　系统动力学与其他方法的集成

3. 多 Agent 模拟与离散事件模拟的集成

多 Agent 模拟方法没有现成的理论基础,具有面向对象的灵活性,这就意味着该方法还不成熟、或不成型。例如,元胞自动机的模拟时钟推移,即模拟时间阶段,是按所有元胞状态完成一次计算来划分,不讲求其实际意义。同时,在每个模拟时间阶段所有元胞状态的计算,按计算机的运算方式,是串行的方式,即逐个计算,而实际情况应该是并发的。

由此看来,多 Agent 模拟方法在自身理论体系完善的过程中,可以借鉴其他成熟的模拟方法。

如前分析,离散事件模拟方法按照事件驱动方式推移模拟时钟时,是围绕着事件表中的最小事件时间的事件元素推移的。根据该原理,可将事件表中的每个事件与个体 Agent 对应起来,即事件类型对应 Agent 的行为,事件时间就是 Agent 的行为发生的时间。

那么多 Agent 模拟模型的运行,按照离散事件模拟方法的工作原理,即围绕着事件表中的事件处理来运行。模拟时钟的推移机制也按离散事件模拟方法的传统机制——事件驱动和固定步长。例如,该集成方法用于经济系统(包含一个政府、若干个企业和大量的居民)的模拟,采用的时钟推移机制是事件驱动;用于空防作战的模拟,是按固定步长法。

这就是多 Agent 模拟方法与离散事件模拟方法的集成,如图 4.17.15 所示,根据 Agent 之间引发的后续行为,新事件不断地添加到事件表中。

这样不仅解决了多 Agent 模拟方法的模拟时钟推移问题,也解决了所有 Agent 状态的大规模并行计算问题,即避开并行计算,而是围绕引起系统状态发生显著变化的事件来计算。

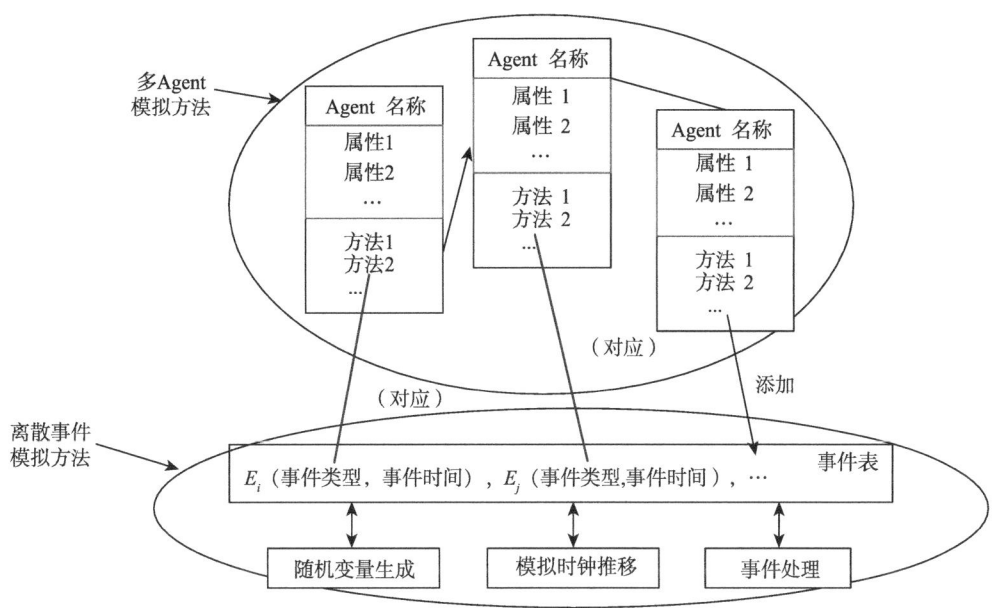

图 4.17.15　多 Agent 模拟与离散事件模拟方法的集成

4. 多 Agent 模拟方法与定性模拟方法的集成

正如 17.1.3 小节对多 Agent 模拟问题的分析,多 Agent 模拟方法属于定量模拟范畴,而现实社会及管理实践中,人的行为其发生的原因及发生的结果,往往带有非定量性,显然在这种情况下,多 Agent 模拟的 Agent 之间的互动规则(包括互动行为、互动结果评价),采用定性模拟的变量描述方法(即二元组的方式)应该更符合实际。采用定性化描述方法后,多 Agent 模拟模型的模拟过程,也要相应地采用定性模拟方法"状态转移→过滤"的方式,这在元胞自动机与 QSIM 集成上已有应用。图 4.17.16 的阴影处是两者的集成关系。

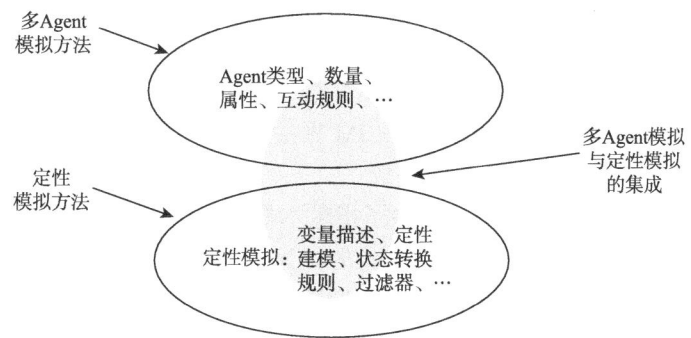

图 4.17.16　多 Agent 模拟与定性模拟的集成

5. 定性模拟与离散事件模拟的集成

定性模拟方法的本质特征之一是变量的非数值性描述。例如,QSIM 的(水平,方向）二元组表示法、$Q2$ 和 $Q3$ 的区间数值表示法等[13]，这对管理领域问题的描述具有普遍意义，那么，管理系统模拟的其他方法也可以利用定性模拟的这一特征进行研究。

如前所述，离散事件模拟方法是成熟的计算机模拟方法之一，但其应用面较窄，且其能够处理的不确定性仅为随机变量，是采用概率分布函数这样定量化的方法来描述的，而管理领域普遍存在定性化的现象。因此，如果离散事件模拟能够集成定性模拟的变量描述法，则可以大大拓展离散事件模拟应用的适应环境。

基于这一思想，可以将变量的定性表示法与离散事件模拟方法结合，产生了定性离散事件模拟方法和符号离散事件模拟方法，本意都是将离散事件模拟方法中的事件时间视为定性值，而非传统的定量值。在图 4.17.17 中，阴影部分即为两者的集成。

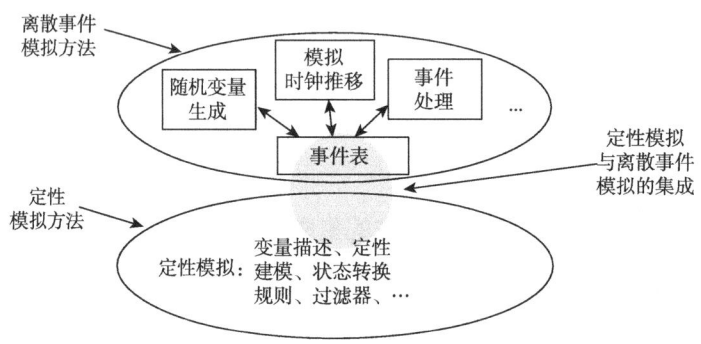

图 4.17.17　定性模拟与离散事件模拟方法的集成

6. 定性模拟与其他方法的集成

1）与数学、人工智能方法的集成

在定性模拟方法中，QSIM 方法研究得最多。自从 QSIM 问世后，出现了与区间代数方法的集成（即 $Q2$ 和 $Q3$ 模拟器）、与模糊逻辑的集成（即模糊定性模拟）、与定量信息的集成（即定量与定性混合模拟）等。

国内对 QSIM 也进行了很多研究，包括并行 QSIM 方法、模糊 QSIM 方法、集成定量信息的 QSIM 方法、集成因果推理的 QSIM 方法等。

2）与组织行为学、心理学理论的集成

管理系统运行所依赖的"章法"，除了指基本规章制度以外，很大程度上是指组织文化，而物理系统运行的"章法"是机械式的。为此，在设计管理系统 QSIM 的过滤器时，集成了组织行为学和心理学中的理论，设计了基于心理安全均衡、基于管理自我效能感的过滤方法，如图 4.17.18 所示。

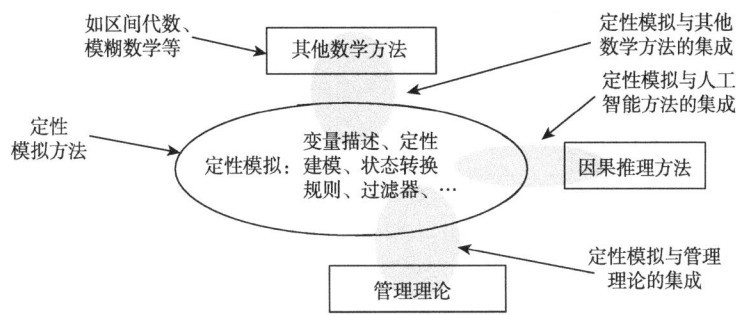

图 4.17.18　定性模拟与其他方法的集成

第18章

离散事件模拟与优化算法的集成

18.1 单元制造车间布局的设计问题

在制造领域，单元制造(Cellular Manufacturing，CM)已被人们广泛研究与推广，它是开发柔性制造单元(Flexible Manufacturing Systems，FMC)的有效工具，它能够减少生产准备时间、降低物料流量和 WIP 库存、提高生产效率和生产质量。

大部分单元设计方法都是单目标优化方法，即建立整数规划模型以成本最小为目标进行优化，通过分配适当机器给单元和决定每单元中加工的零件数，以尽量减少总成本。但是这种方法无法考虑除了成本以外的性能评价指标。

为此，我们开发了一种多目标单元设计方法，该方法集成整数规划、离散事件模拟、BP神经网络方法。集成原理见图 4.18.1[22]。

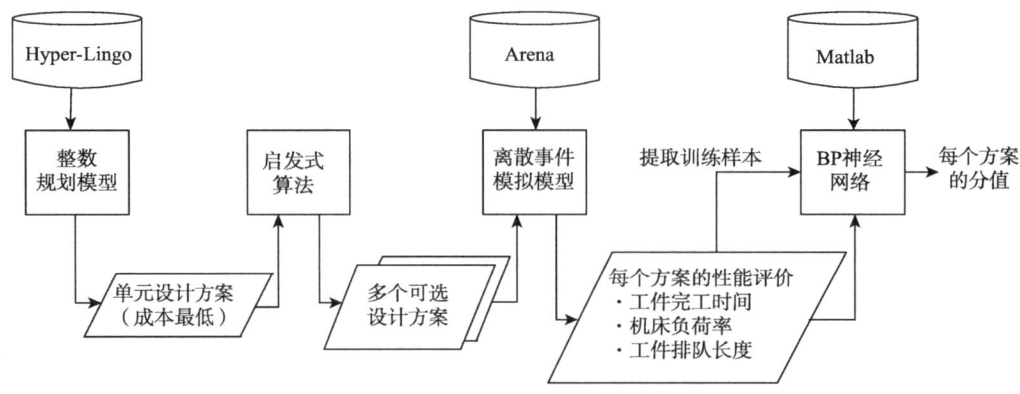

图 4.18.1 多目标单元设计方法的集成思路

首先用整数规划法建立以成本最小为目标的优化模型，用 Lingo 软件求解，得到成本最小的制造单元设计方案；其次以此方案为出发点，设计一个启发式算法，利用此启发式算法得到多个可选的制造单元设计方案；再次建立离散事件模拟模型，并设计统一的实验方案，对这些可选制造单元设计方案逐个进行模拟，得到每个可选制造单元设计方案的性能评价（包括工件的完工时间、机床的负荷率、机床前工件的排队长度等指标）；最后设计BP神经网络用以评价每个制造单元设计方案。

BP神经网络的输入为每个制造单元设计方案的成本指标（整数规划模型得到的）、性能指标（离散事件模拟模型得到的），BP神经网络的输出只有一个节点，即对每个制造单元设计方案的评分。BP神经网络的训练样本，从所有制造单元设计方案的离散事件模拟输出中选取。

18.2 整数规划模型

一个制造系统应由许多加工不同类型零件的机床组成。每种零件可能要求一些或者所有这些机床来加工。单元制造时将这些机床集中起来，这样每个单元都能处理整个加工工作中的一部分。单元的最大可能数量是确定的而最佳单元数量却无法预料。每个单元有不同的固定成本。这些成本分摊到初期建立、运行以及管理的费用上。

我们开发了一个数学规划模型，此模型的目标是减小单元间物料输送成本、单元建立成本以及机器采购成本，假设每个零件都有一个单独加工计划，因此，零件加工成本不考虑在目标中。

令 i 为零件编号，$i=1,2,\cdots,I$；j 为零件 i 的加工工序数，$j=1,2,\cdots,J_i$；k 为机床编号，$k=1,2,\cdots,K$；c 为单元编号，$c=1,2,\cdots,C$。

设已知参数如下：R_i 为单元间零件 i 的运输成本；D_i 为零件 i 的需求量；F_c 为已形成的单元 c 的初始建立和运行成本；B_k 为 k 类机床的采购成本；U_c 为单元 c 允许的最大机床数。

设决策变量如下：

$$x_{i(jk)c} = \begin{cases} 1, & 如果单元c中的机器k加工零件i的第j道工序 \\ 0, & 其他 \end{cases}$$

$$y_{ic} = \begin{cases} 1, & 如果零件i在单元c中加工 \\ 0, & 其他 \end{cases}$$

$$Z_c = \begin{cases} 1, & 如果单元c建立了 \\ 0, & 其他 \end{cases}$$

$$n_{kc} = \begin{cases} 1, & 如果机器k配置在单元c中 \\ 0, & 其他 \end{cases}$$

其中，$x_{i(jk)c}$ 的下标 j 和 k 是与零件加工计划有关而不相互独立；C 的值是可能产生的最大单元数量，它们的值可由单元设计者指定。理论上说，C 的值可以与系统中机器类型的数量相同。

根据上面定义的变量以及参数，单元设计的数学模型表示如下：

MP:
$$\min M(x,y,z,n) = \sum_{i=1}^{I} D_i \cdot R_i \left[\sum_{c=1}^{C} y_{ic} - 1 \right] + \sum_{c=1}^{C} F_c z_c + \sum_{c=1}^{C} \sum_{k=1}^{K} B_k n_{kc} \quad (4.18.1)$$

s.t.
$$\sum_{c=1}^{C} x_{i(jk)c} = 1, \quad j=1,2,\cdots,J_i, i=1,2,\cdots,I \quad (4.18.2)$$

$$x_{i(jk)c} \leqslant y_{ic}, \quad j=1,2,\cdots,J_i, i=1,2,\cdots,I, c=1,2,\cdots,C \quad (4.18.3)$$

$$y_{ic} \leqslant z_c, \quad i=1,2,\cdots,I, c=1,2,\cdots,C \quad (4.18.4)$$

$$x_{i(jk)c} \leqslant n_{kc}, \quad i=1,2,\cdots,I, k=1,2,\cdots,K, c=1,2,\cdots,C \quad (4.18.5)$$

$$\sum_{k=1}^{K} n_{kc} \leqslant U_c z_c, \quad c=1,2,\cdots,C \quad (4.18.6)$$

$$x_{i(jk)c}, y_{ic}, z_c, n_{kc} = 0,1, \quad \forall i,j,c,k \quad (4.18.7)$$

式（4.18.1）为总成本 M 最小化的目标函数。其中，第一项是单元间物料输送成本，假设不同单元之间的距离是可以忽略的，这样单元间物料输送成本就只取决于物料的类型和数量；第二项是模型中建立不同单元的固定支出；第三项与机器采购成本有关。

约束条件中，式（4.18.2）表示任一零件的任一工序只在一个单元内完成。式（4.18.3）表示零件与加工之间的关系。式（4.18.4）保证如果一个零件要在某一个单元中加工，那么这个单元一定已被构建了。式（4.18.5）表示了机器加工零件的条件。式（4.18.6）限制单元最大数量。式（4.18.7）为对决策变量的整体约束。

上面的模型能够利用现成的优化软件（如 LINGO）来求解。

18.3 备选制造单元设计方案

通过上一节的数学模型法，以总成本最低（单目标）为目标，得到一个单元设计方案，但是，该方案不一定在整体性能上最优。或许还有其他备选单元设计方案，虽然成本不是最低，但性能较优。

在本节中，首先设计一个启发式算法，用来生成几种备选单元设计方案；其次通过离散模拟方法，对这些设计方案进行评估。

18.3.1 生成备选方案

这种启发式方法包含两个搜索方向：第一个方向（即启发式方法 SD1），在 18.2 节成本最优的单元设计方案基础上，寻找 Fc/Uc 比率（减少零件在单元间的运动）更小的方案。第二个方向（即启发式方法 SD2），在 18.2 节成本最优的单元设计方案基础上，

删掉 Fc/Uc 比率较高（减少单元的设置和运行成本）的方案。

依靠 SD1 和 SD2 产生的备选单元设计方案可能有不同的总成本。详细步骤如下：

（1）SD1。

步骤 1.1　找出那些在初始解决方案里加工多于一个单元的零件。把这些零件定义为 Φ。

步骤 1.2　找出没有通过 ILP 模型形成的潜在单元。把它们定义为 Θ。

步骤 1.3　从 Θ 中选出具有最低 F/U 比例的单元。将这个单元标记为单元-Θ。

步骤 1.4　在 Φ 中找到拥有最高物料输送成本的零件。在单元有限制时，将要加工这个零件的机器加入单元-Φ 中。将其标记为单元-Φ。如果这一步失败，则考虑 Φ 中的其他单元。

步骤 1.5　重复步骤 1.4 直到单元-Φ 中机器的数目达到最多。删除初步解决方案单元中的所有零件-Φ。保留所有产生于步骤 1.4 的单元。

（2）SD2。

步骤 2.1　找出并删除在初步解决方案中有着最高 F/U 比例的单元。标记它为单元-d。

步骤 2.2　将剩下的单元设置为 $\overline{\Theta}$。

步骤 2.3　从 $\overline{\Theta}$ 中找出一个单元，它比其他单元有着更多零件将被转送到其他单元中。把这个单元标记为单元-$\overline{\Theta}$。修改单元-$\overline{\Theta}$ 中的机器使得单元-d 中的所有机器能在 $\overline{\Theta}$ 中被找到。

步骤 2.4　如果步骤 2.3 失败，那么单元-d 的一些机器将不能在 $\overline{\Theta}$ 中被标记，我们将不能通过 SD2 产生其他的单元设计方案。否则，跳到步骤 2.5。

步骤 2.5　重复步骤 2.3 和步骤 2.4 来产生其他单元设计方案。

18.3.2　评估备选方案的性能

用上面的启发式算法产生备选单元设计方案后，利用 Siman 3.60 开发的模拟模型，评价这些备选制造单元设计方案的性能。

备选制造单元设计方案的总体性能（即模拟模型的输出），可以通过不同的输入组合来评估。输入包括：

（1）零件到达间隔时间：假设服从指数分布。

（2）零件处理时间：设置三元组 $(m_{ij}, \bar{t}_{ij}, v_{ij})$ 表示机器 m_{ij} 加工零件 i 的第 j 道工序，$\bar{t}_{ij}$ 为期望完成时间，v_{ij} 为其方差。$\bar{t}_{ij}$ 服从三种概率分布：

第一，指数分布 $\text{Expon}(\bar{t}_{ij})$。

第二，正态分布 $\text{Normal}(\bar{t}_{ij}, v_{ij})$。

第三，均匀分布 $\text{Uniform}\left[\bar{t}_{ij} - 3\sqrt{v_{ij}}, \bar{t}_{ij} + 3\sqrt{v_{ij}}\right]$。

（3）设置时间：零件的加工设置时间等于处理时间的 1/10 或 1/2。
（4）转移时间：零件在单元间的转移时间都相等。
（5）调度规则：我们运用后进先出规则（LIFO）和最短处理时间优先（SPT）调度规则。

因此，模拟模型有 1×3×2×1×2＝12 种不同的输入组合。

将不同的输入组合，输入到对应的制造单元设计方案的离散事件模拟模型中，经过模拟运行后，输出的结果即为每一个制造单元设计方案的性能评价。

模拟模型的输入数据包括零件到达时间、加工时间、加工设置时间，传输时间和零件调度规则。输出数据为平均完成时间、平均排队长度和机器负荷率。变量设置如下：$\overline{T}$ 表示所有类型零件的平均完成时间；VT 表示 $\overline{T}$ 的无偏方差；$\overline{Q}$ 表示平均排队长度；VQ 表示 $\overline{Q}$ 的无偏方差；$\overline{U}$ 表示所有类型机器的平均负荷率；VU 表示 $\overline{U}$ 的无偏方差。

设 MCT_i 为 i 类零件的平均完成时间，MQ_k 为 k 类型机床前的零件平均排队长度，而 MU_k 为 k 类型机床的平均负荷率。则有

$$\overline{T} = \frac{1}{I}\sum_{i=1}^{I}\mathrm{MCT}_i; \mathrm{VT} = \frac{1}{I-1}\sum_{i=1}^{I}\left(\mathrm{MCT}_i - \overline{T}\right)^2$$

$$\overline{Q} = \frac{1}{K}\sum_{k=1}^{K}\mathrm{MQ}_k; \mathrm{VQ} = \frac{1}{K-1}\sum_{k=1}^{K}\left(\mathrm{MQ}_k - \overline{Q}\right)^2$$

$$\overline{U} = \frac{1}{K}\sum_{k=1}^{K}\mathrm{MU}_k; \mathrm{VU} = \frac{1}{K-1}\sum_{k=1}^{K}\left(\mathrm{MU}_k - \overline{U}\right)^2$$

其中，$\overline{T}$ 反映了加工的速度；VT 反映了加工的平衡性，如果 VT 值较小，那么就意味着不同产品的完成时间基本相同并且加工比较均衡；$\overline{Q}$ 和 VQ 较小表示零件排队较少，并且不同机床间的工作量较均衡；$\overline{U}$ 表示所有机器被使用的程度；VU 用来表示机器之间任务分配的均衡性。我们期望拥有较低 VU 值的单元设计方案。

18.3.3 基于 BP 神经网络的多目标评估

根据所有备选制造单元设计方案的成本（M）和性能（$\overline{T}$, VT, $\overline{Q}$, VQ, $\overline{U}$, VU），从中选取一个最佳设计方案，这是一个多目标评价的问题。

采用图 4.18.2 所示的 BP 神经网络来完成此评价工作。BP 神经网络的输入为每个制造单元设计方案的（$M, \overline{T}$, VT, $\overline{Q}$, VQ, $\overline{U}$, VU），BP 神经网络的输出即为每个单元设计方案的评分，分值最高的方案即为最佳单元设计方案。

BP 神经网络的训练样本，从理论上看，应该来源于专家知识（专家打分）。但是，没有专家时应该怎么办？我们在这里设计了一个从模拟模型输出数据中选取训练样本的方法。

第 18 章 离散事件模拟与优化算法的集成

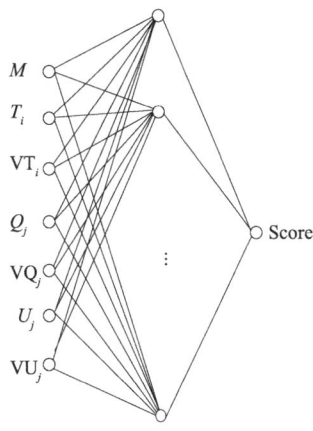

图 4.18.2　BP 神经网络

18.4　模拟评估

本节举一个例子来展示本章方法的应用。假设一个最多由 4 个单元组成的制造系统，该系统包含 8 个不同类型的机床，处理 15 个不同的零件。每一个零件有 2~4 道工序。零件的加工工艺路径、机床成本、原材料处理成本如表 4.18.1 所示。

表 4.18.1　零件的加工工艺路径、机床成本、和原材料处理成本

机床号	机床成本	零件														
		1	2	3	4	5	6	7	8	9	10	11	12	13	14	15
1	35	1		1			1			1						
2	20		1		1	1		1					1			1
3	25	2				2			1		1	1			4	
4	50		2		2				2					1		
5	60	3			3		2		2	2		2	2			
6	30			3		3		2		2		3			2	2
7	25			2						3						
8	40					4		3				2	4	3		3
原材料处理成本		45	42	43	48	40	47	46	49	47	41	36	45	38	44	40

每个单元所允许的最大的机床数和固定的单元成本如表 4.18.2 所示。在这些数据的设置中，整数线性规划（ILP）模型有 443 个约束和 264 个二进制变量。$(m_{ij}, \bar{t}_{ij}, v_{ij})$ 的数据见表 4.18.3，其中，第 1 个参数代表 m_{ij}，这个编号表示零件 i 的工序 j；第 2 个参数代表 $\bar{t}_{ij}$，即预期的加工时间；第 3 个参数 v_{ij} 表示的是 $\bar{t}_{ij}$ 的变化。每个单元的各零件的平均到达时间服从以平均值为 300 时间单位的指数分布。单元内部的传输时间非常小可以忽略不计。

表 4.18.2 单元数据

单元属性	单元			
	1	2	3	4
最大机床数	4	4	3	4
固定单元成本	28	32	22	18

表 4.18.3 数据矩阵的加工时间

零件编号	工序 j			
	1	2	3	4
1	(1, 140, 100)	(2, 120, 100)	(3, 160, 100)	
2	(1, 180, 100)	(2,, 160, 100)	(3, 500, 400)	
3	(1, 160, 100)	(2, 190, 100)		
4	(1, 180, 100)	(2, 200, 100)	(3, 140, 100)	(4, 200, 100)
5	(1, 200, 225)	(2, 140, 100)		
6	(1, 170, 100)	(2, 180, 100)		
7	(1, 400, 225)	(2, 150, 400)	(3, 580, 400)	
8	(1, 110, 100)	(2, 500, 400)	(3, 600, 400)	
9	(1, 100, 100)	(2, 400, 400)		
10	(1, 100, 100)	(2, 400, 400)	(3, 100, 100)	
11	(1, 240, 225)	(2, 140, 225)		
12	(1, 140, 100)	(2, 400, 400)	(3, 450, 400)	(4, 170, 225)
13	(1, 120, 100)	(2, 400, 400)	(3, 190, 225)	
14	(1, 250, 225)	(2, 100, 100)		
15	(1, 400, 440)	(2, 100, 100)	(3, 400, 400)	

18.4.1 求解成本最优的单元设计方案

采用 Hyper-LINGO 进行计算，相应最佳目标值为 659，得到的单元设计方案见表4.18.4。

表 4.18.4 优化的单元制造方法

单元设计	描述	单元		
		1	2	3
CF1	机床类型	1, 3, 5, 7	2, 6, 5, 8	2, 3, 4, 6
	即将处理的零件	1, 3, 5, 6, 9, 10, 13	5, 6, 7, 11, 12, 15	2, 4, 8, 11, 13, 14

18.4.2 搜索备选单元设计方案

采用 18.3.1 小节中的基于初始单位构成的启发式算法来产生备选单元设计方案，即采用 SD1 和 SD2 法，得到备选单元设计方案如表 4.18.5 和表 4.18.6 所示。

表 4.18.5 SD1 产生的备选单元制造方法

单元设计	描述	单元 1	单元 2	单元 3	单元 4
CF2	机床类型	1, 3, 5, 7	2, 6, 5, 8	1, 6	2, 3, 4, 6
CF2	即将处理的零件	1, 3, 5, 9, 10, 13	5, 7, 11, 12, 15	6	2, 4, 8, 11, 13, 14
CF3	机床类型	1, 3, 5, 7	2, 6, 5, 8	3, 8	2, 3, 4, 6
CF3	即将处理的零件	1, 3, 5, 6, 9, 10, 13	5, 6, 7, 12, 15	11	2, 4, 8, 13, 14
CF4	机床类型	1, 3, 5, 7	2, 6, 5, 8	4, 5, 7	2, 3, 4, 6
CF4	即将处理的零件	1, 3, 5, 6, 9, 10	5, 6, 7, 11, 12, 15	13	2, 4, 8, 14

表 4.18.6 SD2 产生的备选单元制造方法

单元设计	描述	单元 1	单元 4
CF5	机床类型	1, 3, 5, 7	2, 4, 6, 8
CF5	即将处理的零件	1, 3, 5, 6, 7, 8, 9, 10, 11, 12, 13, 14	2, 4, 5, 6, 7, 11, 12, 13, 14, 15
CF6	机床类型	1, 5, 7, 8	2, 3, 4, 6
CF6	即将处理的零件	1, 3, 5, 6, 7, 9, 10, 11, 12, 13, 15	1, 2, 4, 5, 6, 7, 8, 10, 11, 12, 13, 14, 15

18.4.3 评估备选方案的性能

我们在模拟模型中利用输入数据不同的组合来评估所有备选制造单元设计方案的性能。

表 4.18.7~表 4.18.12 为在 LIFO 规则和设置时间为处理时间的 1/10、1/2 等条件下，单元设计方案的部分性能。

表 4.18.7 LIFO 规则和设置时间为处理时间的 1/10 时的完成时间

单元设计	处理时间属性					
	指数分布		正态分布		均匀分布	
	$\bar{T}$	VT	$\bar{T}$	VT	$\bar{T}$	VT
CF1/659	39 665.36	22 040.47	40 555.51	17 738.5	37 966.29	14 694.93
CF6/673	78 889.07	28 093.70	84 253.90	29 160.89	84 550.26	29 296.24
CF5/676	80 170.98	27 091.40	85 799.28	27 901.89	83 709.11	27 436.36
CF2/699	37 432.10	25 132.08	37 073.62	20 706.63	33 512.69	19 247.17
CF3/710	30 381.87	14 827.66	33 227.79	17 021.16	29 104.67	12 663.99
CF4/778	33 463.37	16 527.23	37 125.37	18 037.86	34 472.02	17 345.49

表 4.18.8 LIFO 规则和设置时间为处理时间的 1/2 时的完成时间

单元设计	处理时间属性					
	指数分布		正态分布		均匀分布	
	$\bar{T}$	VT	$\bar{T}$	VT	$\bar{T}$	VT
CF1/659	43 912.27	21 154.59	45 353.46	18 749.58	43 698.69	17 854.56
CF6/673	99 143.10	30 870.45	98 665.14	34 002.14	98 327.47	33 266.18

续表

单元设计	处理时间属性					
	指数分布		正态分布		均匀分布	
	$\bar{T}$	VT	$\bar{T}$	VT	$\bar{T}$	VT
CF5/676	91 964.24	30 242.28	93 122.17	33 879.55	98 519.52	33 379.48
CF2/699	40 325.13	24 196.88	40 745.76	23 801.96	37 249.73	21 420.05
CF3/710	34 031.05	15 915.77	32 496.33	15 390.62	32 979.35	13 768.71
CF4/778	33 591.94	22 641.44	40 097.32	20 653.99	36 954.81	19 908.26

表 4.18.9　LIFO 规则和设置时间为处理时间的 1/10 时的队列数据

单元设计	处理时间属性					
	指数分布		正态分布		均匀分布	
	$\bar{Q}$	VQ	$\bar{Q}$	VQ	$\bar{Q}$	VQ
CF1/659	53.05	32.58	48.72	33.06	47.74	32.24
CF6/673	64.46	63.90	68.37	68.33	68.67	68.10
CF5/676	67.82	57.09	69.58	70.31	67.64	68.68
CF2/699	49.07	36.32	44.45	42.31	42.22	40.88
CF3/710	50.16	52.77	51.41	46.94	51.50	45.18
CF4/778	45.56	34.47	44.66	39.32	43.43	37.95

表 4.18.10　LIFO 规则和设置时间为处理时间的 1/2 的队列数据

单元设计	处理时间属性					
	指数分布		正态分布		均匀分布	
	$\bar{Q}$	VQ	$\bar{Q}$	VQ	$\bar{Q}$	VQ
CF1/659	49.24	36.21	50.05	34.60	50.54	37.39
CF6/673	72.30	70.57	68.58	68.11	68.60	67.57
CF5/676	67.75	65.50	69.42	69.55	68.12	68.19
CF2/699	46.97	48.74	45.00	44.92	52.18	45.55
CF3/710	51.12	50.57	49.68	48.27	51.50	48.60
CF4/778	43.33	41.04	44.20	40.20	42.26	39.44

表 4.18.11　LIFO 规则和设置时间为处理时间的 1/10 时的 U 值

单元设计	处理时间属性					
	指数分布		正态分布		均匀分布	
	$\bar{U}$	VU	$\bar{U}$	VU	$\bar{U}$	VU
CF1/659	0.522 2	0.636 2	0.802 0	0.615 9	0.815 3	0.592 2
CF6/673	0.840 8	0.480 1	0.817 7	0.462 1	0.830 1	0.514 3
CF5/676	0.845 7	0.455 8	0.825 3	0.452 0	0.846 3	0.444 7

续表

单元设计	处理时间属性					
	指数分布		正态分布		均匀分布	
	$\overline{U}$	VU	$\overline{U}$	VU	$\overline{U}$	VU
CF2/699	0.831 4	0.622 4	0.820 1	0.631 1	0.830 3	0.596 4
CF3/710	0.829 0	0.572 2	0.822 0	0.593 4	0.818 0	0.606 0
CF4/778	0.822 7	0.474 7	0.820 0	0.454 1	0.792 5	0.481 0

表 4.18.12 LIFO 规则和设置时间为处理时间的 1/2 的 U 值

单元设计	处理时间属性					
	指数分布		正态分布		均匀分布	
	$\overline{U}$	VU	$\overline{U}$	VU	$\overline{U}$	VU
CF1/659	0.790 7	0.525 1	0.774 2	0.554 0	0.780 3	0.625 4
CF6/673	0.803 8	0.439 8	0.801 1	0.455 3	0.815 3	0.462 7
CF5/676	0.806 4	0.417 2	0.802 5	0.461 1	0.823 9	0.410 6
CF2/699	0.785 6	0.638 6	0.780 7	0.620 2	0.811 0	0.550 5
CF3/710	0.763 0	0.492 3	0.769 0	0.587 5	0.800 9	0.558 2
CF4/778	0.761 0	0.464 8	0.764 0	0.472 1	0.801 5	0.430 8

可以从表 4.18.7~表 4.18.12 中看到，不论在怎样的输入组合下，每个曲线的形状都类似。这就表明了输入数据组合对系统性能的影响不大。调度规则从 LIFO 改为 SPT 后，可以观察到同样的结论。

这里我们改变输入参数的目的既不是为了显示这些参数可能在实际的操作环境下的改变，也不是为了显示提出的算法的优势或弊端，目的是说明系统性能的改变并不是因为输入参数的改变。因此，在选择最佳构造的时候可以不用在意加工时间的分布，设置时间的水平和调度规则。

18.4.4 选择最佳单元设计方案

从上面的模拟运行中，可以设计两个训练样本，一是得分为 0.9 的最佳的单元设计方案，二是得分为 0.1 的最差的单元设计方案。

为了得到样本 1，从表 4.18.7 ~ 表 4.18.12 中选择 M、$\overline{T}$、VT、$\overline{Q}$、VQ、$\overline{U}$、VU 的最优值。那么，M 取 6 个设计方案的最小值，即 M 为 659；$\overline{T}$、VT、$\overline{Q}$、VQ、VU 取表 4.18.7 ~ 表 4.18.12 中的最小值；对于 $\overline{U}$ 的最优值的选取，因为 $\overline{U}$ 为机床的负荷率，所以，该值的选取不能根据 $\overline{U}$ 最小、也不能根据 $\overline{U}$ 最大来判断，此处，将 $\overline{U}$ 的最优值选取为表 4.18.7 ~ 表 4.18.12 中所有 $\overline{U}$ 的均值，即 0.799 1。这样，样本 1 为[(659,291 04.67, 12 663.99, 42.22, 32.24, 0.799 1, 0.410 6) (90)]。

为了得到样本 2，从表 4.18.7 ~ 表 4.18.12 中选择它们的最差值。那么，M 取 6 个设计方案的最大值，即 M 为 778；$\overline{T}$、VT、$\overline{Q}$、VQ、$\overline{U}$、VU 取表 4.18.7~表 4.18.12 中的最大值。样本 2 为[(778, 99 143.10, 85 799.28, 69.58, 70.57, 0.846 3, 0.638 6) (10)]。

将两个样本分别规格化后，作为图 4.18.2 所示 BP 神经网络的训练样本，运用 Matlab 中的 BP 神经网络工具箱来训练 BP 神经网络。

已训练的 BP 神经网络可以用来给各单元设计方案评定等级。选择零件到达间隔时间服从指数分布、零件加工设置时间为加工时间的 1/10 及 LIFO 规则。各单元设计方案的 $M, \overline{T}, \text{VT}, \overline{Q}, \text{VQ}, \overline{U}$ 和 VU 从表 4.18.7、表 4.18.9 和表 4.18.11 可以得到。

把这几组数据作为 BP 神经网络的输入，各方案的分数见表 4.18.13。因此，方案 CF2 是最佳方案。

表 4.18.13 BP 神经网络的评估

评分	单元设计					
	CF1	CF6	CF5	CF2	CF3	CF4
神经网络输出/总分	0.801 0	0.766 7	0.799 3	0.847 0	0.690 7	0.817 3

制造企业单元设计的传统方法是整数规划法，但是整数规划法得到的优化方案是单目标的、静态的，即虽然该方案在成本上最小，但无法确定它在不确定性环境中实施时性能会如何。

为此，本章先运用整数规划法得到成本最小的优化方案，再设计启发式方法以该方案为出发点，寻找多个成本次优的方案，然后运用离散事件模拟法，对每个方案进行模拟分析，得到每个方案在不确定性条件下实施起来所表现的性能，最后运用 BP 神经网络法，对每个方案的成本及性能指标进行打分，分数最高者即为最佳方案。

通过上述整数规划、离散事件模拟和 BP 神经网络相互集成的方法，对单元制造中的车间布局方案进行的多目标优化，所获得的最佳方案不一定是成本最优，而是成本和运作性能综合最佳的方案。

第19章

多 Agent 模拟与实证研究方法的集成

19.1 网络营销扩散问题

在信息系统采纳和扩散研究中,传统方法采用以问卷调查为主的实证研究。通常,实证研究中的数据是从一群人或者一个组织中采集某一特定时间点的样本而来的,从这一点来看,可以说实证研究方法是静态的,当需要考察一段时间的现象时,需连续地收集数据,反复地进行处理,因此比较麻烦。并且为了使结果具有推广性,研究者需要改变一些参数,如组织规模、互动半径、组织结构等,且其值域需在一个宽广的范围内变化。

由此看来,针对一个动态过程并且要考虑每一种可能情况的对象,仅仅采用实证方法研究,会是非常耗时耗力的。

因此,我们以电子商务系统扩散过程为研究对象,提出了一种多 Agent 模拟和实证研究的集成化方法。多 Agent 模拟用来模拟电子商务系统扩散过程中各种影响因素之间的互动,以及由这些互动造成的宏观涌现现象,即电子商务系统的扩散。而实证研究方法用来确定 Agent 之间的互动规则。

图 4.19.1 所示为多 Agent 模拟和实证研究方法集成的思路[23]。

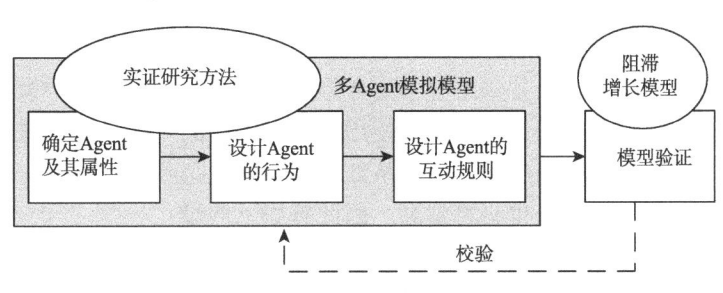

图 4.19.1 集成思路

首先，分析电子商务系统被个人采纳的影响因素，此即为影响电子商务系统扩散的因素，根据影响因素的分析，自然得出影响电子商务系统扩散的有关假设，为了验证这些假设，设计调查问卷，随后就是一整套实证研究中的问卷发放、收集、统计等工作，最终得到影响商务系统扩散的结构方程模型（包括影响因素之间的关系及权重）。这些都是实证研究方法的运用过程。

其次，根据实证研究的结果，设计多 Agent 模拟模型中 Agent 类型、属性和方法（即行为）。

最后，对多 Agent 模拟模型进行验证，我们的方法是将多 Agent 模拟模型的宏观涌现"采纳电子商务系统的人数"变化过程，与 Logistic 模型，即阻滞增长曲线做比较，反复调整 Agent 的行为和规则中的参数，以使两者尽量吻合。

19.2 实证研究

19.2.1 建立概念模型

基于技术接受模型和电子商务初始信任模型，以电子商务系统为例，我们设计了个体采纳行为的概念模型。模型具有 10 个影响个体对系统采纳的信念因素，并根据已发表的文献建立 9 条假设。

其中，易用性和可用性参考技术接受模型。易用性会直接影响可用性。易用性测量一个信息系统如何容易被使用。信息系统具有良好的人机对话接口、良好的说明、有效的操作指导将使信息系统更易使用。对于电子商务系统，如果购物的主要功能能够更好地排列在网页上，查询使用简单方便，那么该信息系统也将更容易被用户使用。

可用性测量信息系统如何有用。如果用户可以快速地通过电子商务系统找到所需要的物品，并且顺利完成网上交易，那么该信息系统被认为是有用的。

初始信任考察用户在初始接触时，如何信任一项信息系统。在虚拟空间中，用户与商家之间未曾谋面，信任对网上交易的成功显得更为重要。

通过优化电子商务系统的设计，网上购物平台的销售额会有很大的提高。于是我们有以下两条假设：

H1：易用性（PE）对可用性（PU）有正面影响。

H5：可用性（PU）对初始信任（IN）有正面影响。

商家信誉对用户是否信任并采纳电子商务系统非常重要。用户期望系统是稳定的、可靠的并具有高信誉的。而且，对于初次使用该信息系统的用户，尤其重要，因为其本身没有任何使用该信息系统的经验，期望从其他用户那里得到一些评价，如果商家信誉高，用户评价高，那初始信任也必将越高。因此有如下假设：

H2：商家信誉（FS）对初始信任（IN）有正面影响。

如今，网络欺骗和钓鱼程序在互联网上广泛存在。电子商务系统的用户，需要在网上提供信用卡信息，如果系统不安全，存在漏洞，没有进行加密传输，或者存在木马与病毒，都将对用户使用该信息系统造成威胁，用户对该信息系统的初始信任也必然降低。所以有

H3：网络安全（SE）对初始信任（IN）正面影响。

在认知心理学中，人的感受是会在相似事物之间转移的。每个人都有自己信任的价值观。有些人认为人本来就是善良和诚实的；也有人总是怀疑他人，认为人与人之间是一种利用和被利用的关系。这些感受发生在现实世界中，但也会转移到虚拟世界中，电子商务系统用户会有与现实中相同或者相似的信任价值观。因此，有以下假设：

H4：信任倾向（IT）对初始信任（IN）有正面影响。

与信息系统采纳相关的用户行为并不能直接用问卷进行测量，但是可以通过测量使用动机来间接考察用户行为。由于初始信任将影响信息系统的使用动机。因此有以下假设：

H6：初始信任（IN）对信息系统使用动机（UI）会有正面影响。

社会影响是个体认为他身边重要的人对他采纳信息系统影响的程度。社会影响在信息系统采纳的早期阶段的作用尤其重要，以后作用将会有所减弱。社会影响是复杂且随机的，对个体采纳行为通过三种机制进行影响：承诺、内在化和同一化。后两种机制在于调节个体的信念结构并使得个体对潜在社会状态做出反应，而承诺为初始个体简单地改变他们对社会压力反应的动机，譬如个体会顺从于社会影响。通过以上分析，可以有以下假设：

H7：社会影响（SI）对信息系统使用动机（UI）会有正面影响。

购物感受会影响电子商务系统的使用动机。在购物完后，如果你感觉心情舒畅，你也许会喜欢使用电子商务系统。男女之间存在差异，女性更加感性，男性更加理性，则女性更喜欢感受购物过程的情绪调节和购物后的满足感。当今社会，生活的节奏越来越快，人们越来越难以抽身去商店购物。因此，这种购物的需求需要通过使用电子商务系统进行网络购物的方式得以弥补。因此，我们可以得到以下假设：

H8：购物感受（SF）对信息系统使用动机（UI）会有正面影响。

电子商务系统中的商品是影响电子商务使用动机的一个重要因素。用户会关注商品的价格、材质、颜色及售后服务等特性。如果商品的这些特性能够与用户需求在很大程度上匹配，那么用户购买该商品的可能性就会比较大。因此，这里有以下假设：

H9：商品质量和售后服务（PR）对信息系统使用动机（UI）有正面影响。

19.2.2 问卷与调研数据

为了使实证研究具有延续性，在量表设计中，我们大量应用了在先前文献中被认为具有可操作性的有效测量变量。在这些变量中，独立变量包括易用性（PE）、商家信誉（FS）、网络安全（SE）、信任倾向（IT）、社会影响（SI）、购物感受（SF）和商品质量与服务（PR）。依赖变量包括可用性（PU）、使用动机(UI)和初始信任（IN），见表4.19.1。我们采用 LIKERT 5 点测量方法[2]。在设计完问卷后，首先，寄给学术界和工业界的 4 名专家进行评审，并根据专家意见，对问卷条目进行了调整；其次，我们在学生中随机

选取了 20 人，对问卷的可信度和有效度进行了分析。结果表明问卷具有 0.7345 的可信度并可以解释 85%的条目。因此，本问卷可以为调查所用。另外，为了能够使得问卷具有较好的鲁棒性，我们设计了两个同义耦合项(IN1-IN2, UI1-UI2)，问卷样本中的耦合项条目的回答必须一致，否则该问卷样本被认为是无效样本，给予删除。

表 4.19.1 测量条目

因素	来源	条目数量
易用性（PE）	（Venkatesh and Davis, Davis）[1]	3
可用性（PU）	（Venkatesh and Davis, Davis）[6]	3
商家信誉（FS）	（Koufaris and Hampton-Sosa）[2]	3
初始信任（IN）	（Koufaris and Hampton-Sosa）[2]	3
网络安全（SE）	（Koufaris and Hampton-Sosa）[2]	3
社会影响（SI）	（Venkatesh 等）[3]	3
信任倾向（IT）	（Walczuch and Lundgren）[4]	3
购物感受（SF）	自定义	3
使用动机（UI）	（Gefen 等）与自定义	5*
商品（PR）	自定义[5]	3

为了测试概念模型，选取两类群体进行问卷调查——上班族和学生。对于上班族，可以把问卷放在互联网上，通过电子邮件发送邀请，让他们在线填写问卷。对于学生，选取同一所高校的计算机学院的本科生，这些学生具有较强的计算机使用能力和互联网应用经验，并且住在同一栋宿舍楼，在空间上具有紧密联系。所有的调查用户，都会事先被要求浏览一个信息系统（以 www.dangdang.com 电子商务系统为例），然后再认真填写问卷。这次问卷调查中，共有 301 名用户参加了调查，有效问卷达到 215 份。其中，79.8% 的调查用户之前从来没有使用过 dangdang.com，63.1% 的调查用户对使用电子商务系统毫无经验。所以，对于大多数用户来说，在问卷调查中，他们是初次使用该信息系统。因此，问卷样本对本书研究中侧重于初始阶段的用户对信息系统采纳行为的研究非常适合。另外，大多数用户熟悉去商店购物（其中，偶尔去购物的占 45.2%，经常去购物的占 42.9%），因此他们也已经积累了一定的购物感受，这样的样本对于测量购物感受（SF）也是合适的。还有，调查用户都熟悉互联网，能够熟练地应用计算机浏览互联网。综上所述，本书中的研究所选取的调查样本对于验证电子商务系统个体采纳的概念模型和假设是合适的。

19.2.3 求解结构方程模型

我们用 SPSS11.0 对量表进行可信性和有效性两个步骤的分析，然后用 LISREL8.72 计算基于协方差的结构方程模型。

在可信性分析中，结果如表 4.19.2 所示。根据 DeVellis 的理论，Cronbach's Alpha 值大于 0.7，则量表的可信性是较好的，而介于 0.65~0.7 是可以接受的[7]。所以，本书中量表的可信性是较好的。对于量表的有效性，我们采用主成分分析法（PCA）进行分析。Bartlett's 测试的 KMO 值为 0.709，并且在 $P=0.000$ 的水平上表现为显著，这说明量表适合做主成分分析。

表 4.19.2　可信性分析结果

变量	Cronbach's Alpha	变量方差	变量均值
易用性（PE）	0.731 7	0.506 3	2.261 9
可用性（PU）	0.696 0	0.416 7	2.289 7
商家信誉（FS）	0.758 0	0.580 9	2.472 2
初始信任（IN）	0.728 5	0.471 6	2.559 5
网络安全（SE）	0.777 5	0.658 3	2.047 6
社会影响（SI）	0.794 1	0.665 9	2.607 1
信任倾向（IT）	0.677 4	0.633 9	2.349 2
购物感受（SF）	0.810 2	0.927 2	2.631 0
使用动机（UI）	0.769 0	0.721 0	2.194 4
商品（PR）	0.850 3	0.508 7	2.694 4

在主成分分析中，我们用 Varimax 旋转各个分量，使每个特性向量的平方系数的方差和最大，让旋转后的轴保持正交。分析的结果显示，每个条目都在它相关的分量上有较大的负载，在其他分量上则负载较低。分析结果也显示，我们的量表具有高收敛有效性（评测各个变量间的一致性）和高区分有效性（评测各个变量间的不同）。综上所述，我们的量表满足可信性和有效性，因此量表可以用来采集问卷数据，测试概念模型。

我们用 LISREL 建立结构方程模型，得到了通径图，图 4.19.2 显示了信息系统采纳的各个因素之间的关系以及权重值。采用均方误差（RMSEA）和比较性吻合参数（CFI）来对模型与样本数据的吻合程度进行测量。结果如表 4.19.3 所示，与推荐值相比较，结果表明通径图与样本数据较好吻合，因此根据通径图得到影响信息系统采纳的信念因素之间的关系和权重是有效的。这种关系和权重将组成信念间元网络输入到模拟模型中。

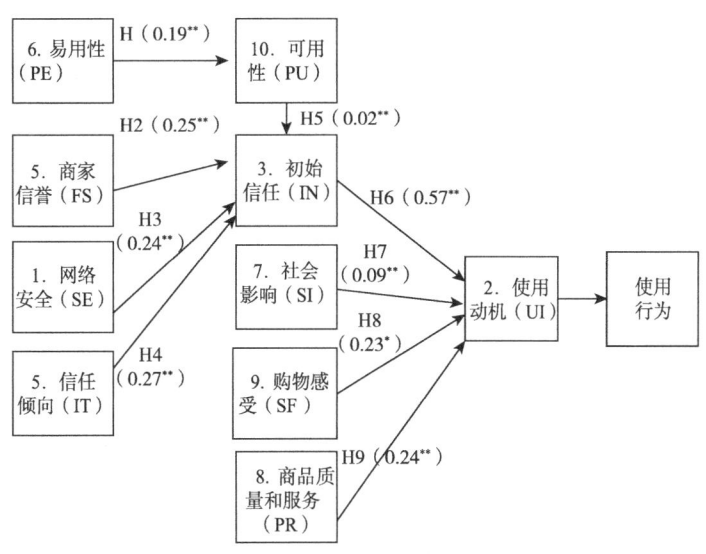

图 4.19.2　影响信息系统个体采纳行为的概念模型和信念因素之间的关系

** $p<0.01$，* $p<0.05$

表 4.19.3　结构方程模型中的吻合结果

吻合指标	推荐值	本书中的值
RMSEA	<0.08	0.06
CFI	>0.9	0.92

19.3　模拟模型

此处基于实证数据的信息系统扩散模型是一个多智能体模型，社会组织中个体的属性和行为被映射成智能体的属性和方法。智能体之间可以相互影响，并可以和组织的任务、资源等其他要素互动。

前面已经描述了如何用结构方程模型得到影响个体采纳信息系统的各个信念因素之间的关系。在模拟模型中，实证中影响信息系统采纳的个体因素被映射到智能体的信念属性，各个信念属性之间也有如实证研究的概念模型中所描述的关系。智能体在计算机模拟中，相互互动，并且信念属性也不断变换。

19.3.1　构建多 Agent 模型

1. Agent 及其属性

将每一个人视为一个 Agent，其属性如下：

（1）亲近度，用来描述该 Agent 与另一个 Agent 之间的亲密关系，其值为[0，1]的一个实数，值越大则亲近度越高。在模拟启动时，所有的智能体之间的亲近度被初始化为 0；在模拟过程中，如果两个智能体的某个属性值相同，则他们之间的亲近度则升高，如果他们的属性值不同，则亲近度不受影响；在计算过程中，亲近度的值要归一化到 0~1。

（2）信念因素，即 Agent 采纳信息系统的信念因素，用来表达实证中个体和问卷变量（即信念因素）之间的权重关系，其值为[0,1]的实数，信念越高，值越高。为了利用实证数据，需要对问卷条目的调查值进行反转操作，即 1 变为 5，5 变为 1，最后计算每个信念对应条目的平均值，并将其归一化到 0~1。

2. Agent 的方法

（1）改变信念因素的值。每一个 Agent 在其互动范围内与彼此之间拥有较大亲近度的智能体互动，以更新自己的信念。更新模型按照本章附录中的式（4.19.1）进行。

（2）调整信念因素的值。通过方法（1）而改变的 Agent 的信念因素，会引起该 Agent 的其他信念发生改变。

（3）改变其他 Agent 的信念因素的值。本 Agent 的信念会影响其他智能体的相同信念，计算过程如本章附录中的式（4.19.2）所示。

（4）改变亲近度的值。每个 Agent 与其他 Agent 互动，改变自己的亲近度。当两个

Agent 互动时，我们只考察信念属性对亲近度改变的影响。两个智能体间对应信念属性之间差值的和被计算，然后当前的该差值和与模拟过程中前一状态的差值和相比较。如果目前的差值和变大了，则这两个智能体间的亲近度降低了，否则亲近度提高。过程如本章附录中的式（4.19.3）所示。

3. Agent 互动规则

（1）互动范围规则。每个智能体都有它的互动范围。在网络环境下，个体之间的互动可看做不受空间的限制，因此，一个智能体互动范围，定义为该智能体可以进行沟通交流的具有较高亲近度的智能体的数量，智能体必须与互动范围内的其他智能体进行互动；要与其互动范围外的智能体互动，必须通过该智能体互动范围内的中间智能体进行。互动范围的大小用范围半径来描述。

（2）Agent 之间的最大亲近度互动规则。每个 Agent 只与彼此之间拥有较大亲近度的 Agent 互动。首先，在互动范围内，智能体将发现与其有最大亲近度的智能体作为它的互动同伴。在一个模拟周期内，假设一个智能体只能完成与另外一个智能体的一次互动，并且只能交换一个信念，信念的选取也是随机的。其次，智能体的信念受到其他智能体相同信念的影响。例如，智能体 1 的使用信息系统动机的信念受其他智能体的使用信息系统动机信念的影响，而且不会受购物感受信念的影响。

（3）信念因素之间的关系规则。信念因素之间的关系，即为结构方程模型得到的 10 个信念因素之间的权重关系。在外部环境发生变化而导致的信念因素值的变化时，Agent 按照 10 个信念因素之间的权重关系来调整其他信念因素的值。

4. 测量信息技术扩散的程度

信息系统在组织中扩散的程度用扩散率表示：t 时刻的扩散率正比于在 t 时刻组织中的所有采纳者的数目之和。用户是否为采纳者，本书中通过考察用户的信息系统使用动机信念（UI）来判断。在实证研究中，所有的信念因素都会影响信息系统使用动机信念因素，假设用户的 UI 值大于 0.5，该用户为采纳者，而 UI 值小于 0.5 的用户为非采纳者。扩散率测量了信息系统在一个组织或者群体中扩散的广度。

19.3.2 模拟运行

采用 Matlab 语言实现多 Agent 模拟模型。模拟过程是一个蒙特卡罗模拟的反复过程，如图 4.19.3 所示，每一次重新开始运行模拟程序，所有的参数和运行状态都被初始化。一次循环的时间计做一个时钟单位（tick time），本模型一个时钟单位为 1 天。循环的次数受参数 Interactive times 控制，亦表示一次模拟过程持续的长度，表示一个模拟周期。重新运行的次数受参数 Run times 控制。

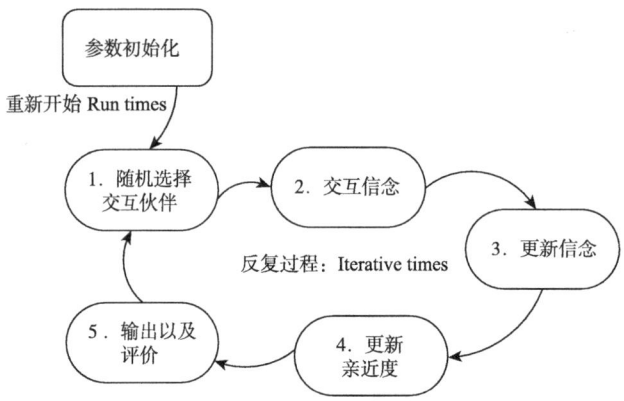

图 4.19.3　多 Agent 模型的蒙特卡罗模拟过程

19.4　模型确认

此处的验证，是比较多 Agent 模拟模型所产生的信息系统在组织中扩散现象，是否与真实环境下的扩散现象相一致，显然这是属于定性确认过程。

在技术扩散理论中，信息技术扩散的过程满足 S 形曲线，即阻滞增长模型：刚开始扩散率很低，仅仅很少一部分人会采纳信息技术，但一段时间后，扩散率会快速上升达到一个高峰，然后采纳者数量增加减缓，最后采纳者数量，即扩散率，将达到一个稳定值，不再增加，扩散完成。图 4.19.4 的子图（a）是多 Agent 模拟模型输出的信息系统在组织中的扩散过程，从形状上看，是一条 S 形曲线。

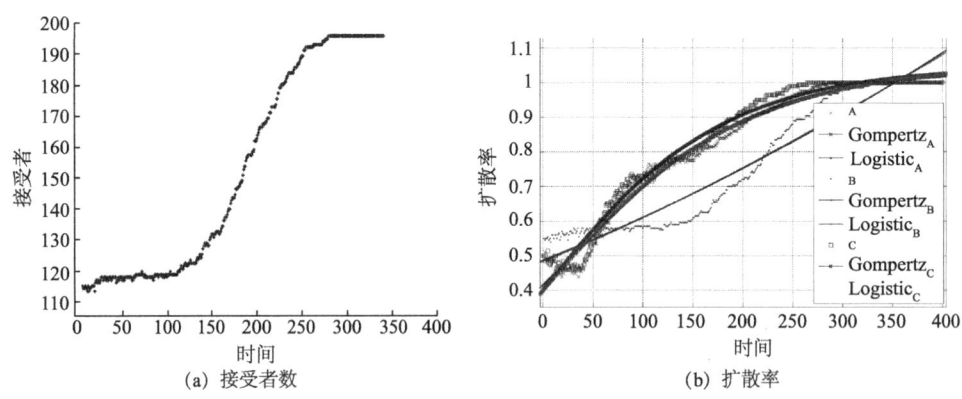

图 4.19.4　Matlab 中的曲线拟合结果

我们的定性确认方法，可以认为是一个曲线拟合问题，主要考察模型输出的图形（图 4.19.4 的子图（a））能否拟合阻滞增长曲线。我们采用 Matlab 中的曲线拟合工具包对多 Agent 模拟模型的输出结果进行拟合操作。

我们用多 Agent 模拟模型产生了三组数据 A、B、C，采用 Logistic 和 Gompertz 方程进行拟合，结果如图 4.19.4 的子图（b）和表 4.19.4 所示，表明模型输出的扩散率曲线能够与 Logistic 和 Gompertz 方程较好地拟合。而 Logistic 和 Gompertz 方程是目前广泛采用的描述真实世界中技术扩散 S 形曲线过程的数学模型。因此，我们得出结论，本书中的信息系统扩展多 Agent 模拟模型真实地反映了真实世界中的信息系统扩散现象，通过了定性确认。

表 4.19.4　曲线拟合结果

数据集	模型	R 值
A	Gompertz 方程	0.979 9
B		0.930 5
C		0.978 7
A	Logistic 方程	0.980 9
B		0.931 9
C		0.981 5

19.5　模拟分析

为了考察组织中信息系统的扩散过程，采用扩散率为输出变量，选取组织规模、互动范围半径、初始亲近度均值以及组织拓扑结构为参数，设计了如下四个虚拟实验，进行了结果分析。通过虚拟实验，也对实际组织中信息系统推广的行为决策提供了一些启示和参考。

在虚拟实验中，我们调整了组织规模参数，模型中亦指智能体的数目。组织规模（AgentNum）分别设置为 100、200、300。

互动范围半径（Sphereradius）代表智能体影响其他智能体以及被其他智能体影响的范围，其值设置为 1、5、9。

智能体间初始状态的亲近度用正态分布表示，其方差是固定的，则用亲近度均值（MEAN）来描述，其值为 0.2、0.5、0.8、1。

组织结构（Group structure）表示智能体与智能体间元网络的结构——随机网络、元胞网络或小世界网络。随机网络是在网络中的一组 n 个节点周围，两两之间随机建立联系而构成。元胞网络是在网络内部中，存在许多小的群体，并且这些群体之间是有联系的。小世界网络中节点代表个人，边则代表人与人之间的相互联系，人们之间彼此相互熟悉，紧密联系，这种联系反映了现实中的小世界现象。

组织中智能体的每个初始信念分布（belief distribution）是正态分布的，用均值和方差来描述。

19.5.1　最终扩散率的统计分析

在实验中，保持初始信念分布及组织结构不变，其他参数设置如表 4.19.5 所示，利用模拟程序运行虚拟实验持续 200 时钟单位，并反复重新运行 10 次。根据参数设置，该实验中有 3×3×4=36 种情况。我们用 Matlab 脚本自动运行虚拟实验，从而得到在这 36 种情况下的信息系统扩散率的持续过程以及最终的扩散率。然后，我们采用三因素方差分析方法，考察组织规模（AgentNum）、互动半径（Sphereradius）和亲近度均值（MEAN）对最终扩散率的影响程度。

表 4.19.5　虚拟实验设计

组织规模	半径	亲近度均值
100	1, 5, 9	0.2, 0.5, 0.8, 1
200	1, 5, 9	0.2, 0.5, 0.8, 1
300	1, 5, 9	0.2, 0.5, 0.8, 1

注：各个实验中，组织结构为随机网络，且信念分布的参数保持不变

随着互动半径的增加，不管亲近度均值如何变换，最终的扩散率都增加了。进一步分析，随着组织规模的扩大，信息系统扩散在同样的时间周期内，显得更加困难。如表 4.19.6 所示，三因素方差分析结果显示，对于最终扩散率，互动半径对其有显著影响：$F(2,1)= 11\,521.580$，$p<0.01$；组织规模对其有显著影响：$F(2,1)= 2\,638.639$，$p<0.05$；互动半径与组织规模的组合亦对其有显著影响：$F(4,1)= 714.238$，$p<0.05$。然而，亲近度均值对最终扩散率没有显著影响，并且亲近度均值与组织规模以及和互动半径的两两交互，以及三者之间的交互对最终扩散率亦没有显著影响。

表 4.19.6　三因素方差分析结果（AgentNum、Sphereradius、MEAN 和扩散率的影响关系）

Source	Sum of Squares	df	Mean Square	F	P
AGENTNUM	0.264	2	0.132	2 638.639**	0.014<0.05
SPHERE	1.152	2	0.576	11 521.580*	0.007<0.01
MEAN	2.555×10^{-3}	3	8.517×10^{-4}	17.033	0.176
AGENTNUM * SPHERE	0.143	4	3.571×10^{-2}	714.238**	0.028<0.05
AGENTNUM * MEAN	6.562×10^{-3}	6	1.094×10^{-3}	21.872	0.162
SPHERE * MEAN	2.729×10^{-3}	6	4.548×10^{-4}	9.096	0.249
AGENTNUM * SPHERE * MEAN	5.528×10^{-3}	12	4.607×10^{-4}	9.214	0.253
Error	5.000×10^{-5}	1	5.000×10^{-5}		
Total	13.259	37			

** $p<0.01$，* $p<0.05$

统计分析的结果告诉我们，初始的亲近度分布对最终的信息系统扩散率的影响不大。事实上，在信息系统的扩散过程中，用户之间的亲近度是在改变的，模型中亲近度取决于用户间的对信念理解的差异程度，初始时刻的高亲近度，在过程中，亦可因为信念理解的不同，发生大的差异而降低。而组织规模反映整体影响，对最终组织内的信息系统扩散率有显著影响；互动半径表示了组织内的沟通效应，亦是对组织的一个整体影响效应，对最终扩散率有显著影响。

19.5.2　扩散过程以及组织行为的演化分析

为了考察信息系统扩散行为的演化过程以及组织行为的变化，本实验设计在不同的

参数设置下，输出扩散率的时间序列。每次参数设置都只改变其中一个参数，保持其他参数不变，从而考察该参数对信息系统扩散过程的影响。

如图 4.19.5 所示，保持组织规模（AgentNum=100）、亲近度均值（MEAN=0.5）不变，改变互动半径（SphereRadius）（1、5、9），分别得到 3 种情况下的 3 条扩散率的变化曲线。初始的信念分布亦保持不变，因此初始的每个智能体的信息系统使用动机在 3 种情况下是相同的。

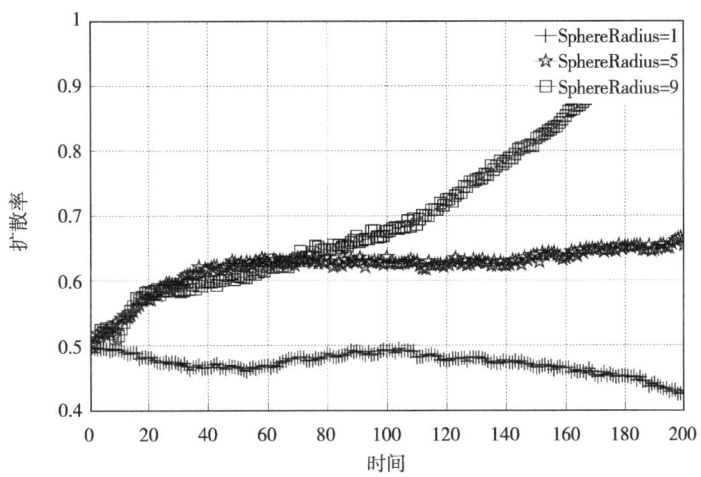

图 4.19.5　不同互动半径下的扩散率曲线（AgentNum=100，MEAN=0.5）

随着时间的推进，具有较高使用动机的智能体将会影响具有较低使用动机的智能体，反之亦然。最终智能体的使用动机将达到一个平衡点。如图 4.19.5 所示，在 30、66 时刻，SphereRadius=5 和 SphereRadius=9 扩散曲线具有相同的扩散率即时值，而在 40 时刻，SphereRadius=5 扩散曲线的扩散率即时值则高于 SphereRadius=9 扩散曲线，在 t=160 则相反。

在图 4.19.6 中，保持互动半径 Sphereradius=9 和亲近度均值 MEAN=0.8 保持不变，在组织规模 AgentNum=100、200、300，图 4.19.6 显示了 3 种情况下的扩散率变化。扩散率将会随着组织规模的增加而减小，信息系统在大组织中推广会相对来说比较困难一些。如图 4.19.7 所示，随着组织规模的增长，扩散速率变化的幅度变小，随着时间的推进，幅度将越来越小，最后达到稳定值。

19.5.3　初始信念的敏感性分析

通过实证分析可以得知，共有 10 个信念因素会影响信息系统的扩散率，这些信念因素之间存在联系。在此模拟实验中，要考察不同的信念因素的波动对最后信息系统扩散率影响的波动的大小，我们采用敏感性分析方法。我们设置所有的智能体初始信念分布的均值和方差为 0.5 和 0.01。然后分别以-0.1、-0.05、0.05 和 0.1 为偏差幅度，调整信念分布的均值，并对每一种情况下，重复运行蒙特卡罗模拟 10 次，最后对 10 次输出的扩散率结果取平均值，得到各个偏差情况下的扩散率，与最初的偏差前扩散率的差值，

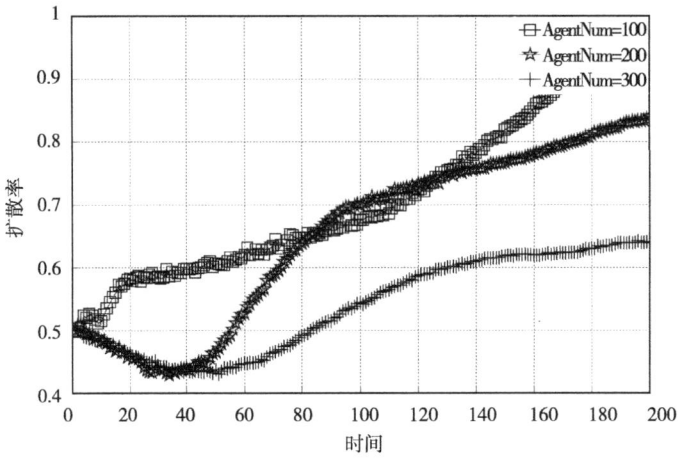

图 4.19.6 不同组织规模下的扩散率曲线（MEAN=0.8, Sphereradius=9）

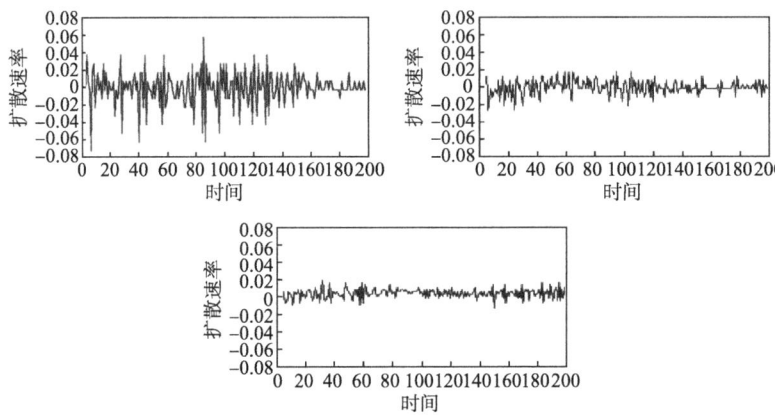

图 4.19.7 扩散速率的变化曲线，从左到右分别为组织规模 AgentNum 为 100、200、300

如表 4.19.7 所示。比较表 4.19.7 的第 2 列的差值均值的绝对值，可以看出商品质量与服务（PR）、购物感受（SF）和信任倾向（IT）是三个对信息系统扩散率影响最高的独立因素。

表 4.19.7 敏感性分析结果

独立因素	扩散率				
	|差值平均|	−0.1	−0.05	0.05	0.1
网络安全（SE）	0.287	−0.414	−0.241	0.204	0.290
信任倾向（IT）	0.338	−0.459	−0.444	0.152	0.297
商家信誉（FS）	0.319	−0.243	−0.121	0.425	0.485
社会影响（SI）	0.239	−0.316	−0.303	0.126	0.211
商品（PR）	0.384	−0.543	−0.470	0.202	0.322
易用性（PE）	0.099	−0.081	−0.092	−0.139	−0.084
购物感受（SF）	0.373	−0.421	−0.334	0.2971	0.440

19.5.4 组织结构影响分析

以上实验都是基于随机网络的组织结构运行的，这里，为了考察不同组织结构对信息系统扩散的影响，我们用 ORA 软件[8]生成了 7 个具有不同拓扑结构和参数的网络，如图 4.19.8 所示，网络 1 是随机网络（图中不再绘出），网络 2、3、4 为元胞网络，元胞数量分别为 1、5、10；网络 5、6、7 为小世界网络，邻域智能体数目分别为 7、10、20。我们针对每一种网络参数的组织，反复运行蒙特卡罗模拟 10 次，最终信息系统扩散率如图 4.19.9 所示。

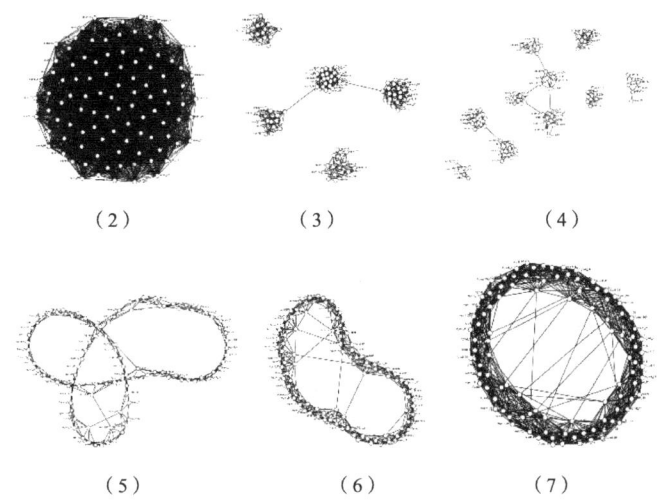

图 4.19.8　具有不同拓扑结构和参数的智能体间元网络

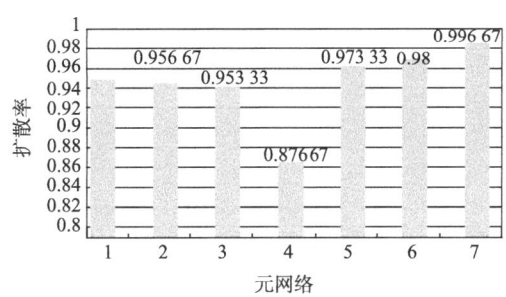

图 4.19.9　不同组织结构下的信息系统扩散率

结果显示，具有小世界网络的拓扑结构的组织更能从信息系统推广中得益，并且在具有邻域智能体数目较大的小世界网络组织中，信息系统扩散速度较快。实际中，组织网络中联系的密度越大，组织内个体的依赖性越大，沟通更加有效，在这种情况下，信息系统扩散也更快。否则如果组织是按照元胞网络结构组成的，这些组织存在许多小群体，小群体内成员沟通交流比较密切，但是与小群体外或者其他小群体的成员之间的沟通就不是非常顺畅。元胞数量越多，沟通水平越低。

对于扩散行为，实证研究法是常用的研究方法，最终得到影响因素与扩散行为之间的因果关系图，但是这是静态的研究方法得到的静态的研究结论。

本章先运用实证研究法得到扩散行为的因果关系图（在结构方程方法中叫做路径图），然后运用多Agent模拟方法，对具有不同规模、不同结构、不同诸多其他属性的人群扩散行为演化进行模拟分析，得到了诸多人群扩散行为的规律。

本章附录

（1）交换信念：在时刻t，智能体i的第j信念属性被随机选择，记做$B_{ij}(t)$，互动半径为sd，互动范围为M_{sd}，总的信念个数为nb，时刻t智能体n和m之间的亲近度为$P_{nm}(t)$。则在时刻$t+1$，智能体i相信信念j的程度按照式（4.19.1）得到；在互动范围M_{sd}内的其他智能体n相信信念j的程度由式（4.19.2）得到，最后的计算值要进行归一化处理。

$$B_{ij}(t+1) = B_{ij}(t) + \sum_{n \in M_{sd}} \frac{(B_{nj}(t) - B_{ij}(t)) \times P_{ni}}{sd \times nb} \tag{4.19.1}$$

$$B_{nj}(t+1) = B_{nj}(t) + (B_{ij}(t) - B_{nj}(t)) \times \frac{P_{ni}}{sd}, n \in M_{sd} \tag{4.19.2}$$

（2）更新亲近度：设智能体i在t时刻的信念的值在值域M_i范围内，则时刻$t+1$智能体n和m之间的亲近度为$P_{nm}(t+1)$按照式（4.19.3）计算，结果归一化到0~1。

$$P_{nm}(t+1) = P_{nm}(t) - \sum_{i \in M_n, j \in M_m}(B_{ni}(t) - B_{mj}(t)) + \sum_{i \in M_n, j \in M_m}\left[B_{ni}(t-1) - B_{mj}(t-1)\right] \tag{4.19.3}$$

第20章

多 Agent 模拟与博弈论、心理学的集成

20.1 人群合作与冲突演化问题

员工合作与冲突行为的理论基础是博弈论的"囚徒困境"原理，研究的基本手法是基于"囚徒困境"的得益矩阵来建立多 Agent 模拟模型。

其存在的问题是，"囚徒困境"原理面向的是个体人的、经济的、选择性的行为，个人的行为选择都以自身利益最大化为目的，没有其他的想法，不受社会性环境所影响，每个人就像物理系统中的"粒子"一样相互交互，随着物理交互，粒子（即博弈论中的参与者）的"获胜"策略逐步涌现出来。但是当参与者由于心理因素，行为发生偏差时，"获胜"策略将偏离它的理论上的方向。

这种研究方法被人们称为统计物理学，在该领域，所有的动物个体，如鸟、鱼、蚂蚁以及其他群居性动物或者所有的人类个体都被认为是粒子，粒子之间的交互产生了涌现，宏观行为随着时间的推进而发生，这实际上是一个物理过程。在这种物理环境和条件下涌现的合作和冲突行为，不符合现实的社交环境。因此，社会心理学也应该作为员工合作与冲突行为研究的理论基础。

同时，经济心理学中的前景理论提出以后，人们发现完全的经济行为，即便是在现实的经济系统里也是不存在的，受心理因素的影响，人们的行为选择在不同的时间阶段也有不同的规律，这就是 Kahneman 和 Tversky 在前景理论中提出的两阶段决策原理，即直觉和深度推理[25]。直觉是"快速的、自动的、容易的、关联的并且难以控制和修改的"，而深度推理是"缓慢的、连续的、需要花费脑力的"。根据前景理论两阶段理论而建立的 Agent 模型，可以显现出人类的真实行为特征，即直觉决策和有限理性决策。

Kahneman 和 Tversky 的前景理论还提出了风险决策的价值函数，即人们在不同场景

下做决策时会有不同的价值体验。因此,前景理论更应该作为员工合作与冲突行为研究的理论基础。

本章的研究对象是企业组织中的知识型员工,根据 Kahneman 和 Tversky 的两阶段原理,将知识型员工的决策过程分为两个阶段——非理性决策和理性决策[25]。在非理性决策阶段,员工根据周围邻居的行为而即时决策,在理性决策阶段,员工的决策行为则基于博弈计算,即基于博弈论"囚徒困境"得益矩阵之上的效用函数,但是我们要运用前景理论风险型决策的价值函数来改进效用函数。这意味着不仅要将两阶段模型,而且还要将前景理论中的风险价值函数嵌入员工 Agent 模型中。研究对象员工群体的规模不大、结构不复杂,我们使用元胞自动机来建立群体行为的模拟模型[24]。

20.2 系统模型

由于任务的复杂性,知识密集型员工主要以扁平化组织即团队的方式开展工作,因此,合作是一种常见的行为。当然,与合作行为相反的冲突行为也是不可避免的,因为知识员工的独立性较一般员工更强。

我们建立了员工合作与冲突行为的概念模型,如图 4.20.1 所示。

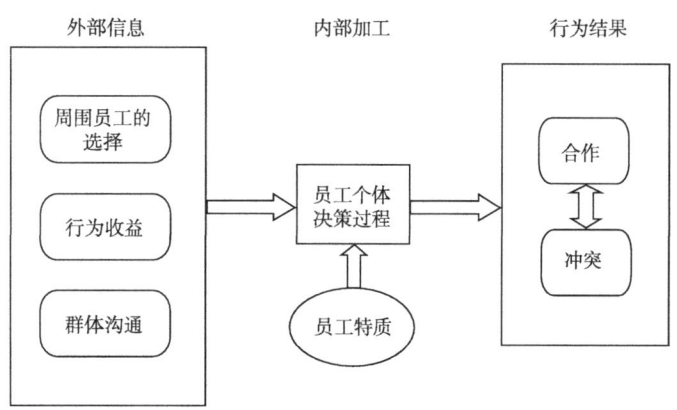

图 4.20.1 知识密集型员工合作与冲突的概念模型

在概念模型中,我们认为合作与冲突行为是员工个体决策的结果,这种决策依赖于外部信息及该员工的心理特征。外部信息包括邻居员工的决策、该员工的决策的利益及组织沟通,而对于心理特征,本章只关注心理特质。

20.2.1 心理特质与员工分布

Bowles 和 Gintis 在以"囚徒困境"原理为基础研究群体的合作行为时,将群体成员分为三类:报答者、自私者和合作者[2]。报答者无条件工作并惩罚逃避者,自私者只是最大化自己的舒适度并且不惩罚逃避者,合作者也是无条件工作但从不惩罚逃避者。这种对员工的分类,涉及人格特质理论,我们选择与合作、冲突行为非常相关的"随和度"作为员工的核心人格特质特征。由此,将知识型员工分为如下三类:

(1) 随和员工。这类员工非常容易被邻近员工的行为影响。
(2) 中立员工。这类员工会在一定程度上被邻近员工影响,但不会绝对地追随他们。
(3) 独立员工。这类员工很难被邻近员工影响,而是倾向于独立思考并做出理性的决策。

由于大多数知识型员工都有着高度的自主权、独立性和很强的个人成就动机等特征,这三种类型的员工分布是不均衡的。我们假定随和员工、中立员工和独立员工的比例分别是20%、20%和60%。

20.2.2 基于前景理论的员工决策模型

在20世纪后期,Kahneman和Tversky发现个体决策与期望效用理论在一系列的心理实验中存在着系统的、有规律的偏差。因此他们提出了前景理论来解释这种系统偏差。

前景理论用价值函数代替效用函数,将决策过程分为非理性决策和理性决策两个阶段,因此,我们将知识密集型员工的决策过程分为两个阶段:

1) 非理性决策

在非理性决策阶段,知识型员工在开始决策时对基于直觉的外部信息可以快速响应,也就是启发式决策。员工先识别前一时间阶段采取合作行为的邻近员工(邻近元胞)的比例,再做如下决策:如果合作员工比例大于75%,那么在当前阶段随和员工、中立员工和独立员工选择合作行为的可能性分别是50%、30%和10%;如果合作员工比例小于75%,员工则进入理性决策阶段。

2) 理性决策

在这个阶段,员工使用效益函数分析其收益,再选择合作或冲突行为。基于"囚徒困境"原理,为合作和冲突行为设计得益矩阵,具体如表4.20.1所示。在表4.20.1中,b代表选择合作行为时双方可以得到的利益,c代表如果双方选择合作,双方共同担负的成本,即每一方支付$c/2$。如果只有一方选择合作,那么该方将支付所有的成本c。δ是一个惩罚参数(它也可以被认为是激励参数)。根据文献[7],我们规定$b-\delta>b-c/2>b-c$。

表4.20.1 合作和冲突行为的得益矩阵

员工2 / 员工1	合作	冲突
合作	$b-c/2$, $b-c/2$	$b-c$, $b-\delta$
冲突	$b-\delta$, $b-c$	0, 0

由于员工的认知能力有限,该员工只能根据前一阶段邻近员工的行为来预期下一阶段的利益。假定在时间t时邻近员工选择合作行为的比例是$x(t)$,$x(t)\in[0,1]$,那么选择冲突行为的员工的比例就是$1-x(t)$,在时间$t+1$时员工选择合作与冲突行为的收益如下:

$$U_{cp}(t+1)=c/2\times x(t)+b-c \tag{4.20.1}$$

$$U_{df}(t+1) = (b-\delta) \times x(t) \quad (4.20.2)$$

其中，U_{cp} 为选择合作的员工获得的利益；而 U_{df} 为选择冲突行为的员工获得的利益。

在前景理论中参照点效应是一个重要概念，它意味着一个人在其经济活动中做决策时选择了一个参照点来对比。该人的决策选择，是根据其绝对利益相比于参照点的利益。

此处，我们将员工的所有邻近员工的平均利益定义为参照点，因此，对于该员工来说，参照点的值为0，参照点的利益和该员工的绝对利益的差别（而不是绝对的利益），则被定义为用于决策的价值函数的一个独立变量。价值函数如图4.20.2所示。

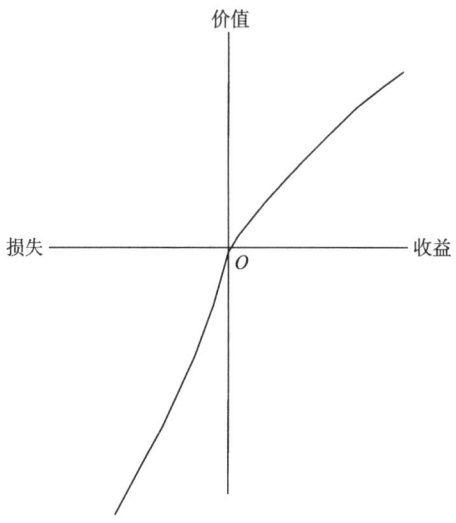

图 4.20.2　前景理论中决策风险性价值函数

价值函数在第三象限是一个凸函数，即当利益是净损失时决策者是有风险偏好的。这个凸函数在参考点是弯曲的，风险规避效应使此凸函数在第三象限的斜率是第一象限的 2~2.5 倍。

因此，员工在理性阶段的价值函数为

$$V = \begin{cases} \ln(\Delta U + 1) & \Delta U \geqslant 0 \\ -\ln 2(1-\Delta U) & \Delta U < 0 \end{cases} \quad (4.20.3)$$

其中，ΔU 表示在某一时刻的参照点的利益和该员工的绝对利益的差别，在这个模型中，邻近员工在时间 t 的平均利益是

$$\bar{U}(t) = U_{cp} * x(t) + U_{cf} * [1-x(t)] \quad (4.20.4)$$

我们选择平均利益作为中间参考点，即

$$V(\bar{U}) = 0$$

所以在时间 $t+1$ 时，对于合作行为，有

$$\Delta U_{cp}(t+1) = U_{cp}(t+1) - \bar{U}(t) \quad (4.20.5)$$

对于冲突行为，有

$$\Delta U_{cf}(t+1) = U_{cf}(t+1) - \bar{U}(t) \qquad (4.20.6)$$

将式（4.20.5）和式（4.20.6）代入式（4.20.3），便能分别计算出合作与冲突在 $t+1$ 时的值。然后将两个值对比，较高的值将作为员工在时间 $t+1$ 的行为。

根据上述过程，当邻近员工选择合作行为的比例低于 75% 时，这个员工将进入理性选择阶段。

命题 4.20.1 当 $\delta > C/2$ 时，选择合作行为的期望利益比选择冲突行为的要高，即理性选择是合作。

证明：

$$U_{cp} > U_{cf} \Leftrightarrow c/2 \times x + b - c > (b-\delta) \times x \Leftrightarrow (b - c/2 - \delta) \times x < b - c$$

（1）当 $b - c/2 - \delta \leq 0$，即 $\delta \geq b - c/2$ 时，有 $(b - c/2 - \delta) \times x \leq 0 < b - c$，所以，$\forall x \in [0,1]$，有 $U_{cp} > U_{cf}$。

（2）当 $b - c/2 - \delta > 0$ 时，即 $\delta < b - c/2$ 时，有 $(b - c/2 - \delta) \times x < b - c$，我们可以得到 $x \leq \dfrac{b-c}{b - \dfrac{c}{2} - \delta}$，所以当 $\dfrac{b-c}{b-c/2-\delta} \geq 1$ 时，对于 $\forall x \in [0,1]$，有 $c/2 < \delta < b - c/2$。

结合（1）和（2）可以知道，当 $\delta \geq c/2$ 时，$\forall x \in [0,1]$，有 $U_{cp} > U_{cf}$ 时，合作行为的期望利益高于冲突行为，理性选择的结果是合作。

当 $U_{cp} > U_{cf}$ 时可以得到 $U_{cp} - \bar{U} > U_{cf} - \bar{U}$，也就是 $\Delta U_{cp} > \Delta U_{cf}$。

可以发现，价值函数是一个单调递增函数，当 $\Delta U_{cp} > \Delta U_{cf}$，$V_{cp} > V_{cf}$ 时，理性选择的结果总是合作。所以命题得证。

根据上述结论，可以得到推论 4.20.1。

推论 4.20.1 当 $\delta \leq c/2$ 时，如果 $x \leq \dfrac{b-c}{b-c/2-\delta}$，理性选择的结果是合作，如果 $x > \dfrac{b-c}{b-c/2-\delta}$，理性选择的结果则是冲突。

推论 4.20.1 表明，当选择合作的邻近员工的比例很低时，该员工会在理性阶段倾向于选择合作。否则，冲突行为的预期利益的诱惑会大于合作行为。为了控制员工对于合作与冲突行为的选择，我们不应该仅仅是关注惩罚参数，而且还应该关注 $b - c/2 - \delta$ 的值。例如，当我们将 $b - c/2 - \delta$ 的值设置在一个较高的水平时，能够有效地减少员工的冲突行为。因此，基于 $b - c/2 - \delta$ 的重要性，我们将它定义为控制因子 ξ。

上述研究是关于员工在个体层面上对于合作与冲突行为的选择机制，接下来运用 Anylogic 6.5 建立模拟模型，探索员工合作与冲突群体行为的演化。

20.3 建立和验证模拟模型

20.3.1 设置模拟环境和类

根据 20.2.2 小节描述的概念模型，我们用 AnyLogic 6.5 编写模拟模型，如图 4.20.3 和图 4.20.4 所示。

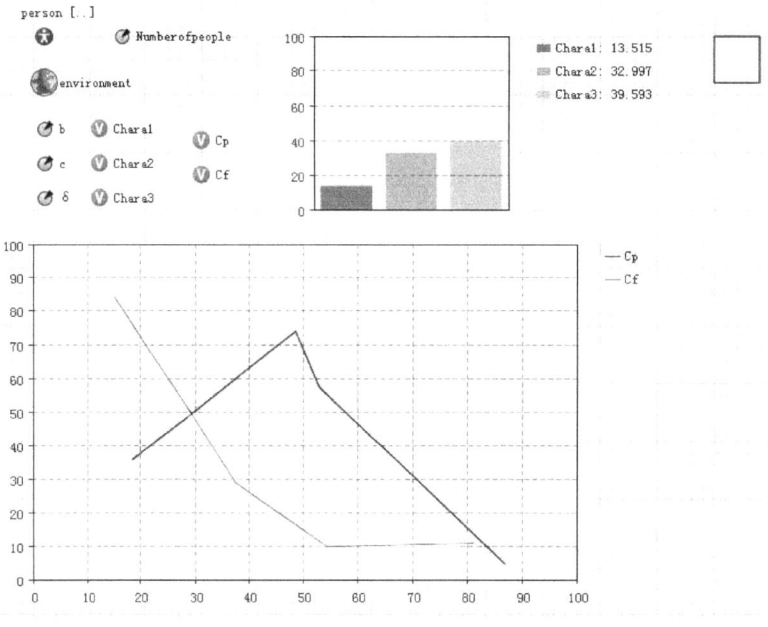

图 4.20.3　主模型

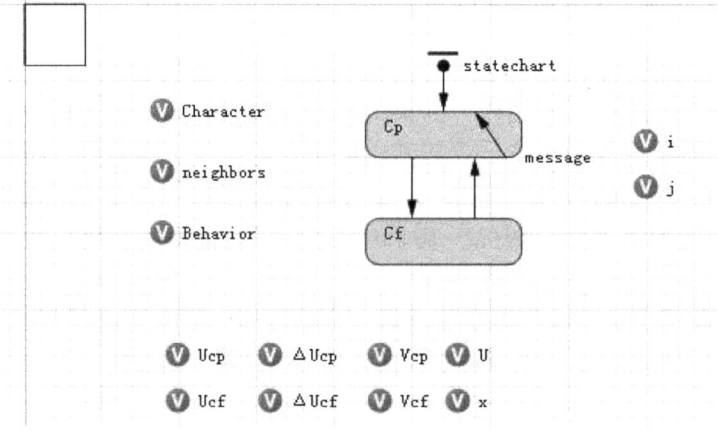

图 4.20.4　Person 类

图 4.20.3 是一个元胞自动机模型，Person 类表示一系列的知识密集型员工，参数 Numberofpeople 代表知识密集型员工的数量，环境表示知识密集型员工的工作场所。在 20.2.2 小节定义了参数 b、c 和 δ，参数 Numberofpeople、b、c 和 δ 是可以调节的。主要的统计变量是 Chara1、Chara2、Chara3、Cp 和 Cf。Chara1、Chara2 和 Chara3 分别表示心理特征为随和、中立与独立的员工的数量。Cp 和 Cf 分别记录选择合作与冲突行为的员工的比例。

图 4.20.3 的底部是 Cp 和 Cf 的曲线，其中 x 轴表示时间，y 轴表示 Cp 和 Cf 的值，粗曲线代表 Cp，浅色曲线是 Cf。

图 4.20.4 描述了 Person 类，每一个员工都是 Person 对象，即一个元胞智能体，Person 类的属性变量主要包括：Behavior、Character 和 Neighbors。

（1）Behavior 表示在某一时刻员工的行为状态，类似于 StateChart。Behavior={0,1}，其中"1"表示合作行为 Cp，"0"表示冲突行为 Cf。

（2）Character 表示员工的心理特征，也就是随和的、中立的和独立的。Character={1,2,3}，"1"、"2" 和 "3"分别代表随和的、中立的和独立的。

（3）Neighbors 表示一系列的邻近员工的智能体，它是一组智能体。在 AnyLogic 中，Neighbors 的类型有 Moore（8 个邻居）和 Euclidean（4 个邻居）两种类型。

图 4.20.4 中的其他变量都是个体行为决策过程的辅助变量，如 i 记录邻近员工的数量，j 为最后时刻选择合作的邻近员工的数量，x 是邻近员工中选择合作的员工的比例，即 $x=j/i$。

为了分析组织内员工之间的交流对于个体员工行为的影响，我们假设邻居员工以一定概率互相交流：选择合作行为的员工主动给选择冲突行为的员工发送消息，"劝说"他们选择合作。如果选择冲突行为的员工接受了"劝说"信息，就可能转向选择合作，这取决于该员工的心理特征和要遵从的规则：随和员工转向合作的可能性为 50%，中立员工为 30%，而独立员工则为 10%。

如果收到信息的是选择合作的员工，那么其行为将不会改变。为了实现组织交流，如图 4.20.4 所示，我们增加了一个命名为 "message" 的 "Transition"，它转向 Cp，表示合作者的信息的传递。以概率 p 随机触发并发送"劝说信息"，p 的值域为 $[0, 1]$。

20.3.2　模型的验证

假设元胞空间是一个 10×10 的网格，邻近员工的模式为 4 个的 Euclidean 类型。设置模拟时间为 100 个时间阶段，模拟实验的参数如表 4.20.2 所示。

表 4.20.2　验证模拟实验的参数

Parameters	Values
Number of people (Thepopulation of employees)	100
B	22
C	20
δ	8
Fraction of cooperativeemployees at time $t=0$	30%
Fraction of defective employees at time $t=0$	70%
Group communication p	0

我们用3个极端的员工比例特征设计实验方案如下：

（1）所有员工都是独立的，没有随和员工和中立员工，模拟结果如图4.20.5（a）所示。

（2）所有员工都是随和的，没有独立员工和中立员工，模拟结果如图4.20.5（b）所示。

（3）所有员工都是中立的，没有独立员工和随和员工，模拟结果如图4.20.5（c）所示。

（4）随和员工、中立员工和独立员工的比例分别为30%、10%和60%，模拟结果如图4.20.5（d）所示。

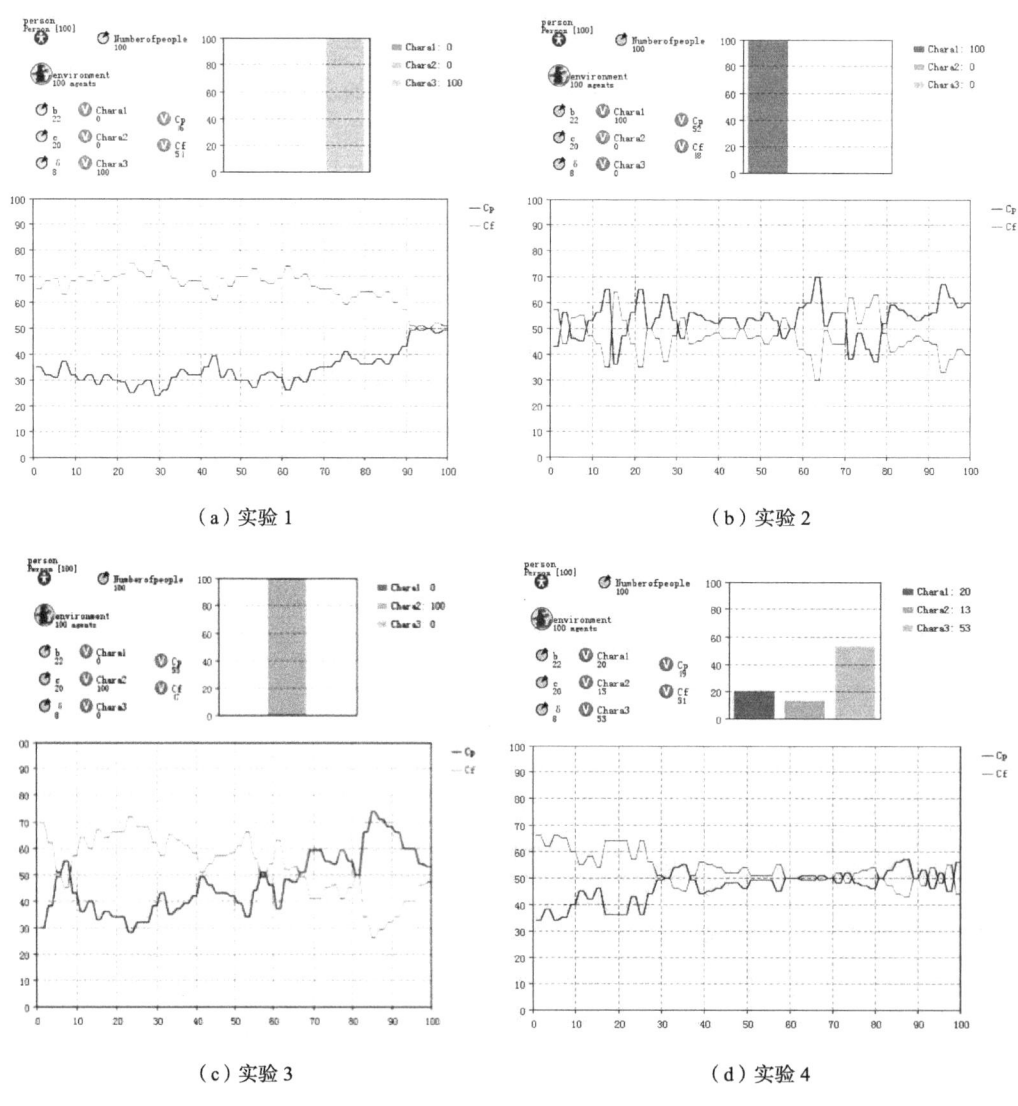

图4.20.5 模拟结果

图 4.20.5（a）表明，尽管合作员工的比例趋近于一个固定的水平，但是它增长得十分缓慢。其中一个原因就是独立员工倾向于追求个人成就并且与他人合作会增加自己的互动成本和减少利益。另一个原因是独立员工很难被邻近员工影响，所以冲突行为很难改变。

图 4.20.5（b）表明，当合作员工的数量有一个增长的趋势时，将会有一个"峰值"状态，它表明随和员工倾向于无理性思考并且在邻近员工选择合作行为比例大时也会选择合作。但是当选择合作行为的员工偏离一个特定水平时，他们之中会有一些员工理性决策并选择利益较高的冲突行为，这导致了图 4.20.5（b）中的"峰值"现象。

对比图 4.20.5（a）和图 4.20.5（b），我们可以发现中立员工的行为在图 4.20.5（c）中有着以上两个情况的所有特征。

图 4.20.5（d）表明，当选择合作的员工的比例达到一定水平时，选择合作与冲突行为的员工的比例的曲线，趋向于稳定与平滑。

以上实验表明模拟结果与我们的常识相一致，因此模拟模型得以验证。

20.4 模拟实验

为了研究群体员工合作与冲突行为的演化机制，我们通过效益参数 b、c、δ 和组织交流 p 来设计实验方案。员工数量 Numberofpeople=100，设置模拟实验的次数为 100 个时间阶段。

20.4.1 得益参数

我们设计了几个效益参数 b、c 和 δ 的组合来观察模拟结果，继而分析效益参数和控制因子对合作与冲突行为的影响。

1）实验 1

模拟实验参数如表 4.20.3 所示。

表 4.20.3 模拟实验 1 的参数

Parameters	Values
b	24
c	20
δ	12
Fraction of cooperative behavior at time $t=0$	40%
Fraction of defective behavior at time $t=0$	60%
Group communication p	0

从而有 $\delta > c/2$，模拟结果如图 4.20.6 所示。

这表示当 $\delta > c/2$ 时，在理性阶段合作行为是最佳选择。因此，所有的员工选择合作。

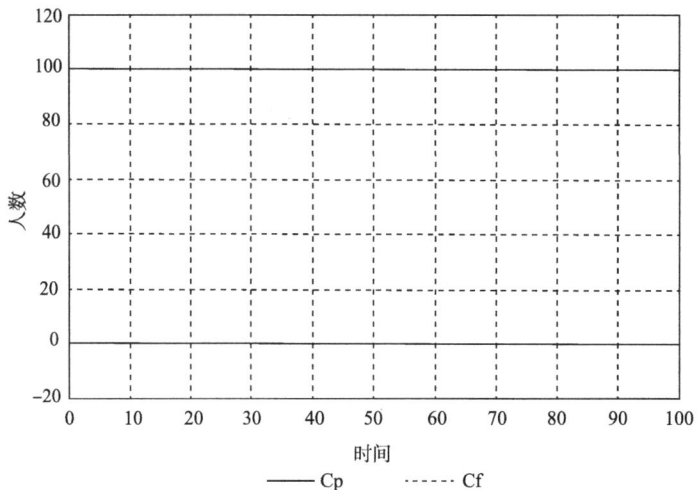

图 4.20.6 参数 $(b, c, \delta) = (24, 20, 12)$ 时模拟结果

2）实验 2

模拟实验参数如表 4.20.4 所示。

表 4.20.4 模拟实验 2 的参数

Parameters	Values
b	24
c	20
δ	8
Fraction of cooperative behaviorat time $t=0$	40%
Fraction of defective behaviorat time $t=0$	60%
Group communication p	0

从而惩罚系数 $\delta \leqslant c/2$ 且控制因子 $\xi = 0.8$，模拟结果如图 4.20.7 所示（标记的 A、B、C 和 D 点将在 20.4.3 小节分析）。

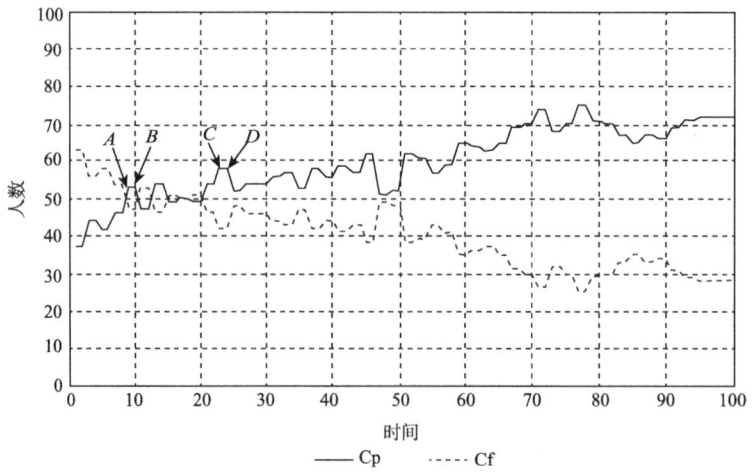

图 4.20.7 参数 $(b, c, \delta) = (28, 20, 8)$ 且 $\xi = 0.8$ 时模拟结果

这表明当选择合作行为的员工的比例在低水平时,选择合作员工的数量将逐渐增加。当这个比例达到 50%,即选择合作行为与冲突行为的员工的比为 1∶1 时,选择合作与冲突行为的人数在短时间内将会有波动。在波动之后,选择合作的员工将继续增长,会稳定在控制因子的水平。

3)实验 3

模拟实验参数如表 4.20.5 所示。

表 4.20.5 模拟实验 3 的参数

Parameters	Values
b	24
c	20
δ	4
Fraction of cooperative behaviorat time $t=0$	25%
Fraction of defective behaviorat time $t=0$	75%
Group communication P	0

这时 $\delta \leqslant c/2$ 且控制因子 $\xi = 0.4$,为了得到足够的模拟结果,我们调整选择合作与冲突行为的员工的初始比例分别为 20% 和 80%,模拟结果如图 4.20.8 所示。

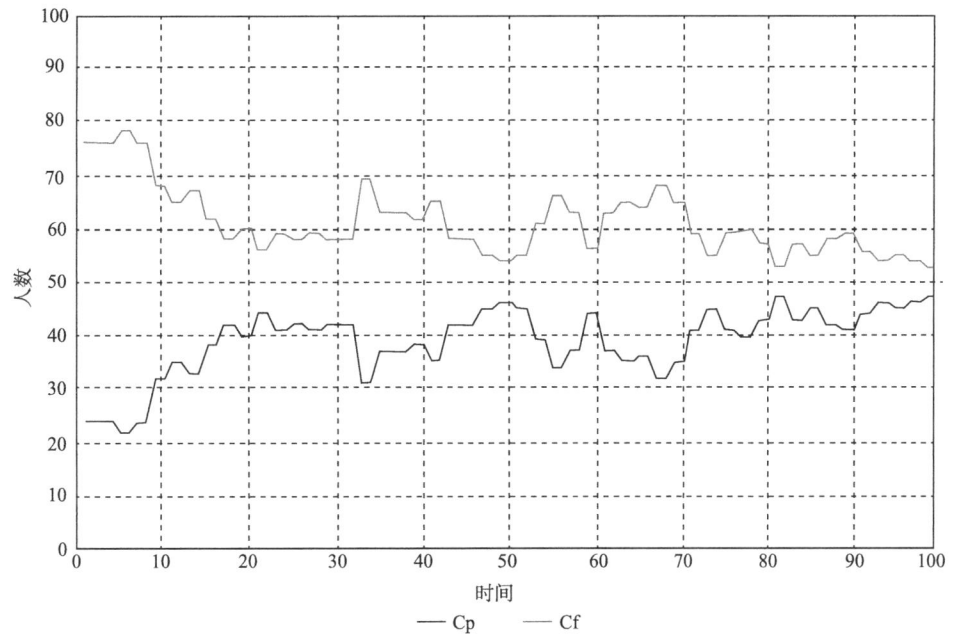

图 4.20.8 参数 $(b, c, \delta) = (24, 20, 4)$ 且 $\xi = 0.4$ 时模拟结果

它表明当选择合作行为的员工的比例低于控制因子 ξ 时,这个比例有上升趋势。否则,选择合作员工的比例是下降趋势。一般它保持在 0.4 左右,在后期它的轻微上升可能是源于员工的非理性决策。

以上模拟实验表明惩罚系数 δ 和控制因子 ξ 对员工的行为选择有重大影响。当

$\delta > c/2$ 时,选择合作行为显然多于冲突行为。但是当 $\delta \leq c/2$ 时,则有两种不同的情形:

(1) 如果邻近员工选择合作的比例高于控制因子 ξ,选择冲突行为的人数会多于合作行为。

(2) 如果邻近员工选择合作的比例低于控制因子 ξ,选择合作行为的人数会多于冲突行为。

总之,非理性决策导致了一些波动。

20.4.2 组织交流

为了分析交流概率 p 对员工决策的影响,我们使用实验 2(即表 4.20.4)的参数,但是令 p=0.2、0.4 和 0.8,使选择合作与冲突行为的比例在 t=0 时分别为 60%和 40%,模拟结果如图 4.20.9 所示。

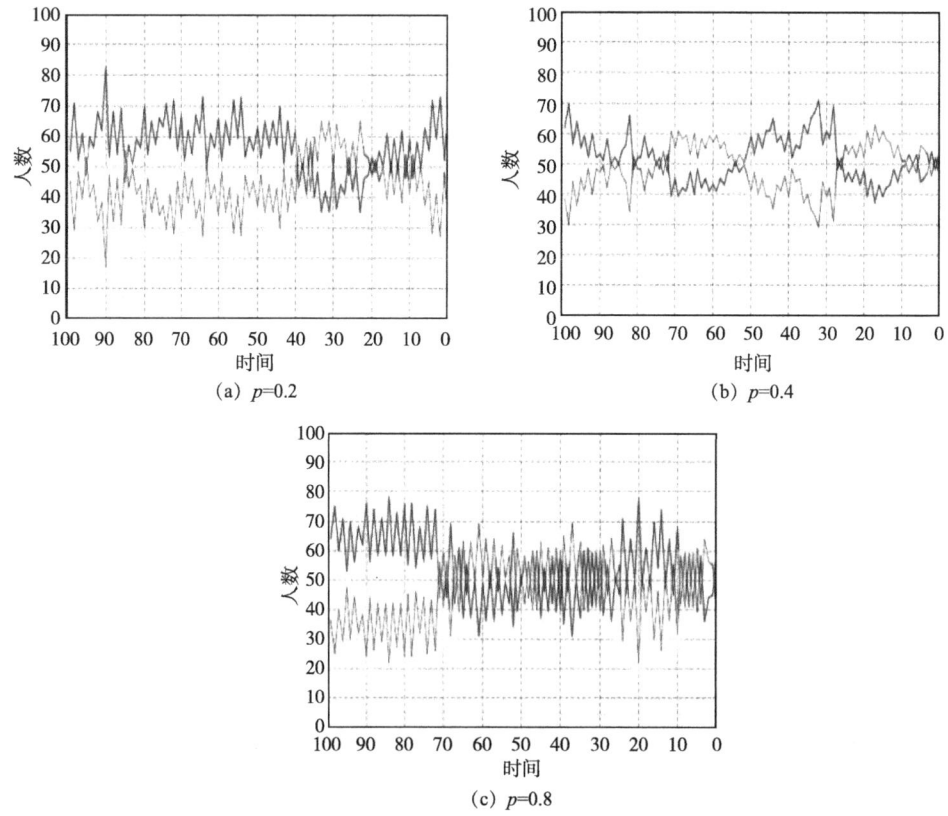

图 4.20.9 在不同的组织交流概率下的模拟结果

模拟结果表明了两点,一是,组织交流对于员工决策有着重大影响,它导致了选择合作员工的数量的增加,增加的范围将会随着 p 的增加而增加;二是,组织交流导致了选择合作与冲突行为的员工的比例的波动,当把图 4.20.9 和图 4.20.7(或者图 4.20.8)对比的时候,这点将非常明显。这个现象说明在组织中存在组织交流时,员工行为在总体水平上是不稳定的。

20.4.3 讨论

在模拟实验中，我们发现了关于员工的组织行为独特的关系另一个现象。

与图 4.20.9 比较，实验 2 的模拟结果图 4.20.7 中合作与冲突行为比例的曲线，在总体上是较为平坦的，至少在邻近点 A 和 B，以及 C 和 D 之间是较为稳定。

为了分析图 4.20.9 不稳定的原因，我们重新做实验 2，但是只考察 $p=0.2$ 的情形，记录 $t=9$、10 和 23、24 时的模拟结果，即记录图 4.20.7 中点 A、B、C、D 处的模拟结果，见图 4.20.10。

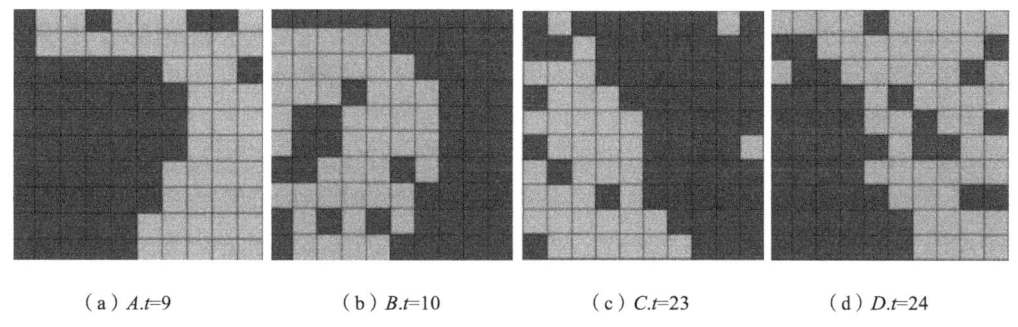

（a）$A.t=9$ （b）$B.t=10$ （c）$C.t=23$ （d）$D.t=24$

图 4.20.10 当 $p=0.2$ 时组织行为的聚集效应

图 4.20.10 的显著现象是，员工的群体行为在两个相邻时间阶段之间存在着集体反转的现象，这意味着，员工群体行为在局部水平上是不稳定的（尽管在总体上它们是稳定的）。原因分析如下：员工的认知能力是有限的，他们只能收集邻近员工的信息，然后进入了两个决策阶段：非理性决策和理性决策阶段。如果不经过非理性决策阶段而直接进入理性决策阶段，此时，针对邻近员工的信息，每个员工的行为由博弈规则和追求利益最大化所驱动，这导致了员工脆弱的利益关系，即要么一起损失利益，要么一起得到利益。

在图 4.20.10（b）中和图 4.20.10（d）中中，冲突行为员工并不处在一个整体的集结区域（见浅灰色）中，而是有小群体的合作员工（深灰色）分散在其中。究其原因，是模拟模型中考虑了员工的特质差异，并且更重要的是，模拟过程中存在非理性决策以及组织交流。

为了证实这一点，我们在 $p=0.8$ 的情况下再做实验 2，并且在时间 $t=9$、10 和 23、24 抓取模拟结果，见图 4.20.11。与图 4.20.10（b）中、4.20.10（d）中相比，冲突行为群体（浅灰色）中掺杂的合作员工（深灰色）更多。说明组织交流概率更大时（$p=0.8$），冲突行为员工更难以集结成一个整体的区域，也就是说，组织交流可以阻止群体的冲突行为在局部（即相邻时间）的极端化。

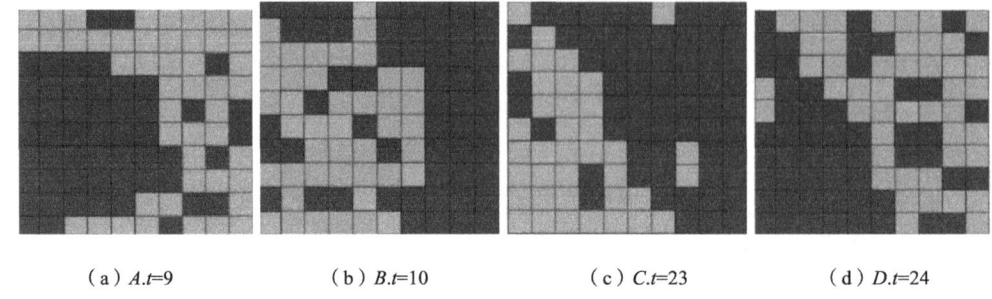

(a) A.t=9　　　　(b) B.t=10　　　　(c) C.t=23　　　　(d) D.t=24

图 4.20.11　在 $p=0.8$ 时群体行为的聚集效应

人的决策行为分为基于直觉的及时决策和基于深度计算的决策两个阶段，我们认为在第一阶段，个体人的决策是在观察其邻居的行为及环境后直觉地快速做出的，如果这个阶段决策行为还没有进行的话，则进入第二个阶段，运用博弈论方法做深度计算，根据计算的结果来进行决策。

本章的研究对象是人的合作与冲突行为，博弈论是表达个体人与人之间的经济行为的，而人在合作与冲突行为抉择中，不一定完全按照经济利益的计算来进行，而是伴随着心理的、文化上的因素，为此，我们就要在纯经济学的博弈论模型中嵌入前景理论。那么，这样的博弈模型如何驱动一群人的合作与冲突行为的演化呢？我们就运用多Agent模拟方法。

通过博弈论、心理学理论和多 Agent 模拟的集成及其模拟实验，本章发现了群体合作与冲突行为的稳定、反转及聚集效应等规律。

参 考 文 献

[1] 胡斌,周明. 管理系统模拟. 北京:清华大学出版社,2008.
[2] 齐欢,王小平. 系统建模与仿真. 北京:清华大学出版社,2004.
[3] 周明,胡斌. 计算机仿真原理及其应用. 武汉:华中科技大学出版社,2005.
[4] Evans J R,Olson D L. 洪锡熙译. 模拟与风险分析. 上海:上海人民出版社,2001.
[5] Law A M,Kelton W D. Simulation Modeling and Analysis. New York:McGraw-Hill,2000.
[6] Fujimoto R M. 并行与分布模拟系统. 李革,刘宝宏,张耀程译. 北京:电子工业出版社,2010.
[7] 姜启源,谢金星,叶俊. 数学模型. 北京:高等教育出版社,2003.
[8] 许先斌. 社会经济系统仿真. 武汉:武汉大学出版社,1992.
[9] 方美琪,张树人. 复杂系统建模与仿真. 北京:中国人民大学出版社,2005.
[10] Basu N,Pryor P,Quint T. ASPEN:a microsimulation model of the economy. Computational Economics,1998,12(3):223-241.
[11] http://www.swarmagents.com/.
[12] Hegselmann R,Flache A. Understanding complex social dynamics:a plea for cellular automata based modelling. Journal of Artificial Societies and Social Simulation,1998,1(3):1-30.
[13] 白方周,张雷. 定性仿真导论. 合肥:中国科学技术大学出版社,1998.
[14] 胡斌. 群体行为的定性模拟原理与应用. 武汉:华中科技大学出版社,2006.
[15] Kuipers B. Qualitative simulation. Artificial Intelligence,1986,29:289-338.
[16] 陈旭,武振业. 新一代可视化交互集成仿真环境 Arena. 计算机应用研究,2000,17(1):9-11.
[17] Rockwell Software. Arena standard edition user's guide.Sewickley,1998.
[18] XJ Technologies Company. AnyLogic 6 User's Guide. http://www.xjtek.com,2007.
[19] Wilensky U. NetLogo. http://ccl.northwestern.edu/netlogo/. Center for Connected Learning and Computer-Based Modeling,Northwestern University,Evanston,IL,1999.
[20] https://www.vensim.com/documentation.html.
[21] 胡斌,蒋国银. 管理系统的集成模拟原理与应用. 北京:高等教育出版社,2010.
[22] Hu B,Chen M Y,Defersha F M. An integrated method for multiobjectives cell formation in cellular manufacturing systems. International Journal of Manufacturing Technology and Management,2007,11(3~4):355-372.
[23] 吴江,胡斌,鲁耀斌. 实证驱动的信息系统扩散与组织互动模拟研究. 管理科学学报,2010,13(10):21-31.

[24] 胡斌，朱侯，赵旭. 员工心理活动的突变与模拟模型. 北京：清华大学出版社，2014.

[25] Kahneman D，Tversky A. Prospect theory：an analysis of decisions under risk. Econometrica，1979，47：263-291.

附录 1

模拟中的概率分布

概率分布函数是各类管理系统模拟模型建模的基础，模拟模型的输入变量（主要指不可控变量）及状态变量主要以随机变量的形式存在，而对这些随机变量的描述、并在模拟运行时产生这些随机变量，就要靠各种类型的概率分布函数。

此处列举较为常见的概率分布函数，并介绍在实践中根据人们的经验，每种分布函数更适合的典型情况的应用。

1 常用的连续分布

1.1 均匀分布

均匀分布描述在某最小值和最大值之间所有结果等可能的随机变量的特性。在区间 (a,b) 中，均匀分布随机变量 X 的密度函数为

$$f(x) = \begin{cases} \dfrac{1}{b-a}, & a \leqslant x \leqslant b \\ 0, & \text{其他} \end{cases}$$

均匀分布随机变量 X 的分布函数为

$$F(x) = \begin{cases} 0, & x < a \\ \dfrac{x-a}{b-a}, & a \leqslant x \leqslant b \\ 1, & \text{其他} \end{cases}$$

均匀分布的密度函数及分布函数用附图 1.1 表示。

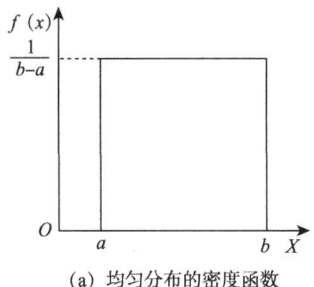 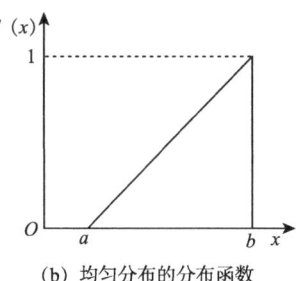

(a) 均匀分布的密度函数　　　　(b) 均匀分布的分布函数

附图 1.1　均匀分布

均匀分布的均值为

$$E(x)=\int_a^b f(x)x\mathrm{d}x=\int_a^b \frac{1}{b-a}x\mathrm{d}x=\frac{a+b}{2}$$

均匀分布的方差为

$$V(x)=\int_a^b [x-E(x)]^2 \cdot f(x)\mathrm{d}x=\int_a^b \left(x-\frac{b+a}{2}\right)^2 \cdot \frac{1}{b-a}\mathrm{d}x=\frac{(b-a)^2}{12}$$

由于 a 控制了分布沿水平轴的位置,所以它是位置参数。差($b-a$)是尺度参数。增加($b-a$),分布就被拉长;减少($b-a$),分布则被缩短。由于任何均匀分布都是平坦的,故不存在形状参数。

计算机算法生成的随机数,即为服从 $a=0$ 和 $b=1$ 的均匀分布。在对随机变量知之甚少时,常使用均匀分布,这时根据判断来选择参数 a 和 b,以反映建模者对随机变量取值范围的最佳猜测。

1.2　指数分布

指数分布的主要性质是它的无记忆性(memory-less),即当前时间对未来结果没有影响。例如,不论机器原先已经运转了多长时间,它继续运转至出现故障所经历的时间总有同样的分布。

指数分布的概率密度函数为

$$f(x)=\begin{cases}\lambda \mathrm{e}^{-\lambda x}, & x\geqslant 0\\ 0, & x<0\end{cases}$$

指数分布的分布函数为

$$F(x)=\int_{-\infty}^x f(t)\mathrm{d}t=\int_{-\infty}^x \lambda \mathrm{e}^{-\lambda t}\mathrm{d}t=1-\mathrm{e}^{-\lambda x}$$

指数分布的密度函数见附图 1.2,阴影部分是 $a\leqslant X\leqslant b$ 的概率。

指数分布的均值为

$$E(x)=\int_{-\infty}^{+\infty}xf(x)\mathrm{d}x=\int_{-\infty}^{+\infty}x\lambda \mathrm{e}^{-\lambda x}\mathrm{d}x=\frac{1}{\lambda}$$

指数分布的方差为

$$V(x) = E(X^2) - [E(X)]^2 = \int_{-\infty}^{+\infty} x^2 f(x) \mathrm{d}x - \left[\frac{1}{\lambda}\right]^2 = \frac{1}{\lambda^2}$$

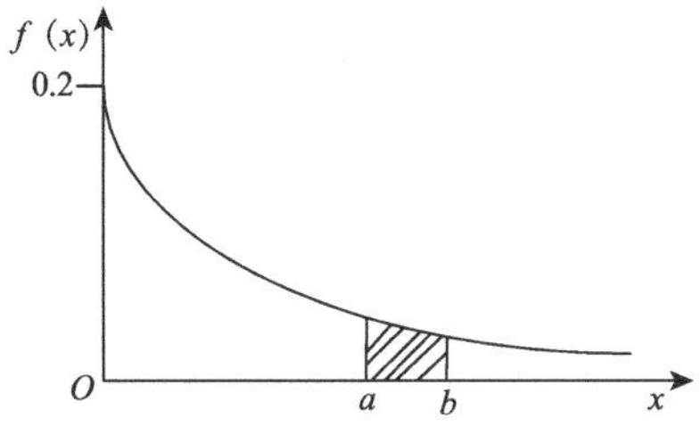

附图 1.2　指数分布的密度函数（$\lambda=0.2$）

指数分布没有形状参数和位置参数，λ 为尺度参数。指数分布具有以下性质：以 0 为下界，在点 0 处有最高密度，且密度随着 x 的增加而减少。

指数分布适用于构建在实践上随机重现的事件的模型。因而，它常被用于为顾客到达服务系统的间隔事件，或机器、灯泡及其他机械或电子元件的失效前工作时间建立模型。

1.3　正态分布

正态分布由熟知的钟形曲线描述。正态分布是对称的，并且具有中位数等于均值的性质。虽然 x 的区域无界，但大部分密度向均值集拢。

其特性由两个参数刻画：均值 μ（位置参数）和方差 σ^2（尺度参数）。正态分布的概率密度函数是

$$f(x) = \frac{1}{\sigma\sqrt{2\pi}} \exp\left[-\frac{1}{2}\left(\frac{x-\mu}{\sigma}\right)^2\right], \quad -\infty < x < \infty$$

这种分布的密度函数不存在封闭图形。附图 1.3 给出了 $\mu=0$ 和 $\sigma=1$ 的标准正态分布的大致图形。

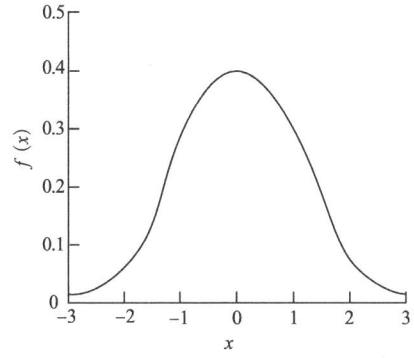

附图 1.3　均值为 0 和标准差为 1 的正态密度函数

正态分布有如下性质：

（1）$\lim_{x \to -\infty} f(x) = \lim_{x \to +\infty} f(x) = 0$。

（2）$f(\mu - x) = f(\mu + x)$，即对称性。

（3）$f(x)$在$x=\mu$处有最大值，即均值和众数相同。

正态分布的均值为

$$E(X) = \mu$$

正态分布的方差为

$$V(X) = \sigma^2$$

正态分布的分布函数$F(x)$为

$$F(x) = P(X \leq x) = \int_{-\infty}^{x} \frac{1}{\sigma\sqrt{2\pi}} \exp\left[-\frac{1}{2}\left(\frac{t-\mu}{\sigma}\right)^2\right] dt$$

正态分布可以在许多自然现象种观测到。各种类型的误差，如机加工项目说明书注明的偏差，常是正态分布的。某些服务系统的处理时间服从正态分布。而且，作为中心极限定理的推论，成批具有任意分布的随机变量的平均数也是正态的。

1.4 三角分布

三角分布由三个参数来定义：最小值a、最大值b和最可能值c。临近最可能值的结果比那些位于端点的结果有较大的出现机会。

三角分布的概率密度函数的数学形式为

$$f(x) = \begin{cases} \dfrac{2(x-a)}{(m-a)(b-a)}, & a \leq x \leq m \\ \dfrac{2(b-x)}{(b-m)(b-a)}, & m < x < b \\ 0, & \text{其他} \end{cases}$$

其图形如附图1.4所示，a为位置参数，$b-a$为尺度参数，而c为形状参数。

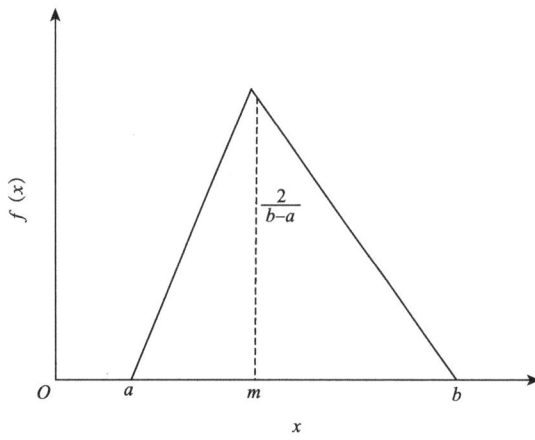

附图1.4 三角分布的密度函数

三角分布的有关参数如下：

$$均值 \quad E(X) = \frac{a+m+b}{3}$$

$$方差 \quad V(X) = \frac{a(a-m)+b(b-a)+m(m-b)}{18}$$

$$模 \text{ mode} = m = 3E(X)-(a+b)$$

由于 $a \leqslant m \leqslant b$，因此有

$$\frac{2a+b}{3} \leqslant E(X) \leqslant \frac{a+2b}{3}$$

三角分布的分布函数 $F(x)$ 可由下式确定：

$$F(x) = \begin{cases} 0, & x \leqslant a \\ \dfrac{(x-a)^2}{(m-a)(b-a)}, & a < x \leqslant m \\ 1 - \dfrac{(b-x)^2}{(b-m)(b-a)}, & m < x \leqslant b \\ 1, & x > b \end{cases}$$

三角形分布常被用做其他分布的粗略近似，如正态分布，可在缺少较完整数据时使用。因为它取决于三个简单参数且能取各种形状，所以在为多种多样的假设建立模型时它是非常灵活的。然而，它的一个缺点是有界性，这使得本来也许会出现极端偏离值的可能性被排除了。

1.5 对数正态分布

若随机变量 x 的自然对数是正态的，则 x 服从对数正态分布（lognormal distribution）。其概率密度函数是

$$f(x) = \begin{cases} \dfrac{1}{x\sqrt{2\pi\sigma^2}} e^{-[\ln(x)-\mu]^2/2\sigma^2}, & 若 x > 0 \\ 0, & 其他 \end{cases}$$

对数正态分布的均值是 $e^{\mu+\sigma^2/2}$，方差是 $e^{2\mu+\sigma^2}(e^{\sigma^2}-1)$。参数 σ 是形状参数，且必须大于 0。附图 1.5 给出了 $\mu=1$ 和 $\sigma=1/2$，1，3/2 的对数正态密度函数。

当 σ 取较大的值时，分布从 0 开始取极大值，之后取值随着 x 趋于 ∞ 而渐渐趋向 0。对于 $\sigma<1$ 的值，分布的偏斜度减少，且几乎成为正态分布的形状，只在尾部有轻微向右的偏斜。参数 μ 是尺度参数且可取任意实数。

对数正态分布是正偏斜且以零为下界的。因而，它应用于为那些大数值具有小概率且不能取负值（如完成任务的时间）的现象建立模型。其他常见的例子包括股票价格和房地产价格。对数正态分布也常用于"尖峰"服务时间，即其时 0 的概率很小而最可能值刚好大于零。作为大量其他数量之乘积的量也服从对数正态分布。

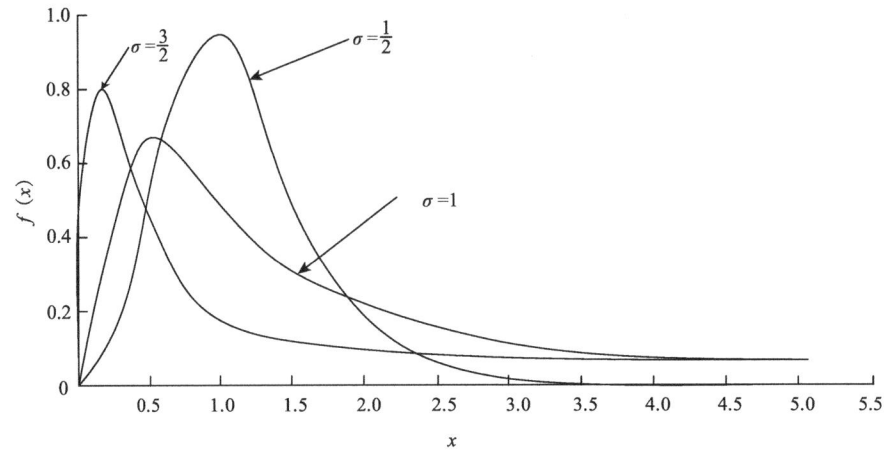

附图1.5 均值为1和标准差分别为1/2、1和3/2的对数正态密度函数

2 常用的离散分布

2.1 贝努利分布和二项分布

贝努利分布（Bernoulli distrlution）描述只有两个以常数概率出现的可能结果的随机变量的特性。典型地，这两个结果表示"成功"（$x=1$）或"失败"（$x=0$）。其概率质量函数是

$$p(x) = \begin{cases} 1-p, & 若 x=0 \\ p, & 若 x=1 \end{cases}$$

其中，p表示成功的概率。贝努利分布可以用于建立某人对电话促销是否积极回应的模型。

二项分布给出每次实验成功概率为p的n次独立重复贝努利实验的模型。随机变量x表示在这n次实验中成功的次数。其概率质量函数是

$$p(x) = \begin{cases} \binom{n}{x} p^x (1-p)^{n-x}, & 若 x=1,2,\cdots,n \\ 0, & 其他 \end{cases}$$

其中，np为均值，$np(1-p)$为方差。二项分布可以用于建立生产作业中抽样检验结果的模型或药物研究对病人样本效果的模型。

2.2 泊松分布

泊松分布是用于建立某种度量单位内发生次数模型的一种离散分布。例如，在某时间区间内事件出现的次数，每一顾客对库存的需求件数，或每行软件程序的错误个数。泊松分布所取的发生次数不受限制，各次发生是独立的，且平均次数是常数。它的概率质量函数是

$$p(x) = \begin{cases} \dfrac{e^{-\lambda}\lambda^x}{x!}, & \text{若} x = 0,1,2,\cdots \\ 0, & \text{其他} \end{cases}$$

其中，λ 为均值，而方差也等于 λ。

附图 1.6 是泊松分布的概率质量函数图。

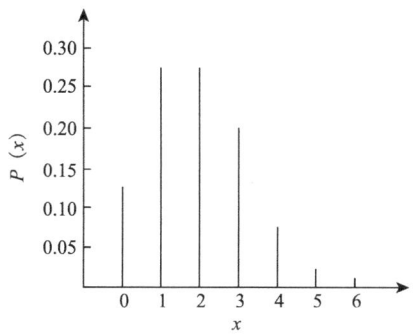

附图 1.6　泊松分布的概率质量函数（$\lambda=2$）

3　其他有用的分布

3.1　伽马分布

伽马分布是由形状参数 α、尺度参数 β 和位置参数 L 定义的一个分布族。L 是随机变量 x 的下限，即伽马分布是对 $x>L$ 来定义的。其密度函数根据某些高等数学函数来确定，因而这里不予写出。附图 1.7 展示了不同的 α 值和 $\beta=1$ 所对应的几个伽马分布。

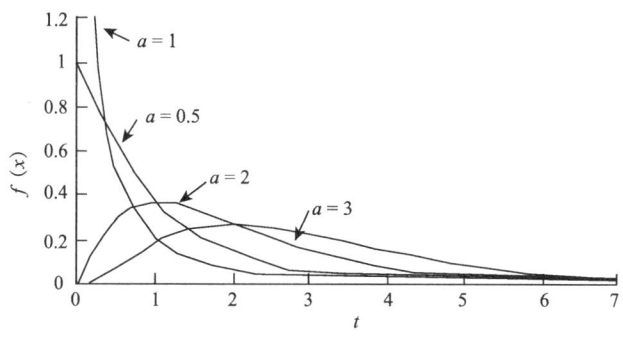

附图 1.7　伽马分布（$\beta=1$）

伽马分布常被用于对诸如顾客服务或机器修理这类任务的完成时间建立模型。当事件过程不完全随机时，它被用于为事件出现的间隔时间建立模型。它在库存控制和风险保险理论中也得到应用。

伽马分布在 $a=1$ 和 $L=0$ 时的特殊情形称为爱尔兰分布（Erlang distribution）。爱尔兰

分布又可以看成是 k 个独立同分布指数随机变量之和的分布。其概率密度函数为

$$f(x) = \frac{1/\lambda (x/\lambda)^{k-1} e^{-x/\lambda}}{(k-1)!}, \quad 当 x \geq 0$$

其中，k 为正整数，均值为 k/λ^2。当 $k=1$ 时，爱尔兰分布就是指数分布。对于 $k=2$，分布向右高度偏斜。对于更大的 k 值，这个偏斜度减少，直到 $k=20$ 时，爱尔兰分布看起来就像是正态分布。一种常见的爱尔兰分布的应用是：当一项任务可以被分解为独立的子任务，且其中每个子任务都具有指数分布时，它用于为完成整个任务的时间建立模型。

3.2 韦伯分布

韦伯分布（Weibull distribution）是另一种能取若干不同形状的概率分布，韦伯分布常被用于建立寿命与疲劳实验的结果、设备故障时间和完成任务时间的模型。

韦伯分布的概率函数为

$$f(x) = \begin{cases} \beta/\alpha \left(\dfrac{x-\nu}{\alpha}\right)^{\beta-1} e^{-\left(\frac{x-\nu}{\alpha}\right)^{\beta}}, & x \geq \nu \\ 0, & 其他 \end{cases}$$

韦伯分布有三个参数：ν 为位置（location）参数，$-\infty < \nu < \infty$；α 为尺度（scale）参数，$\alpha > 0$；β 为形状（shape）参数，$\beta > 0$。

当位置参数 $\nu=0$ 时，韦伯分布变成

$$f(x) = \begin{cases} \dfrac{\beta}{\alpha} x^{\beta-1} e^{-(x/\alpha)^{\beta}}, & x \geq 0 \\ 0, & 其他 \end{cases}$$

附图 1.8 是 $\nu=0$，$\alpha=1$ 和不同 β 值的韦伯分布的概率密度函数。

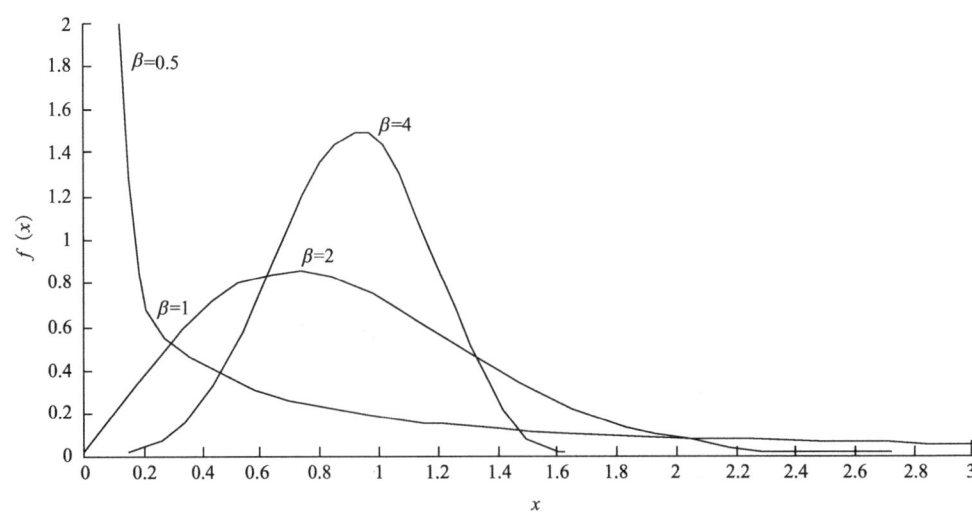

附图 1.8　韦伯分布的密度函数

当 $v=0$，$\beta=1$ 时，韦伯分布变成：

$$f(x) = \begin{cases} \dfrac{1}{\alpha} e^{-x/\alpha}, & x \geq 0 \\ 0, & \text{其他} \end{cases}$$

此时韦伯分布变为 $\lambda = \dfrac{1}{\alpha}$ 的指数分布。通过选取不为 0 的参数 v，可以建立具有非零下界的指数分布模型。当 $\beta=3.25$ 时，韦伯分布近似于正态分布。

韦伯分布的均值为

$$E(X) = v + \alpha \Gamma\left(\dfrac{1}{\beta} + 1\right)$$

其中，

$$\Gamma(\beta) = \int_0^\infty x^{\beta-1} e^{-x} dx$$

故韦伯分布的均值也可写成：

$$E(X) = v + \alpha \int_0^\infty x^{\frac{\beta+1}{\beta}-1} e^{-x} dx = v + \alpha \int_0^\infty x^{\frac{1}{\beta}} e^{-x} dx$$

韦伯分布的方差为

$$V(X) = \alpha^2 \left[\Gamma\left(\dfrac{2}{\beta}+1\right) - \left[\Gamma\left(\dfrac{1}{\beta}+1\right)\right]^2 \right]$$

韦伯分布的分布函数为

$$F(x) = \begin{cases} 1 - e^{-\left(\frac{x-v}{\alpha}\right)^\beta}, & x \geq v \\ 0, & x < v \end{cases}$$

3.3 贝塔分布

用于建立 0 到某正值 s 的确定区间上之变动性的模型的最灵活的分布之一是贝塔分布（beta distribution）。其密度函数为

$$f(x) = \begin{cases} \dfrac{(\alpha+\beta-1)!}{(\alpha-1)!(\beta-1)!} \left(\dfrac{x}{s}\right)^{\alpha-1} \left(1 - \dfrac{x}{s}\right)^{\beta-1}, & \text{若 } 0 < x < s \\ 0, & \text{其他} \end{cases}$$

贝塔分布是两个形状参数 α 和 β 的函数，二者都必须取正值。参数 s 是尺度参数。注意，s 定义了分布范围的上限。附图 1.9 展示了各种贝塔分布的密度函数。若 α 与 β 相等，则分布是对称的。若这两个参数中有一个等于 1 而另一个大于 1，则分布呈"J"状。若 α 小于 β，则分布是正偏斜的；否则，它是负偏斜的。这些性质可以帮助你选取适当的形状参数值。

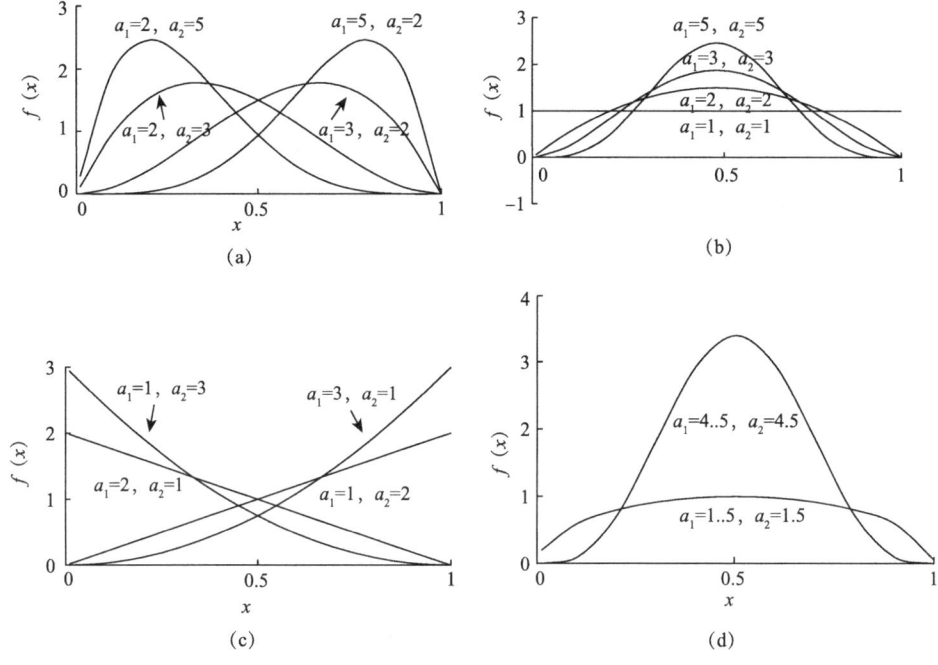

附图1.9 贝塔分布的密度函数

3.4 较少使用的分布

若干可能在特定应用中使用的其他分布包括：

（1）几何分布（geometric distribution），描述直至第一次成功为止已进行的实验次数的一系列贝努利实验。一个例子是，在每次实验出现次品的概率相同的假设下，直到次品出现时已生产的零件数。

（2）负二项分布（negative binomial distribution），类似于几何分布，它建立至第 r 次成功为止已进行的实验次数的分布模型，如必须售出10张订货单的销售访问次数。

（3）超几何分布（hypergeometric distribution），除应用于无回置抽样外，类似于二项分布。超几何分布常应用于质量控制检验。

（4）逻辑斯谛分布（logistic distribution），一般用于描述时期人口增长。

（5）帕累托分布（pareto distribution），描述小比例项目在某特征中占大比例的现象。例如，少数城市的人口在总人口中所占比重很大。其他例子包括公司规模、个人收入和股票价格波动。

（6）极值分布（extreme value distribution），描述时期内的最大反应值，如暴雨、地震和材料断裂强度。

附录 2

正态分布函数

$$\Phi(Z_\alpha) = \int_{-\infty}^{Z_\alpha} \frac{1}{\sqrt{2\pi}} e^{-u^2/2} du = 1 - \alpha$$

Z_α	0.00	0.01	0.02	0.03	0.04	Z_α
0.0	0.500 00	0.503 99	0.507 98	0.511 97	0.515 95	0.0
0.1	0.539 83	0.543 80	0.547 76	0.551 72	0.555 67	0.1
0.2	0.579 26	0.583 17	0.587 06	0.590 95	0.594 83	0.2
0.3	0.617 91	0.621 72	0.625 52	0.629 30	0.633 07	0.3
0.4	0.655 42	0.659 10	0.662 76	0.666 40	0.670 03	0.4
0.5	0.691 46	0.694 97	0.698 47	0.701 94	0.705 40	0.5
0.6	0.725 75	0.729 07	0.732 37	0.735 65	0.738 91	0.6
0.7	0.758 04	0.761 15	0.764 24	0.767 30	0.770 35	0.7
0.8	0.788 14	0.791 03	0.793 89	0.796 73	0.799 55	0.8
0.9	0.815 94	0.818 59	0.821 21	0.823 81	0.826 39	0.9
1.0	0.841 34	0.843 75	0.846 14	0.848 49	0.850 83	1.0
1.1	0.864 33	0.866 50	0.868 64	0.870 76	0.872 86	1.1
1.2	0.884 93	0.886 86	0.888 77	0.890 65	0.892 51	1.2
1.3	0.903 20	0.904 90	0.906 58	0.908 24	0.909 88	1.3
1.4	0.919 24	0.920 73	0.922 20	0.923 64	0.925 07	1.4
1.5	0.933 19	0.934 48	0.935 74	0.936 99	0.938 22	1.5
1.6	0.945 20	0.946 30	0.947 38	0.948 45	0.949 50	1.6
1.7	0.955 43	0.956 37	0.957 28	0.958 18	0.959 07	1.7
1.8	0.964 07	0.964 85	0.965 62	0.966 38	0.967 12	1.8
1.9	0.971 28	0.971 93	0.972 57	0.973 20	0.973 81	1.9
2.0	0.977 25	0.977 78	0.978 31	0.978 82	0.979 32	2.0
2.1	0.982 14	0.982 57	0.983 00	0.983 41	0.983 82	2.1
2.2	0.986 10	0.986 45	0.986 79	0.987 13	0.987 45	2.2
2.3	0.989 28	0.989 56	0.989 83	0.990 10	0.990 36	2.3

续表

Z_α	0.00	0.01	0.02	0.03	0.04	Z_α
2.4	0.991 80	0.992 02	0.992 24	0.992 45	0.992 66	2.4
2.5	0.993 79	0.993 96	0.994 13	0.994 30	0.994 46	2.5
2.6	0.995 34	0.995 47	0.995 60	0.995 73	0.995 85	2.6
2.7	0.996 53	0.996 64	0.996 74	0.996 83	0.996 93	2.7
2.8	0.997 44	0.997 52	0.997 60	0.997 67	0.997 74	2.8
2.9	0.998 13	0.998 19	0.998 25	0.998 31	0.998 36	2.9
3.0	0.998 65	0.998 69	0.998 74	0.998 78	0.998 82	3.0
3.1	0.999 03	0.999 06	0.999 10	0.999 13	0.999 16	3.1
3.2	0.999 31	0.999 34	0.999 36	0.999 38	0.999 40	3.2
3.3	0.999 52	0.999 53	0.999 55	0.999 57	0.999 58	3.3
3.4	0.999 66	0.999 68	0.999 69	0.999 70	0.999 71	3.4
3.5	0.999 77	0.999 78	0.999 78	0.999 79	0.999 80	3.5
3.6	0.999 84	0.999 85	0.999 85	0.999 86	0.999 86	3.6
3.7	0.999 89	0.999 90	0.999 90	0.999 90	0.999 91	3.7
3.8	0.999 93	0.999 93	0.999 93	0.999 94	0.999 94	3.8
3.9	0.999 95	0.999 95	0.999 96	0.999 96	0.999 96	3.9

Z_α	0.05	0.06	0.07	0.08	0.09	Z_α
0.0	0.519 94	0.523 92	0.527 90	0.531 88	0.535 86	0.0
0.1	0.559 62	0.563 56	0.567 49	0.571 42	0.575 35	0.1
0.2	0.598 71	0.602 57	0.606 42	0.610 26	0.614 09	0.2
0.3	0.636 83	0.640 58	0.644 31	0.648 03	0.651 73	0.3
0.4	0.673 64	0.677 24	0.680 82	0.684 39	0.687 93	0.4
0.5	0.708 84	0.712 26	0.715 66	0.719 04	0.722 40	0.5
0.6	0.742 15	0.745 37	0.748 57	0.751 75	0.754 90	0.6
0.7	0.773 37	0.776 37	0.779 35	0.782 30	0.785 24	0.7
0.8	0.802 34	0.805 11	0.807 85	0.810 57	0.813 27	0.8
0.9	0.828 94	0.831 47	0.833 98	0.836 46	0.838 91	0.9
1.0	0.853 14	0.855 43	0.857 69	0.859 93	0.862 14	1.0
1.1	0.874 93	0.876 98	0.879 00	0.881 00	0.882 98	1.1
1.2	0.894 35	0.896 17	0.897 96	0.899 73	0.901 47	1.2
1.3	0.911 49	0.913 09	0.914 66	0.916 21	0.917 74	1.3
1.4	0.926 47	0.927 85	0.929 22	0.930 56	0.931 89	1.4
1.5	0.939 43	0.940 62	0.941 79	0.942 95	0.944 08	1.5
1.6	0.950 53	0.951 54	0.952 54	0.953 52	0.954 49	1.6
1.7	0.959 94	0.960 80	0.961 64	0.962 46	0.963 27	1.7
1.8	0.967 84	0.968 56	0.969 26	0.969 95	0.970 62	1.8
1.9	0.974 41	0.975 00	0.975 58	0.976 15	0.976 70	1.9
2.0	0.979 82	0.980 30	0.980 77	0.981 24	0.981 69	2.0
2.1	0.984 22	0.984 61	0.985 00	0.985 37	0.985 74	2.1

续表

Z_α	0.05	0.06	0.07	0.08	0.09	Z_α
2.2	0.987 78	0.988 09	0.988 40	0.988 70	0.988 99	2.2
2.3	0.990 61	0.990 86	0.991 11	0.991 34	0.991 58	2.3
2.4	0.992 86	0.993 05	0.993 24	0.993 43	0.993 61	2.4
2.5	0.994 61	0.994 77	0.994 92	0.995 06	0.995 20	2.5
2.6	0.995 98	0.996 09	0.996 21	0.996 32	0.996 43	2.6
2.7	0.997 02	0.997 11	0.997 20	0.997 28	0.997 36	2.7
2.8	0.997 81	0.997 88	0.997 95	0.998 01	0.998 07	2.8
2.9	0.998 41	0.998 46	0.998 51	0.998 56	0.998 61	2.9
3.0	0.998 86	0.998 89	0.998 93	0.998 96	0.999 00	3.0
3.1	0.999 18	0.999 21	0.999 24	0.999 26	0.999 29	3.1
3.2	0.999 42	0.999 44	0.999 46	0.999 48	0.999 50	3.2
3.3	0.999 60	0.999 61	0.999 62	0.999 64	0.999 65	3.3
3.4	0.999 72	0.999 73	0.999 74	0.999 75	0.999 76	3.4
3.5	0.999 81	0.999 81	0.999 82	0.999 83	0.999 83	3.5
3.6	0.999 87	0.999 87	0.999 88	0.999 88	0.999 89	3.6
3.7	0.999 91	0.999 92	0.999 92	0.999 92	0.999 92	3.7
3.8	0.999 94	0.999 94	0.999 95	0.999 95	0.999 95	3.8
3.9	0.999 96	0.999 96	0.999 96	0.999 97	0.999 97	3.9

附录 3

t 分布的临界点

$$t_{\nu,1-\alpha/2}$$

ν	$1-\alpha$							
	0.600	0.700	0.800	0.900	0.9333	0.9500	0.9600	0.9667
1	0.325	0.727	1.376	3.078	4.702	6.314	7.916	9.524
2	0.289	0617	1.061	1.886	2.456	2.920	3.320	3.679
3	0.277	0.584	0.978	1.638	2.045	2.353	2.605	2.823
4	0.271	0.569	0.941	1.533	1.879	2.132	2.333	2.502
5	0.267	0.559	0.920	1.476	1.790	2.015	2.191	2.337
6	0.265	0.553	0.906	1.440	1.735	1.943	2.104	2.237
7	0.263	0.549	0.896	1.415	1.698	1.895	2.046	2.170
8	0.262	0.546	0.889	1.397	1.670	1.860	2.004	2.122
9	0.261	0.543	0.883	1.383	1.650	1.833	1.973	2.086
10	0.260	0.542	0.879	1.372	1.634	1.812	1.948	2.058
11	0.260	0.540	0.876	1.363	1.621	1.796	1.928	2.036
12	0.259	0.539	0.873	1.356	1.610	1.782	1.912	2.017
13	0.259	0.538	0.870	1.350	1.601	1.771	1.899	2.002
14	0.258	0.537	0.868	1.345	1.593	1.761	1.887	1.989
15	0.258	0.536	0.866	1.341	1.587	1.753	1.878	1.987
16	0.258	0.535	0.865	1.337	1.581	1.746	1.869	1.968
17	0.257	0.534	0.863	1.333	1.576	1.740	1.862	1.960
18	0.257	0.534	0.862	1.330	1.572	1.734	1.855	1.953
19	0.257	0.533	0.861	1.328	1.568	1.729	1.850	1.946
20	0.257	0.533	0.860	1.325	1.564	1.725	1.844	1.940
21	0.257	0.532	0.859	1.323	1.561	1.721	1.840	1.935
22	0.256	0.532	0.858	1.321	1.558	1.717	1.835	1.930

续表

ν	$1-\alpha$							
	0.600	0.700	0.800	0.900	0.933 3	0.950 0	0.960 0	0.966 7
23	0.256	0.532	0.858	1.319	1.556	1.714	1.832	1.926
24	0.256	0.531	0.857	1.318	1.552	1.711	1.828	1.922
25	0.256	0.531	0.856	1.316	1.551	1.708	1.825	1.918
26	0.256	0.531	0.856	1.315	1.549	1.706	1.822	1.915
27	0.256	0.531	0.855	1.314	1.547	1.703	1.819	1.912
28	0.256	0.530	0.855	1.313	1.546	1.701	1.817	1.909
29	0.256	0.530	0.854	1.311	1.544	1.699	1.814	1.906
30	0.256	0.530	0.854	1.310	1.543	1.697	1.812	1.904
40	0.255	0.529	0.851	1.303	1.532	1.684	1.796	1.886
50	0.255	0.528	0.849	1.299	1.526	1.676	1.787	1.875
75	0.254	0.527	0.846	1.293	1.517	1.665	1.775	1.861
100	0.254	0.526	0.845	1.290	1.513	1.660	1.769	1.855
∞	0.253	0.524	0.842	1.282	1.501	1.645	1.751	1.834

ν	$1-\alpha$							
	0.975 0	0.980 0	0.983 3	0.987 5	0.990 0	0.991 7	0.993 8	0.995 0
1	12.706	15.895	19.043	25.452	31.821	38.342	51.334	63.657
2	4.303	4.849	5.334	6.205	6.965	7.665	8.897	9.925
3	3.182	3.482	3.738	4.177	4.541	4.864	5.408	5.841
4	2.776	2.999	3.184	3.495	3.747	3.966	4.325	4.604
5	2.571	2.757	2.910	3.163	3.365	3.538	3.818	4.032
6	2.447	2.612	2.748	2.969	3.143	3.291	3.528	3.707
7	2.365	2.517	2.640	2.841	2.998	3.130	3.341	3.499
8	2.306	2.449	2.565	2.752	2.896	3.018	3.211	3.355
9	2.262	2.398	2.508	2.685	2.821	2.936	3.116	3.250
10	2.228	2.359	2.465	2.634	2.764	2.872	3.043	3.169
11	2.201	2.328	2.430	2.593	2.718	2.822	2.985	3.106
12	2.179	2.303	2.402	2.560	2.681	2.782	2.939	3.055
13	2.160	2.282	2.379	2.533	2.650	2.748	2.900	3.102
14	2.145	2.264	2.359	2.510	2.624	2.720	2.868	2.977
15	2.131	2.249	2.342	2.490	2.602	2.696	2.841	2.947
16	2.120	2.235	2.327	2.473	2.583	2.675	2.817	2.921
17	2.110	2.224	2.315	2.458	2.567	2.657	2.796	2.898
18	2.101	2.214	2.303	2.445	2.552	2.641	2.778	2.878
19	2.093	2.205	2.293	2.433	2.539	2.627	2.762	2.861
20	2.086	2.197	2.285	2.423	2.528	2.614	2.748	2.845
21	2.080	2.189	2.277	2.414	2.518	2.603	2.735	2.831
22	2.074	2.183	2.269	2.405	2.508	2.593	2.724	2.819
23	2.069	2.177	2.263	2.398	2.500	2.584	2.713	2.807

续表

v	$1-\alpha$							
	0.975 0	0.980 0	0.983 3	0.987 5	0.990 0	0.991 7	0.993 8	0.995 0
24	2.064	2.172	2.257	2.391	2.492	2.575	2.704	2.797
25	2.060	2.167	2.251	2.385	2.485	2.568	2.695	2.787
26	2.056	2.162	2.246	2.379	2.479	2.561	2.687	2.779
27	2.052	2.158	2.242	2.373	2.473	2.554	2.680	2.771
28	2.048	2.154	2.237	2.368	2.467	2.548	2.673	2.763
29	2.045	2.150	2.233	2.364	2.462	2.543	2.667	2.756
30	2.042	2.147	2.230	2.360	2.457	2.537	2.661	2.750
40	2.021	2.123	2.203	2.329	2.423	2.501	2.619	2.704
50	2.009	2.109	2.188	2.311	2.403	2.479	2.594	2.678
75	1.992	2.090	2.167	2.287	2.377	2.450	2.562	2.643
100	1.984	2.081	2.157	2.276	2.364	2.436	2.547	2.626
∞	1.960	2.054	2.127	2.241	2.326	2.395	2.501	2.576